»Solange es noch einen Menschen gibt,
der deutsch liest,
werde ich weiterverlegen...«

Fritz H. Landshoff und der Querido Verlag 1933–1950

Bearbeitet von Hans-Albert Walter

W0299259

Auf dem vorderen Vorsatzpapier:
Die ›Europa‹ am Columbusbahnhof
in Bremerhaven

Auf dem hinteren Vorsatzpapier:
Hermann Kesten mit Martha Marc
und Fritz Helmut Landshoff
beim P. E.N.-Kongreß in Bremen 1980
Photo: Isolde Ohlbaum

Gründung, Gründer, Konkurrenten Nein, allwissend sei die Gestapo nicht, sagt eine Figur in Anna Seghers' ›Siebtem Kreuz‹; sie wüßten nur, was man ihnen sage. Nun, über den Querido Verlag hat ihnen jemand einen Bären aufgebunden: »Ein Bruder Lion Feuchtwangers flüchtete von Halle nach Amsterdam und errichtete dort den Querido-Verlag.« So grotesk hat sich den Experten des Sicherheitshauptamtes beim Reichsführer SS noch im März 1937 dargestellt, was damals immerhin schon fast vier Jahre zurücklag. Die Desinformation findet sich in dem, mit vielen gleichgearteten geheimdienstlichen ›Erkenntnissen‹ gespickten, ›Leitheft Emigrantenpresse und Schrifttum‹, einer als »Geheim!« eingestuften, für einen kleinen Kreis von NS-Partei- und Staatsfunktionären bestimmten Broschüre, in welcher der SD, der Nachrichtendienst der SS, das Ergebnis seiner mehrjährigen Observierungen im Ausland zusammenfaßte. Im Falle Querido hatte der SD unglaublich schlampig recherchiert. Um zu den Fakten zu gelangen, hätte es vollauf genügt, wenn einer seiner offiziellen oder inoffiziellen Mitarbeiter die Presse des Exils auch gelesen hätte, die zu überwachen er beauftragt war. Bereits am 2. September 1933 hatte das in Paris erscheinende ›Neue Tage-Buch‹ mitgeteilt: »Die in Deutschland dank den Krüppelinstinkten des ›verkrachten Literaten‹ Goebbels verfemte Literatur und ihre Autoren haben eine neue Heimat gefunden. Der altangesehene holländische Verlag N. V. E. Querido's Uitgevers-Mij, Amsterdam, Keizersgracht 333, hat sich eine deutsche Abteilung angegliedert, für deren Führung der frühere Leiter des Kiepenheuer-Verlages, Berlin, Herr Landshoff, gewonnen wurde. Der Verlag kündigt an, daß noch in diesem Herbst neue Werke von Alfred Döblin, Lion Feuchtwanger, Werner Hegemann, Emil Ludwig, Heinrich Mann, Joseph Roth, Arnold Zweig u. a. bei ihm erscheinen werden.« Grosso modo entsprach der Bericht den Tatsachen, wenngleich er natürlich über Vorgeschichte und Hintergründe der Neugründung Stillschweigen bewahrte.[1]

Im April 1933 hatte Fritz Helmut Landshoff, Mitinhaber und geschäftsführender Direktor des Gustav Kiepenheuer Verlags in Berlin, eine Anfrage Emanuel Queridos erhalten: ob er daran interessiert sei, »mit ihm eine deutschsprachige Abteilung für in Deutschland verbotene oder unerwünschte Autoren zu gründen, die dem Amsterdamer Verlag angegliedert werden sollte«? Landshoff hat sich erinnert, er sei am selben Abend mit dem Nachtzug nach Amsterdam gefahren, habe am nächsten Morgen den ihm persönlich unbekannten Querido und seine Mitarbeiterin Alice van Nahuys aufgesucht und nach nur zweistündigem, »in bestem Einvernehmen« verlaufenem Gespräch ein »wenige Zeilen umfassendes handschriftliches Abkommen« mitunterzeichnet, welches dann »in kaum erweiterter Form« der »endgültige Vertrag« geworden und bis zum deutschen Überfall auf die Niederlande (Mai 1940) unverändert in Kraft geblieben sei:

»Wir waren übereingekommen, unter dem Namen Querido Verlag eine Aktiengesellschaft zu gründen, deren Anteile zu 50% dem holländischen Verlag Em. Querido's Uitgevers-Maatschappij und zu 50% mir gehören sollten. [...] Beide Parteien hatten je 7500 holländische Gulden zu dem Gesamtkapital der AG von 15000 beizutragen. Die Direktion bestand aus Alice van Nahuys und F. H. Landshoff. Querido übernahm zudem die Verpflichtung, den neuen Verlag durch Anleihen zu finanzieren, sowie dessen Buchhaltung und Vertrieb zu übernehmen.«

Am 7. Juli 1933 billigten Emanuel Queridos niederländische Teilhaber in einer außerordentlichen Sitzung die mit Landshoff getroffene Vereinbarung, und am 14. Juli wurde der neue Verlag »als Handelsgesellschaft in das Amsterdamer Handelsregister« eingetragen. Die Errichtung der Querido AG (N. V. Uitgev.) ist freilich erst am 1. November 1934 im ›Nederlandsche Staatscourant‹ bekanntgemacht worden. Noch bevor aber der Verlag auch nur ins Handelsregister eingetragen worden war, hatte Fritz Landshoff schon ein Gutteil der Autorenverträge für die Produktion der Jahre 1933 und 1934 geschlossen.

Rückblickend hat Landshoff es »schwer verständlich« genannt, daß kein einziger deutscher Verlag sich in den frühen dreißiger Jahren auf mögliche politische Veränderungen in Deutschland vorbereitet habe, sei es durch verstärkte Vertriebsbemühungen im Ausland, sei es durch Errichtung einer Zweigstelle jenseits der Grenzen. Noch stärker ist er mit sich selber ins Gericht gegangen, weil er nicht einmal den Reichstagsbrand ernst genommen habe. Den ihm eng befreundeten Ernst Toller, mit dem er in Berlin die Wohnung teilte, hatte er Ende Februar 1933 bewogen, einen Aufenthalt in der Schweiz ein wenig zu verlängern, und er hatte ihm damit wohl das Leben gerettet. Er selbst aber war am Tage nach dem Reichstagsbrand aus der Schweiz nach Deutschland zurückgereist und nicht umgekehrt, als ihn – noch während der Fahrt – die Nachricht von dem Ereignis erreichte. Die SA hatte derweilen schon in der Wohnung nach Toller und ihm gesucht, und der von einer Nachbarin gewarnte Landshoff übernachtete fortan in ständig wechselnden Quartieren. Mit gewohnter Regelmäßigkeit suchte er aber auch jetzt noch Tag für Tag sein Büro im Verlag auf – vor allem, um für das in schwere wirtschaftliche Bedrängnis geratene Unternehmen die Gläubigerversammlung vorzubereiten...[2] Unbegreiflich wirkt dieses Verhalten aber nur aus der Rückschau, nur für den Nachwissenden. Im Kontext des Frühjahrs 1933 fallen Landshoffs Handlungen und Unterlassungen überhaupt nicht auf. Gleich ungezählten anderen hat ihm gefehlt, was Ludwig Marcuse »die

1 Auf der gegenüberliegenden Seite: Fritz H. Landshoff, 1936 (Sammlung A. Landshoff)

Der »Bremerhavener Katalog« zum Querido Verlag Am 23. April 1933 legte in Bremerhaven von der Columbus Kaje der Überseedampfer »Madrid« ab. An Bord befand sich der gebürtige Bremerhavener und ehemalige Oberstadtdirektor dieser Stadt, Erich Koch-Weser. Der Jugendfreund Thomas Manns war auf der Flucht nach Südamerika. Als liberaldemokratischer Politiker hatte er zwischen 1919 und 1929 mehrfach in der Reichsregierung ein Ministeramt ausgeübt. Nachdem die Nationalsozialisten am 30. Januar 1933 die Macht übertragen erhalten hatten, entzogen sie dem Rechtsanwalt Dr. Erich Koch-Weser die Zulassung für seinen Beruf. Sein Buch, ›Und dennoch aufwärts‹, das noch im Januar 1933 in Deutschland erschienen war, wurde auf die Scheiterhaufen geworfen, die am 10. Mai 1933 in deutschen Universitätsstädten brannten.

In den folgenden Jahren waren unter den Passagieren der Überseedampfer, die aus Bremerhaven abgingen, immer mehr Emigranten. Ihre Namen und Berufe sind in den Passagierlisten erhalten geblieben. Nach dem Kriege kehrten nur wenige zurück. Einer von ihnen war der Schriftsteller Alfred Kantorowicz, der, im Dezember 1946 in Bremerhaven mit dem Schiff angekommen, seine erste Nacht im vom Kriege zerschlagenen Deutschland im hiesigen Bahnhofsbunker zubrachte. Er hat darüber in seinem ›Deutschen Tagebuch‹ berichtet.

Bremerhaven als letzte Station auf der Flucht vor der Verfolgung in Nazideutschland: Das war der historische Hintergrund, vor dem ein Literaturpreis entstand, der alle zwei Jahre von Bremerhavener Bürgern gestiftet wird.

Der Preis soll ein Zeichen setzen gegen Gewalt und Intoleranz und eine Ermutigung sein für alle Schriftsteller, deren Werk für den Kampf gegen Unterdrückung oder Ausgrenzung steht. Der »Jeanette-Schocken-Preis – Bremerhavener Bürgerpreis für Literatur« erinnert mit seinem Namen an die Ehefrau des Bremerhavener Kaufhausbesitzers Julius Schocken, Bruder des Verlegers Salman Schocken. Jeanette Schocken blieb, als die Familie nach dem Pogrom vom 9. November 1938 flüchten mußte, in Bremerhaven bei ihrer kranken Tochter, die sie nicht allein zurücklassen wollte. Im November 1941 wurde sie mit ihrem Kind nach Minsk deportiert und dort ermordet.

Ein weiterer historischer Bezug des Preises ist die Bücherverbrennung in Bremerhaven am 6. Mai 1933. In das Feuer auf dem Marktplatz im Zentrum Bremerhavens warf die SA die Bücher aus den Gewerkschaftsbibliotheken, die sie am 2. Mai 1933 geplündert hatte.

Es lag nahe, sich in Bremerhaven anläßlich der Verleihung des Jeanette-Schokken-Preises nicht nur an die verfolgte Literatur während der Nazi-Diktatur zu erinnern, sondern auch an ihren bedeutendsten Verlag, den Querido Verlag in Amsterdam. Dieser Verlag und sein Leiter, Fritz H. Landshoff, boten bis 1940 den emigrierten Schriftstellern die Möglichkeit, literarisch weiter zu existieren, nachdem sie ihre Leser in der Heimat verloren hatten.

Wir freuen uns, in Hans-Albert Walter den Verfasser gefunden zu haben, der die Geschichte des Querido Verlages mit größter Sachkunde, unbestechlich und durchaus eigenwillig darstellt und sind dankbar, beim Schiller-Nationalmuseum in Marbach und von Friedrich Pfäfflin die Unterstützung erfahren zu haben, die es ermöglichte, mit dem »Bremerhavener Katalog« zum Querido Verlag einen Beitrag zur Erinnerung an die Literatur im Exil zu leisten. Die Kultur-Stiftung der Deutschen Bank Gruppe hat die Deutsche Schillergesellschaft in den Stand gesetzt, das umfangreichere ›Marbacher Magazin‹ herstellen zu können. Dafür sei ausdrücklicher Dank gesagt.

Stadt Bremerhaven
Wolfgang Weiß

Jeanette-Schocken-Verein
Manfred Ernst

2 Emanuel Querido, 1936 (Sammlung A. Landshoff)

Phantasie für das Noch-nicht-Dagewesene« genannt hat. Wer sie besaß, war freilich klug. Ist aber deshalb auch schon zu tadeln, wem sie abging?

Anderseits zeigt die Initiative von Emanuel Querido, daß bisweilen schon eine geringe geographische Distanz genügt hat, um die deutsche Entwicklung richtig zu prognostizieren. Gewiß mag Querido zu der Sondierung bei Landshoff durch den Erzähler Georg Hermann angeregt worden sein, den »jüdischen Fontane«, der bereits Anfang März aus Deutschland geflohen war, und dem er in seinem Hause in Laren bei Amsterdam eine erste Zuflucht gewährt hatte.[3] Indes hat ganz entschieden etwas dazu gehört, solch einen Gedanken nicht bloß emphatisch aufzunehmen – das ist, wie wir sehen werden, vielerorts geschehen –, sondern ernsthaft zu erwägen und schließlich zu realisieren. Es hat einer gewissen geistigen Statur bedurft; eines aus langer Erfahrung gewachsenen und in ihr erprobten Urteilsvermögens; der charakterlichen Standfestigkeit; der Bereitschaft zum geschäftlichen Risiko; vor allem aber einer unzweideutigen politischen Haltung. Von diesem letzten Punkte her hat Klaus Mann Querido denn auch charakterisiert. Der »alte Sozialdemokrat« habe den »Fascismus in jeder Form« gehaßt, »besonders aber in der deutschen«, und deshalb sei ihm die »Betreuung der antifascistischen deutschen Literatur eine Herzenssache« gewesen. Landshoff hat seinen Partner einen »überzeugten Sozialisten« und Fortschrittsmann genannt, und der Leidener Germanist Hans Würzner hat in Queridos »gründlicher Abneigung« gegen den Nationalsozialismus sogar den Beweggrund dafür gesehen, daß er seine »eher antideutschen« Sentiments hintangestellt habe. Ob man Würzner aber auch folgen kann, wenn er Querido die »Liebe zur deutschen Literatur« abspricht? Daß seine Wahl des Verlagspartners just auf den in dieser Literatur lebenden und webenden Fritz Landshoff gefallen ist, zeugt jedenfalls von großem Interesse an der damaligen deutschen Gegenwartsliteratur und darüber hinaus von intimer Vertrautheit mit dem deutschen Verlagswesen.

Der Tatsache ungeachtet, daß Querido mit dem Kiepenheuer Verlag sporadisch in Geschäftsbeziehungen gestanden hatte – die Kiepenheuer-Autoren Lion Feuchtwanger und Arnold Zweig waren bei ihm auf holländisch erschienen –, hätte es a prima vista weit näher gelegen, wenn er mit dem größten der ›progressiven‹ deutschen Verlage Verbindung gesucht hätte, dem Hause S. Fischer. Seit 1886 bestehend und nominell noch immer von seinem Gründer geleitet, war dieses Unternehmen zweifelsfrei der deutsche Verlag mit dem größten Ansehen und einer Phalanx berühmter Autoren, und während seiner Blütezeit in den ersten beiden Dezennien unseres Jahrhunderts hatte es das geistige Gesicht der Epoche geprägt. Ganz unmerklich aber war es aus diesem Zenit herausgetreten. In der Ära Weimars zehrte S. Fischer schon unverkennbar von der Tradition, höchst seriös und imponierend groß noch immer, aber ohne Instinkt und Gespür für die nachwachsende junge Schriftstellergeneration. Obwohl das Lektorat von erlauchten Geistern betreut wurde, hatte das Haus den Anschluß an die neuen literarischen Strömungen verloren. Auch Verlage haben eben ihre Stunde, und wenn sie von der breiten Öffentlichkeit für repräsentativ gehalten werden, ist sie meist schon um.

Im öffentlichen Ansehen hat es der Gustav Kiepenheuer Verlag mit dem Hause S. Fischer auch nicht entfernt aufnehmen können, und erst recht ist er ihm finanziell weit unterlegen gewesen. Die S. Fischer AG erwirtschaftete Jahr für Jahr eine beachtliche Rendite. Der Kiepenheuer Verlag stand nach der Inflation vor dem Bankrott. Die Bilanz für 1925 wies, nach Landshoffs Erinnerung, bei einem Gesamtumsatz von 45000 RM Ausgaben von 65000 RM auf, Herstellungskosten und Honorare nicht einmal eingerechnet. Auch nach dem Eintritt des neuen Teilhabers Landshoff (1926) und eines weiteren Aktionärs im Frühjahr 1928 blieb die Kapitaldecke so lächerlich dünn, daß der Verlag es bei temporären Engpässen nicht wagen konnte, einen Bankkredit in Anspruch zu nehmen. Landshoff mußte einen Schulfreund, den Warenhausbesitzer Wilfried Israel, um kurzfristige Anleihen bitten, Gelder, die von einem Laufburschen überbracht wurden, »in der nie getäuschten Zuversicht, daß wir innerhalb weniger Tage den vorgeschossenen Betrag zurückerstatten würden«.[4]

Indes war die Finanzschwäche des Verlags eines gewesen, die Aktivität Landshoffs aber etwas ganz anderes. Er hatte nicht nur abtrünnig gewordene Autoren – z.B. Feuchtwanger – zurückgewonnen und den Autorenstamm – Iwan Goll, Hans Henny Jahnn, Georg Kaiser, Carl Sternheim, Ernst Toller – um zahlreiche ›große Namen‹ erweitert – Gottfried Benn, Werner Hegemann, Arnold Zweig, Heinrich Mann –, es war ihm auch gelungen, die wichtigsten Vertreter der jungen Generation unter seinem Signet zu versammeln. Und hier wird am deutlichsten, was den von ihm geleiteten Kiepenheuer Verlag vom traditionsreich-ehrwürdigen Hause in der Berliner Bülowstraße unterschied. Bei S. Fischer hießen die jungen Schriftsteller etwa Hans Aufricht-Ruda, Heinrich Hauser, Manfred Hausmann, Joachim Maass, Klaus Mann oder Hans Meisel. Bei Kiepenheuer hießen sie beispielsweise Bertolt Brecht, Marieluise Fleißer, Ernst Glaeser, Hermann Kesten, Valeriu Marcu, Gustav Regler, Joseph Roth oder Anna Seghers.

Die Autoren waren denn auch der weitaus wichtigste Teil von Landshoffs ›Kapital‹, das bei Querido einzulegen er sich verpflichtet hatte. Kaum daß er mit seinen holländischen Partnern im Grundsätzlichen einig geworden war, hat er sich daran gemacht, den über Nacht heimatlos gewordenen, aus ihrem Lande verjagten oder geflohenen Schriftstellern wenigstens ein Obdach für ihre Bücher zu schaffen. Dabei hat er sich nicht nur an ›seine‹ Kiepenheuer-Autoren gewandt, sondern von Anfang an versucht, diesen Kreis zu erweitern. Die früheste Spur findet sich bei Joseph Roth. Am

22. 5. 1933 kündigte er Stefan Zweig brieflich an: »In drei bis vier Tagen kommt Herr Dr. Landshoff zu Ihnen. Er bringt Ihnen, wie schon so viele, ein neues Verlagsprojekt. Von allen, wie ich bis jetzt gehört habe, ist es das einzig würdige und zuverlässige.« Wie aus demselben Briefe hervorgeht, war mit Roth bereits die Verabredung über einen Roman – ›Tarabas‹ – getroffen worden, und selbstverständlich hat Landshoff auch Stefan Zweig gewinnen wollen: nicht zufällig äußert Roth die »Bitte«, Zweig möge sich endlich vom Insel-Verlag trennen, mit dem er seit langem verbunden war. Gleichfalls im Mai 1933 hat Landshoff Kontakt mit dem in die Schweiz geflohenen Bruno Frank aufgenommen, dessen Bücher zuletzt bei Rowohlt erschienen waren. Während ihm bei Stefan Zweig der Erfolg versagt blieb, hat er Frank mit seinem ›Cervantes‹ für den neuen Verlag verpflichten können: »Das wurde der Beginn einer verlegerischen Verbindung, die bis zu seinem [Franks] allzu frühen Tod in enger persönlicher Freundschaft währte.«

Arnold Zweig, Kiepenheuer-Autor seit 1926, hatte sich nach der Machtübergabe an Hitler ähnlich verhalten wie Landshoff. Noch nach dem Reichstagsbrand war er von einem Skiurlaub in der Tschechoslowakei nach Berlin zurückgekehrt, und es hatte kräftiger Überredung durch Freunde bedurft, um ihn Mitte März zum Verlassen Deutschlands zu bewegen. Landshoff hatte ihn in diesen Wochen schonend auf den sich abzeichnenden Zusammenbruch des Verlags vorbereitet, und die Verbindung war auch nach Landshoffs Emigration nicht abgerissen. Im Mai hatte man sich in der Schweiz getroffen, Anfang Juni dankte Landshoff brieflich für das Exposé zu dem Essayband ›Bilanz der deutschen Judenheit‹, das Zweig nach Amsterdam geschickt hatte, und unterrichtete seinen alt-neuen Autor über die Hauptsache – daß der deutsche Querido Verlag nunmehr »endgültig gesichert« sei: »Ich hoffe bestimmt, daß Sie die *feste* Verpflichtung, die wir jetzt einzugehen in der Lage sind, den

3 Briefkopf des holländischen Verlags

N.V. EM. QUERIDO'S UITGEVERS-MIJ

KEIZERSGRACHT 333 AMSTERDAM TELEFOON 45921

EM

AMSTERDAM.

QUERIDO VERLAG N.V. · AMSTERDAM

KEIZERSGRACHT 333 · TELEFON 45921

AMSTERDAM,

4 Briefkopf des deutschen Verlags

vaguen andern Kombinationen vorziehen werden – um so mehr, als Sie auch alte gute Freunde bei uns finden werden. (Mit Feuchtwanger besteht ein prinzipielles Einverständnis, um eine materielle Frage wird noch diskutiert – mit Roth ist schon abgeschlossen.)«

Um den verbindlichen Charakter der Mitteilung zu unterstreichen, hatte Landshoff einen Briefbogen des holländischen Verlags verwendet. Wenig später sollte der deutsche Verlag eigene Vordrucke und ein eigenes Signet besitzen. Derzeit fehlte aber selbst noch die Sekretärin, wie dieser handschriftliche Brief vom 3. 6. 1933 zeigt. Er trägt die Ortsangabe »Amsterdam« – doch zwei Tage darauf schrieb der in Paris lebende Klaus Mann seinem Vater auch schon, »gestern«, also am 4. Juni, sei »der nette Herr Landshoff aus Amsterdam« dagewesen, der bei Querido »eine große Sache aufziehen« wolle: »Ich hoffe sehr, daß ich auch mit meiner Zeitschrift mit ihm zusammenkomme. Es wäre das Beste, und sieht nicht aussichtslos aus.« Ursprünglich hatte Klaus Mann beabsichtigt, seine Literaturzeitschrift ›Die Sammlung‹ in der Schweiz herauszubringen. Diese Hoffnung hatte sich gerade als trügerisch erwiesen, die in Landshoff gesetzten Erwartungen jedoch sollten sich binnen kürzester Zeit erfüllen. Nicht einmal eine Woche verstrich, da beantwortete er ein Exposé mit einer Einladung nach Amsterdam. Klaus Mann kam am 15. 6. und führte am selben Tage eine »zähe, aber angenehm sachliche« Unterhaltung, bei der schon »finanzielle Details« berührt wurden. Hatte sich Emanuel Querido bei dieser Zusammenkunft »noch sehr zurückhaltend« gezeigt, so präsentierte Landshoff andern Tags dennoch einen Vertragsentwurf, und über das entscheidende Gespräch in Queridos Privathaus in Laren, das sich anschloß, notierte Klaus Mann nur zwei Worte ins Tagebuch: »Whisky. *Vertragsunterzeichnung* .«

In der folgenden Woche sodann, am 21.6., erklärte Arnold Zweig sein prinzipielles Einverständnis mit Landshoffs Vertragsentwurf, und nachdem einige sachliche, vorwiegend finanzielle Differenzen beigelegt worden waren, wurde am 25. 6. der Vertrag über ›Bilanz der deutschen Judenheit‹ und über den Roman ›Erziehung vor Verdun‹ geschlossen. Außerdem wurde vereinbart, daß Querido von dem inzwischen in Liquidation befindlichen Kiepenheuer Verlag die z. T. recht umfangreichen Bestände von Zweigs älteren Büchern erworben und vertreiben sollte, die jetzt noch in Deutschland lagerten.

Ende Juni sind auch Verhandlungen mit Alfred Döblin und dessen bisherigem Verleger S. Fischer in ein entscheidendes Stadium gelangt. Gegenwärtig ist nicht zu klären, ob Fischer auf Döblins nächstes Buch, den Roman ›Babylonische Wandrung oder Hochmut kommt vor dem Fall‹, eine Option besessen hat: die Verlagsakten sind

5/6 Titelblatt und Impressumseite des 1933 bei S.Fischer erschienenen Erstdrucks. Exemplar aus der Bibliothek »Sicherheitshauptamt Reichsführer SS« (DLA)

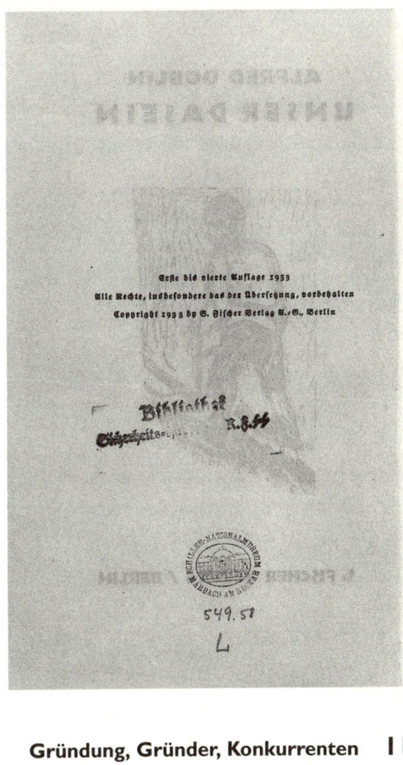

7/8 Schutzumschläge von Henri Friedlaender (1933, 1 und 4a)

im Krieg verbrannt, und der Döblin-Nachlaß ist seit geraumer Zeit für Benutzer nicht zugänglich. Bei einem zweiten Projekt, über das Döblin mit Landshoff verhandelte, steht jedoch fest, daß Rechte des S. Fischer Verlags tangiert waren. In Zürich, seiner ersten Exilstation, hatte Döblin ein Kapitel seines philosophischen Werkes ›Unser Dasein‹ überarbeitet und erweitert, um es als Antwort auf die deutschen Ereignisse neu erscheinen zu lassen. ›Unser Dasein‹ war noch in Deutschland herausgekommen – im April 1933, unmittelbar vor der Bücherverbrennung und den »Schwarzen Listen«, die seiner Verbreitung ein Ende setzten, bevor sie noch recht hatte beginnen können. War dem Buch somit der Weg zu den Lesern versperrt, was dem Nichterscheinen gleichkam, so bildete anderseits sein siebentes Kapitel – ›Wie lange noch, jüdisches Volk-Nichtvolk?‹ – doch die Textgrundlage des Essays, den Döblin unter dem Titel ›Jüdische Erneuerung‹ ehestens bei Querido herauszubringen beabsichtigte. Der Autor im Exil lebend, sein angestammter Verlag wie eh und je in Berlin befindlich und, obwohl in jüdischem Besitz, an Emigration nicht denkend: dies war die Konstellation, die die unklaren Rechtsverhältnisse verursacht und jene

Vereinbarung erforderlich gemacht hatte, über die Döblin am 4. 7. 1933 in einem Brief an Freunde berichtet hat:

»Mein Buch [›Babylonische Wandrung‹] schreitet weiter fort, muß ja dies Jahr fertig werden, ich will es selbst. Es ist da eine besondere, für mich wichtige Abmachung zwischen meinem Berliner und einem Holländer Verlag getroffen worden; gerade heute ist die Sache perfekt geworden. Dort in Amsterdam erscheint auch ›Wie lange noch, j[üdisches] Volk-Nichtv[olk]?‹ als Broschüre, verändert, mit Zusätzen *nach* den Ereignissen; sie kommt schon in ca. 4 Wochen heraus.«

Wie die Dinge liegen, wird sich über Form und Inhalt dieser »Abmachung« schwerlich noch Klarheit schaffen lassen: das Archiv des Querido Verlags hat den Krieg ja auch nicht überstanden. Nichtsdestoweniger kann die nachträgliche Interpretation als unzutreffend abgewiesen werden, die Gottfried Bermann Fischer (damals faktischer Leiter des S. Fischer Verlags) zu dieser Briefstelle geliefert hat und die der Herausgeber von Döblins Briefen so referiert: Nach Bermann Fischers Ansicht »dürfte es sich bei der Abmachung darum gehandelt haben, daß der Fischer Verlag dem Querido Verlag, Amsterdam, die *Auslandsvertretung* für die ›Babylonische Wandrung‹ überließ«. Wäre dem so gewesen, das Impressum müßte darauf einen Hinweis enthalten. Bei beiden Büchern lautet der Copyrightvermerk jedoch so lakonisch wie eindeutig »Querido Verlag«. Somit hatte Fritz H. Landshoff alle Rechte erworben.

Sollte die fragliche Abmachung tatsächlich, wie Döblin schrieb, am 4. 7. 1933 zustandegekommen sein, so hat Landshoff gleich am nächsten Tag einen weiteren Erfolg verbuchen können: der mit Heinrich Mann über den Essayband ›Der Haß‹ geschlossene Vertrag trägt das Datum des 5. Juli. Lion Feuchtwanger wiederum teilte Helene Weigel am 11. 7. mit, er habe mit Querido über die deutsche Ausgabe seiner Bücher abgeschlossen, sogar über eine Gesamtausgabe, die »dort so rasch wie möglich gedruckt« werden solle. Und so stetig weiter. Landshoff schrieb Arnold Zweig am 8. August, daß er in Zürich, »übrigens unter sehr merkwürdigen Umständen, doch noch den Vertrag mit [Emil] Ludwig gemacht« habe – dieser heute vergessene Verfasser weltweit höchst erfolgreicher Biographien (›Bismarck‹, ›Napoleon‹, ›Wilhelm II.‹, ›Goethe‹ usw.) war zuletzt bei dem Wiener Verlag Paul Zsolnay unter Vertrag gewesen. Klaus Mann hielt dann am 4. 9. im Tagebuch fest, Landshoff sei mit Jakob Wassermann zusammengetroffen. Hier war wieder S. Fischer involviert, dem der im Dritten Reich verfemte jüdische Romancier mehrere Auflagenrekorde beschert hatte und dessen Inhaber er jahrzehntelang in Freundschaft verbunden gewesen war. Inzwischen aber war dem bei seinem Verlage – angeblich – tief in der Kreide stehenden Erfolgsautor ein – angeblich – winziger Vorschuß verweigert worden, und der unverschuldet in bedrängten Verhältnissen Lebende hatte sein nächstes, noch ungeschriebenes Buch Landshoff angeboten. Angesichts der (für die Verhältnisse des Querido Verlags, nicht für die des Hauses S. Fischer) exorbitanten Vorschußforderung von 10000 RM ist es auszuschließen, daß schon bei Landshoffs erstem Treffen mit Wassermann – am 4. und 5.9. in Zürich – eine verbindliche Abrede getroffen worden ist; bei einer solchen Summe mußte sich Landshoff mit seinen holländischen Partnern ins Benehmen setzen. Gleichwohl hat er aus Zürich ein Manuskript nach Amsterdam mitgebracht, Ernst Tollers Autobiographie ›Eine Jugend in Deutschland‹. Endlich hat er in diesen Tagen und Wochen auch versucht, Verbindung zu Kurt Tucholsky aufzunehmen – Tucholsky am 14.9. 1933 an »Nuuna«: »Der Landshoff hat in der Tat geschrieben – er scheint zu wollen. Wir werden sehen. Vorläufig kann ich gar nichts tun, es ist erbärmlich.«[5]

9–19 Der erste Verlagsprospekt (HAW)

Begonnen hatte Landshoff mit seinem Werben um die über halb Europa verstreut lebenden und ihren Aufenthaltsort damals noch oft wechselnden Autoren im letzten Drittel des Monats Mai. In der Mitte des September, nach nicht einmal vier Monaten also, hatte er bereits die meisten Schriftsteller verpflichtet, deren Bücher dem Verlag das Gepräge geben sollten – Heinrich Mann, Döblin, Arnold Zweig, Feuchtwanger, Emil Ludwig, Toller, Klaus Mann –, er hatte mit Bruno Frank und Jakob Wassermann Kontakt aufgenommen, hatte zu Tucholsky und Stefan Zweig Fühler ausgestreckt und zu wem sonst noch (denn die Hinweise auf die beiden Letztgenannten sind ja bloß Zufallsfunde). Folgt man seinen, in solchen Details nicht immer ganz verläßlichen, Erinnerungen, so hat Landshoff bei diesen ersten Reisen des Jahres 1933 auch schon Anna Seghers, Valeriu Marcu, Ludwig Marcuse und Gustav Regler für Querido unter Vertrag genommen. Was die Seghers betrifft, spricht dafür das frühe Erscheinungsdatum ihres Romans ›Der Kopflohn‹ (Ende 1933), ebenso bei Valeriu Marcu; sein Essay ›Die Ver-

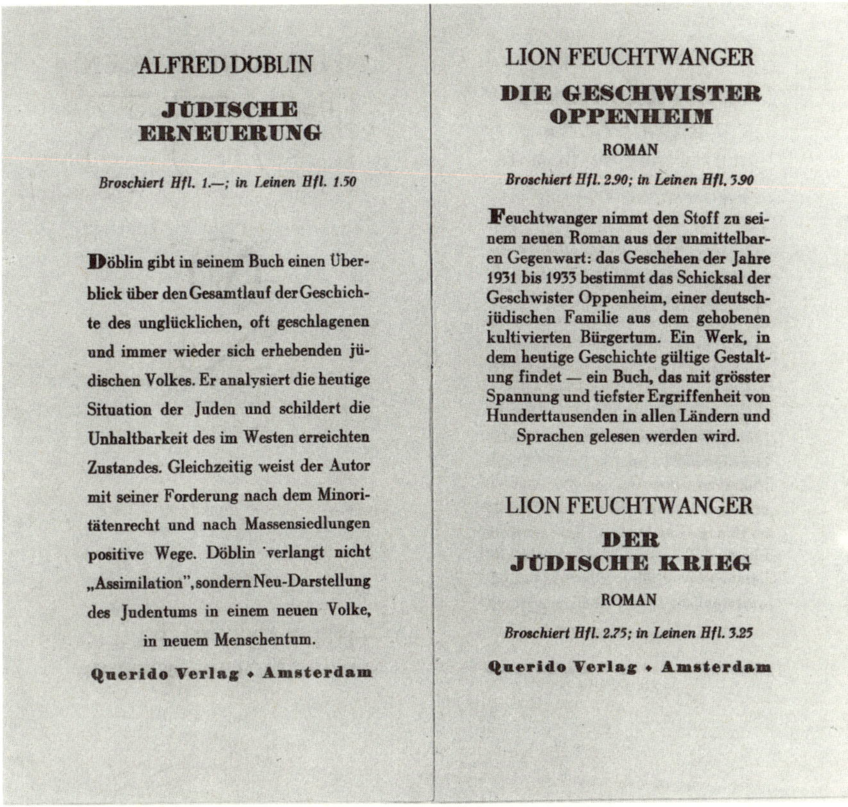

treibung der Juden aus Spanien‹ ist im Frühjahr 1934 so zeitig erschienen, daß die erste Rezension bereits am 31. 3. im ›Neuen Tage-Buch‹ zu lesen war. Indes steht es aber dahin, ob Ludwig Marcuse schon so früh verpflichtet wurde, und bei Regler ist Landshoff einem Gedächtnisfehler erlegen. Reglers Roman ›Der verlorene Sohn‹ ist sozusagen ganz akzidentiell ins Verlagsprogramm geraten – infolge eines Angebots, das Gustav Kiepenheuer quasi en passant gemacht hatte, als er mit Landshoff im Oktober 1933 über den Verkauf der Arnold Zweig-Bestände verhandelte. Reglers Buch war 1932 geschrieben worden und von Kiepenheuer für das Frühjahrsprogramm von 1933 vorgesehen gewesen. Es war bereits ausgedruckt, als Hitler an die Macht kam, die Rohbogen waren liegengeblieben, und Gustav Kiepenheuer hatte bei seiner Offerte an Landshoff wohl mehr an die Reduzierung seiner Verbindlichkeiten gedacht als an die Rettung des Romans. Am 16. 10. 1933 hatte sich Landshoff bereiterklärt, den »Reglervorrat« – 2000 Rohbogenexemplare – »gegen Zahlung von 300 Gulden zu übernehmen«, Kiepenheuer akzeptierte umgehend und ließ zwei Sendungen zu je

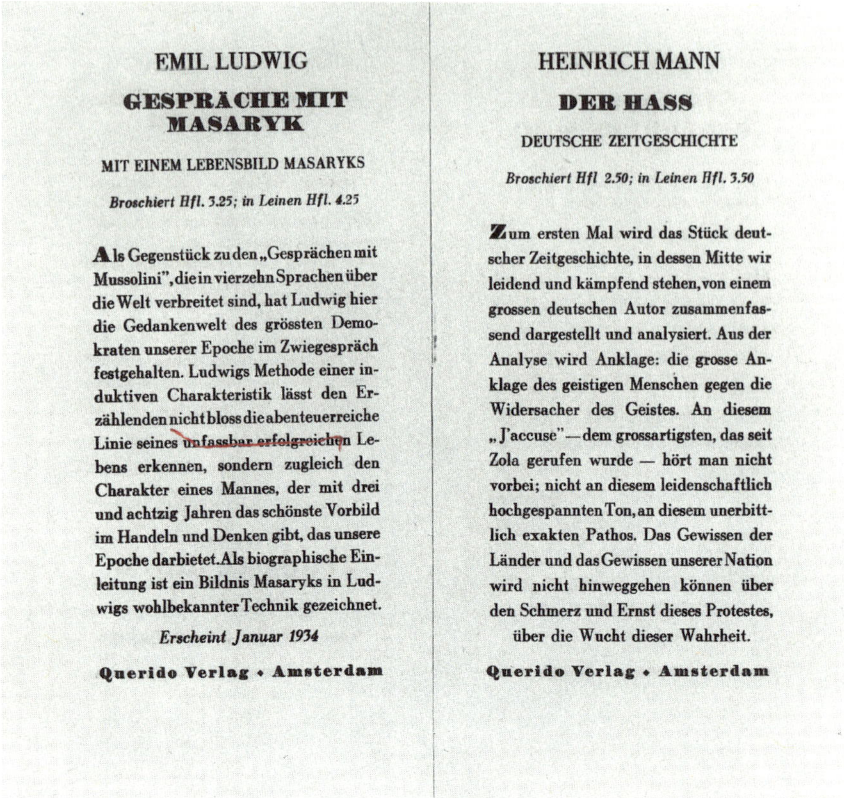

EMIL LUDWIG

GESPRÄCHE MIT MASARYK

MIT EINEM LEBENSBILD MASARYKS

Broschiert Hfl. 3.25; in Leinen Hfl. 4.25

Als Gegenstück zu den „Gesprächen mit Mussolini", die in vierzehn Sprachen über die Welt verbreitet sind, hat Ludwig hier die Gedankenwelt des grössten Demokraten unserer Epoche im Zwiegespräch festgehalten. Ludwigs Methode einer induktiven Charakteristik lässt den Erzählenden nicht bloss die abenteuerreiche Linie seines ~~unfassbar erfolgreichen~~ Lebens erkennen, sondern zugleich den Charakter eines Mannes, der mit drei und achtzig Jahren das schönste Vorbild im Handeln und Denken gibt, das unsere Epoche darbietet. Als biographische Einleitung ist ein Bildnis Masaryks in Ludwigs wohlbekannter Technik gezeichnet.

Erscheint Januar 1934

Querido Verlag • Amsterdam

HEINRICH MANN

DER HASS

DEUTSCHE ZEITGESCHICHTE

Broschiert Hfl 2.50; in Leinen Hfl. 3.50

Zum ersten Mal wird das Stück deutscher Zeitgeschichte, in dessen Mitte wir leidend und kämpfend stehen, von einem grossen deutschen Autor zusammenfassend dargestellt und analysiert. Aus der Analyse wird Anklage: die grosse Anklage des geistigen Menschen gegen die Widersacher des Geistes. An diesem „J'accuse" — dem grossartigsten, das seit Zola gerufen wurde — hört man nicht vorbei; nicht an diesem leidenschaftlich hochgespannten Ton, an diesem unerbittlich exakten Pathos. Das Gewissen der Länder und das Gewissen unserer Nation wird nicht hinweggehen können über den Schmerz und Ernst dieses Protestes, über die Wucht dieser Wahrheit.

Querido Verlag • Amsterdam

1000 Stück an Buchbindereien in Amsterdam und Wien auf den Weg bringen.[6] Die Bücher sind bemerkenswert rasch aufgebunden und noch vor Weihnachten ausgeliefert worden; die erste nachweisbare Besprechung ist am 31. 12. 1933 im ›Neuen Tage-Buch‹ erschienen.

Landshoff hatte somit nur eine bittere Pille verzuckert, als er am 11. 9. 1933 die Ablehnung eines Romans von Heinrich Eduard Jacob damit begründete, »daß wir für diesen Herbst überhaupt nichts mehr annehmen können«. Gewiß, er hatte da das Etappenziel bereits erreicht, das er und seine holländischen Freunde sich gesteckt hatten: die erste Produktion von mindestens sechs Büchern war im Satz. Für den Regler-Roman freilich war auch noch geraume Zeit später ein Platz frei gewesen, erst recht für ein Buch, welches zunächst für einen anderen Exilverlag bestimmt gewesen war – die Sammlung von Erzählungen, die Arnold Zweig unter dem Titel ›Spielzeug der Zeit‹ zusammengestellt hatte.

GUSTAV REGLER

DER VERLORENE SOHN

ROMAN

Broschiert Hfl. 2.75; in Leinen Hfl. 3.75

Der Roman des streitbaren, jungen Dichters führt in die alte Papststadt Avignon mitten in den Kampf der modernen Freidenker mit der Geschicklichkeit der alten, römischen Institution. Der ganze Süden wird lebendig mit dem Frieden seiner Klöster, der Pracht seiner Prozessionen, der Passion seiner Stierkämpfe, mit der Wundergläubigkeit seiner Bauern, aber auch mit dem unerbittlichen Fanatismus seiner Rationalisten. Das Buch wird alle aufhorchen lassen, die sich ernsthaft mit den Problemen des Katholizismus beschäftigen wollen.

Querido Verlag • Amsterdam

JOSEPH ROTH

TARABAS

EIN GAST AUF DIESER ERDE

ROMAN

Broschiert Hfl. 2.75; in Leinen Hfl. 3.75

Joseph Roths neuer Roman hat die Einfachheit einer Legende. Sein Thema ist ein ewig-menschliches, religiöses. Es ist das Thema der Reue. Denn tiefe Reue ist es, die über den grausamen Offizier kommt, der an einem Pogrom in Polen teilnahm, einen Juden peinigte und am Barte riss. Der Gewalttätige tut Busse, er erniedrigt sich. So darf er in Frieden sterben. Der Roman ist die Geschichte einer Übeltat und einer langen Busse. Am Ende steht die christliche Versöhnung. Joseph Roth gibt uns mit diesem neuen Roman ein Werk, das in seiner klassisch schönen Prosa, an reifem Können, Innigkeit und Stärke den in allen Ländern berühmten *„Hiob"* noch übertrifft.

Querido Verlag • Amsterdam

Energisches Zupacken und ein fast atemraubendes Tempo, umsichtiges Planen und nicht minder eine stupende Improvisationsgabe: diese in der Gründungsphase des Verlags bewiesenen Fähigkeiten sind charakteristisch für Landshoff. Hier hat man ihn ganz – implicite allerdings auch die Bedingungen, unter denen er ans Werk ging. Er hat ja nicht in einem luftleeren Raume agiert, sondern auf unübersichtlichem Feld und unter doppeltem Druck: einem inneren, denn die holländischen Partner durften nicht enttäuscht werden; einem äußeren, denn gleich ihm haben sich andere um die Gunst der aus Deutschland geflohenen Schriftsteller beworben. Ob in Prag, Zürich oder Wien, überall wurden Verlagsgründungen erwogen, und selbst in Frankreich schien das traditionelle Desinteresse an deutscher Literatur während jenes Frühsommers jäh zu schwinden: gleich vier kapitalkräftige Pariser Verlage – Fayard, Gallimard, Grasset und Plon – trugen sich mit dem Gedanken, der exilierten deutschen Literatur eine Heimstatt zu bieten. Zur rasanten Geschwindigkeit Landshoffs hat diese Projektenmacherei gewiß ein erklecklich Teil beigetragen, obwohl er anderseits

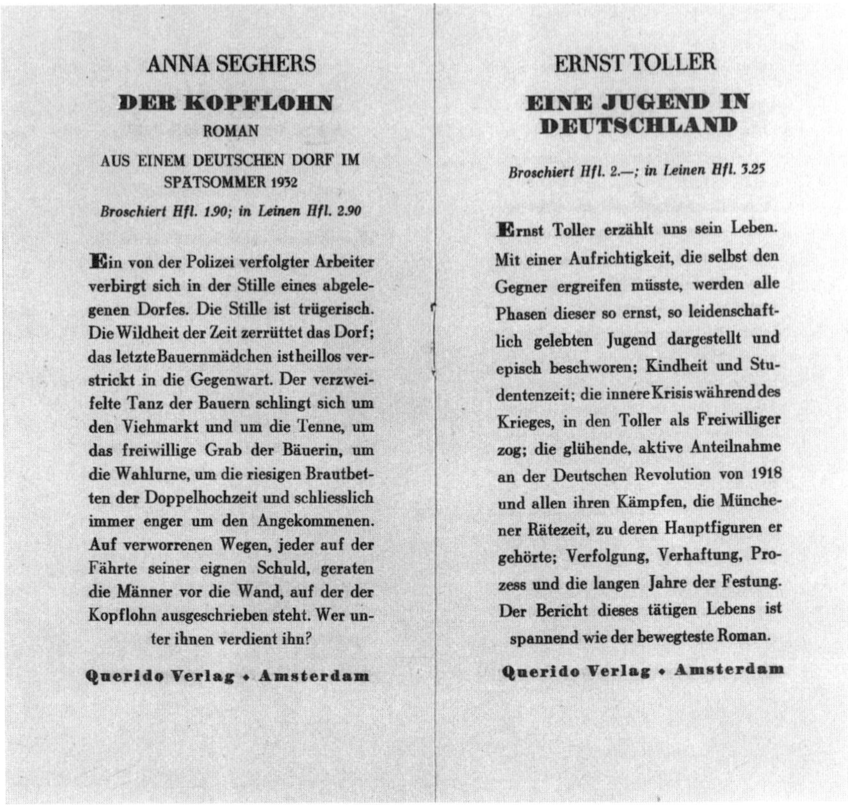

ANNA SEGHERS

DER KOPFLOHN

ROMAN

AUS EINEM DEUTSCHEN DORF IM SPÄTSOMMER 1932

Broschiert Hfl. 1.90; in Leinen Hfl. 2.90

Ein von der Polizei verfolgter Arbeiter verbirgt sich in der Stille eines abgelegenen Dorfes. Die Stille ist trügerisch. Die Wildheit der Zeit zerrüttet das Dorf; das letzte Bauernmädchen ist heillos verstrickt in die Gegenwart. Der verzweifelte Tanz der Bauern schlingt sich um den Viehmarkt und um die Tenne, um das freiwillige Grab der Bäuerin, um die Wahlurne, um die riesigen Brautbetten der Doppelhochzeit und schliesslich immer enger um den Angekommenen. Auf verworrenen Wegen, jeder auf der Fährte seiner eignen Schuld, geraten die Männer vor die Wand, auf der der Kopflohn ausgeschrieben steht. Wer unter ihnen verdient ihn?

Querido Verlag • Amsterdam

ERNST TOLLER

EINE JUGEND IN DEUTSCHLAND

Broschiert Hfl. 2.—; in Leinen Hfl. 3.25

Ernst Toller erzählt uns sein Leben. Mit einer Aufrichtigkeit, die selbst den Gegner ergreifen müsste, werden alle Phasen dieser so ernst, so leidenschaftlich gelebten Jugend dargestellt und episch beschworen; Kindheit und Studentenzeit; die innere Krisis während des Krieges, in den Toller als Freiwilliger zog; die glühende, aktive Anteilnahme an der Deutschen Revolution von 1918 und allen ihren Kämpfen, die Münchener Rätezeit, zu deren Hauptfiguren er gehörte; Verfolgung, Verhaftung, Prozess und die langen Jahre der Festung. Der Bericht dieses tätigen Lebens ist spannend wie der bewegteste Roman.

Querido Verlag • Amsterdam

natürlich wußte, daß nicht alle diese Blütenträume reifen würden. Schließlich hatte das Übersetzungsgeschäft ihm hinreichend Gelegenheit geboten, die Risikobereitschaft seiner ausländischen Kollegen kennenzulernen.

Und so ist es denn auch gekommen. Binnen weniger Monate wenn nicht Wochen erwiesen sich die meisten Pläne als Seifenblasen, und was an gewichtigen Konkurrenten übrigblieb, ließ sich an den Fingern einer Hand abzählen. Bei den Nachfolgefirmen der deutschen Parteiverlage – Graphia (SPD), Editions du Carrefour, Editions Promethée, Ring-Verlag (alle KPD) – zog freilich die politische Überzeugung dem Programm eine enge Grenze, davon zu schweigen, daß die Literatur schon in ihren deutschen Vorgängerverlagen meist ein Aschenputteldasein geführt hatte. Die zunächst zwei Firmen des sozialdemokratischen Zürcher Verlegerehepaares Emil und Emmie

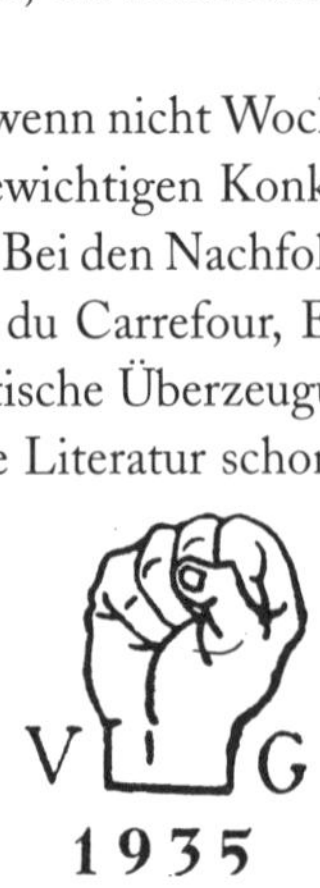

20/21 Signets von Graphia und Ring-Verlag (DLA)

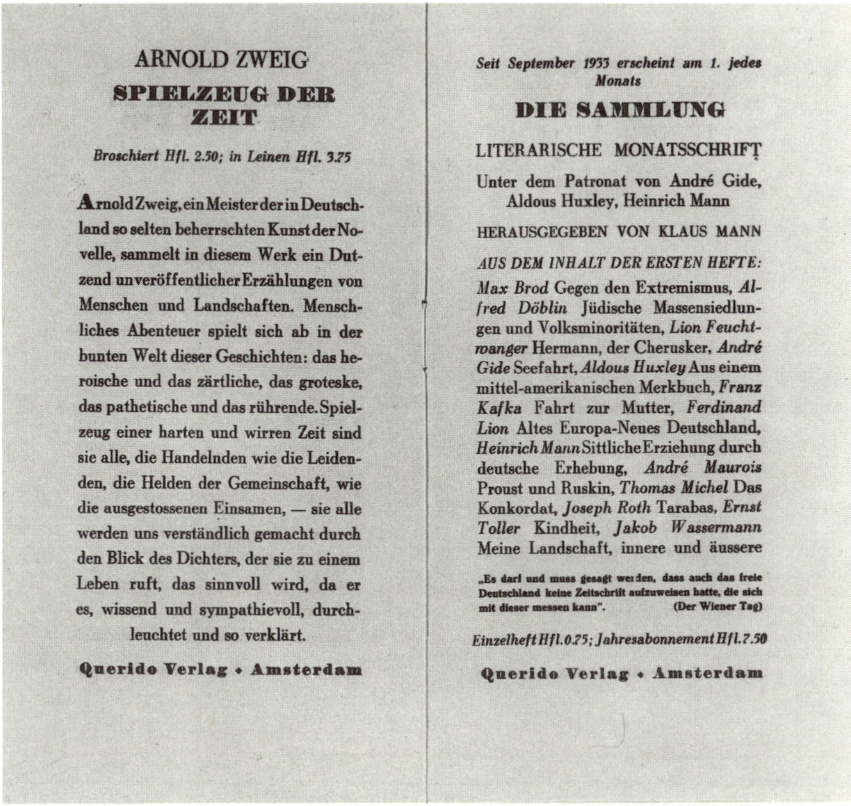

Oprecht (Oprecht- und Europa-Verlag) waren für Landshoff eine unbekannte Größe. Die spärliche Oprecht-Produktion früherer Jahre war kaum über die Schweiz hinausgedrungen und hatte im Wesentlichen ein (partei)politisches Interesse bedient; der einzige namhafte Schriftsteller, den die Oprechts verlegten – Ignazio Silone –, war ebenfalls ersichtlich aus politischen Gründen und nicht wegen seiner literarischen Qualität gedruckt worden. Gleichwohl waren die Oprecht-Verlage ein ernsthafter Konkurrent, und daß sie auch künftighin das Schwergewicht auf politische Schriften legen würden, war 1933 nicht vorauszusehen. Dagegen war unwahrscheinlich, daß Wieland Herzfelde in seinem nach Prag transferierten Malik-Verlag die ideologischen Fesseln abstreifen würde, die seinem Berliner Verlag zugleich das Profil gegeben und das Wirkungsfeld beschränkt hatten. Blieb eine Neugründung, und sie bildete in der Tat eine Gefahr für Landshoffs und Emanuel Queridos Aspirationen. Es war, ironisch genug, ein Unternehmen am selben Orte und, sehr

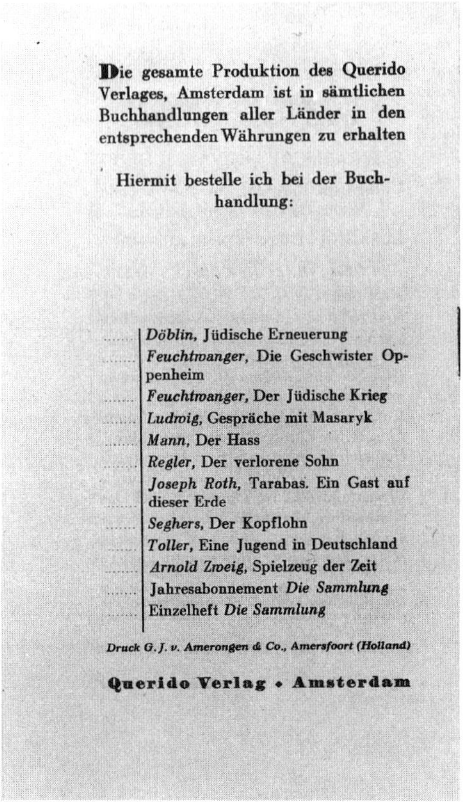
Die gesamte Produktion des Querido Verlages, Amsterdam ist in sämtlichen Buchhandlungen aller Länder in den entsprechenden Währungen zu erhalten

Hiermit bestelle ich bei der Buchhandlung:

......	***Döblin,*** **Jüdische Erneuerung**
......	***Feuchtwanger,*** **Die Geschwister Oppenheim**
......	***Feuchtwanger,*** **Der Jüdische Krieg**
......	***Ludwig,*** **Gespräche mit Masaryk**
......	***Mann,*** **Der Hass**
......	***Regler,*** **Der verlorene Sohn**
......	***Joseph Roth,*** **Tarabas. Ein Gast auf dieser Erde**
......	***Seghers,*** **Der Kopflohn**
......	***Toller,*** **Eine Jugend in Deutschland**
......	***Arnold Zweig,*** **Spielzeug der Zeit**
......	**Jahresabonnement *Die Sammlung***
......	**Einzelheft *Die Sammlung***

Druck G. J. v. Amerongen & Co., Amersfoort (Holland)

Querido Verlag • Amsterdam

delikat, eine Firma, die dem holländischen Querido Verlag in sozusagen treuer Feindschaft eng verbunden war: der am Damrak, im Herzen Amsterdams, residierende Verlag Allert de Lange.

Im ›Nichtverhältnis‹ der beiden Verlage drückte sich gewiß die für einen kleinen Markt charakteristische, besonders scharfe Rivalität aus, mehr aber noch das Naturell der Inhaber. Der 1871 geborene Emanuel Querido stammte aus kleinen Verhältnissen, und es war ihm nicht an der Wiege gesungen worden, daß er dereinst zu den angesehensten Verlegern seines Landes gezählt werden würde. Begonnen hatte der Abkömmling einer jüdischen Familie portugiesischen Ursprungs als Diamantenschleifer, doch noch nicht dreißigjährig war er, mit der Zähigkeit und Willenskraft des Begabten, seiner Neigung gefolgt, hatte eine Buchhandlung gegründet und dabei seine Leidenschaft entdeckt: das Bücher*machen*. Gelegenheitsverleger zunächst, hatte er dann für die Buchabteilung eines Warenhauses den Einkauf besorgt, bis er sich 1915 mit Unterstützung von weitblickenden Freunden – Verlegern, die seine Teilhaber wurden – als Verleger etablierte: in jenem Haus an der Keizersgracht, das seinen Kompagnons gehörte und deren Firma beherbergte. Auch der deutsche Querido Verlag sollte hier unterkommen. Als Landshoff ihn 1933 kennenlernte, stand Querido einem für holländische Verhältnisse großen Verlage vor. Er brachte etwa 30 Bücher im Jahr heraus, darunter einige Übersetzungen, zumeist aber Werke der niederländischen Literatur.

Emanuel Querido war ein Selfmademan, sofern man darunter jemanden versteht, der ungezählte Widerstände überwunden, sein Wissen autodidaktisch erworben und seinen Platz in Beruf und Gesellschaft mit hartnäckiger Anstrengung erobert hatte. Landshoff hat ihn als »harten Arbeiter mit strengen Lebensregeln und einer frugalen

Lebensweise« charakterisiert. Freilich hätte er ihn auch einen klugen Kaufmann und sichern Menschenkenner nennen können – sein Vorgehen bei Gründung des deutschen Verlags stellt jedenfalls beides unter Beweis. Es hatte nämlich seinen Sinn, wenn Querido für dieses Experiment eine juristisch selbständige Firma schuf und

22–24 Signets von Malik und Oprecht

überdies ihrem Leiter eine Kapitalbeteiligung abverlangte. Beides minderte das Risiko des holländischen Verlags. Erwiesen sich die deutschen Bücher als Fehlschlag, so ging lediglich die Einlage verloren, wohingegen er für die Verbindlichkeiten einer ihm integrierten deutschen Abteilung voll hätte haften müssen. Dieselbe Vorsicht hat bei dem Entschluß gewaltet, Landshoff zum Teilhaber zu machen. Wer etwas zu verlieren hatte, würde bedachtsamer handeln als in aller Regel ein Angestellter. Gewiß mußte man dem Teilhaber mehr Freiheit gewähren, das nämliche Maß an Vollmachten, das man selber in Anspruch nahm. Würde das aber nicht durch größeres

25 Gérard de Lange mit Freunden unterwegs in Deutschland (Sammlung Nilsson & Lamm)

Engagement ausgeglichen? Es war ja seine eigene Sache, für die der Partner sich ins Joch beugte. All das heißt aber auch, daß der zäh arbeitende und sparsam wirtschaftende Emanuel Querido schon bei der ersten Begegnung gesehen hat, wen er in Fritz Helmut Landshoff vor sich hatte: einen Mann, der seines Vertrauens würdig war.

Mit Gérard de Lange stand Emanuel Querido sein Widerspiel gegenüber, und zwar in allen Stücken. Querido war ein Gründer, der gut zwei Jahrzehnte jüngere de Lange ein Erbe, in den Wohlstand hineingeboren und in dem Reichtum aufgewachsen, den sein Vater Allert de Lange mit dem 1880 von ihm gegründeten Verlag, mit einer Annoncenagentur und einer gutfrequentierten Buchhandlung erworben hatte. Hermann Kesten, der das Lektorat der deutschen Abteilung von Allert de Lange betreute, hat seinen Chef einen Millionär genannt, und Joseph Roth hat »eine Art Junker« in ihm gesehen. Sein Lebensstil war der eines jungen Herrn aus großem Haus, der es sich leisten kann, seinen Neigungen zu leben. Zu ihnen hat aber weder die Literatur gehört noch überhaupt das Verlagswesen, und als Gérard de Lange 1932 nach dem Tode seines Vaters die Firmenleitung übernahm, hat er dies – laut Landshoff – »eher unwillig« getan. Die Formulierung zeugt vor allem von der Zurückhaltung, die sich der Memoirenschreiber Landshoff stets auferlegt hat, wenn Problematisches abzuhandeln war. Zu Vielem, was sich in seinem Buch harmonisch-harmlos präsentiert, hat er sich im Gespräch recht unverblümt geäußert, so auch zu Gérard de Lange. Die schriftliche Feststellung, dieser habe »gerne viele Stunden mit dem reichlichen Genuß alkoholischer Getränke verbracht«, ist zwar so deutlich, daß man die drastischere mündliche Äußerung nicht heranziehen muß. Die eben zitierte »eher unwillige« Übernahme der Verlagsleitung indes ist die Abmilderung von »der Mann hat dazu gezwungen werden müssen«. Ähnlich ist aus dem Diktum, Gérard de Lange habe nicht gewußt, was geregelte Arbeit sei, eine aus fanatischer Freiheitsliebe erwachsene »Antipathie gegen feste Bürozeiten« geworden, und von de Langes literarischer Ignoranz, die Landshoff mündlich voller Genuß ironisiert hat, ist in den Erinnerungen vollends die Rede nicht mehr. Als schwacher Reflex kann allenfalls die Nuance gelten, mit der Landshoff die Gründung der deutschen Abteilung charakterisiert hat: Gérard de Lange sei dazu von dem holländischen Schriftstellerehepaar Hilda und Siegfried van Praag »überredet« worden.

Hier also ein Verleger aus Leidenschaft, dort ein Mensch ohne alles Interesse für seinen Beruf; hier ein spartanischer Arbeiter, dort ein trunksüchtiger Verschwender; hier ein radikaler Sozialist, dort ein Konservativer im Extrem: auf diesen Nenner mag man den Gegensatz vorerst bringen, und daß Querido seinen Gegenspieler als Faulenzer verachtete, wohingegen der fils du papa auf den ihm Überlegenen als auf einen Emporkömmling

26 Signet Allert de Lange (DLA)

27 Hermann Kesten und Walter Landauer (KMA)

28 Emil Oprecht, 1946, bei der Eröffnung der ersten amerikanischen Buchausstellung in Zürich

herabzusehen beliebte – dies vervollständigt die Konstellation, die Landshoff vorfand, in die sich einzufinden und mit der zu rechnen er aber erst lernen mußte. Unter erschwerten Bedingungen. Denn es versteht sich, daß die deutschsprachigen Aktivitäten der Erbfeindschaft zwischen den beiden Verlegern neuen Auftrieb gaben.

Hermann Kesten hat stets Wert darauf gelegt, daß Allert de Lange als erster Verlag auf den Plan getreten sei, und im rein kalendarischen Sinne trifft das auch zu: der am 25. 4. 1933 von einem (nicht weiter in Erscheinung getretenen) Theodor-Verlag mit Georg Hermann geschlossene Vertrag ist von Allert de Lange übernommen und erfüllt worden. Dann freilich hat sich bei de Lange erst wieder etwas gerührt, nachdem Landshoff auf seinen Reisen die ersten Abmachungen getroffen hatte. Mit dem – angeblich Ende Mai – als Lektor verpflichteten Hermann Kesten kamen am 7. und 11. 6. Verträge über einen Roman und eine Anthologie zustande. Bis zum nächsten Abschluß – am 3. 7. mit Theodor Plivier – dauerte es dann wieder gute drei Wochen, und genausoviel Zeit verstrich, bis Ende Juli Brecht, Polgar, Kisch und Joseph Roth verpflichtet wurden. Dieses Intermittierende, das von Gérard de Langes »Antipathie gegen feste Bürozeiten« herrühren mag, ist für die Anfänge von dessen deutscher Abteilung bezeichnend. Klaus Mann hat es bei seinem erwähnten Amsterdam-Besuch ebenfalls erlebt. Da im ersten Gespräch mit Querido noch keine Einigung über

›Die Sammlung‹ erzielt worden war, hatte Mann auch bei de Lange vorgesprochen, genauer: in der Wohnung der mit den deutschen Dingen beauftragten Autorin Hilda van Praag (für die es im Verlag offenbar kein Büro gab). Obwohl ihr Kesten den Zeitschriftenplan eindringlich empfohlen hatte, verhielt sie sich reserviert und »kühl«. Am Tag darauf und nachdem Mann mit Querido ins Reine gekommen war – »Vertragsentwurf durchgesehen, Besprechung. Wird also klappen.« –, war auch de Lange ›wach‹ geworden: »Besuch von Verleger de Lange, der mich unter Coctails setzt und mich mächtig umzirzt. Gehe auch recht auf ihn ein; fühle mich im Grunde schon [an Querido] gebunden.«

Ein zweiter deutscher Auslandsverlag

Ein zweiter grosser Verlag für die in Deutschland verfehmte Literatur kündigt jetzt sein Programm an: nach Querido, Amsterdam, der Verlag *Albert de Lange* (Amsterdam, Damrak 62). Auf seinem Produktionsprogramm stehen in diesem Herbst Werke von: *Georg Bernhard, Bert Brecht, Max Brod, Georg Hermann, Gina Kaus, Hermann Kesten, Egon Erwin Kisch, Theodor Plivier, Alfred Polgar, Joseph Roth, Adrienne Thomas, Karl Tschuppik, Christa Winsloe.*

Auch wird dort eine Sammlung von Erzählungen von Autoren, deren Werke in Deutschland verbrannt wurden, unter dem Titel «*Der Scheiterhaufen*» herausgebracht.

29 Das Neue Tage-Buch, 1. Jg., H. 19 v. 4.11. 1933, S. 458 (DLA)

Tritt die Rivalität mit Querido als Gérard de Langes eigentlicher Antrieb hier besonders klar zutage, so scheint ihm die (auch) aus ihr resultierende Etablierung seiner deutschen Abteilung doch auch wieder lästig gewesen zu sein. Nach der Erinnerung Siegfried van Praags ist seine Frau von de Lange schon bald nicht mehr vorgelassen worden – er habe nicht gestört werden wollen. Schließlich schied Hilda van Praag am 31. 8. 1933 aus dem Verlag aus, »›weil sie‹« – so wieder ihr Ehemann – »›für Herrn de Lange die Sache zu energisch, zu schleunig vorwärts steuern wollte‹«. Zu ihrem Nachfolger berief de Lange, sei es auf Empfehlung von Kesten, sei es auf die von Joseph Roth, den früheren Kiepenheuer-Prokuristen Walter Landauer. An Intensität und Tempo der Verlagsarbeit änderte sich dadurch aber gar nichts. Nicht ohne Süffisanz schrieb Landshoff am 26. 9. an Kesten nach Paris: »Überhaupt habe ich nicht den Eindruck, als ob de Lange sich überanstrengen will. Nachdem Frau van Praag weg ist, müßte doch eigentlich einer von Ihnen in Amsterdam sitzen [...].« Tatsächlich haben sich weder Kesten noch Landauer am Verlagsort aufgehalten. Es mochte noch angehen, daß Kesten sein Lektorenamt in Paris ausübte und nur sporadisch, jeweils für zwei, drei Monate im Jahr, nach Amsterdam kam (er hatte sich das ausbedungen, um ungestört schreiben zu können). Daß aber auch Landauer geraume Zeit versucht hat, seine Funktionen von Paris aus wahrzunehmen, dies war ein unmöglicher Zustand. Freilich auch ein charakteristischer. Als Landauer nämlich im Mai 1934 nach Amsterdam übersiedelt war, hat Gérard de Lange von ihm ebenfalls nicht »gestört« werden wollen. Obwohl er seinen Mitarbeiter da – neun Monate, nachdem er ihn engagiert hatte – noch nicht persönlich gekannt haben soll, hatte er für ihn zunächst keine Zeit. Landshoff am 25. 5. 1934 an Joseph Roth: »Die Tatsache, daß Landauer mehr als eine Woche nach seiner Ankunft hier von de Lange noch nicht ein einziges Mal empfangen worden ist – obgleich man jeden Tag de Lange in den Lokalen herumsitzen sehen kann –, zeigt den Stand des Interesses für den deutschen Verlag.«

Anders als bei Querido, konnte bei de Lange von einem deutschen *Verlag* gar nicht die Rede sein. Die deutsche Produktion wurde lediglich von einer Abteilung des holländischen Verlags betreut, und es war Gérard de Lange persönlich, der alle Entscheidungen traf. Beim Wechsel von Hilda van Praag zu Walter Landauer scheint überdies der Handlungsspielraum der deutschen Abteilung noch weiter eingeengt worden zu sein. Van Praag hat gelegentlich Verträge unterzeichnet, muß also Prokura besessen haben. Landauer wurde dieser Status verweigert. Er ist nie zeichnungsberechtigt gewesen, auch nach Gérard de Langes Freitod (Juni 1935) nicht. Begreift man nach alledem, weshalb die deutsche Produktion bei Allert de Lange nur schleppend in Gang kam, obwohl sie viel früher gestartet worden war als bei Querido? Selbst mit ihrer öffentlichen Ankündigung hat man sich enorm Zeit gelassen. Sie erfolgte erst Anfang November 1933, zwei volle Monate nach der von Querido.[7]

Das Verhältnis zwischen den beiden Verlagen war nach dem Ausscheiden Hilda van Praags dadurch noch problematischer geworden, daß Landshoff in der Person Landauers nun ein zweiter Kontrahent gegenüberstand, mit dem er in Berlin eng zusammengearbeitet hatte. Im September 1928 hatte Landshoff seinen Studienfreund Kesten als Lektor zu Kiepenheuer geholt (und ihm die Publikation seiner ersten Bücher ermöglicht). Einige Zeit später hatte er Landauer engagiert, den zweiten Lektor des im Juni 1929 fallierten Verlags Die Schmiede. Auch hier hatte eine persönliche Beziehung bestanden, wenngleich keine so enge wie zu Kesten: Landshoff kannte den um ein Jahr jüngeren Landauer seit der Schulzeit »›vom Sehen‹«, beide hatten dasselbe Gymnasium besucht. Bei Kiepenheuer hatte Landauer übrigens Prokura besessen.[8] Daß sich das Team von einst nunmehr auf feindliche Fronten verteilte, soll nicht das Geringste am alten freundschaftlichen Verhältnis geändert haben, wenigstens wenn man Landshoff hört: »Wir waren nun konkurrierende Verleger, und diese Konkurrenz wurde von den beiden holländischen Verlegern sehr ernst genommen. Nicht so von uns. Landauer und ich wohnten bald zusammen, und Kesten und Klaus

Mann zogen in das gleiche Haus, wenn sie in Amsterdam waren. In gemeinsamen Abendsitzungen machten wir das Verlagsprogramm für beide Verlage, während tagsüber mit Mühe der Anschein der Konkurrenz gewahrt blieb.«

In späteren Jahren dürfte es sich annähernd so verhalten haben, wenngleich es schwer vorstellbar ist, daß man sich über mehr als nur über die großen Linien der Arbeit ausgetauscht haben soll. Was jedoch die hier zur Rede stehende Frühzeit betrifft, so beweist eine Anzahl von Dokumenten, daß die zwischen den holländischen Verlegern herrschende Rivalität vor ihren deutschen Pendants nicht haltgemacht hat. Unwillentlich gefördert wurde sie von Autoren, die sich, von beiden Verlagen umworben, in der verwirrenden Situation nur schwer zurechtfanden. Da sie nicht beurteilen konnten, welches der beiden Verlagsprojekte für sie günstiger war, hat mancher der plötzlich Entwurzelten so viele Kontakte unterhalten wie nur irgend möglich. Arnold Zweig etwa hat anfangs mit mehreren Verlagen verhandelt, außer mit Querido mit Allert de Lange, vermutlich auch mit dem ihm von seinem Freunde Lion Feuchtwanger empfohlenen Wiener Verleger Ernst Peter Tal. Nachdem er mit Querido über ›Bilanz der deutschen Judenheit‹ und ›Erziehung vor Verdun‹ abgeschlossen hatte, war er wegen eines Erzählungsbandes noch immer mit Allert de Lange im Gespräch, genauer: mit Hermann Kesten. Landshoff, den Zweig – und nicht etwa Kesten – davon in Kenntnis setzte, hat diese ›Parallelaktion‹ für mehr als mißlich gehalten, zumal es so aussah, als sollten die Erzählungen lange vor den mit Querido verabredeten Büchern herauskommen. Am 8. 8. 1933 bat Landshoff, Zweig möge »die Frage de Lange« nochmals »sine ira et studio« erwägen:

30 Signet von E.P.Tal

»Der Verlag Querido zahlt Ihnen eine Rente. Er ist außerdem aufrichtig – und dringendst – bemüht, die leidige Übernahmefrage [von Kiepenheuer] unter nicht geringen materiellen Anstrengungen zu lösen. Würden Sie es unter diesen Umständen für sehr zweckmäßig halten, wenn ein Novellenband jetzt von Ihnen in einem anderen Verlage erschiene, bevor noch der Querido Verlag von Ihnen etwas erhalten hat? Ich weiß, daß Sie sich gelegentliche Publikationen an anderer Stelle vorbehalten haben. Wäre es aber nicht gut, wenn das erste Buch bei uns erscheinen würde? Hätten wir uns nicht vielleicht auch über den Novellenband verständigen können? Herrn Dr. Feuchtwanger, der mir über ähnliche Pläne schrieb, habe ich dasselbe geschrieben. Bei der Begrenztheit des Marktes ist es bestimmt in niemandes Interesse, wenn mehrere Bücher gleichzeitig – in verschiedenen Verlagen – erscheinen. [...] Wenn ich Ihnen dies schreibe, folge ich insbesondere auch dem sehr dringenden Wunsch des Herrn Querido.«

Unabhängig von der Rivalität zwischen Querido und Allert de Lange umriß das Wort von der »Begrenztheit des Marktes« ein allgemeines Problem. Es war wirklich

»in niemandes Interesse«, wenn ein Autor sich in zwei Verlagen gleichsam selber niederkonkurrierte. Einigermaßen zwingend folgt daraus aber, daß die beiden deutschen Verlage in Amsterdam gar nicht anders konnten, als in einen mehr oder weniger fairen Wettbewerb miteinander zu treten. Arnold Zweig hat das eingesehen und nach wenigen Tagen angeboten, er wolle sich bei de Lange ausbedingen, daß der Novellenband einen Monat nach seinem ersten Querido-Buch herauskommen solle. Landshoff, der das nolens volens akzeptieren mußte, hat gleichwohl versucht, einen Wiederholungsfall auszuschließen: Zweig möge ihm künftighin Gelegenheit geben, zu denselben Bedingungen in ein Konkurrenzangebot einzutreten. »Für dieses Mal ist es ja nun zu spät«, schrieb er am 14. 8., erfuhr jedoch von Zweig umgehend, die Sache sei durchaus noch nicht entschieden: »Vielmehr kommt der mir doch schließlich unbekannte Verlag jetzt mit der Klausel, den Band Erzählungen nur bringen zu wollen, wenn er gleichzeitig eine Option auf einen Roman von mir erhalte.« Dies habe er gar nicht vorgehabt. Er habe bloß ausprobieren wollen, »wie der Verlag arbeite«.

31 Titelblatt und Frontispiz (1933, 7) (DLA)

ERNST TOLLER

EINE JUGEND IN DEUTSCHLAND

1933

QUERIDO VERLAG N.V. AMSTERDAM

32 Titelblatt und Frontispiz (1933, 8) (DLA)

Sei auf dieser Basis mit de Lange nicht einig zu werden, »so können Sie das Novellenbuch haben, zu denselben Bedingungen, zu denen ich es dem anderen Verlag angeboten habe«. Man wurde nicht einig (was Kesten, zu Recht oder nicht, einzig auf den »Starrsinn« de Langes schob), und Zweig überließ das Buch Querido. Landshoff am 6. 9. 1933: »Ich lasse also sofort das Novellenmanuskript von de Lange abholen.«

Ernst Toller ist ebenfalls von beiden Verlagen umworben worden – und zwischen beiden umstritten gewesen. Kesten am 27. 6. 1933 an Toller: »Wegen Ihrer Autobiographie habe ich sofort aufs Wärmste an den Allert de Lange Verlag geschrieben.« Ohne Kenntnis des voraufgegangenen Briefes von Toller läßt sich nicht entscheiden, ob er einen Verlag gesucht oder lediglich über die Arbeit an dem Buch berichtet hatte. Aus dem nächsten zugänglichen Briefe Tollers (18. 7.) erhellt dann freilich, daß er einige Kapitel an Allert de Lange geschickt hatte und »mit Sehnsucht« auf die »Bemerkungen« wartete, die Kesten dazu machen würde – er scheint ihn, wie in Kiepenheuer-Tagen, als ›seinen‹ Lektor und nicht als Exponenten von de Lange betrachtet zu haben, allemal aber als »ehrlichen Makler«, wie sein Postskriptum offenbart: »Auch Landshoff will mein Buch. Was *raten* Sie?« Das ist unbekannt geblieben, so naheliegend es gewesen sein mag. Es steht auch dahin, ob es den Tatsachen entspricht, wenn Gérard de Lange in einem an einen reichsdeutschen Geschäftspartner gerichteten Brief vom 20. 10. behauptete, »›zu den letzten, schon erwähnten Ablehnungen‹« angebotener Manuskripte habe »›eine Biographie über Toller‹« gehört, dergestalt die Bereitschaft zu politischem Wohlverhalten beteuernd. Als belegt darf demgegenüber gelten, daß Landshoff, wie erwähnt, das Toller-Manuskript schon viele Wochen vorher, nämlich Anfang September, in Zürich in Empfang genommen hatte.

Auch hier wird man von einem Konkurrenzverhältnis sprechen müssen, und anders, als es Beteiligte, insbesondere Landshoff, später haben wahrhaben wollen, scheint es nicht immer leicht gewesen zu sein, die Härten des Wettbewerbs mit dem Mantel der Freundschaft zu bedecken. Die Empfehlung, die Landshoff dem »lieben Kesten« am 26. 9. 1933 gab, entbehrt jedenfalls nicht der Anzüglichkeit: »Wenn Sie Angebote unserer Autoren zur Weitergabe an den Verlag de Lange erhalten, so schreiben Sie dem Verlag ruhig, daß, soviel Sie wissen, die Leute mehr oder weniger an uns gebunden sind.« Tatsächlich hatte Kesten von Arnold Zweig bereits am 13. 7. 1933 erfahren, daß dieser über einen neuen Roman »mit Querido abgeschlossen« hatte und daß Landshoff sich bemühe, »die Bestände von Kiepenheuer herauszukriegen«. Über die enge persönliche Beziehung zwischen Landshoff und Toller kann sich Kesten vollends nicht im Unklaren gewesen sein.

Die Spannungen haben die Gründungsphase noch um ein Beträchtliches überdauert. Den de Lange-Akten zufolge scheiterte im Mai 1934 ein, wie Sorgatz formuliert, »gemeinsam mit Hermann Kesten unternommener Versuch« von Landauer, »Heinrich Manns ›Henri Quatre‹ in das Verlagsprogramm« von de Lange aufzunehmen, ergo diesen Autor von Querido zu sich herüberzuziehen. Mann hatte Kesten um eine vertrauliche Sondierung gebeten (womöglich, um für Verhandlungen mit Landshoff ein Druckmittel in der Hand zu haben). Kesten und Landauer betrieben die Sache voller Eifer, und es darf bezweifelt werden, daß sie Landshoff bei irgendwelchen »gemeinsamen Abendsitzungen« in der Pension Hirsch darüber ins Bild gesetzt haben. Der hat sich mit Heinrich Mann nämlich schon weitgehend einig geglaubt – den Wiener Zsolnay Verlag, der eine Option auf Manns nächsten Roman besaß, hatte er bereits um Freigabe für Querido ersucht.[9]

Konkurrenz also statt Kooperation, Konkurrenz für geraume Zeit und keineswegs nur, um die Gefühle der holländischen Verleger zu schonen. War dies nach Lage der Dinge unvermeidlich, so bedarf es doch keines Beweises, daß die ökonomische Vernunft von Anfang an Zusammenarbeit erfordert hätte, wenn nicht überhaupt die Vereinigung der von beiden Verlagen betriebenen deutschsprachigen Aktivitäten. Dies schon deshalb, weil sie in den Niederlanden keineswegs nur auf freundwillige Zustimmung gestoßen sind. Gewiß, von staatlicher Seite scheint den Verlagen zu keiner Zeit irgendeine Schwierigkeit bereitet worden zu sein. Die deutschen Mitarbeiter beider Häuser erhielten Aufenthaltserlaubnis und, da sie über im Lande nicht vorhandene Spezialkenntnisse verfügten, die selten gewährte Arbeitsgenehmigung. Klaus Mann und Landshoff wurde nach einigem bürokratischem Hin und Her sogar ein niederländischer Fremdenpaß ausgestellt, der ihre Bewegungsfreiheit sicherte, nachdem ihre deutschen Papiere abgelaufen waren. Anders aber die Behörden und anders die kulturell interessierte Öffentlichkeit. Sie hat die neuen Verlage bzw. Verlagszweige teilweise recht argwöhnisch betrachtet, einige Buchhändler haben ihre nationalen Gefühle verletzt gesehen, einige Verleger ihre Existenz bedroht geglaubt. Schon Monate, bevor das erste deutsche Buch unter dem Querido-Signet erschienen war, am 23. 6. 1933, hatte der Amsterdamer Verleger Andries Blitz im ›Nieuwsblad voor den Boekhandel‹, dem holländischen Pendant des ›Börsenblatts‹, gegen die angeblich zu starke Präsenz ausländischer Bücher in holländischen Buchhandlungen protestiert. Man wird Blitz, der auch deutsche Bücher in Übersetzungen herausbrachte, ohne weiteres abnehmen, daß er »diese Lanze für das niederländische Buch nicht aus ›chauvinistischen‹, sondern«, wie er versicherte, rein »aus geschäftlichen Gründen« gebrochen hatte. Andere jedoch haben den chauvinistischen Akzent eher betont als vermieden, so im Herbst 1934 der Leiter des angesehenen wissenschaftlichen Verlags Elsevier – »›Müssen unsere niederländischen Autoren denn etwa in deutsch schreiben, um gelesen werden zu können?‹« –, und ein Buchhändler hat es für nötig befunden, im ›Nieuwsblad voor den Boekhandel‹ eine monatelange Polemik zu unterhalten, weil er von Querido, immer mal wieder, Rechnungen in deutscher Sprache erhalten hatte, gar deutsche Prospekte mit einem holländischen Begleitbrief: »›Holland annexeert zich zelf!‹« [10]

War nun einerseits unstrittig, daß es dem »gebildeten Niederländer« keinerlei Schwierigkeiten bereitete, Romane von Heinrich Mann oder Arnold Zweig in der Ursprache zu lesen[11], so macht die Gereiztheit von Kollegen und Kunden es anderseits verständlich, daß sowohl Emanuel Querido als auch Gérard de Lange besänftigend auf ihre Landsleute eingewirkt haben, indem sie der wohlfeilsten der ausländerfeindlichen Parolen den Wind aus den Segeln zu nehmen suchten. Querido ist dabei nicht so weit gegangen wie de Lange, der die Mitwirkung von Ausländern an der

Herstellung der deutschen Bücher rundheraus abstritt, auch er hat sie aber stark heruntergespielt, um – im ›Nieuwsblad‹ vom 13. 10. 1933 – einen kräftigen ›nationalen‹ Akzent zu setzen: »›Es betrifft hier ausnahmslos niederländische Druck- und Buchbindearbeit, und so steuert dieses internationale Unternehmen ebenfalls seinen Teil an der heute so brotnötigen Förderung der niederländischen Industrie bei.‹« Vier Tage später versicherte Gérard de Lange am selben Orte sogar: »›Die deutschsprachige Abteilung wird durch Herrn G. de Lange mit ganz eigenem Personal persönlich geleitet. Obwohl man bestrebt ist, dem deutschen Buch sein deutsches Gepräge zu belassen, wird die graphische Arbeit und die Einbandgestaltung gänzlich von Holländern besorgt.‹«

Die Niederlande waren von der Weltwirtschaftskrise erst sehr spät erfaßt worden, und so stieg die Arbeitslosigkeit dort noch kräftig an, während sie anderwärts bereits spürbar sank. Das Argumentationsmuster der beiden Verleger nimmt danach nicht wunder, und es überrascht auch nicht, daß Querido in den folgenden Jahren noch stärker in die Defensive gegangen ist. Mit einer ›Nieuwsblad‹-Äußerung vom 30. 8. 1935 erklomm er dabei ebenso einen Gipfel an Selbstverleugnung, wie er einen Tiefpunkt an Tatsachentreue erreichte. Implicite, aber allen Ernstes, hat er seinen Landsleuten (und Branchenkollegen) weiszumachen versucht, die deutschen Bücher nützten Holland, weil mit ihnen Geld zu verdienen sei – er jedenfalls sei dieser Ansicht: »›Die Verleger sahen in der Herausgabe dieser Bücher auch ein Geschäft (wenn auch mit unglaublichem Risiko).‹«[12] Kaum eine von den Erfahrungen, die Querido mit seinem deutschen Verlage gemacht hatte, berechtigte ihn zu dem Hauptsatz, so manche aber zu der Apposition. Kurz vor Veröffentlichung dieses erstaunlichen Interviews hatte Querido aus dem bis dahin gravierendsten wirtschaftlichen Fiasko des deutschen Verlags die Konsequenz ziehen müssen: ausgerechnet die allererste Publikation des neuen Unternehmens stellte ihr Erscheinen ein, Klaus Manns literarische Monatsschrift ›Die Sammlung‹.

33 Auf der folgenden Seite: Die Umschlagseite I der ersten Ausgabe der ›Sammlung‹ vom September 1933; zugleich Titelseite des Werbeprospekts (DLA)

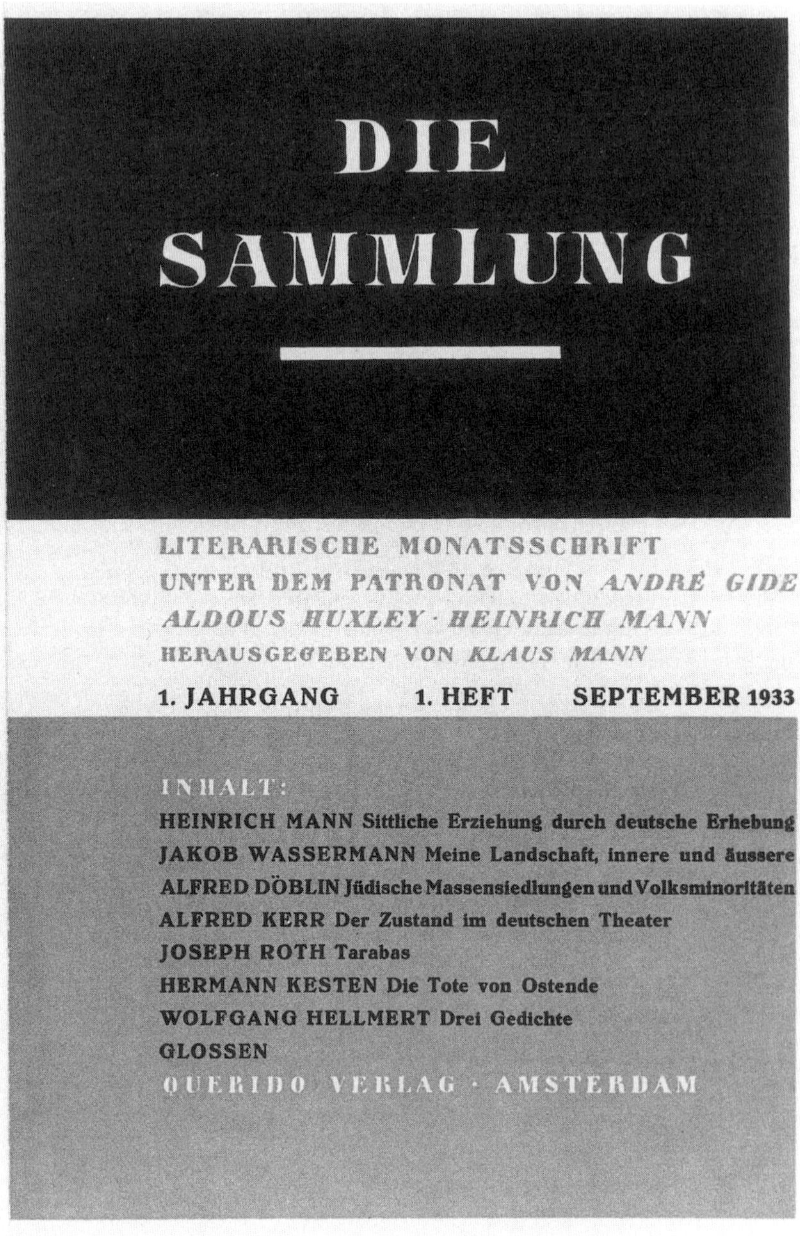

DIE SAMMLUNG

LITERARISCHE MONATSSCHRIFT
UNTER DEM PATRONAT VON *ANDRÉ GIDE*
ALDOUS HUXLEY · HEINRICH MANN
HERAUSGEGEBEN VON *KLAUS MANN*

1. JAHRGANG 1. HEFT SEPTEMBER 1933

INHALT:

HEINRICH MANN Sittliche Erziehung durch deutsche Erhebung
JAKOB WASSERMANN Meine Landschaft, innere und äussere
ALFRED DÖBLIN Jüdische Massensiedlungen und Volksminoritäten
ALFRED KERR Der Zustand im deutschen Theater
JOSEPH ROTH Tarabas
HERMANN KESTEN Die Tote von Ostende
WOLFGANG HELLMERT Drei Gedichte
GLOSSEN

QUERIDO VERLAG · AMSTERDAM

Draußen und drinnen I: Intrige gegen ›Die Sammlung‹ Da es bei der Buchherstellung Schwierigkeiten gegeben hatte, war die im September 1933 erschienene ›Sammlung‹ unversehens zur Visitenkarte des Verlags geworden. Binnen kurzem stand sie freilich auch im Mittelpunkt eines Skandals. Statt das Programm zu verwirklichen, das in ihrem Namen sich ausdrückte, bewirkte die Zeitschrift gleich in zweifacher Hinsicht eine Scheidung der Geister. Zum einen führte ihr Auftreten zu einer fast programmatischen Trennung zwischen der reichsdeutschen Literatur und der des Exils, zum andern spaltete es das literarische Exil selber. Aus der Distanz eines Menschenalters ist das nicht mehr ohne weiteres zu verstehen. Mit dem Nachwissen von heute nehmen sich die Texte des ersten Heftes maßvoll aus. Um nachvollziehen zu können, was sich da ereignete, muß man die historische Situation rekonstruieren. Nehmen wir vorweg, daß die Zeitschrift nur der Anlaß des Konflikts war. Sie wurde zum Katalysator, um nicht zu sagen, zu einer jener Säuren, mit denen man die weniger konsistenten von den festen Stoffen scheidet. Nur daß es hier nicht um Metalle ging, sondern um die »bürgerliche«, das heißt, die nichtnazistisch-faschistische und nichtkommunistisch-sozialistische deutsche Literatur.

Daß die ›Sammlung‹ vom Dritten Reich bekämpft wurde, versteht sich von selbst. Lange bevor die Nazis aber überhaupt auf sie aufmerksam geworden sind, ist sie aus Deutschland heraus angefeindet und mit mancherlei Mitteln intriguiert worden, und es war vor allem (aber nicht nur) der hochangesehene bürgerliche Fischer Verlag, der aus der Kulisse gegen sie agiert hat. Vordergründig hat es sich darum gehandelt, daß einige, wiederum im eben definierten Wortsinne bürgerliche Schriftsteller, manche (aber nicht alle) Autoren von S. Fischer, zunächst die Mitarbeit an Klaus Manns Zeitschrift zugesagt, sich dann aber, auf Druck ihrer reichsdeutschen Verlage, von ihr distanziert hatten. Bürgerlich waren nun aber auch Klaus Mann und sein Blatt, bürgerlich nicht minder der deutsche Querido Verlag – der Riß ging also durch die große Mittelgruppe der exilierten deutschen Literatur. Landshoff hat die Affäre rückblickend damit zu erklären versucht, daß im Sommer 1933 »ein sehr großer Teil der Naziopfer aller Richtungen« noch davon überzeugt gewesen sei, die Regierung Hitler werde »so kurzlebig sein [...] wie die vielen der vorausgegangenen Jahre«.

Das klingt einleuchtend, doch auf die Beteiligten trifft es nicht zu. Die Stabilität oder Labilität der NS-Diktatur ist in der Auseinandersetzung nicht thematisiert worden. Wäre es nur um das richtige Taktieren in einer für transitorisch gehaltenen Situation gegangen, so hätte man sich nicht derart erbittert befehden müssen. Richtig ist das Gegenteil. Einige Beteiligte hatten durchaus noch nicht begriffen, daß sie – auch sie! – zu »Nazi*opfern*« designiert waren. Ihr Verhalten zeigt, daß sie sich ebenso auf eine lange Dauer der Diktatur eingestellt hatten, wie die Gründer des Querido Verlags und der ›Sammlung‹. Tatsächlich ist um etwas anderes gestritten worden:

darum, ob diese Spezies Literatur auch ›drinnen‹ noch, oder ob sie nur ›draußen‹ eine Zukunft habe (mitsamt ihren Verlagen, wie sich versteht). Es ging nicht um die Stabilität des Regimes, es ging um das Maß seiner Liberalität gegenüber nicht systemkonformen Schriftstellern, Büchern und Verlagen. Da nun mit dem an S. Fischer gebundenen und von Querido umworbenen Thomas Mann der Repräsentant dieser Literatur im Zentrum des Konflikts steht, ist es unerläßlich, sich – exemplarisch – dem wichtigsten von Klaus Manns Kontrahenten zuzuwenden, dem S. Fischer Verlag und seiner Leitung.

Folgt man der ›offiziösen‹ Verlagsgeschichte Peter de Mendelssohns, so hatte sich der Verlagsgründer Samuel Fischer (1859–1934) Anfang der dreißiger Jahre »bereits weitgehend aus den Tagesgeschäften der Verlagsleitung zurückgezogen« und seinem Schwiegersohn, dem Arzt Dr. Gottfried Bermann (1897–1995), faktisch den Platz geräumt. »Mit dem Beginn des Jahres 1932« habe dieser »die Leitung des Verlages vollkommen übernommen«. Fischer habe unter Altersbeschwerden gelitten, »gelegentliche Geistesabwesenheit und Bewußtseinstrübungen« seien hinzugetreten, und so habe es »in der Natur der Sache« gelegen, »daß man ihn vor Unerfreulichem, vor allem, was die politischen Vorgänge betraf, nach Möglichkeit bewahrte«. Als sich 1933 die Frage nach der Zukunft des jüdischen Verlags stellte, sei es Gottfried und Brigitte Bermann nicht gelungen, »Fischer den Ernst der Bedrohung begreiflich zu machen. Er verstand die Situation nicht, wollte sie wohl auch im tiefsten Unterbewußtsein [sic!] nicht verstehen. Alle Vorstellungen blieben fruchtlos: er weigerte sich, auszuwandern […].« Als Golo Mann Anfang 1939 aus gegebenem Anlaß (nochmals) auf das Verhalten des Fischer Verlags im Jahr 1933 kritisch zu sprechen kam, hat Gottfried Bermann denselben Hauptgrund für das Verbleiben des Verlags im Dritten Reich geltend gemacht, und freilich hat er auch hinzugefügt: »Ich habe 1933 alles versucht, um herauszugehen.«

Nun sind dies nachträgliche Bekundungen, zu Papier gebracht, als schon die Historie selber gebieterisch ein Rechtfertigungsbedürfnis erzeugt hatte. Zudem sind sie, was Samuel Fischers Denken und Wollen angeht, unüberprüfbar, weil nirgendwo schriftlich belegt, und die Sache wird dadurch nicht einfacher, daß es geradezu konträre Äußerungen anderer Gewährsleute gibt – um deren Authentizität es freilich auch nicht besser bestellt ist. Dies beiseitegelassen, existieren aber durchaus zeitgenössisch-authentische Quellen wenigstens zum Tun und Trachten von Gottfried Bermann, und sie zeigen ihn als einen Menschen, der sich je nach dem Pendelschlag der Tagespolitik in diametral entgegengesetzte Richtungen bewegt hat.

In Thomas Manns Tagebüchern findet sich ein symptomatisches Beispiel. Am 1. April 1933, dem Tag des deutschen Judenboykotts, passierte Bermann auf der Rei-

34 Gottfried Bermann Fischer in Montagnola, 1934 (DLA)

35 Samuel Fischer in Montagnola, 1934 (DLA)

se zu seinem in Rapallo die Kur benutzenden Schwiegervater Lugano, wo Thomas Mann sich damals aufhielt, und traf mit Katia Mann zusammen: »K., vom Bahnhof zurück, berichtet von kurzer Unterhaltung mit dem verstörten Bermann, der ein wirres, ratloses Berlin im Rücken gelassen.« Am 3.4. war von Verstörtheit keine Rede mehr: »Bermann rief aus Rapallo an, um seine Zuversicht zu äußern. Offenbar hat er beruhigende Nachrichten über die Stellung des Verlages.« Sieht man davon ab, daß der Verlag, gleich allen deutschen Juden und jüdischen Einrichtungen in Deutschland, diskriminiert und an den Pranger gestellt worden war, so war ihm ja wirklich »nichts Besonderes passiert«. Und künftighin auch nicht. Weder wurde er geschlossen, noch hat er selbst nur eine Haussuchung über sich ergehen lassen müssen. Zwar war die erste der »Schwarzen Listen« publiziert worden, auf der der eine und andere Fischer-Autor figurierte, und die mit viel Propaganda vorbereiteten Bücherverbrennungen standen vor der Tür, doch in der Bülowstraße konnte man arbeiten, ohne direkt belästigt zu werden. In welchem Geiste man arbeitete, zeigt der Brief, mit dem Bermann am 9. Mai, dem Vorabend der Autodafés, gegen Thomas Manns »schon jetzt endgültige[s] Verbleiben im Ausland« Stellung nahm und seinem Autor eine wenigstens vorübergehende Rückkehr ins Dritte Reich dringlich nahelegte. Am 8. 6. sodann hat Bermann von der Schweiz aus (und somit ohne eine Zensur fürchten zu müssen) den nach Südfrankreich weitergewanderten Thomas Mann davor gewarnt, sich an einen der eben entstehenden Exilverlage zu binden: ihre »Berechtigung« hätten sie nur, »soweit sie reine Emigrantenverlage sind«. Daß dem Fischer Verlag draußen »immer wieder schlechte Prognosen gestellt« würden, sei ihm bekannt, aber: »Wir kämpfen um unsere Stellung, haben sie bisher gehalten und werden sie halten, so lange es geht. Bis jetzt besteht keinerlei Anlaß, an der Möglichkeit daran zu verzweifeln.«[13]

Ende Juni 1933 besuchte das Ehepaar Bermann Paris und kam dort auch mit einer Reihe von Exilierten zusammen, von denen einige – Klaus Mann, Harry Graf Kessler, Leopold Schwarzschild – ihre Eindrücke festgehalten haben. Der Fischer-Autor Kessler schrieb am 22. Juni in sein Tagebuch:

»Bermann sagt, daß der Fischer-Verlag in keiner Weise belästigt worden sei, auch keine Nazizelle habe. Ja, er selbst sei, obwohl Jude, in den Überwachungsausschuß für ›Schund und Schmutz‹ berufen worden. Er meint, wenn ich mir in Paris vom Konsulat ein Wiederausreisevisum geben lasse, sehe er keine Bedenken gegen eine zeitweise Rückkehr. Er glaube nicht, daß ich in Deutschland belästigt würde. Überhaupt werde das Regime allmählich milder. Gewisse Leute (Juden), die sie vertrieben hätten (namentlich in der Kinobranche) bäten sie auf den Knien, wieder zurückzukehren, weil sie ohne sie nicht auskämen. Dagegen sei die wirtschaftliche Lage trostlos und werde immer trostloser. Trotzdem glaube er an eine lange Dauer des Regimes.«

Es ist da also von einem verläßlichen Zeugen das Gegenteil dessen registriert worden, was Landshoff den binnendeutschen Gegnern bei der ›Sammlungs‹-Intrige glaubte zugutehalten zu sollen, und am nächsten Tag hat Bermann seine Prognose bekräftigt: »Bermann bleibt dabei, daß er den Nazis eine lange Dauer prophezeit, allerdings sei die Endkatastrophe gewiß; aber wann?« Nun, nach Bermanns Ansicht jedenfalls nicht in absehbarer Zeit. Haben wir eben einen über seine Position wie über die des Verlags völlig beruhigten Mann kennengelernt, so bietet Kesslers nächste Eintragung (28. 6.) ein von Grund auf verändertes Bild. Zwar datiert sie nur sechs Tage nach der ersten, doch es hatte sich etwas ereignet in Deutschland:

»Hugenberg ist zurückgetreten, die Deutschnationale Partei hat sich ›aufgelöst‹. [...] Bermann, mit dem ich um zehn eine Unterredung hatte, war ganz durcheinander, einem Zusammenbruch nah. Er, der, als er aus Deutschland ankam, die Lage ganz optimistisch ansah, ist, wie er selbst sagte, nach acht Tagen im Auslande vollkommen umgefallen, befürchtet jetzt das Schlimmste, Enteignung der Juden, der Großgrundbesitzer, der Banken, Bolschewismus usw. Er frage sich, ob man nicht besser daran täte, so schnell wie möglich aus Deutschland fortzugehen.«[14]

Vorhin noch einen aus gutem Grund Geflohenen zur Rückkehr in die »milder« ge-

36 Katia und Thomas Mann in Sanary-sur-Mer, Juni 1933 (DLA)

wordene Diktatur ermunternd, nunmehr aber, einer politischen Bagatellnachricht wegen, »einem Zusammenbruch nah« und die Flucht erwägend: Gottfried Bermann trieb hilf- und orientierungslos im Strom der Tagesereignisse, und seine nächsten Schritte sind denn auch ersichtlich von der ihn so sehr schockierenden Meldung gelenkt und geleitet worden. Klaus Mann, der ihn zweimal traf, am 22. und 28. 6., hat den Stimmungsumschlag bei der zweiten Begegnung ebenfalls beobachtet. In unserem Zusammenhang dankt man ihm freilich einen noch wichtigeren Hinweis. Bei dem Mittagessen mit dem Ehepaar Bermann hat als Vierter in der Runde Brigitte Bermanns Cousin mit am Tische gesessen: Fritz Helmut Landshoff. Daß dies eine Zufallsbegegnung gewesen sei, darf füglich bezweifelt werden, wenn man sich vor Augen führt, welchen Niederschlag sie bei Autoren beider Verlage hinterlassen hat. Bei Thomas Mann etwa, den Bermann am 29. 6. in Sanary aufsuchte: »Die Begegnung mit Bermann nicht unerfreulich. Seine Verbindung mit Querido günstig.« Seinem Sohne Klaus schrieb Mann am selben Tag noch um eine Nuance positiver: »Mit

Bermann habe ich mich soweit ganz gut verstanden und verabredet. Seine Beziehungen zu Querido sind mir sehr angenehm.«

Über deren Substanz freilich gehen die Ansichten weit auseinander. Der Herausgeber von Thomas Manns Tagebüchern spricht von einer »stillschweigenden Vereinbarung« zwischen Landshoff und Bermann, dahingehend, »daß Landshoff Bücher, die der S. Fischer Verlag in Deutschland aus politischen Gründen nicht mehr bringen konnte, in den Querido Verlag übernehmen werde«. Bei dem Querido-Autor Joseph Roth liest man das Gegenteil. Er hat Hermann Kesten – gleichfalls am 29. 6. – über Bermanns Parisbesuch und seine Kooperationspläne mit Landshoff berichtet: »Dr. Bermann war hier. Will Landshoffs Autoren im Verlag Fischer gleichzeitig im Dritten Reich bringen. Habe als stolzer Österreicher abgelehnt, ein Saujud zu sein.«

Nun schließt das eine das andere nicht aus. Klaus Mann zwar hatte nach der ersten Begegnung mit Bermann (22. 6.) noch den Eindruck empfangen, dieser denke »zunächst gar nicht daran«, Autoren seines Verlags »freiwillig herauszugeben«. Indes hatte der Hugenberg-Rücktritt zu einem Sinneswandel geführt, und das erklärt die erwähnte Mitteilung Döblins (4. 7.) über die »Abmachung«, derzufolge der Roman ›Babylonische Wandrung‹ von Fischer an Querido ging. Stützt dies die Version Mendelssohns, so läßt ein anderer Döblin-Brief den Schluß zu, daß auch an der von Joseph Roth etwas ›dran‹ gewesen ist. Am 12. 1. 1934 schrieb Döblin Bermann, ›Babylonische Wandrung‹ sei fertig, das Manuskript liege bei Landshoff:

»Das Manuskript können Sie darum nicht sehen, weil es nur einmal da ist [...]; dagegen erhalten Sie den Bürstenabzug von Landshoff. Es wäre ja schön, wenn Sie auf unseren früheren Plan zurückkommen könnten. Wenn ich skeptisch bin, so darum, weil ich nicht Th. Mann oder Schickele bin, sondern ein Jude bin und obendrein einer, der den Herren drüben immer ein Dorn im Auge war, ein ganz besonders aktiver und streitbarer Dorn. Versuchen Sie, das Buch selbst bietet keine Angriffsflächen.«

Thomas Mann und Schickele konnten noch im Dritten Reich publizieren, obwohl sie draußen lebten. Döblins Hinweis auf sie macht – mitsamt seiner am 17. 1. 1934 wiederholten Ankündigung der Druckfahnen – transparent, was in dem »früheren Plan« *auch* enthalten war: das von Joseph Roth Behauptete. Es darf somit als erwiesen gelten, daß zwischen Landshoff und Bermann eine Absprache bestanden hat – sowohl über den Wechsel von im Dritten Reich »untragbar« gewordenen Fischer-Autoren zu Querido als auch darüber, die unter dem Querido-Signet erscheinenden Bücher dieser Autoren durch S. Fischer in Deutschland zu vertreiben. Über die Form dieser Abmachung läßt sich nur sagen, daß sie so ganz »stillschweigend« nicht gewesen sein kann, wie Mendelssohn angenommen hat. Ein nur fragmentarisch überlieferter Döblin-Brief an Landshoff legt das jedenfalls nahe. Döblin schildert darin u. a.

37 Annemarie Schwarzenbach (Mitte), Mäzenatin der ›Sammlung‹, mit Erika und Klaus Mann (KMA)

die Reaktionen bei S. Fischer auf das Erscheinen der ›Sammlung‹, soweit sie ihm durch Bermanns Emissär Samuel Saenger bekanntgeworden waren, und zu dem hier relevanten Punkt heißt es: »Bermann hat, berichtet Saenger, *alle* Korrespondenz mit Ihrem Verlag sofort vernichtet [...].«[15]

Man ist also miteinander in Verbindung gewesen und hat kooperiert, wobei sich nur fragt, für wie lange. Bermanns Hugenberg-Panik war nicht von langer Dauer, zumal ja vorerst auch nicht eine der in der Schrecksekunde befürchteten Folgen eingetreten war: es hatte keinen »Bolschewismus« im Hitlerstaate gegeben, keine Enteignungen, nicht einmal einen stärkeren Antisemitismus. Die Verlagsemigration kann für Bermann nicht mehr dringlich gewesen sein – anders würde er Thomas Mann nicht am 17. 7. und erneut am 24. 7. wieder zur Rückkehr nach Deutschland aufgefordert haben. Weit davon entfernt, die Auswanderung des Verlags zu befördern (ob nun mit, ob gegen Samuel Fischers Willen), sind er und seine Mitarbeiter darum bemüht gewesen, die Position des Hauses im Dritten Reich zu sichern; zu verhindern, daß sie durch regimekritische Äußerungen gefährdet würde, und seien diese auch maßvoll und vornehm.

Nicht anders nämlich läßt sich Thomas Manns ›Antwort an Hans Pfitzner‹ charakterisieren, ein Offener Brief, mit dem Mann auf Pfitzners Verteidigung des ›Protests der Richard-Wagner-Stadt München‹ hatte antworten wollen. Das denunziatorisch-geifernde Pamphlet der umgefallenen Münchner ›Kulturbürger‹ hatte bekanntlich Manns Wagner-Ansprache gegolten und war für seine Bedrohung in München das auslösende Moment gewesen. Mann hatte den Offenen Brief am 18. 7. der Fischerschen ›Neuen Rundschau‹ geschickt und auf Veröffentlichung noch in deren Augustheft gedrungen, was Peter Suhrkamp telegraphisch sofort abgelehnt hatte: »das Manuskript sei zu spät gekommen.« In einem nachgereichten Brief hat Suhrkamp den wahren Grund der Ablehnung genannt – Erika Mann hat ihn ihrem Bruder Klaus am 25. 7. stichwortartig und mit spürbarer Verachtung so referiert: »Zauberern angehend, so steht es so, daß die Rundschau seinen Zahmen wegen Gefährlichkeit abgelehnt hat (der Verlag würde verboten werden, von der Rundschau ganz abgesehn, deren Verbot besiegelt wäre, schrieb der tapfere Suhri) [...].« Thomas Mann indes hat das Telegramm im Tagebuch ganz anders kommentiert: »Das Nichterscheinen der Pfitzner-Antwort ziemlich leicht verschmerzt.«[16]

Damit fällt das Licht auf den, der Bermann das momentweise schwankende, prinzipiell aufs Verbleiben in Deutschland zielende Lavieren maßgeblich erleichtert, wenn nicht überhaupt ermöglicht hat. Thomas Mann war der weitaus wichtigste, in der Welt am meisten angesehene deutsche Autor des Verlags. Sein Wechsel, gar zu einem Exilverlag wie Querido, hätte S. Fischer nicht bloß enormen materiellen Schaden zugefügt, er wäre innerhalb und außerhalb Deutschlands als Beweis für die vollendete Gleichschaltung des Verlags angesehen worden, gleichgültig, ob sich in dessen Besitzverhältnissen etwas geändert hätte oder nicht. Bermann hat das klar erkannt. Bei all seinen Handlungen im Kontext des ›Sammlungs‹-Skandals ist es ihm stets nur um eines zu tun gewesen: den Verlag *mit Thomas Mann* in Berlin weiterzuführen.

Ob dies im gleichen Maße auch Thomas Mann bewußt war? Wie man weiß, war er vor allem mit sich beschäftigt. Ein seelisches Patt hat ihn vorerst und noch für geraume Zeit an der klaren Entscheidung zwischen ›drinnen‹ und ›draußen‹ gehindert, ungeachtet der entschiedenen Ablehnung der NS-Diktatur, von der die Tagebücher eindrucksvoll Zeugnis ablegen. So wenig die vielfältigen Ursachen dieser Entscheidungsschwäche hier erörtert werden können, so deutlich sind doch ihre paralysierenden Folgen zu erkennen. Weit mehr als Bermann ist Thomas Mann ein Schwankender gewesen, der sich von Stimmungen, Tagesereignissen, Gesprächs- und Korrespondenzpartnern bald in die eine Richtung hat reißen lassen, bald in die andere, dies insbesondere, wenn es um das äußere Schicksal seines nächsten Buches ging, der den Josephs-Zyklus eröffnenden ›Geschichten Jaakobs‹. Schon bevor er mit Landshoff über die ›Sammlung‹ einig geworden war, hatte Klaus Mann dafür plädiert, der Vater möge den Roman Querido geben, und Erika Mann hatte das Gleiche getan. Klaus hatte vorsichtig argumentiert, Erika energisch und mit der expliziten Begründung, »weil ich allzugerne möchte, daß Du Dich der Fischerschen Gleichschaltung nun bald entzögest«. Wenig später taucht in Thomas Manns Tagebuch dann auch die »Besorgnis« darüber auf, »daß B.[ermann] mich in die ›Gleichschaltung‹ des Verlages hineinziehen will«. Für Bermanns Rückkehraufforderungen hat Mann stets ablehnende Worte gefunden, höflich entschiedene gegenüber dem Verleger, heftig verdammende im Tagebuch mitunter, so am 24. 7. 1933: »Neuer Brief von Bermann, in Paris aufgegeben, auf Rückkehr nach Deutschland dringend. Man sei bereit, mir an die Grenze entgegenzukommen. Törichter, eigennütziger, willentlich unwissender Mann.« Eine vernichtende Charakteristik, doch ist der Eintrag damit noch nicht zu Ende: »Dennoch erschüttert dies Insistieren mich immer aufs Neue.« Just so hat er die Ablehnung der ›Antwort an Hans Pfitzner‹ ja »ziemlich leicht« verschmerzt – obwohl er den Aufsatz zu dem erklärten Zwecke geschrieben hatte, »›*meine Ausstoßung* durch jene Aktion, als ihren Sinn, unzweideutig zu proklamieren. Die Leute sollen wenigstens wissen, was sie getan haben.‹«

Eben dies, das Unzweideutige, war aber die Klippe, an der seine Entschlüsse in der »Verlagsfrage« Mal für Mal zuschanden wurden. Sie schwebte und schwelte noch immer, als Klaus am 21. 8. erneut und nunmehr dringlich für Querido warb. Unter dem Eindruck dieses Sohnesbriefs, mehr aber noch unter dem der Beschlagnahme des Münchner Hauses und sonstigen Eigentums, entschied sich Thomas Mann am 25. August für Querido und teilte dies Bermann mit. Das Tagebuch: »Ich dringe nicht auf die Zurückhaltung des Bandes überhaupt, sondern auf seine Übergabe an Querido, wie auch Klaus es in seinem heutigen Brief durchaus verständig befürwortete. Der Augenblick ist für das Erscheinen in Deutschland gar zu unsinnig gewählt. Bermann muß das einsehen.« Der aber hat, trotz eines langen Briefs voll starker Worte, den Aufsässigen wiederum zu ›erschüttern‹ vermocht. Das Buch blieb bei Fischer. Tatsächlich wäre ja auch etwas Unzweideutig-Unwiderrufliches geschehen, das, wozu Mann seelisch nicht in der Lage war. So ist es für Bermann ein Leichtes gewesen, den Amsterdamer Konkurrenten einfach dadurch abzutun, daß er eine Perpetuierung des Schwebezustandes dekretierte: »Wenn das Buch bei Querido erschiene, wäre überhaupt alles aus. Ihre Hoffnung, daß es dort ein ›schönes, freundliches

Ereignis‹ wäre, ist ganz irrig. Querido als Verleger so vieler Ausgebürgerter kommt nicht mehr in Frage. Ihr ganzes Werk wäre mit einem Schlag durch einen solchen Schritt hier unmöglich gemacht.«[17]

Und wirklich war am selben 25. August, an dem Thomas Mann von der Münchner Beschlagnahmeaktion erfuhr, im ›Deutschen Reichsanzeiger und Preußischen Staatsanzeiger‹ die erste Namensliste von Ausgebürgerten veröffentlicht worden. Auf ihr figurierten gleich vier Querido-Autoren, Lion Feuchtwanger, Alfred Kerr, Heinrich Mann und Ernst Toller. Freilich fanden sich diese Namen auch auf der Liste derer, die der ›Sammlung‹ ihre Mitarbeit versprochen hatten, und zwar in trautem Verein mit Thomas Mann. Unversehens war er nun doch in diese – soll man sagen: schlechte? – Gesellschaft geraten, deren Buchverlag er sich nach Bermanns Intervention verweigert hatte. Der hatte also nur einen Teilerfolg erzielt, der Konflikt war damit programmiert, und der Skandal um die Zeitschrift präsentiert sich ebenso als zentral bedeutsamer Teil der Geschichte des Querido Verlags, wie er weit über sie hinausreicht und -weist.

Zur Szenerie des Konflikts gehören selbstverständlich auch Klaus Manns redaktionelle Vorbereitungen. Im Mai hatte er mit ihnen begonnen, und selbst nur, was von seiner einschlägigen Korrespondenz veröffentlicht worden ist, bezeugt, wie charmant und intensiv er um Mitarbeiter geworben hat. Den Briefen ist aber auch zu entnehmen, daß er sich über den Charakter der Zeitschrift zunächst nicht ganz klar gewesen ist. Er hat sie als »literarische« bezeichnet, die »natürlich in einem oppositionellen Geiste geführt« werden, »aber nicht ›tagespolitisch‹« sein solle; als »Forum der ›europäischen Jugend‹« (dies in einem Brief an den über fünfzigjährigen Stefan Zweig) usw.: Leerformeln, unter denen sich die Empfänger mancherlei vorstellen konnten. Landshoff, der sich nach der Bindung des Blatts an den Verlag ebenfalls um Beiträger bemühte, bezeichnete die ›Sammlung‹ dagegen als Plattform für die Verlagsautoren. Sie sollten, schrieb er Arnold Zweig, Gelegenheit erhalten, »literarische Arbeiten zu veröffentlichen und zu den kulturpolitischen Fragen Stellung zu nehmen«. Dies war ein nüchtern realistisches Konzept, doch die meisten potentiellen Mitarbeiter hatten Klaus Manns Briefe mit der Betonung des Literarischen erhalten, und in einem formalen Sinne haben sie völlig recht gehabt, wenn sie hinterher erklärten, vor Tische habe man's anders vernommen.

Indes konnte keinen Augenblick ein Zweifel daran bestehen, was es mit einer deutschen Zeitschrift auf sich haben würde, die für den Herbst 1933 ihr Erscheinen in Holland ankündigte. Einer zumindest hat es sofort bemerkt, als er von dem Projekt hörte: Bermann. Wie erwähnt, war Klaus Mann mit ihm zusammengekommen (22. 6.), kurz nachdem er mit Landshoff einig geworden war. Mit an Sicherheit grenzender Wahrscheinlichkeit ist dabei über die ›Sammlung‹ gesprochen worden, denn am nächsten Tag berichtete Klaus seinem Vater: »Gestern haben wir ein weniges mit Beri disputiert. [...] Etwas arg und verwirrend ist für mich, daß er es immer so hinstellt, als ob jedes Wort, das ich nun irgendwo sagte, in Deutschland wie als von Dir aufgenommen würde – wenn es sich nämlich gegen Deutschland richtet. Das *kann* doch gar nicht so sein; aber schon, daß Fischers es so ansehen, ist etwas schlimm für mich, vor allem auch, was die neue Zeitschrift betrifft.« Darauf Thomas Mann am 29.6.: »Daß er so tut, als müßtest Du in Deinen Äußerungen beständig auf mich Rücksicht nehmen, weil jedes Wort von Dir über die deutschen Vorgänge mir in die Schuhe geschoben wird, kann ich nicht billigen und nicht richtig finden.«

Obwohl ihm der Vater so den Rücken gestärkt hatte, scheint Klaus für geraume Zeit gezögert zu haben, ihn um Mitarbeit zu bitten oder durch seine Schwester darum bitten zu lassen. Es war nämlich Erika, die ihrem Bruder am 25.7. schrieb, trotz Bermanns Versuchen, den Vater »von jedem, aber auch jedem Schritt und Schrittchen« abzuhalten, habe dieser »seine Einwilligung gleich« gegeben, »bei Dir als Mitarbeiter zu fungieren, er ist sehr willig«. Von der Veröffentlichung des Faktums rate sie allerdings so lange ab, bis eine Sendbotin Bermanns angehört worden sei: »Ich werde Dir drahten (am 28.), ob es dabei bleibt.« Es war dabei geblieben, doch war es wiederum Erika gewesen, und nicht der Vater, die es mitgeteilt – und das Telegramm mit »Z.«[auberer] unterfertigt hatte, dem Kosenamen der Kinder für Thomas Mann: »Telegraphiert übrigens habe *ich*, mit seiner ausdrücklichen Genehmigung, – aber es leuchtet mir jetzt nachträglich ein, daß Dir das von mir nur aus praktischen Gründen der Kürze wegen gewählte Z. als Unterschrift besonders groß und gravierend erscheinen mußte.« Erika hat es also für tunlich gehalten, allfällige Illusionen des Bruders rechtzeitig zu zerstören. Dies kaum grundlos, denn eine Bemerkung im selben Briefe läßt vermuten, sie habe Thomas Manns Bereitschaft nachgeholfen – ein wenig, vielleicht auch etwas mehr: »Ja, uns ist bei unserer Jugend eine große Verantwortung aufgeladen in Gestalt unseres unmündigen Vaters. Ich habe ihm auch soeben einen politischen Großbrief geschrieben, voll von Beratungen und Beschwörungen. Aber da er jedem zugängig ist, der auf ihn einschwätzt, warum nicht uns, die wir es besser meinen?«

Nach diesem versteht man, daß Klaus Mann und Landshoff besorgt waren, wie Thomas Mann das Mitte August endgültig zusammengestellte erste Heft aufnehmen würde: da es »nicht gerade zahm« ausgefallen sei, seien sie »ein wenig unruhig«, schrieb Klaus am 21.8. Diese Bedenken hat Thomas Mann auf höchst konstruktive Art zerstreut. Nach der Konfiskation des Münchner Besitzes stellte er am 24.8. Querido den neuen Roman in einigermaßen feste Aussicht und erklärte jetzt selber und ganz unmißverständlich sein Einverständnis: »Gegen mein Figurieren auf eurer

DIE FOLGENDEN HEFTE ENTHALTEN U.A. BEITRÄGE VON:

MAX BROD
JEAN COCTEAU
ALFRED DÖBLIN
ANTHONIE DONKER
A. DEN DOOLAARD
LION FEUCHTWANGER
BRUNO FRANK
ORTEGA Y GASSET
ANDRÉ GIDE
JEAN GIRAUDOUX
CLAIRE u. IVAN GOLL
WERNER HEGEMANN
WOLFGANG HELLMERT
WILHELM HERZOG
ARTUR HOLITSCHER
ÖDÖN HORVATH
ALDOUS HUXLEY
HEINRICH EDUARD JACOB
EDMOND JALOUX
ALFRED KERR
HERMANN KESTEN
EGON ERWIN KISCH
RUDOLF LEONHARD
SINCLAIR LEWIS
FERDINAND LION
EMIL LUDWIG
HEINRICH MANN
THOMAS MANN
ANDRÉ MAUROIS
WALTER MEHRING
H. L. MENCKEN
PETER MENDELSOHN
ROBERT MUSIL
GUSTAV REGLER
ROMAIN ROLLAND
JULES ROMAINS
JOSEPH ROTH
RENÉ SCHICKELE
HERBERT SCHLÜTER
ANNEMARIE SCHWARZEN-BACH
ANNA SEGHERS
ERNST TOLLER
KARL TSCHUPPIK
WILHELM UHDE
JAKOB WASSERMANN
ERNST WEISS
FRANZ WEISKOPF
ARNOLD ZWEIG
STEFAN ZWEIG

Ausserdem Beiträge von jungen amerikanischen, deutschen, englischen, französischen, holländischen, italianischen, polnischen, schwedischen, spanischen und südamerikanischen Autoren

Alle redaktionellen Anfragen sind zu richten an
KLAUS MANN p.A. QUERIDO VERLAG
Keizersgracht 333 - AMSTERDAM - Telephon 45921

38 Die »Mitarbeiter« – nach dem Werbeprospekt, S. 2

Liste (der Prospekt war ja recht lecker) habe ich gar nichts. Soll ich noch den Loyalen spielen?« Eine Woche später versprach er sogar einen »kleinen Bericht« über eine Broschüre des Theologen Karl Barth zum deutschen Kirchenkampf, allerdings ließ er auch durchblicken, daß Landshoff auf die ›Geschichten Jaakobs‹ nun doch nicht hoffen könne. Für die ›Sammlung‹ jedoch durften er und Klaus Mann sich des Zauderers sicher glauben – so sicher, wie irgendwer in jenen Monaten sich seiner hat sicher glauben dürfen.

Immerhin, das war erheblich mehr, als Klaus Mann in einigen anderen Fällen erreicht hat. Bei den ersten Anfragen schon hatte er Absagen bekommen. Annette Kolb und Julius Meier-Graefe hatten sich ihm sofort verweigert, Hermann Hesse endgültig erst Ende Juli – »Nein, ich bitte meinen Namen vorerst nicht zu nennen, ich muß das Blatt erst sehen« –, und Joseph Breitbach, der schon zugesagt hatte, wollte seinen Namen von der Mitarbeiterliste wieder gestrichen wissen. Das alles war völlig in der Ordnung, wenngleich die Begründungen nicht immer ganz aufrichtig gewesen sein mögen. (Annette Kolb hatte abgesagt, weil die Arbeit an ihrem neuen Roman sie gänzlich okkupiere, wohingegen sie ihrem Freunde René Schickele schrieb, sie fürchte um ihre Einkünfte aus Deutschland.) Andere sind nicht ganz so korrekt verfahren. Schickele und Stefan Zweig hatten Beiträge fürs erste Heft versprochen – Zweig sogar »herzlich gern« –, dann aber immer aufs Neue vertröstet – Zweig telegraphisch: »Brauche noch eine Woche« –, bis der letzte mögliche Termin verstrichen war, und schließlich hatten sie unter einem Vorwand abgesagt. Die Mitarbeiterliste, die ihre Namen noch enthielt, war da bereits in Umlauf: in Gestalt von Annoncen, auf schon ausgedruckten Buchumschlägen des Querido Verlags, vor allem aber als Haupt- und Prunkstück von vielen tausend Prospekten, mit denen der Verlag für die ›Sammlung‹ warb. Und diese Liste war es, die formaliter den Skandal auslöste.[18]

Das erste Heft kam pünktlich heraus, Thomas Mann hatte es bereits am 2. September in Händen, und wenn es bei ihm nicht auf sonderliches Interesse gestoßen ist, so hat es doch nicht sein Mißfallen erregt. Die Tagebucheintragung ist so knapp wie möglich ausgefallen: »Es kam die von Klaus redigierte ›Sammlung‹, erstes Heft.« Und dann hat er, statt ihrer, das gleichfalls eingetroffene ›Neue Tage-Buch‹ gelesen... Im Fischer Verlag ist die Zeitschrift weniger gleichgültig aufgenommen worden. Wie Döblin Landshoff schrieb, kannte man sie dort noch gar nicht, als man durch Gerüchte schon in Aufregung geraten war und zu Taten schritt:

»Dienstag [5.9.] läutet es hier [in Paris] Sturm bei mir, Professor Saenger ist da, er ist direkt von Bermann geschickt (welcher wegen der Geschichte aus Kampen nach

Berlin zurückgekehrt war). Die ›Sammlung‹ sei erschienen oder im Erscheinen, das ›Prager Tageblatt‹ habe eine Art Programm von Klaus Mann daraus veröffentlicht, dazu die Mitarbeiterliste. Im Programm stünde etwas von ›unserer‹ gemeinsamen Verbundenheit in Haß und Liebe und ähnliches, mit klarer Antinazi-Richtung. Darauf Alarm in Berlin. [...] Bermann hat, berichtet Saenger, *alle* Korrespondenz mit Ihrem Verlag sofort vernichtet, schickte Saenger ab mit dem Auftrag, Th. Mann und mich von der Lage zu orientieren. Bermann hat einen Betrag, der für mich für Umzugszwekke zu zahlen war, sagte Saenger, meinem Sohn abgelehnt mit der Begründung, er müsse es vermeiden, sich mit mir zu identifizieren! Ich habe auf Saengers Rat sofort an Bermann ein Telegramm geschickt, in dem ich für Zwecke auch der Veröffentlichung erklärte, daß ich mich nur bereit erklärt habe, an einer unpolitischen, künstlerischen, kulturellen Zeitschrift mitzuarbeiten, daß von keinerlei Solidaritätserklärung die Rede sein kann, daß man mir politische Tendenzen der Zeitschrift verheimlicht habe. [...] Damit im Augenblick mein Name aus der Diskussion im Zusammenhang mit dem Querido Verlag verschwindet, *solange ich über meinen Jungen im Ungewissen* bin.«

Döblins ältester Sohn hielt sich noch in Deutschland auf, um seine Ausbildung abzuschließen. Nach der Gesellenprüfung war ihm auf dem Polizeirevier das Ausreisevisum verweigert worden, was der verängstigte Vater mit seiner Mitarbeit an der ›Sammlung‹ in Zusammenhang gebracht hatte. Statt Döblins Panik zu dämpfen, scheint Bermanns Bote sie genährt zu haben – dazu Joseph Roth an Schickele (31. 1. 1934): »Ich habe Döblin, als ich ihn traf, gesagt, ich setze mich nicht an den Tisch zu ihm, bevor er mir nicht das Telegramm erklärt hätte: nun, seine 2 ältesten Söhne waren in Deutschland zu jener Zeit. Und Saenger sprach von Konzentrationslager. Man versteht das einigermaßen. Selbst ich!«[19] Den Teufel hat Saenger allerorten an die Wand gemalt und dazu düsterste Farben benutzt, nur daß er ihm jeweils eine andere Gestalt gegeben hat. Bei Thomas Mann ging seine Rede dahin, daß durch die Mitarbeit an der ›Sammlung‹ »der Jaakobsband gefährdet und der Fischer Verlag in seinen Grundfesten erschüttert sein soll«, wohingegen er bei Schickele den wunden Punkt vermied und von der Gefährdung des alten Verlegers sprach – statt vom Einnahmeverlust bei Wegfall des neuen Buches (›Die Witwe Bosca‹). In einem Monate später entstandenen Rechtfertigungsbrief an Joseph Roth hat Schickele seine materielle Abhängigkeit von S. Fischer zwar eingeräumt, er hat sie aber erst als den letzten von mehreren Gesichtspunkten angeführt, die für das Abrücken von der ›Sammlung‹ maßgeblich gewesen sein sollen: »3.) wäre ich, von Fischer im Stich gelassen, völlig ohne Geld gewesen. [...] Aber schließlich hätte ich Meier-Graefe, mit dem ich intim befreundet bin und der über eine kleine Geldreserve verfügt, um Hilfe angehn kön-

39 Auf der gegenüberliegenden Seite: Progamm der ›Sammlung‹, S. 3

Denen, die heute in Deutschland unsere Kultur, die Zivilisation und alles, was uns das Leben lebenswert macht, bedrohen, antworten wir auf die Dauer am wirkungsvollsten nicht durch die Anklage — so wichtig, so unentbehrlich sie ist — sondern durch die eigene LEISTUNG.
Leistungen müssen für sich sprechen; zugleich sprechen sie dann gegen die, die ihnen die Daseinsberechtigung bestreiten. Wir wollen zeigen, was heute, ausserhalb Deutschlands Grenzen, für Deutschlands Kultur und für die Kultur Europas weiter und fortwährend geleistet wird. Diese Leistungen wollen wir sammeln: Erzählungen, Gedichte oder Dramen, kulturpolitische, literarische, historische Essays. Deshalb präsentieren wir uns nicht als ein Blatt der „deutschen Emigration" — das hiesse zu sehr mit den Begriffen dieser andren arbeiten —, obwohl es unsere wesentliche Absicht ist, ein Zentrum des grossen deutschen emigrierten Schrifttums zu bilden. Wir präsentieren uns als ein Blatt des europäischen Geistes, zu dem der wahre deutsche gehört. Wir werden Beiträge aus allen Ländern Europas, auch aus anderen Erdteilen bringen, und es wird sich bei solcher Zusammenstellung zeigen, dass die wahre deutsche Literatur zur Weltliteratur gehört, ja, einen wichtigen, unentbehrlichen Teil von ihr ausmacht — wenn auch nicht jene Art deutscher Literatur, die augenblicklich in Deutschland protegiert wird und die, im günstigsten Fall, provinziell ist, man weiss in der Welt nichts von ihr und man wäre peinlich betroffen, würde man etwas von ihr erfahren.
Wer mit diesem deutsch-europäischen, mit diesem deutschen Weltgeist in Kontakt bleiben will, der abonniere „DIE SAMMLUNG". Es gibt zwar zahlreiche Stellen, wo dieser Geist weiter diskutiert, sich verteidigt und sich beschwert, aber keine andre, wo er sich weiter einfach als das bewährt, was er IST: er muss aber produktiv sein, sonst ist er verloren, zum Triumph seiner Feinde, zum bittren Schaden der Welt. Das Publikum, an das er sich wendet, darf keinesfalls mutloser sein, als er selbst. Es muss uns entgegenkommen, wir brauchen es mehr denn je. In dieser Stunde ist von prinzipieller Bedeutung, dass ein Organ der geistigen Sammlung wie wir es sind, sich weite Kreise erobern, sich wirklich durchsetzen kann.

HELFT UNS, INDEM IHR UNS ABONNIERT!

nen, und er hätte sie mir nicht verweigert. (Ich erwähne das, um dem ärgerlichen Punkt 3 nicht mehr Bedeutung zu geben, als er in Wirklichkeit besitzt.)« »In Wirklichkeit« war er das A und O, und da Saenger dies selbstverständlich wußte, hat er den nervus rerum nicht berühren, vielmehr hat er Schickele helfen müssen, das Gesicht zu wahren. Und so hat er ihm eine Hilfsbegründung geliefert, auf die er bei den mit dem Verlagschef persönlich bekannten und vertrauten Herren Döblin und Mann offenkundig nicht zurückgegriffen hat:

»Er sagte mir unter vielem anderen, worüber man sich schließlich hätte hinwegsetzen können, Fischer sei körperlich bedroht. Er sagte, der alte Sami, den ich wirklich liebe, würde sich eher mit Knüppeln totschlagen lassen als Deutschland zu verlassen. Er sprach stundenlang, zwei Tage hintereinander. Er selbst machte einen so bejammernswerten Eindruck, daß sein Aussehen überzeugender war als alle seine Worte. Ob ich nun recht tat oder nicht, ich gab die Erklärung ab. Ich hielt mich für verpflichtet, sie abzugeben, und zwar genau, wie es der Verlag wünschte.«

Steht nun zwar dahin, ob Schickele den »alten Sami« überhaupt gekannt hat, so sind die »zwei Tage« erwiesenermaßen eine melodramatische Zutat. Am 7. September nämlich, dem Tag der Saenger-Visite bei Schickele, hat Julius Meier-Graefe abends Gäste gehabt: Annette Kolb, Golo Mann, Thomas Mann und das Ehepaar Schickele. Saenger war schon abgereist, mit seiner Beute im Säckel, denn da »auch über die Angelegenheit der ›Sammlung‹« gesprochen wurde, hätte Thomas Mann seine Anwesenheit wohl erwähnt. Manns Stimmung ist übrigens unter dem Einfluß dieser, der Zeitschrift durchweg abgeneigten, Gesprächspartner gekippt. Am Vortag hatte er sehr reserviert notiert: »Ich erwies ein mögliches Entgegenkommen, indem ich das Telegramm an Bermann diktierte, das sogleich abging u. mit dem ich mir nichts vergebe.« Jetzt hieß es: »Übrigens hat Klaus uns mit der Aufnahme des Artikels von Heinrich ins erste Heft einen Streich gespielt.« Als Mann am 12. 9. ein Telegramm Saengers erhielt, schlug die Stimmung erneut um: »›Aus guten Gründen‹ sei weiteres Abrücken von der ›Sammlung‹ notwendig. Empörende Erpressung, für die man in Berlin, wo die Furcht vor dem Verbot des Buches und dem Ende des Verlages alles beherrscht, kein Gefühl hat. [...] Quälendes Schwanken zwischen Ablehnung und Nachgiebigkeit.« Thomas Mann hat da den Eindruck auf den Begriff gebracht, den die von Bermann gesteuerte Aktion Saengers insgesamt hinterläßt; freilich hätte auch eine Reflexion darüber nicht geschadet, daß zur »Erpressung« stets zwei gehören: außer dem Subjekt das Objekt. Und nachgegeben hat Thomas Mann auch diesmal. Da er Klaus das Stattgehabte wohl oder übel mitteilen mußte, mutierte die Scham zum Zorn auf die »stolzen Anti-Opportunisten« in der Amsterdamer Keizersgracht:

»Lieber Aissi, ich habe Bermann, der offenbar in tausend Nöten schwebt, bestätigen müssen, ›daß Charakter erster Nummer Sammlung ihrem ursprünglichen Pro-

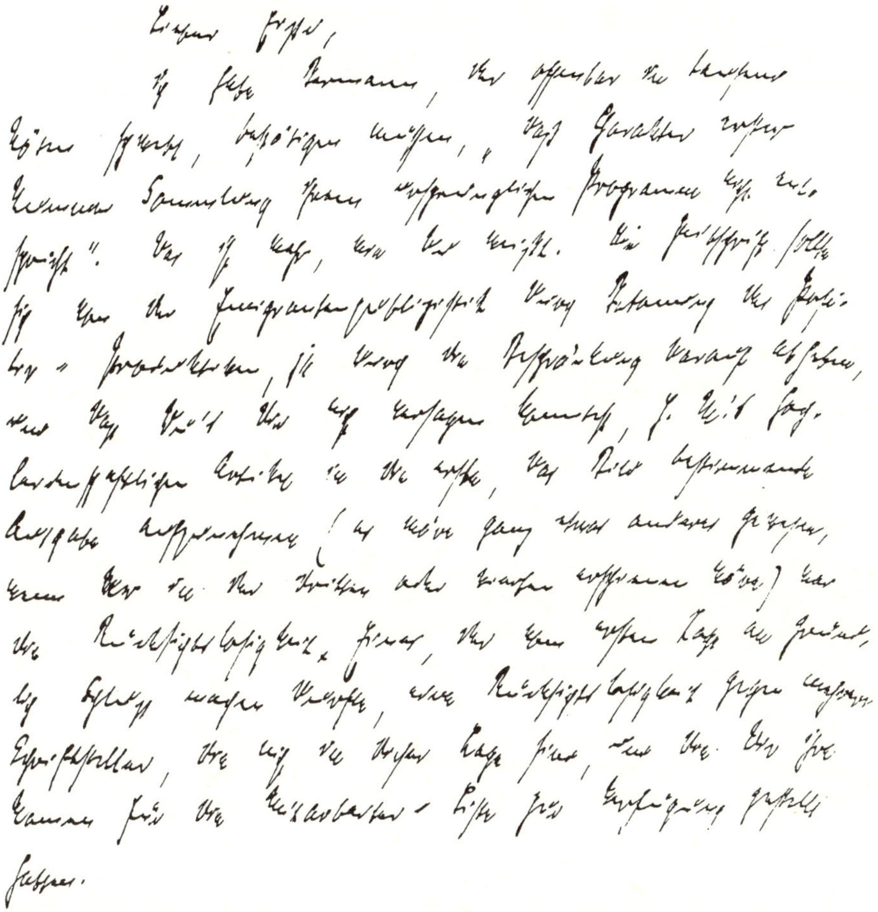

40 Thomas Mann an Klaus Mann, Sanary, 17.9. 1933, Auszug (KMA)

gramm nicht entspricht‹. Das ist wahr, wie Du weißt. Die Zeitschrift sollte sich von der Emigrantenpublizistik durch Betonung des Positiv-Produktiven, ja durch die Beschränkung darauf abheben, und daß Du's Dir nicht versagen konntest, H. M.'s hochleidenschaftlichen Artikel in die erste, das Bild bestimmende Ausgabe aufzunehmen (es wäre ganz etwas anderes gewesen, wenn er in der dritten oder vierten erschienen wäre) war die Rücksichtslosigkeit Eines, der vom ersten Tage an gründlich Schluß machen durfte, eine Rücksichtslosigkeit gegen mehrere Schriftsteller, die nicht in dieser Lage sind, und die Dir ihre Namen für die Mitarbeiter-Liste zur Verfügung gestellt hatten.«

Und so Seiten weiter, hier und da eine kleine reservatio mentalis einbauend, insgesamt aber die Behauptungen Bermanns übernehmend, an denen er zuerst spürbar gezweifelt hatte. In der Zwischenzeit hatte Landshoff auch andere Distanzierungsbriefe erhalten. Ödön von Horváth schrieb am 7.9., er wolle »prinzipiell an keiner Zeitschrift mehr mitarbeiten, die sich (und seis auch nur im Glossenteil) mit Politik beschäftigt«. Unbekannt, ob die Absage auf eine Verlagsintervention zurückging oder, wie Horváth es dargestellt hat, »nur« auf die Lektüre der ›Sammlung‹; als gesichert darf gelten, daß der damals in Wien lebende ungarische Staatsangehörige Horváth sich die Möglichkeit zur Rückkehr nach Berlin hat offenhalten wollen. Des weiteren war in Amsterdam der Protest eines Autors eingelaufen, der mit Querido bereits über ein Buch verhandelt und der ›Sammlung‹ fürs erste Heft einen Beitrag gegeben hatte – Landshoff am 21.9. an Klaus Mann: »Daß auch Wassermann seinem Anwalt etwas hingekritzelt hat über die Sammlung, hat auf mich einen denkbar ungünstigen Eindruck gemacht.« Damit nicht genug, hatte Döblin Landshoff telegraphisch aufgefordert, die »Broschüre«, d.h. den schmalen Band ›Jüdische Erneuerung‹, zurückzuhalten, solange sein Sohn sich in Deutschland befinde; eine Anweisung, die er sofort wieder aufhob, als ihr Grund entfallen war: »Eben ein Telegramm aus Prag, mein Junge telegrafiert, er ist ohne Vermerk rüber. (Ergo: Die Broschüre kann von mir aus sofort zum Versand kommen.)« Endlich sollte Stefan Zweig in einem an den Insel-Verlag gerichteten Brief (26.9. 1933) von der ›Sammlung‹ abrücken. Aber davon wußte man in Amsterdam nichts.

Öffentlich hatte sich in Deutschland bis dahin nur eine einzige Stimme gegen die neue Zeitschrift erhoben: Klaus Mann registrierte am 23.9. eine gegen die ›»Sammlung« Judas‹ gerichtete Polemik der gleichgeschalteten ›Literarischen Welt‹. Das Blatt war durchaus auch noch nicht verboten worden. Erst am 30.9. 1933 ist in Nr. 228 des ›Börsenblatts‹ die Beschlagnahmeverfügung der (für das gesamte Reich tätigen) Preußischen Polizei veröffentlicht worden. Merkwürdig genug, scheint Bermann schon am 19.9. über den amtsinternen Stand eines allfälligen Verbotsverfahrens informiert gewesen zu sein. In einem Brief an Thomas Mann ist unter diesem Datum zu lesen: »Die Zeitschrift wurde von der Geheimen Staatspolizei dem Propagandaministerium und dem Innenministerium vorgelegt. Dort ist noch nichts entschieden worden. Ich weiß aber, daß man sie im Auge behält, und vor scharfen Maßnahmen gegen die Mitarbeiter nicht zurückschrecken wird.«[20]

41 Auf der gegenüberliegenden Seite: Polemik aus Deutschland gegen die ›Sammlung‹, in: Die Literarische Welt, 9.Jg., N.F., Nr. 17 v. 22.9. 1933, S. 4 (DLA)

Die „Sammlung" Judas

Eine Emigranten-Zeitschrift

Während in diesen Tagen ganz Deutschland begeistert und voll Andacht am Radio den Reden und Proklamationen des Führers lauschte, erschien in Holland eine neue Schmähschrift gegen den Hitlerismus. Der Herausgeber der neuen periodischen Veröffentlichung, die sich „Die Sammlung" nennt, ist Thomas Manns schreibbeflissener dekadenter Sohn Klaus. Sein Onkel Heinrich ist, neben André Gide und Aldous Huxley, der Protektor des Unternehmens, das die Crême der Ausgerissenen um sich sammeln will, „die wahre, die gültige deutsche Literatur".

Es ist „der Geist, der über Deutschland Europa wollte, und zwar ein von der Vernunft regiertes, nicht imperialistisches Europa", der hier seine Stätte sucht. Das „wirkliche Deutschland" soll hier erscheinen. Rud. G. Binding hat den Leuten bereits die Antwort gegeben, indem er an Rolland schrieb: „Ebensowenig — wenn Sie ein Freund des wirklichen Deutschland sind — können Sie die Deutschen konstruieren und zurechtziehen, die Sie lieben, und noch weniger können Sie auf eigene Faust aussuchen, welches die wahren Deutschen sind."

Es gehört schon eine gewisse Anmaßung dazu, einen verschwindenden Bruchteil der Nation als das „wirkliche Deutschland" ausgeben zu wollen auf Kosten des andern größern Teiles; eine lächerliche Geisteinbildung. Man kann hier ein freilich anders gemeintes Wort Alfred Döblins zitieren: „Man war vertrauensvoll in eine fremde Welt, die sich mit Worten öffnete, getaumelt." Das wirkliche Deutschland, das die Leute meinen, ist — Frankreich. „Frankreich, das deine Heimat ist," hat Thomas Mann von seinem Bruder Heinrich gesagt.

Es sind die, die Deutschland nicht kennen und keine Beziehung zu ihm haben, die hier reden. Da ist zunächst Heinrich Mann. Wie man wissen will, soll er vor einem Jahr zu einem französischen Journalisten gesagt haben: „Sollte wider Erwarten der Nationalismus siegen, werden Sie wissen, was Sie zu tun haben. Ihre Heere stehen ja am Rhein." Heinrich Mann, der Franzose, hat nie etwas von der Würde der Nation begriffen. Er schreibt in einem Schandartikel, der das ihm zugeschobene Wort durchaus möglich erscheinen läßt.

Was er gibt, ist Kolportagepolitik von der ersten bis zur letzten Zeile. Die Führer des neuen Deutschland sind ausnahmslos degeneriert und vertiert. Der Reichstagsbrand wird herangezogen. Ein Nazipräsident ist „ein verurteilter Mörder". (Die Leute von der Feme sind für Heinrich Mann ja auch „Mörder"!) Die famose Republik aber bekommt alles Lob, weil sie die „geistig Ueberlegenen" „gesellschaftlich dahin gestellt hatte, wohin sie gehörten". Es soll der Dichter mit Herrn Grimme gehn!

In dem Reigen der Autoren ist auch Alfred Kerr und auch er redet vom Reichstagsbrand und von dem Theaterstück des Dr. Goebbels. Man kennt diese Leuchte der Republik, diese abgetakelte Vettel genügsam, und man braucht seine eitlen Mätzchen nicht extra anzuführen. Der degenerierte Klaus Mann greift in heilloser Wut Gottfried Benn an, der an ihn den „Brief an literarische Emigranten" richtete. Er verfährt, wie in einem andern Falle, etwa nach dem noblen Prinzip: Du hast von uns genommen und also deine Gesinnung verkauft.

Doch wir wollen den kleinen Freund der petits-Jésus auf sich beruhen lassen und uns lieber einmal die Mitarbeiter des „kleinen Mann, was nun?" ansehen, seine „wirklichen Deutschen": Genau die Hälfte davon sind Juden, zehn sind Ausländer. Man braucht nun nicht gerade Schillers Wort von der „Unwürdigkeit und Verworfenheit dieser Nation" und das von der „verwahrlosten Menschenrasse" zu akzeptieren. Aber man wird doch hören, wenn er von der „abgesonderten Menschenmenge, die unter sich genau zusammenhielt, aber mit dem Staate gar keine Interessen gemein hatte", spricht.

Hebbel notiert vor hundert Jahren in sein Tagebuch: „Die Völker Europas werden einmal einsehen, was sie mit der Judenemanzipation angerichtet haben." Professor Wolff in Wien schreibt in seiner „Römischen Geschichte": „Von großem Erfolg war die Propaganda begleitet, die das Judentum entfaltete. Doch daneben macht sich schon seit dem 1. Jahrhundert ein starker Antisemitismus bemerkbar. Die starre Exklusivität in nationalen und staatlichen Dingen mußte das Judentum in einen unausweichlichen Konflikt mit der Staatsmacht treiben." Hier also schon die Abwehrwelle des Antisemitismus.

Die Mentalität des Juden ist also immer staatsfeindlich auf Grund der rassischen Eigentümlichkeit. Er ist immer ein Fremdkörper unter den andern Völkern, und er will die andern Staaten auflösen, um das Judentum an seine Stelle zu setzen. Wenn er auch Propaganda macht für die Internationalität: er meint im Hintergrunde Israel und wird rassesentimental, sobald nur man den Juden in die Diskussion zieht. Es ist wohl selbstverständlich, daß solche Leute nicht gerade geeignet sind, deutsche Belange zu vertreten.

Es ist nun erfreulich, daß Klaus Mann in seiner Zeitschrift Alfred Döblin schreiben ließ und zwar als Vertreter des Judentums. Döblin stellt hier den Internationalismus Heinrich Manns auf den Kopf. Er sieht, wie Hebbel, das Unglück in der Emanzipation und in der Angleichung an das Europäertum. Hier haben die Juden höchstens die Funktion von finanziellen und intellektuellen Zwischenhändlern, eine für keinen Teil erfreuliche und bekömmliche Funktion. Er redet nicht für Zion, aber für eine geschlossene Aussiedlung.

Gerade dem deutschen Nationalsozialismus gegenüber ist dieser jüdische Nationalismus interessant. Es heißt da, — merken Sie auf, Heinrich Mann! —, daß die Juden um das Wort „Volk" nicht herumkommen — „denn, so sicher es ist, daß die Menschheit eine Idee und zwar eine starke ist, so sicher ist es, daß Völker, Schichten, Gruppen, Klassen und ihre Interessen auch stark und im Realen meist stärker sind." Das ist ganz nationalistisch, und Döblin will, unter Androhung der Diffamierung, dem Besitz Gelegenheit geben, der jüdischen Gesellschaft zu dienen.

Ich glaube, der deutsche Nationalsozialismus würde mit Döblin verhandeln können. Alfred Kerr ist dagegen unentwegt international und beschimpft, wie Heinrich Mann, alles Deutsche. Und von den andern 24 Juden werden auch nur wenige die heutige Situation Deutschlands begreifen. Sie halten sich für „die wahre, die gültige deutsche Literatur" und schimpfen auf die „im günstigsten Falle provinzielle" Dichtung Deutschlands. Nun, uns wird das so sein, als ob ein Hund den Mond anbellt: Geschrei aus dem Nichts.

Peter Hamecher

Verbotene Druckschriften. — Das Erscheinen der Zeitschriften »Licht-Land« und »Lachendes Leben« ist bis auf weiteres verboten worden. (Deutscher Reichsanzeiger Nr. 225 vom 26. September 1933.)

Alle Exemplare der Broschüre »Im Zeichen des Kreuzes« sowie die zu ihrer Herstellung bestimmten Platten und Formen sind unbrauchbar zu machen.

Die periodischen Druckschriften »Der Scheinwerfer«. Formwerkei-Blätter für Psychologie, Volkswirtschaft, Geschichte, Kritik. Verlag Otto Malig, Naumburg a. S. Nr. 2, Dezember 1932, und Nr. 1, Januar 1933; — »Die Sammlung«. Literarische Monatsschrift, herausgegeben von Klaus Mann, Querido-Verlag, Amsterdam, sind gemäß § 7 der Verordnung vom 4. Februar 1933 für den Bereich des Landes Preußen beschlagnahmt und eingezogen.

Die Verbreitung der ausländischen Druckschriften »Eugenische Ehehindernisse?«, Eine kirchenrechtliche Studie von Dr. H. Pfatschbacher (Wien); — »Extrablatt des Gegenangriff: Der Reichstagsprozeß« (Straßburg) ist im Inland verboten.

Die Verbreitung der ausländischen Zeitungen »Zloty Wiek« (Lodz); »Michel« (Wien) ist im Inland bis auf weiteres, der ausländischen Zeitung »Bohemia« (Prag) ist im Inland bis einschließlich 31. Oktober 1933 verboten.

Das Verbreitungsverbot der ausländischen Zeitungen »Le Journal« (Paris); »Le Matin« (Paris) ist ab 25. September 1933 aufgehoben.

(Deutsches Kriminalpolizeiblatt Nr. 1662 und 1663 vom 26. und 27. September 1933.)

42 Anzeige des Verbots der ›Sammlung‹, in: Börsenblatt für den Deutschen Buchhandel, Nr. 228 v. 30.9. 1933, S. 45

In seinen Erinnerungen hat Landshoff geschrieben, Zeitschrift und Verlag hätten den Skandal »ohne ein Wort der Warnung oder Klage von seiten Queridos durchstanden«. Wörtlich zu nehmen braucht man das nicht – in jenem Briefe schon, mit dem Landshoff die fatalen Neuigkeiten an Klaus Mann weitergab, heißt es, Querido sei »ganz munter – war immer gegen die ganzen Fischer-Sachen [d.h. die Kooperationspläne] und fühlt sich so wohl und *berechtigt* in seiner Haut, wie ich mich *einmal* fühlen möchte«. Sonderlich viel hat Emanuel Querido übrigens auch nicht klagen, noch hat er überaus zornig sein müssen. Das haben – intra muros – Landshoff und Klaus Mann schon selber besorgt, und Erika Mann hat sie noch übertroffen.

Als erster hatte Landshoff erfahren, was da an Trübem sich heranwälzte, einmal durch Döblins Brandbrief, fast gleichzeitig auch mündlich von Rudolf Kayser. Bis zu seiner abrupten Ersetzung durch Peter Suhrkamp (Ende 1932) hatte Kayser viele Jahre die ›Neue Rundschau‹ redigiert. Auch nach seiner Emigration nach Holland stand er mit einigen Mitarbeitern des Fischer Verlags – Oskar Loerke – in enger Verbindung und war über die Berliner Interna bestens unterrichtet. Auf ihn vor allem bezog sich Landshoff, als er Klaus Mann schrieb, die »Entstellungen« seien »natürlich ungeheuerlich«: »Uns sind – natürlich auch den [von Saenger] besuchten Autoren gegenüber – die unflätigsten Motive unterschoben, das Ganze wäre, ›um den S. Fischer Verlag zu torpedieren‹, von uns unternommen – persönlicher Ehrgeiz usw. usw. *Was ist* das *blöde* und *ekelhaft*. [...] (Soll ich übrigens an Bermann schreiben?)« Klaus Mann hat im Tagebuch mit deutlichen Worten ebenfalls nicht gegeizt – Döblins und Schickeles Abrücken: eine »schmähliche Angelegenheit«, Stefan Zweig: »auch ein ganz feiger Rückzieher«. Nachdem Döblin mitgeteilt hatte, daß sein Sohn entkommen war, ist Landshoff in einem Grundsatzbrief mit seinen »Einwendungen« ins Gericht gegangen, hat sie Punkt für Punkt widerlegt und gefolgert:

»Für die deutsche Regierung sind Sie ein jüdischer Emigrant, der Hals über Kopf Deutschland verlassen hat, als das Dritte Reich ausgebrochen ist, und jeder Versuch eines Kompromisses kostet Zeit und Geld und scheitert doch. Ich habe mehr als einmal gesehen, wie Autoren den Versuch gemacht haben, um, sei es in der Akademie, sei es in einem Schutzverbande [...] zu bleiben, Erklärungen unterschrieben haben, die sich in keiner Weise mit ihrer Gesinnung und ihrer Würde vertrugen. [...] Sie sind trotzdem herausgeworfen aus den Organisationen und haben noch das klägliche Schauspiel der Abweisung geboten.«

Der Brief an Döblin ist von einer in Landshoffs Autorenbriefen sonst kaum zu beobachtenden Schärfe. Dennoch gibt er kein zureichendes Bild von der Erregung, die im engsten Kreise geherrscht hat. Am 13. 9. führte Landshoff ein langes Telefongespräch mit Klaus Mann, am 15. 9. schrieb er ihm nach Zürich:

»An Beermann [sic!] schrieb ich vorgestern gleich nach unserem Telefongespräch einen gemessenen freundlichen Brief mit der Bitte um umgehende telegrafische Benachrichtigung, die Nachricht blieb aus. Sollte eine Erklärung von ihm oder vom Fischer Verlag insbesondere in der außerdeutschen Presse erscheinen, so hoffe ich..., daß wir eine Erklärung abgeben, die innerhalb weniger Tage die kinderzeugenden Spiele von Gott und Tutt nach Oranienburg verlegen wird.«

»Gott« und »Tutt«, das waren Gottfried und Brigitte Bermann, und was Tutts Vetter angeht, so war er es nicht allein, der solche Wünsche hegte. Auf einen Brief Bermanns (an Thomas Mann oder Schickele) sich beziehend, in dem sich dieser über Klaus und Heinrich Mann sowie über die ›Sammlung‹ geäußert hatte, schrieb Erika Mann ihrem Bruder am 28. September:

»Daß die Bersau in allem und jedem darauf hinaus will und es deutlich schreibt, – sämtliche Emigranten sollten auf Lebensdauer den Mund halten, damit er, Berdreck, in Deutschland keinen Ärger habe, – ist sonnenklar und kann nur den aufregen, der sich fragt, ob man dies Rotzbündel nicht doch sollte abholen lassen (Feists S.S.-Mann wäre gewiß dazu bereit), – aber die persönlichen Insulte dürften ihm nicht hingehn.«

Bedarf dies in puncto »Insulte« keines Kommentars, so verlangt es doch nach einer Erklärung in der Sache. Erika Mann hatte sich über die Milde geärgert, mit der ihr Vater auf Bermanns Angriffe gegen Klaus und Heinrich Mann reagiert hatte:

»Kein Wort ist ihm zu toll, keine Herabwürdigung zu unverschämt. Z. lächelt und sagt, ›ja auf den Aissi ist er nicht gut zu sprechen‹. [...] Ich habe also zunächst nur geschimpft, wobei ich vom unreifen und wankelmütigen Gölchen schmählich im Stich gelassen wurde – und dann habe ich mich denn doch so geärgert, daß ich einen Brief schrieb und mich nicht mehr zeigte (wobei zu betonen ist, daß auch das hohe Gericht Mama mir sehr unrecht gab und ein wenig massiv wurde dabei, sodaß ich mich nicht entschließen konnte, ganz gute Miene zu diesem miserablen Spiel zu machen). Das Ganze ist so, wie ich es Deinem Vater schon vor Monaten voraussagte, – der falsche Schritt, bei Fischer zu bleiben, zieht nichts als Falsches nach sich und sät Unheil, Widerspruch und Unhaltbares auf der ganzen Linie, auf der ›Menschliches‹ von Politischem nicht mehr zu unterscheiden ist.«[21]

Es war also nicht allein die politische Geradlinigkeit Erika Manns, war nicht allein ihre Liebe zum Bruder und die Achtung für ihren Onkel, die den Exzeß ausgelöst hatten. Wenigstens ebensosehr war sie von der Sorge um den Vater erfüllt, um sein Ansehen und um Wahrheit und Würde seines Werks. Und Landshoff? Lassen wir ruhig beiseite, daß verwandtschaftliche Nähe die Hemmschwellen bisweilen beträchtlich senkt; wichtiger, daß er den Eindruck haben mußte, der neue Verlag solle ruiniert werden, bevor er noch recht ins Leben getreten war. Entsetzt über den »nackten Schaden für die *Sache*« der exilierten Literatur (so am 12. 9. an Klaus Mann), hat Landshoff zudem befürchtet, Bermann spiele ein doppeltes Spiel. In Anbetracht der Umstände war das so abwegig nicht. Der Präventivschlag gegen die ›Sammlung‹ ließ nur den Schluß zu, daß der Fischer Verlag unter allen Umständen in der NS-Diktatur weitergeführt werden sollte. Aus Sicht der Exilierten war es ziemlich gleichgültig, ob Bermann sich von der Sorge um den Verlag, ob er sich von einer vorauseilenden Unterwürfigkeit unter die Diktatur hatte leiten lassen. Beide Motive waren denkbar, und am Ende waren sie so säuberlich gar nicht zu trennen, wie das hier geschieht. Landshoff hat wohl zu der zweiten Interpretation geneigt, und für sie hat ein weiteres Indiz gesprochen.

In der literarischen Emigration muß es ein offenes Geheimnis gewesen sein, daß bei S. Fischer ein Buch des Schriftstellers Heinrich Hauser vorbereitet wurde, der Bericht ›Ein Mann lernt fliegen‹. Ebenso muß bekannt gewesen sein, daß dies ein für das jüdische Unternehmen hochgradig kompromittierendes Objekt sein würde.

Hermann Kesten hat das Wochen vor Erscheinen des Buchs gewußt und hat es Landshoff geschrieben. Dem war es keine Neuigkeit mehr: »Der ›Fall Hauser‹ ist mir seit einiger Zeit bekannt [...]« (26. 9. 1933). Hauser hatte dem Buch eine Widmung vorangestellt – »Hermann Göring, dem ersten deutschen Luftfahrtminister, Sieg Heil! Heinrich Hauser« –, und als die Reportage herauskam, hat dies draußen die voraussehbaren Reaktionen ausgelöst. Das ›Neue Tage-Buch‹ brachte eine Glosse mit dem Schlußsatz: »Herrn Sami Fischer und seinen Beermann [sic!] grüße ein nordisch-rituelles Kriech Heil!« Heinrich Mann schrieb seinem Bruder (8. 10.): »Der arme S. Fischer hat jetzt doch seine Saison mit Hauser und einer Widmung an Goering eröffnet. Wenn der jüdische Gott das nur nicht übel nimmt! Aber sie sind ja aufgeklärt. Das scheint der letzte Grund alles Unglücks zu sein.« Endlich Thomas Mann im Tagebuch:

»Schlimmes Vorkommnis im S. Fischer Verlag. Das jüngst erschienene Buch von H. Hauser ist Hauptm. Goering mit Heilgruß oder ähnlichem gewidmet. Es ist ein wenig stark. Man verlangt von uns Auswärtigen die äußerste Rücksichtnahme, kein Laut darf über unsere Lippen kommen, damit der Verlag nicht gefährdet werde. Dieser aber kompromittiert uns vor der Welt mit solchen Erniedrigungen. Ein hiesiger [Zürcher] Buchhändler hat sich bei Erika erkundigt, ob es denn wahr sei, daß mein Buch bei Fischer erscheine.«

Den Exilierten ›genügte‹ die Widmung, und Bermann dürfte sich gehütet haben, das Buch seinen »Auswärtigen« zu schicken. Dem früher mit Hauser befreundeten George Grosz hat er es aber zukommen lassen, und Grosz' satirischer Dankbrief zeugt von sorgfältiger Lektüre: »Die Widmung ist somit das Beste am ganzen Buche, denn daraus lernt man, daß ja solches Buch mehr einer nationalen Ertüchtigung zugedacht ist, im Sinne des sogenannten Wehrgedankens, im Hinblick auf die heranreifende Jugend – und dagegen kann nur ein vollkommener ›Pazifist‹ Einspruch erheben, ein solcher aber bin ich nicht.« In der Tat, für einen Verlag wie S. Fischer wäre das Buch schon in der Weimarer Republik höchst anstößig gewesen. Es geschah nun aber nicht mehr in Weimar, daß Hauser unter der durchsichtigen Camouflage »Flugsport« für die Massenausbildung künftiger Militärpiloten warb, es geschah im Dritten Reich, und dieses hat dem Erfahrungsbericht des Flugschülers Hauser denn auch seinen Stempel aufgedrückt. Auf zwei Fotos präsentierte der Band Flugzeuge mit großen, am Rumpf aufgemalten Hakenkreuzen, und Hauser berichtete im Feierton von einem »großen Flugtag« der SA auf dem Flugplatz Staaken bei Berlin:

»Es flimmert die Luft über dem weiten Feld. Wie durch bewegtes Wasser hindurch sehe ich die braune Front der S. A.-Leute, die aufmarschiert sind vor der Luftschiffhalle. Der Wind trägt Takte eines Chorals herüber; sie haben Feldgottesdienst, sie singen. Seht schön klingt das, ein Choral, von ein paar tausend dunklen Männerstimmen unter weitem freiem Himmel gesungen. Ein großer silberner Vogel steht vor der Front; er soll heute getauft und zum ersten Mal in die Luft gesandt werden.«

Findet sich dies in der Mitte des Buchs, so nimmt der Schluß die Widmung auf und erklärt ihren Zweck: der »Flugwille des ganzen Volkes« müsse geweckt werden: »Großes hat der erste deutsche Luftfahrtminister schon geleistet. Noch größere Aufgaben stehen bevor. Sie werden erfüllt werden, getragen von der Sehnsucht, dem Willen und der Tatkraft der ganzen flugbegeisterten Jugend des neuen Deutschland.«[22]

In summa: ›Ein Mann lernt fliegen‹ verstärkte den Verdacht, der Fischer Verlag sei bereit, für seine Duldung durch die Nazis den Preis der Selbstentäußerung zu zahlen. Mitte September kann Landshoff das Buch schwerlich schon genau gekannt, von dem stets wohlinformierten Rudolf Kayser dürfte er aber das Wesentliche längst gehört haben, und zusammen mit Bermanns zeitgleicher Aktion gegen die ›Sammlung‹ wird der »Fall Hauser« zu seinem Raptus gegen »Gott« und »Tutt« ein Erkleckliches beigetragen haben. Mochte es für Landshoff vielleicht noch Zweifel daran geben, welche Sache die jungen Herrschaften zu Berlin – absichtsvoll oder unwillentlich – betrieben, so gab es doch keine mehr daran, welcher sie sich verweigerten.

Welch ein Weg in solch kurzer Zeit! Ende Juni Kooperationspläne, in der Septembermitte erbitterte Feindschaft. Dem Konkurrenten Gérard de Lange hatte sich unversehens der Gegner Gottfried Bermann beigesellt, um den Querido Verlag an der anderen Flanke und mit anderen Mitteln in Bedrängnis zu bringen.

Die NS-Attacke gegen die ›Sammlung‹ und andere Exilzeitschriften, echte wie fälschlich dafür gehaltene, wurde von der dem »Amt Rosenberg« der NSDAP nahestehenden Reichsstelle zur Förderung des deutschen Schrifttums geführt. Ihre im ›Börsenblatt‹ publizierte Erklärung erschien am 10. Oktober, recht spät also, und obwohl von der ›Sammlung‹ inzwischen schon die zweite Nummer vorlag, galt der Angriff bloß dem Septemberheft. Auf dem Laufenden waren die drinnen also nicht, keineswegs observierten sie die draußen mit der von Bermann behaupteten Akribie. Womöglich ist die Reichsstelle überhaupt erst durch die am 30. 9. im ›Börsenblatt‹ abgedruckte Verbotsverfügung der Preußischen Politischen Polizei auf Klaus Manns Zeitschrift aufmerksam geworden: Hellmuth Langenbucher, Gründungsmitglied der Reichsstelle, war seit Juni 1933 Chefredakteur des ›Börsenblatts‹. Könnte sich der Angriff an just diesem Ort – und nicht etwa im ›Völkischen Beobachter‹ – einem Zufall verdanken, so doch keinesfalls sein Zeitpunkt: am selben Tag begann bei S. Fischer die Auslieferung der ›Geschichten Jaakobs‹.

Die lange, ›Literarische Emigrantenzeitschriften‹ betitelte »Mitteilung« der

Reichsstelle befaßte sich in ihrem hier interessierenden Abschnitt mit Klaus Manns Vorwort, gab eine mit Beschimpfungen durchsetzte Aufzählung der Beiträge, setzte die Verbreitung der ›Sammlung‹ in Deutschland »geistigem Landesverrat« gleich und folgerte:

»Wir sehen uns genötigt, festzustellen, daß der *deutsche Verlag* von folgenden der hier als Mitarbeiter der ›Sammlung‹ angeführten Autoren in Deutschland herauskommende *Neuerscheinungen* angezeigt hat: Von dem Ausländer *André Maurois*, von *René Schickele* und von *Thomas Mann.* [...] Wir erwarten, daß der deutsche Buchhändler und das deutsche Lesepublikum die richtige Antwort darauf erteilen. Wer heute in Deutschland Bücher kauft von Schriftstellern, die draußen im Ausland Deutschland aufs schmählichste beschmutzen, die teilweise ganz bewußt draußen zum Krieg gegen Deutschland hetzen, macht sich des Landesverrats schuldig. Wir hoffen, daß sich der deutsche Verlag und der deutsche Buchhandel der Tragweite dieser Tatsache bewußt sind.«

Dem hätte sich erwidern lassen, daß keine dieser Anschuldigungen auf die inkriminierten Autoren zutreffe; daß sie sich im Gegenteil ruhig verhalten und für einen Boykott weder Grund noch Anlaß geliefert hätten. Der Fischer Verlag hat es vorgezogen, eilends die von ihm eingesammelten Absageschreiben an die Reichsstelle weiterzureichen, ganz überflüssig auch dasjenige Döblins, der – da bei Fischer nicht mit einer Neuerscheinung vertreten – gar nicht angegriffen worden war. Am 14.10. druckte das ›Börsenblatt‹ dann eine weitere Mitteilung der Reichsstelle, deren Kern die fraglichen Distanzierungen bildeten:

»›Kann nur bestätigen, daß Charakter erster Nummer ›Sammlung‹ ihrem ursprünglichen Programm nicht entspricht. Mann.‹« – Sodann Thomas Manns zweites Telegramm: »›Ergänzen Sie meine Erklärung logischerweise dahin, daß mein Name von der Liste getilgt wird – denn darauf läuft sie hinaus.‹«

»›Bin von politischem Charakter Sammlung peinlich überrascht, da gelegentliche Mitarbeit nur für rein literarische Zeitschrift in Aussicht gestellt war. Stehe mit Querido in keinerlei Verbindung, halte mich auch weiterhin von allem Derartigen ausdrücklich fern. Schickele.‹«

»›Desavouiere jede schriftstellerische und politische Gemeinschaft mit Herausgeber der Zeitschrift Sammlung. Bitte das in geeigneter Form beschleunigt bekanntzugeben. Tendenz der Zeitschrift war mir unbekannt. Döblin.‹«

Als Separatum lag dem ›Börsenblatt‹ ein Abdruck des Briefes bei, mit dem Stefan Zweig dem Insel-Verlag seinen Rückzug bekanntgab und mit der Abweichung vom ursprünglichen literarischen Konzept begründete. Die Form der Publikation stellte eine besondere Infamie dar: durch das Weglassen der Adressaten wurde suggeriert, die Schriftsteller hätten sich direkt an die Reichsstelle gewandt. Auch bewies der höhnische Rahmentext, daß Landshoff recht gehabt hatte, als er Döblin schrieb, die Demütigung werde nicht einmal nützen: »[...] können wir den Vorwurf des geistigen Landesverrats nicht mehr aufrechterhalten. Die Reichsstelle steht aber nach wie vor in keiner Weise hinter der geistigen und literarischen Haltung der angeführten Autoren.« Im ›Börsenblatt‹ vom 21.10. hat die Reichsstelle nochmals nachgelegt: sie habe

43 Klaus Mann, Amsterdam Mai 1934. Photo Marion Pálfi (KMA)

die Telegramme »auf Grund von Verlegerzuschriften nur ›aus Gründen der Loyalität‹« veröffentlicht, werde aber die Autoren »weiterhin ›absolut ernsthaft‹ beobachten, da diese ›doch etwas leichtfertig ihre geistigen Zeugnisse zu verschenken im Begriff waren‹«. Wie man heute weiß, hat sich auf Grund der ›Börsenblatt‹-Kampagne ein anderer Mitbegründer der Reichsstelle in die Affäre eingeschaltet, der seit dem Ausbruch des Dritten Reiches in hohe Positionen eingerückte Dramatiker Hanns Johst. Am 10.10. machte er dem »lieben Heinrich Himmler« einen Vorschlag:

»In Amsterdam erscheint das derzeitig unflätigste Emigrantenblatt ›Die Sammlung‹. [...] Als Herausgeber zeichnet der hoffnungsvolle Sproß des Herrn Thomas Mann, Klaus Mann. Da dieser Halbjude schwerlich zu uns herüberwechselt, wir ihn also leider nicht aufs Stühlchen setzen können, würde ich in dieser wichtigen Angelegenheit doch das Geiselverfahren vorschlagen. Könnte man nicht Herrn Thomas Mann, München, für seinen Sohn ein wenig inhaftieren? Seine geistige Produktion würde ja durch eine Herbstfrische in Dachau nicht leiden, denn wir wissen aus unseren eigenen Reihen, welches famose Schrifttum gerade von nationalsozialistischen Häftlingen zur glücklichen Niederschrift kam.«

Ein Witzchen zum Schluß – Hitlers ›Mein Kampf‹ war bekanntlich auch in der Haft entstanden, wenngleich nicht in einer mit Dachauer Bedingungen... Freilich kam Johst mit seiner Anregung zu spät – ein Haftbefehl für den Fall, daß Thomas Mann die deutsche Grenze überschreiten sollte, lag schon längst bereit. Der Gleichklang des Johstschen »Vorschlags« mit den auf Gottfried bzw. ihn und Brigitte Bermann bezogenen Wünschen Erika Manns und Fritz Landshoffs dürfte bemerkt worden sein. Daß die Nazis ihre Absicht wahrgemacht hätten, ist sattsam bekannt. Was aus Erika Manns Wunschphantasie wurde? Sie habe Bermann nie mehr die Hand gegeben, hat sie (sicherlich nicht nur mir) erzählt. Und gleich werden wir auch sehen, was Landshoff tat.

Was aus dem Reich noch folgte, waren Nachhutgefechte – so wenn Will Vesper in seiner Zeitschrift ›Die neue Literatur‹ die ›Sammlung‹ als »›gefährlichstes Reptil‹« unter den Emigrantenzeitschriften bezeichnete. Aus Wien kam dann mit geradezu demonstrativer Verspätung auch noch der Absagebrief des von seinem Verleger Ernst Rowohlt »bearbeiteten« Robert Musil. Sein Wortlaut ist unbekannt, doch was Klaus Mann am 24.10. ins Tagebuch notierte, rechtfertigt Musils Feststellung, er habe sich »auf die knappeste Formel« beschränkt: »Einschreibebrief von Robert Musil, daß er leider *gezwungen* sei, Mitarbeiterschaft zurückzuziehen.«[23]

An Klaus Manns Verhalten und an dem des Querido Verlags läßt sich ablesen, daß Zornesausbrüche in Privatbriefen eines waren, Äußerungen coram publico aber etwas völlig anderes. Nicht nur, daß nichts von dem an die Öffentlichkeit gedrungen ist, womit man sich Luft gemacht hatte, es ist überhaupt zu keiner Stellungnahme von Verlag und Zeitschrift gekommen. Vorbereitungen für eine Erwiderung hat es natürlich gegeben. Am Tage der ›Börsenblatt‹-Dementis faßte Klaus Mann ein »Gegen-Dementi für die Presse« ab, »scharf gegen Fischer«. Es ist dann aber so oft geglättet und abgemildert worden, daß dem Endprodukt von Schärfe nichts mehr anzumerken war. Eine winzige Spitze gegen die ›Neue Rundschau‹ war stehengeblieben, der Verlagsname jedoch weggefallen. Indes ist nicht eimal dieser sehr zurückhaltende Text veröffentlicht worden, und der Verlag hat ebenfalls geschwiegen. Landshoff schrieb, man habe die Entscheidung gänzlich Klaus Mann überlassen; träfe dies zu, so wäre sein Lob auf die im Publikationsverzicht sich ausdrückende Noblesse seines Freundes eher zu schwach ausgefallen. Indes hat es den Anschein, als hätten sich die Dinge etwas anders abgespielt, komplizierter, und unter Mitwirkung eines von Landshoff nicht genannten Dritten. Klaus Manns im Nachlaß erhaltengebliebene Erwiderung war eindeutig für die ›Sammlung‹ bestimmt, gleich ihr erster Satz zeigt es: »Aus Deutschland sind, nach Erscheinen *unserer ersten Nummer*, wütende Angriffe« usw. Die erste Publikationsmöglichkeit wäre das Novemberheft gewesen, und dafür war der Text noch in der letzten Oktoberwoche auch vorgesehen. Vermutlich war er längst im Stehsatz, als am 25.10. – aber lassen wir Klaus Mann sprechen: »Späte, aufgeregte Visite von L.[andshoff]: *Bermanns* plötzliches Eintreffen [in Amsterdam], seine Beschwörungen, angeblichen Richtigstellungen usw. Jedes Gegen-Dementi unsererseits würde wieder alles zerstören – usw. Weitere Komplizierung.« Bis dahin also war man fest entschlossen gewesen, Klausens Erwiderung zu drucken – um sich dann, voller Widerwillen vermutlich, dem Redeschwall dessen zu beugen, dem zumindest Klaus Mann kein Wort geglaubt hat. Dieser Hypothese widerspricht nicht, was Thomas Mann am 28. 10. ins Tagebuch schrieb: »Zum Essen Erika. Die ›Sammlung‹ wird sich für die Veröffentlichung der Absagen durch einen Brief von Romain Rolland entschädigen.« Das ist auch geschehen, und er stand, mitsamt einem knappen Kommentar des Herausgebers, an der Spitze des Novemberhefts; an dem Platze, an dem die Erwiderung gestanden haben würde, hätte Bermann nicht in letzter Minute jene zu überreden vermocht, die ihm Wochen zuvor noch – nun, wir wissen, was Erika Mann und Landshoff ihm zugedacht hatten. Hat also Klaus Mann seine Noblesse, so hat Landshoff noch einiges mehr unter Beweis gestellt: eine enorme Fähigkeit zur Triebsublimierung. Nennen wir es vorerst so.[24]

Um so heftiger freilich haben einige Organe der Exilpresse und die eine oder andere deutschsprachige Auslandszeitung reagiert. Die kommunistischen ›Neuen Deutschen Blätter‹ Wieland Herzfeldes, die von dem seinerzeit noch trotzkistischen Willi Schlamm redigierte ›Neue Weltbühne‹ und die sozialdemokratische Wiener ›Arbeiterzeitung‹ haben sich – bei unterschiedlicher Akzentuierung der Kommentare – einhellig auf die Seite der ›Sammlung‹ gestellt. Herzfelde hat auf gut zehn Druckseiten den Skandal dokumentiert und darüber hinaus ausgesprochen, was zu sagen Klaus Mann aus familiären Rücksichten in jedem Falle verwehrt geblieben wäre. Andere Exilierte haben mit den »Rückziehern« briefliche Kontroversen ausgetragen, besonders intensiv und mit fast alttestamentarischer Strenge Joseph Roth mit Stefan Zweig und Schickele – daß Roth Döblin öffentlich brüskiert hat, haben wir schon gehört. Johannes R. Becher schließlich hat in einem, stilistisch Heines ›Win-

London, den 3. November.

Lieber Herr Herzfelde, Ernst Fischer überrascht mich mit meinem für Sie bestimmten Manuskript, in dem er einen Brief von mir als an einen „Agenten der Machthaber" gerichtet anführt. Dies würde eine grobe Irreführung der Öffentlichkeit bedeuten, die ich nicht schweigend hinnehmen könnte. Jenes Schreiben war persönlich und privat an den Verleger gerichtet, der seit fast dreißig Jahren – denken Sie diese Zeit durch! – mein gesamtes literarisches Werk in Deutschland gewissenhaftest verwaltet und mit dem ich in all diesen Jahren in hunderten und vielleicht schon tausenden Briefen jede meiner Veröffentlichungen und Pläne einverständlich besprochen habe. Gerade Sie als Verleger werden wissen, was eine solche Bindung menschlich bedeutet und ich hoffe, Sie werden einer Auffassung nicht Raum geben, die, wie ich dartat, in grober Entstellung des Adressaten eine persönliche Werkverbundenheit in einen ängstlichen Opportunismus umzudeuten sucht. Mit den besten Grüßen Stefan Zweig

Wir zitieren aus der Antwort, die Stefan Zweig auf diesen Brief erhielt:

Prag, den 7. November 1933.

... Offenbar hinderte Ihren Verleger, den verdienstvollen Leiter des Insel-Verlages, Professor Kippenberg, die Tatsache, daß er seit fast dreißig Jahren Ihr gesamtes literarisches Werk in Deutschland gewissenhaft verwaltet hat, nicht daran, zu erkennen, daß es keine private Frage ist, ob man eine öffentliche Zeitschrift desavouiert oder nicht...

Nun, wir haben in diesen Tagen gerade mit einer gewissen Genugtuung festgestellt, daß der Insel-Verlag einen Almanach auf das Jahr 1934 herausbrachte, in dem sich kein Wort für oder gegen oder auch nur in Bezug auf das Hitler-Regime befindet. Wir wissen, daß Professor Kippenberg schon in der Republik ein Anhänger der Rechten war und begreifen daher, daß er es mit seinen Grundsätzen vereinbaren kann, im Dritten Reich weiterzuarbeiten. Ihm kann man keinen Vorwurf daraus machen, daß er versuchte, Sie zu einer Haltung zu bewegen, die der seinen entspricht. Aber Sie, Stefan Zweig, sind kein Mann der Rechten. Wenn man ganz davon absieht, daß die Herren des Dritten Reiches Sie zu einer minderwertigen Rasse zählen, verpflichtet Ihre bisherige schriftstellerische und kulturelle Tätigkeit Sie, nicht zu schweigen. Wenn viele junge Menschen, die künstlerisch und politisch keineswegs in allen Punkten Ihre Ansichten teilten, mit Ihnen befreundet waren, so war Ihre geistige Verwandtschaft mit jenen Männern, zu denen Sie sich durch Ihr Werk bekannten – Tolstoi, Gandhi, Romain Rolland, Gorki – der Anlaß dazu.

Wir sahen Sie als Repräsentanten der Literatur, die durch Zolas „J'accuse" und Tolstois „Ich kann nicht schweigen" gekennzeichnet ist, und darum haben wir nicht nur das Recht, sondern die Pflicht, den Tausenden von Lesern, die Sie so sahen wie wir, heute zu sagen, daß wir uns geirrt haben. Das ist schmerzlich. Es ist eine Frage des Geschmacks und vor allem auch der politischen Anschauungen, ob man Sie ... als Verräter bezeichnet. Das revolutionäre Proletariat wird Ihnen diesen Vorwurf nicht machen, denn es weiß, daß seine Sache nicht die Ihre war...

Sie verwahren sich dagegen, daß Ernst Fischer eine persönliche Werkverbundenheit in einen ängstlichen Opportunismus umzudeuten sucht. Um welches Werk handelt es sich da? Um die Privatangelegenheit des Inselverlag-Leiters oder um das große

Werk des menschlichen Geistes, der um die Befreiung aus politischer und sozialer Sklaverei ringt, und der heute im Dritten Reich mit Füßen getreten wird wie selten in der Geschichte. Weil wir diesem Werk die Treue halten wollen, haben wir kein Verständnis für das, was Sie in eigentümlicher Anlehnung an den nationalsozialistischen Sprachgebrauch als Werkverbundenheit bezeichnen. Wir wissen uns einig mit unzähligen Ihrer Leser, die heute das Emigrantenleben führen, in Konzentrationslagern gequält und gedemütigt werden oder zur Heuchelei im Dritten Reich verurteilt sind, wenn wir Ihnen sagen: Opfern Sie Ihrer menschlichen Bindung an einen Verleger nicht die Bindung an die Sache der Menschheit! Distanzieren Sie sich nicht vom Kampf, sondern von Ihrem vielleicht unbedacht abgeschickten Brief ins Dritte Reich! Glauben Sie uns, daß nicht billige Freude daran, einen berühmten Schriftsteller auf dem Wege zum moralischen Selbstmord zu sehen, uns veranlaßt, Ihre „Privat-Angelegenheit" als öffentliche zu behandeln, und daß wir noch immer auf den Tag hoffen, an dem wir Sie angesichts einer klaren und endgültigen Kampfansage an den Faschismus wieder in Kameradschaft begrüßen können. Ihr

Wieland Herzfelde

44 Neue Deutsche Blätter, 1. Jg., Nr. 3 v. 15. 11. 1933, S. 137f (DLA)

termärchen‹ nachempfundenen, Gedichtzyklus (›Deutschland. Ein Lied vom Köpferollen und von den ›nützlichen Gliedern‹‹) den komplexen Sachverhalt derart versimpelt, daß er sich ins Freund-Feind-Schema der damals »ultralinken« KP-Politik einpassen ließ:

»Thomas Mann und Alfred Döblin / Haben an Goebbels gerichtet / Ein Telegramm, sie warben um ihn, / Herr Goebbels sei falsch unterrichtet.

Es sei ihr Name zu Unrecht genannt / In der Zeitschrift, ›Die Sammlung‹ geheißen. / Sie haben sich damit selbst entmannt. / Ihr Verleger nur wird sie noch preisen.

Nicht alle, die Herr Hitler verbrannt, / Sind unsere Bundesgenossen. / Es hat schon mancher hintenherum / Mit den Nazis ein Bündnis geschlossen.«

Die gewichtigste Stimme des Exils hat in dem Chorus allerdings gefehlt – das ›Neue Tage-Buch‹. Nach einem Briefwechsel mit Thomas Mann hat der Herausgeber Leopold Schwarzschild von einer offenen Polemik Abstand genommen und es bei gelegentlichen Anspielungen bewenden lassen. Als sich beispielsweise Bruno Frank mit der ›Sammlung‹ solidarisierte, lautete der Kommentar: »Mögen sich andere, die das lesen, schämen.« Die Zurückhaltung hatte ausschließlich taktische Gründe. Schwarzschild wollte verhindern, daß die politisch ohnehin handlungsunfähige deutsche Emigration sich noch weiter selbst zerfleischte. Die Auseinandersetzung wurde bis zu einer günstigeren Stunde vertagt. Mit Bermanns Verlagsemigration im Jahr 1936 sollte sie kommen.

Ein vorläufiges Schlußwort des Skandals ist gesprochen worden, als dieser noch im Gange war. Als wäre nicht dies schon erstaunlich genug, stammt dieser unaufgeregt nüchterne, das Verhalten der binnendeutsch-nichtnazistischen Beteiligten umsichtig wägende Kommentar obendrein von einem Beteiligten. Robert Musil am 21. 10. 1933 an seinen Gönner Klaus Pinkus:

»Ich glaube mich zu erinnern, daß ich Ihnen schon das letzte Mal davon erzählte, daß man mir Schwierigkeiten wegen der Mitarbeit an der ›Sammlung‹ mache und daß ich mich da für eine Sache schlagen soll, die mir wohl grundsätzlich etwas bedeutet, nicht aber in ihrer konkreten und individuellen Form als eine von Kl.[aus] M.[ann] geleitete Zeitschrift [...]. Aber um die Sache ganz darzustellen, genügen nicht meine inneren Vorbehalte zu dieser Zeitschrift, sondern ich muß sagen, daß ich doch auch den Wunsch hatte, meine Bedenken zu überwinden, um endlich einmal wenigstens durch etwas ein Lebenszeichen der Nichtgleichgeschaltetheit zu geben. Nun, dieser Versuch ist vorderhand gründlich mißlungen, ja in einen schmählichen Rückzug der Beteiligten ausgegangen. [...] Die Boykottdrohung richtete sich gegen jeden, der an Emigrationszeitschriften mitarbeite, führte mit Namen aber nur Autoren der ›Sammlung‹ und eines gewissen Verlagskreises an. Deren Rückzug benutzte dann (war es den ersten Flüchtenden souffliert? ich weiß es nicht) merkwürdig gleichlautend den Umstand, daß die Einladung zur Mitarbeiterschaft etwas lediglich Kunstpflegliches habe erwarten lassen [...]. Das ist sogar wahr, und Kl. [aus] Mann hatte gleich mit einem Taktfehler debutiert; aber andrerseits wird doch auch wohl niemand erwartet haben, daß eine Emigrationszeitschrift nur Liebesgedichte enthalte. Auch waren einige Erklärungen recht würdelos; andere weniger, darunter die meine, die eine der letzten war und sich auf die knappeste Formel beschränken konnte.

Um das richtig zu beurteilen, muß man natürlich noch berücksichtigen, daß in der Zeit die einzelnen Schriftsteller von ihren Verlegern bearbeitet wurden, die ihnen dringend nahelegten, eine Verzichterklärung auf die Mitarbeit an der ›Sammlung‹ auszustellen. [...] Ich vermute überhaupt, daß die Verleger, die keine Schwierigkeiten wollen, namentlich aber S. Fischer, der außerdem Konkurrenzzeitschriften der N.[euen] Rundschau immer verabscheut hat, der Nationalzelle im Buchhändler-Börsenverein sehr freiwillig entgegengekommen sind. Man muß ihnen dabei zubilligen, daß Fischer, Rowohlt, Insel in der Emigration und deren drohender Ergänzung eingefrorene Kapitalien und Chancen besitzen, so daß sie, wenn der Autor mit ihnen weiter arbeiten will, nicht ohne Grund von ihm verlangen, daß er ihnen das Leben erleichtere und es nicht dazu kommen lasse, daß seine gegenwärtigen Bücher aus allen [Buch-]Handlungen ausgestoßen und seine zukünftigen verboten werden. [...] Man nimmt das neue Deutschland als gegeben an und sucht darin die alten Geschäfte zu machen, ja sogar den alten ›Idealismus‹, aromatisch mit dem neuen versetzt, sich zu bewahren.«[25]

Draußen und drinnen II: Schikanen aus dem Reich Aus heutiger Sicht ist der ›Sammlungs‹-Skandal die erste von vielen Aktionen gewesen, mit denen die NS-Diktatur samt einigen unwillig-willigen Helfern die literarischen Exilierten auseinanderdividieren und die Arbeit ihrer Verlage hat be-, wenn nicht verhindern wollen. Weil in aller Öffentlichkeit abgelaufen, hat dieser Diversionsversuch ein breites Echo gefunden und ist in die Literaturgeschichte eingegangen, so wie Klaus Mann das Bermann vorausgesagt hatte. Geschadet hat der Skandal den beteiligten Autoren und – vor allem – den reichsdeutschen Verlegern, keineswegs aber dem Querido Verlag. Gleich allen anderen Exilverlagen sind ihm jedoch reichsdeutsche Machinationen gefährlich geworden, die keine Publizität erlangten, weil sie Teil des normalen Geschäftsgangs waren. Da Querido als erster und gleich mit so vielen Autoren auf den Plan getreten war, hat der Verlag solche Pressionen am frühesten und besonders massiv zu spüren bekommen.

Als erster Autor war Lion Feuchtwanger von ihnen betroffen. Sein für Herbst 1933 vorgesehener Roman ›Der jüdische Krieg‹ war im Vorjahr beim Propyläen Verlag (Ullstein) erschienen und dort im Frühjahr 1933 auch noch vorrätig. Nachdem der ›Völkische Beobachter‹ am 25./26. März den »›aus Deutschland geflüchteten Literaturjuden Feuchtwanger‹« wegen eines Beitrags für eine Londoner Zeitung der »›Hetze‹« bezichtigt hatte, stellte Ullstein den Vertrieb des Buchs mit eben dieser Begründung sofort ein und machte dies auch bekannt. Der Verlag hatte damit einen elementaren Teil des Autorvertrags außer Kraft gesetzt – Vertriebsmöglichkeiten und die Bereitschaft, ein Buch zu verkaufen, sind ja in der Tat Grundvoraussetzungen einer solchen Abmachung. Faktisch war der Vertrag also gelöst worden. Gleichwohl hatte Feuchtwanger Landshoff gebeten, er möge Ullstein über den Neudruck informieren – es sollte kein Formfehler begangen werden. In Berlin sah man die Dinge anders. Landshoff berichtete Arnold Zweig am 28. 9. von täglich neuen Schwierigkeiten im Verlag, »zu denen übrigens auch die Intermezzi mit Dr. Feuchtwanger gehören, über die Sie vielleicht schon hörten«. Zweig bestätigte, die »Scheußlichkeiten [...] mit den beiden Feuchtwangerschen Büchern« seien ihm bekannt. Anders gesagt: Ullstein hat sich gegen den Neudruck des ›Jüdischen Kriegs‹ gesperrt. Im ersten Heft der ›Sammlung‹ war das Buch zunächst angekündigt worden. In den Anzeigen des Oktober- und des Novemberhefts fehlt es jedoch, und erst in Annoncen der ›Neuen Deutschen Blätter‹ (15. 12.) und des ›Neuen Tage-Buchs‹ (23. 12.) taucht es wieder auf. Es hat also gut drei Monate gedauert, bis der gleichgeschaltete Ullstein Verlag nachgab, und Fred von Eugen, der holländische Vertreter des (holländischen) Verlags, hatte sich deshalb eigens nach Berlin bemühen müssen.

Bei Feuchtwangers zweitem Buch, dem neuen Roman ›Die Geschwister Oppermann‹, kommt nun jener Martin Feuchtwanger wirklich mit dem Querido Verlag in

GARTENTEE zu Ehren GALSWORTHYS

Frau Helene von Nostitz-Wallwitz lud den Pen-Club zu einem Gartentee zu Ehren des englischen Dichters Galsworthy. *Von links nach rechts:* Lion Feuchtwanger, Arnold Zweig, Frau Feuchtwanger, John Galsworthy

45 Zeitungsausschnitt, vermutlich Mai 1926 (DLA)

eine lose Berührung, den Himmlers Sicherheits-Hauptamt zu seinem Gründer ›ernannt‹ hatte. Im Herbst 1933, er betrieb noch seinen sog. Korrespondenzverlag in Halle, erhielt Martin Feuchtwanger den Brief eines Konkurrenten, des zur NSDAP abgeschwenkten ehemals deutschnationalen Verlegers Oppermann aus Hannover. Oppermann hatte von Lion Feuchtwangers neuem Buch erfahren und legte bei Martin Verwahrung gegen den Titel ein:

»Oppermann sei ein urdeutscher Name, er zum Beispiel könne seinen Stammbaum bis ins zwölfte Jahrhundert verfolgen, seine Vorfahren seien ausnahmslos kerndeutsche Männer gewesen. Nie und nirgends hätten Juden den Namen Oppermann geführt. Oppenheim oder Oppenheimer, gewiß, aber Oppermann? Niemals! [...] Komme der Roman unter dem Titel ›Geschwister Oppermann‹ heraus, so würde dies meinen Tod zur Folge haben. Unterschrift: Professor Oppermann, SA-Brigadeführer.«

Mit Briefen, die er dem holländischen Konsul zur Beförderung übergab, informierte Martin Feuchtwanger seinen Bruder und den Verlag über die Drohung und erreichte die Änderung des Titels. Ob das Buch wirklich schon gesetzt war und somit, wie Martin Feuchtwanger angibt, ein kompletter Neusatz erforderlich wurde? Nur die abrupte Änderung des Titels ist belegbar. Erst im Novemberheft der ›Sammlung‹ wird für ›Die Geschwister Oppen*heim*‹ geworben. Im September und Oktober hatte der Roman noch ›Die Geschwister Opper*mann*‹ heißen sollen.

HERBSTNOVITÄTEN 1933

ALFRED DÖBLIN

JÜDISCHE ERNEUERUNG

Broschiert Hfl. 1.—; in Leinen Hfl. 1.50

LION FEUCHTWANGER

DIE GESCHWISTER OPPERMANN

Broschiert Hfl. 2.90; ROMAN *in Leinen Hfl. 3.90*

EMIL LUDWIG

GESPRÄCHE MIT MASARYK

MIT EINEM LEBENSBILD MASARYKS

Broschiert Hfl. 3.25; in Leinen Hfl. 4.25

46 Aus der Anzeige im Oktoberheft 1933 der ›Sammlung‹ mit dem verworfenen Titel von Lion Feuchtwanger (DLA)

Wegen Jakob Wassermanns Roman ›Joseph Kerkhovens dritte Existenz‹ hat es bei Querido ebenfalls einiges Hangen und Bangen gegeben. Wassermann war, wie erwähnt, bei Fischer unter Vertrag, wenngleich mit dem Verlag in Zwietracht lebend. Der Roman war am 30. Oktober 1933 vollendet worden, und noch im November soll der Fischer Verlag, Stefan Zweig zufolge, für die Freigabe Wassermanns 200 000 Mark verlangt haben. Ende November kam es dann in Wien zu »einer aufreibenden

Unterhaltung über das Erscheinen des ›Kerkhoven‹«. Marta Karlweis-Wassermann hat zwar die Folgen überliefert, die sie für ihren Mann hatte – ein schwerer Herzanfall machte einen Klinikaufenthalt notwendig –, doch über den Grund der Kontroverse hat sie nichts gesagt. Worum es gegangen sein und wovon die Entscheidung des Verlags abgehangen haben könnte, ist in Umrissen einem undatierten Briefe Landshoffs an Klaus Mann zu entnehmen, geschrieben höchstwahrscheinlich Anfang Dezember: »Wassermann, mit dem ich eben speiste, hat sich auch ›rechtzeitig vor dem 15.‹ angemeldet – und wartet nun, ob er aufgenommen wird. Sein Roman ist fertig. Noch unsicher, wo er erscheint. Wenn seine Aufnahme ›klappt‹ – bei Fischer.« Mit »Aufnahme« ist die in die Reichsschrifttumskammer gemeint, für welche die Antragsfrist am 15. 12. 1933 ablief. Da Wassermann nicht aufgenommen wurde, dürfte deutlich sein, weshalb er, wie Landshoff später schrieb, »in der Lage war, uns diesen Roman [›Kerkhoven‹] zur sofortigen Veröffentlichung zu geben«: Fischer hatte nein gesagt. Wiewohl man aber in Berlin das Buch nicht gewollt hatte, dauerte es volle zwei Monate, bis Landshoff Klaus Mann mitteilen konnte, Bermann habe »ausdrücklich« auf ein »Vorgehen gegen das Erscheinen des W.[assermann] bei uns verzichtet«.

Ein Einspruch kam dagegen im Mai 1934 vom Wiener Zsolnay Verlag, einem Unternehmen in jüdischem Besitz, das sich, um den deutschen Markt nicht zu verlieren, ohne politischen Zwang selbst gleichgeschaltet hatte. Vor 1933 hatte Zsolnay u. a. Heinrich Mann verlegt und besaß so eine Option auf seinen nächsten Roman. Als Landshoff um Freigabe bat, wissend, daß Zsolnay das Buch niemals würde bringen wollen, verlangte dieser die Rückzahlung eines Vorschusses, den Heinrich Mann für eine Ausgabe des Romans ›Die kleine Stadt‹ erhalten hatte. Landshoff antwortete, Zsolnays Ausführungen seien ihm »nicht recht verständlich«:

»Nach Ihrem eigenen Brief scheint es doch so zu liegen, daß nicht Herr Mann Ihnen 4000 Mark schuldet, sondern umgekehrt Sie ihm die Herausgabe einer Volksausgabe dieses Buches. Ein objektiver Grund für das Nichterscheinen der Volksausgabe besteht jedoch keineswegs, da einem Erscheinen des Werkes in Wien von keiner Seite irgendwelche Schwierigkeiten in den Weg gelegt würden. [...] Wenn Sie wegen der ›geänderten Verhältnisse‹ keine Volksausgabe des Romans ›Die kleine Stadt‹ herausbringen können, so werden Sie doch auch den neuen Roman von Herrn Mann nicht erscheinen lassen. Insofern bedeutet die Freigabe der Option für Sie keinerlei Opfer.«

Bekanntlich ist ›Die Jugend des Königs Henri Quatre‹ dann bei Querido erschienen – ohne Genehmigung, aber auch ohne juristische Schritte von seiten Zsolnays. Nobel hat sich im vergleichbaren Falle der Insel-Verlag gezeigt. Er besaß die meisten Rechte an den Büchern Leonhard Franks und eine Option auf sein nächstes. Um diese ging es primär, doch stand auch die Frage einer Gesamtausgabe im Hintergrund, als Landshoff am 24. 11. 1934 dem Leipziger Verlag mitteilte, nach seiner Ausbürgerung und dem Vertriebsverbot in Deutschland habe Frank seine »volle Freiheit wiedererlangt«. Auf Landshoffs Brief findet sich der Vermerk eines Insel-Mitarbeiters: »Soll nicht beantwortet werden lt. Herrn Köhl.« [26]

Ist Landshoff in solchen Fällen, wenngleich unter Schwierigkeiten, erfolgreich geblieben, so war er doch ohnmächtig, wenn der Börsenverein und deutsche Verlage den Vertrieb der Querido-Bücher dadurch zu verhindern suchten, daß sie die Auslieferer mit Boykott bedrohten. Erstmals ist das bereits im Herbst 1933 dem österreichischen Kommissionär widerfahren. Landshoff mußte bei einem jüdischen Buchhändler seine Zuflucht suchen – dem freilich die in Österreich nicht ganz seltenen antisemitischen Sortimenter die Tür wiesen.

Sehr viel ernsthafter noch hat sich die Überflutung des Auslandsmarktes mit Billigangeboten deutscher Bücher ausgewirkt. Damit ist nicht etwa die spektakulärste dieser Aktionen gemeint, die als »Bücher-Dumping« bekanntgewordene staatliche Exportsubvention. Wissenschaftliche Exilverlage mögen ihre Folgen gespürt haben, literarische dagegen kaum, und Landshoff hat das schon prognostiziert, kaum daß ihm die Verordnung zu Ohren gekommen war. Wer Arnold Zweigs ›Erziehung vor Verdun‹ haben wolle, werde sich nicht einen verbilligten Nazibarden aufschwätzen lassen, hat er dem Autor geschrieben und grosso modo damit wohl rechtbehalten. Wie aber, wenn der Käufer, statt zwischen Arnold Zweig und Hans Friedrich Blunck, zwischen Arnold Zweig und – Arnold Zweig wählen konnte?

Denn dies war die eigentliche Bedrohung: die nach Hunderttausenden von Exemplaren zählenden Bestände von vor 1933 entstandenen Werken der exilierten Autoren. Da im Dritten Reich unverkäuflich, sind sie auf meist unkontrollierbaren Wegen ins Ausland gebracht und zu Schleuderpreisen angeboten worden. Exilverlage und Autoren haben sich gegen diese Schmutzkonkurrenz zwar nach Kräften zu wehren versucht – eine beispielhafte Episode zeigt drastisch, mit welchem Erfolg. Ende Februar 1936 hat Ludwig Marcuse im ›Neuen Tage-Buch‹ diese Praktiken deutscher Verlage geschildert und über ein Gerichtsverfahren berichtet, das Oskar Maria Graf angestrengt hatte, um seinen früheren Verleger an ihnen zu hindern. Wie zum Hohne, findet man auf derselben Seite eine Annonce der Wiener Buchhandlung Richard Lanyi, die Feuchtwangers ›Jud Süß‹ zu Billigstpreisen offerierte. Das Buch war im

47 Auf der gegenüberliegenden Seite: Die Brennessel, 4.Jg, Folge 33 v. 14.8. 1934, S.522. ›Die Brennessel‹ ist ein dem ›Simplicissimus‹ nachgebildetes, völkisch-antisemtisches »Satireblatt« (DLA)

Entrümpelung

„Was, nur 1 Pfennig pro Kilo wollen Sie zahlen für die Bücher!"
„Ja mei, hättens halt neua a net mehra zahlt für dös Glump!"

selben Münchner Drei-Masken-Verlag erschienen, gegen den Oskar Maria Graf in Brünn einen Prozeß gewonnen hatte...

Einschlägige Antiquariatsangebote (zumeist von Wiener Firmen) haben sogar in Exilblätter Eingang gefunden, an denen die durch die Verramschung um ihre Honorare betrogenen Autoren mitarbeiteten. In nicht wenigen Nummern der ›Neuen Weltbühne‹ wurde mit der einen Anzeige für Neuerscheinungen der Exilverlage geworben, mit einer andern für den Ramsch aus dem Reich. Und es ging vielfach um Bücher der nämlichen Autoren: Arnold Zweig, Joseph Roth, Heinrich Mann, Wilhelm Speyer, Emil Ludwig usw. Diese Spezies von Billigexporten hat schon 1933 eingesetzt. Einen ersten Höhepunkt erreichte sie 1936, einen weiteren, als nach der Annexion Österreichs die »unerwünschten« Bücher aus Wiener Verlagen hinzukamen. Da der Hauptumschlagplatz Wien »heim ins Reich« geholt worden war, waren es jetzt deutschsprachige Buchhandlungen in Paris, auch von Exilierten geführte, die den Markt mit verlagsfrischen alten Büchern überschwemmen halfen. Von Döblin und Feuchtwanger über die Brüder Mann bis zu Arnold und Stefan Zweig waren die alten Titel von allen namhaften Exilschriftstellern draußen lieferbar: in großen Mengen und zu einem Bruchteil der früheren Preise. Das ist bis in die allerletzten Friedenswochen des Sommers 1939 so gewesen, es hat dazu beigetragen, daß bei den Exilverlagen die Zahl der Neuerscheinungen in der zweiten Hälfte der dreißiger Jahre kontinuierlich zurückging, und natürlich hat es auch dazu geführt, daß die Exilverlage auf die Neuausgabe älterer Bücher selbst dann verzichten mußten, wenn diese Titel früher »gut gegangen« waren. Eben deshalb sind auch Landshoffs Bemühungen um Tucholsky gescheitert. Der hatte das ›Remake‹ von alten Sachen angeboten, wohingegen Landshoff auf Unveröffentlichtem bestanden hat: schon im Dezember 1933 waren die bei Rowohlt erschienenen Tucholsky-Bände in Prag konkurrenzlos billig zu haben.

Den Ärger mit diesen ›Altlasten‹ hat Landshoff in seinen Erinnerungen an einem eklatanten Fall zu verdeutlichen versucht: aus der »endlosen« Korrespondenz, die er mit dem Kiepenheuer Verlag wegen Übernahme der Buchbestände von Arnold Zweig führte, hat er eine Handvoll Briefe abgedruckt. Der tatsächlichen Dimensionen des Vorgangs wird man freilich erst gewahr, wenn man das im Zweig-Archiv lagernde Gesamtkonvolut in Augenschein genommen hat. Man erfährt dann auch, wie schonungsvoll Landshoff seinen früheren Partner behandelt hat. Nichts an den von ihm ausgewählten Dokumenten vermittelt den Eindruck, den die Lektüre der Gesamtkorrespondenz hinterläßt: daß nämlich Gustav Kiepenheuer – aus Eigenem oder unter dem Druck der Gläubiger – Landshoff von Anfang an zu hintergehen versucht hat.

RICHARD LANYI, Buchhandlung
WIEN I., KÄRNTNERSTR. 44, gibt bekannt:

F. M. Dostojewski: Sämtliche Werke, 23 Bände in 21 roten Orig.-Leinen-Bänden geb., kompl. Beste deutsche Ausgabe! (Piper.) Einmaliger Gelegenheitskauf! **S 78.50.**

Julius Meier-Gräfe: „Entwicklungsgeschichte der modernen Kunst." Drei Bände Orig.-Leinen, kompl., Folio. Mit über 750 Bildtafeln. Hervorragendste moderne Kunstgeschichte. Gelegenheitskauf ersten Ranges. **S 54.50.**

Max Dvorak: „Geschichte der italienischen Kunst." Im Zeitalter der Renaissance. Zwei Bände, kompl., Orig.-Halbleder. Mit über 200 Bildtafeln. **S 48.50.**

Vincent van Gogh: „Briefe an seinen Bruder." Grosse illustrierte Ausgabe. Drei Leinenbände. Statt S 79.20 nur **S 28.85.**

Rob. Neumann: „Unter falscher Flagge." Leinen **S 3.45.**

Rob. Neumann: „Die Macht." Leinen (S 14.85) **S 4.95.**

Hegemann: „Entlarvte Geschichte." Kartoniert **S 2.16.**

Shakespeares Dramen. Für Hörer und Leser bearbeitet, teilweise sprachlich erneuert von **Karl Kraus,** 4 Bände. Band I und Band II erschienen. Band III und Band IV erscheinen im Jahre 1936. Band I enthält: **König Lear. Der Widerspenstigen Zähmung. Das Wintermärchen.** Band II enthält: **Macbeth. Die lustigen Weiber von Windsor. Troilus und Cressida.** Jeder Band kart. **S 9.45,** Leinen **S 13.10.** Subskriptionspreis kart. **S.8.40,** Leinen **S 12.10.**

Shakespeares sämtliche Werke. Herausgegeben, zum Teil neu übersetzt von Friedrich **Gundolf.** Die Ausgabe enthält die „Sonette", übersetzt von Stefan George. 6 Bände in 3 Doppelbänden gebunden. Orig.-Leinen. Bisher S 70.40, jetzt nur **S 31.50.**

Grillparzer's Werke. Luxus-Ausgabe der österr. Staatsdruckerei. In 6 Orig.-Leinenbänden. Einmaliger Gelegenheitskauf um **S 18.90.**

Heines sämtliche Werke in 10 herrl. Ganzleinenbänden. Einmalige Gelegenheit! **S 22.85.**

Petronius: „Begebenheiten des Enkolp." Orig.-Leinen **S 1.65.**

Brantôme: „Leben der galanten Damen." Orig.-Leinen **S 1.65.**

Crebillon: „Der Schaumlöffel". Orig.-Leinen **S 1.65.**

D'Aurevilly: „Die Teuflischen". Orig.-Leinen **S 1.65.**

Theodor Mommsen: „Römische Geschichte". Weidmannsche Orig.-Ausgabe. 2777 Seiten, Gross-Oktav. 4 Bände kompl. Leinen **nur S 25.50.**

Lieberenz: „Das Rätsel Abessinien". Mit 22 herrlichen Kupfertiefdrucktafeln. Orig.-Leinen. Gelegenheitskauf! **S 4.95.**

Generaloberst Baron Arz: „Kampf und Sturz der Kaiserreiche". 253 Seiten. Mit 11 seltenen Orig.-Photogr. Kart. **S 3.24.**

Rolf Wolkan: „Das Burgtheater in Wien". Mit 36 Bildtafeln. Orig.-Leinen (S 12.60) **S 2.16.**

B. Traven: „Die weisse Rose". Orig.-Leinen (S 11.55) **S 4.95. „Karren".** Orig.-Leinen (S 11.55) **S 4.95. „Regierung".** Orig.-Leinen (S 11.55) **S 4.95. „Der Schatz der Sierra Madre".** Leinen **S 4.95.**

Arnold Zweig: „Streit um den Sergeanten Grischa". Orig.-Leinen (S 16.85) **S 4.95.** (Kart. **S 3.55.**) **„De Vriendt kehrt heim".** Leinen (S 13.50) **S 4.95.** (Kart. **S 3.55.**) **„Junge Frau von 1914".** Leinen (S 16.85) **S 4.95.** (Kart. **S 3.55.**)

Joseph Roth: „Radetzky-Marsch". Kart. **S 3.24,** Leinen **S 4.95.**

Emil Ludwig: „Napoleon". Mit 21 Bildern. Leinen **S 3.95. „Goethe".** Mit 21 Bildern. Orig.-Leinen **S 3.95. „Bismarck".** Mit 20 Bildern. Leinen **S 3.95. „Genie und Charakter".** Mit 19 Bildern **S 3.95. „Juli 14".** Mit 4 Bildern. Kart. **S 1.96. „Lincoln".** Mit 12 Bildern. Orig.-Leinen **S 4.95. „Geschenke des Lebens".** Mit 13 Bildern. **S 4.95.**

Stefan Zweig: „Drei Meister". (Balzac-Dickens - Dostojewski.) Orig.-Leinen **S 4.32. „Der Kampf mit dem Dämon".** (Hölderlin - Kleist - Nietzsche.) Orig.-Leinen **S 4.32.**

Kurt Tucholsky: „Schloss Gripsholm". Leinen **S 3.25. „Lerne lachen ohne zu weinen".** Kart. **S 3.55. „Mit 5 PS".** Leinen **S 4.95.**

Chlumecky: „Erzherzog Franz Ferdinand". Leinen S 7.06.

Dumba: „Dreibund und Entente-Politik". Kart. **S 1.63.**

Eeden: „Der kleine Johannes". Halbleinen **S 3.25.**

McEvoy: „Revue-Girl". Leinen **S 1.63.**

„Die Abenteuer des Chevalier Faublas" Illustr. von Bayros **S 2.16.**

Gentz: „Tagebücher 1829—1831". Halbleinen **S 2.16.**

Gutkind: „Herren und Städte Italiens". Leinen **S 3.25.**

Höllriegel: „Das Urwaldschiff". Leinen **S 3.95.**

Gusti Jirku: „Zwischen den Zeiten". Leinen **S 1.63.**

Ilf Petrow: „Ein Millionär in Sowjetrussland". Leinen **S 4.95.**

Kaltnecker: „Dichtungen und Dramen". Leinen **S 4.32.**

John Dos Passos: „Auf den Trümmern". Leinen **S 4.95. „Der 42. Breitengrad".** Leinen **S 4.95.**

Joseph Redlich: „Kaiser Franz Joseph". Leinen **S 11.18.**

Gustav Mahler: „Briefe 1879—1911". Leinen **S 4.95.**

Otto Heller: „Wladiwostock". Leinen **S 2.16.**

Eugen Lennhoff: „Die Freimaurer". Grosse Ausgabe. 496 Seiten und 156 Bildtafeln. Orig.-Leinen **S 4.32.**

Der 9. Katalog (52 Seiten) ist erschienen! Gratis u. franco!

RICHARD LANYI, Buchhandlung
WIEN I., KÄRNTNERSTR. 44.

Printed in Czechoslovakia

48/49 Auf der vorangehenden Seite Anzeige der Buchhandlung Richard Lanyi, in: Neue Weltbühne, 32. Jg., Nr. 5 v. 30. 1. 1936 (DLA) – Oben: Buchhandlung Lanyi, Zeichnung von M. Pospischil, Postkarte (DLA)

Bereits Ende Mai 1933 hatte Kiepenheuer gegenüber Zweig die Absicht bekundet, die in Deutschland unverkäuflich gewordenen Bücher »anderweitig« abzusetzen; allerdings seien die bisherigen Angebote »meist zu niedrig« gewesen. Dieses »meist« war aufschlußreich genug. Da Kiepenheuer ein Angebot Landshoffs – 6000 Mark für rd. 20 000 Bände bzw. Rohbogenexemplare von überschlägig einem Dutzend Titeln – ebenfalls unbefriedigend fand, traten die Verhandlungen von Juni bis Oktober 1933 auf der Stelle. Unterdes mußte Landshoff mehrfach und stets dringlicher wegen der »größeren Ramschposten« um Auskunft bitten (13. 10.), von denen er »immer wieder« höre. Kiepenheuers Antworten waren durchweg unbefriedigend und, wie zu fürchten steht, auch unaufrichtig. Er habe »größere Bestände nicht verramscht« (5. 10.). Was Landshoff aus Wien »über die Verramschungen« höre, sei, »soweit ich es von hier aus feststellen kann, bei weitem übertrieben« (16. 10.) usw. Dabei hatte Landshoff bereits mehrere Abnehmer namhaft machen können.

Kurz, Kiepenheuer hatte losgeschlagen, was er nur hatte losschlagen können, bis die Bestände so weit reduziert waren, daß ihm Landshoffs Angebot akzeptabel erschien. Daß Landshoff es für den Gesamtbestand gemacht hatte und nur unter dieser Voraussetzung an der Übernahme interessiert sein konnte, dies hat Kiepenheuer geflissentlich ignoriert, obwohl es sich von selbst verstand. Er hat Landshoff also zu täuschen versucht, und als er endlich – am 2. 10. – sein Angebot »vorbehaltlich der Zustimmung der Gläubiger« annahm, war ein beträchtlicher Teil der Zweigschen Bücher schon nach Österreich und in die Tschechoslowakei gewandert. Es steht dahin, ob Landshoff gleich durchschaut hat, welches Spiel Kiepenheuer mit ihm trieb, wohingegen auf der Hand liegt, weshalb er es mitspielen mußte: Der Vertrag, den er für Querido mit Zweig geschlossen hatte, sah die Übernahme der Kiepenheuerbestände vor. Indes gingen erneut rund sechs Wochen ins Land, bis Kiepenheuer am 15. 11. einen Vertragsentwurf nach Amsterdam schickte, ein Papier, von dem er wissen mußte, daß wenigstens ein Punkt – Gerichtsstand Leipzig – für Landshoff gänzlich unannehmbar war. Eine weitere Woche verstrich, bis ein revidierter Entwurf auf dem Tisch lag, der einigen von Landshoffs Einwänden Rechnung trug, aber noch immer nicht dem zum Gerichtsort. Landshoff hat dann versucht, telefonisch auf seinen früheren Kompagnon einzuwirken, nur daß die formelle Bestätigung von Kiepenheuers mündlichen Zugeständnissen wiederum fast eine Woche ausblieb. Und so hat Landshoff am 30. 11. 1933 die Verhandlungen abgebrochen und dem Kiepenheuer Verlag den »Rücktritt von meinem Angebot« mitgeteilt. Die endlosen Verzögerungen hätten es unmöglich gemacht, die Bücher im Weihnachtsgeschäft anzubieten. Das war sicher zutreffend, zumal es in den Niederlanden nur am Nikolaustag Geschenke gab, zu Weihnachten aber nicht. Nicht minder wichtig und richtig war freilich auch, was Landshoff dem »lieben Kiepenheuer« in einem letzten Brief am

4.12. schrieb: »Der Ramsch geht übrigens munter weiter, neuerdings auch in Holland.« Als besonders infam und geschäftsschädigend wird er empfunden haben, daß neben Zweigs bekanntestem Buch, dem ›Streit um den Sergeanten Grischa‹, den Holländern auch sein zuletzt erschienenes angeboten wurde, ›De Vriendt kehrt heim‹. Von diesem Roman lag die holländische Übersetzung in den Schaufenstern, als Kiepenheuer-Lizenz brandneu herausgebracht von der N. V. Em. Querido's Uitgevers-Mij...

Inzwischen war längst auch Arnold Zweig der Geduldsfaden gerissen. Schon im September hatte er Landshoff aufgefordert, mit den Vorbereitungen für den Neudruck seiner älteren Bücher zu beginnen. Landshoff hatte ihm diese Absurdität zunächst auszureden vermocht, doch konnte er nicht verhindern, daß Zweig nach dem Abbruch der Verhandlungen mit Kiepenheuer seinen nach Paris emigrierten Berliner Anwalt einschaltete. Auch diese Korrespondenz bildet im Zweig-Nachlaß ein ansehnliches Päckchen. Der Anwalt nämlich, beschäftigungslos, wie er im Pariser Exil wohl war, hat Landshoff am 11. 12. mit ausführlichen Erörterungen der Rechtslage behelligt und ein exemplarisches Vorgehen gegen den des Diebstahls schuldigen Kiepenheuer verlangt. Landshoff hat dem einen großen Fall witternden Manne umgehend geantwortet (12. 12.), über die Rechtslage brauche er keine Belehrung; »ich würde aber gerne hören, wie Sie sich praktisch die Verfolgung Kiepenheuers vorstellen«. Bekanntlich sei der Verlag zahlungsunfähig. Worauf sich der Anwalt aussichtsreicheren Prozeßgegnern zuwandte: den Buchhändlern, die Zweigs Bücher feilhielten. Nachdem Zweig mit einem pseudonaiven Brief aus Kiepenheuer den Namen des Engros-Abnehmers herausgelockt hatte, gelang dem Anwalt dann wirklich ein Einbruch in die feindliche Front. Zusammen mit einem Wiener Kollegen hat er den Grossisten Meyer Präger, Inhaber der auf Ramsch spezialisierten Wiener Buchhandlung Löwit, dazu gebracht, seine Verpflichtungen gegenüber dem Autor anzuerkennen; auch dieser und der mit dem Wiener Anwalt geführte Briefwechsel füllen zwei große Mappen. Präger legte in regelmäßigen Abständen Rechnung und honorierte Zweig wenigstens mit einem minimalen Betrag. Bei der ersten Abrechnung per 1. 3. 1934 waren es 565.80 Mark für rund 2700 Bücher. Präger scheint sich an die Abmachung gehalten zu haben, so lange ihm das möglich war. Zweig hat von ihm auch seine alten Bücher bezogen, wenn er sie zum Verschenken brauchte. Lion Feuchtwanger am 1. 5. 1935: »Lieber Zweig, gestern sind von der Buchhandlung Löwit in Wien Ihre Bücher gekommen. Sie haben mir damit eine große Freude gemacht. Nun Ihre Bücher da sind, sind Sie eigentlich selber wieder viel leibhafter um mich.« [27]

Soll und Haben I: Verlagsarbeit und Verlagskosten Bedürfte es eines Beweises für die tiefe Verwurzelung der Exilierten im vorhitlerischen Deutschland, so hätten ihn die langwierigen und schmerzlichen Trennungsprozesse geliefert, von denen wir zuletzt einen besonders unerquicklichen kennengelernt haben. Daß einer der Verjagten dabei relativ glimpflich davongekommen ist, darf als die Ausnahme gewertet werden, welche die Regel bestätigt. Arnold Zweigs ›Glück‹ ändert nicht das mindeste daran, daß seine verramschten Bücher die Chance seiner neuen reduzieren halfen, indem sie den kleinen Markt für die Exilverlage verstopften.

Sieht man von den Exilierten resp. jüdischen Auswanderern aus Deutschland zunächst ab, so hat dieser Markt aus dem deutschsprechenden oder -lesenden Publikum im Ausland bestanden, welches deutsche Verlage bis dahin für bedeutungslos gehalten und entsprechend vernachlässigt hatten. Diese Leserklientel war die große Unbekannte in der Rechnung aller Exilverlage. Nicht einmal ihre ungefähre Größe war bekannt. Wieland Herzfelde hatte bereits vier erfahrungsgesättigte Exiljahre hinter sich, als er die Zahl der Deutschsprechenden außerhalb Deutschlands mit »vielleicht 30 bis 40 Millionen« umriß, und daß er zu einer solch groben Schätzung griff, zeigt allein schon, auf welch unsicherem Terrain man sich auch 1937 noch bewegt hat. Unterstellt man die kleinere Ziffer als halbwegs zutreffend, so ist doch über die Aufnahmebereitschaft dieser diffusen, über die ganze Welt verstreut lebenden Menschenmasse noch gar nichts gesagt. Im Kontext seiner Versuche, Thomas Mann von den Exilverlagen fernzuhalten, hat Bermann 1933 geäußert, das »Auslandsdeutschtum« sei »zu einem besonders hohen Prozentsatz literarisch uninteressiert«; sollte heißen: die Exilverlage hätten keine wirtschaftliche Chance. Im Bezug auf diese »Bindestrich-Deutschen« – Deutsch-Amerikaner, Deutsch-Brasilianer usw. – war Skepsis tatsächlich am Platze. Auch Herzfelde hat eingeräumt, bis 1933 seien nur »durchschnittlich knapp 15%« der deutschen Buchproduktion ins Ausland geliefert worden, und da er in seiner Modellrechnung die Regelauflage mit 5000 Exemplaren angesetzt hatte, wären dies etwa 750 Stück gewesen. Ein Verlag hätte davon nun wirklich nicht existieren können, geschweige die Autoren. Zum Zeitpunkt von Herzfeldes Veröffentlichung gab es die Exilverlage nun aber schon ein paar Jahre, ihre Auflagen waren beträchtlich höher, und Herzfelde hatte seine düstere Rechnung ja auch nur aufgemacht, um gebührend feiern zu können, was er den Kampf von ›David gegen Goliath‹ nannte. War also ein Wunder geschehen?

Mitnichten. Verlage und Verleger draußen haben ihren relativen Erfolg ganz nüchternen Ursachen verdankt. Auf mittlere Frist betrachtet, sind sie lebensfähig nur gewesen, wenn eine solide Kapitalreserve vorhanden und ihr Besitzer bereit war, notfalls ein erklecklich Teil davon zu opfern. Deutlicher: ein ausländisches Unternehmen mußte Rückendeckung gewähren. Bei den drei wichtigsten Exilverlagen der

Vorkriegszeit ist dem so gewesen, und eben das hat Querido, den Oprecht-Verlagen in Zürich und der deutschen Abteilung von Allert de Lange zu ihrer herausragenden Position mit verholfen. Wir haben gehört, wie Hermann Kesten die Vermögensverhältnisse von Gérard de Lange eingeschätzt hat. Für Emil und Emmie Oprecht standen die Sozialdemokratie und die Gewerkschaften der Schweiz sozusagen stets in Habachtstellung. Emanuel Querido endlich hat es in finanzieller Hinsicht mit de Lange bei weitem nicht aufnehmen können, doch ist er seiner Teilhaberfirma Holkema & Warendorf ebenso sicher gewesen, wie er den Banken ›gut‹ war für einen vermutlich nicht ganz kleinen Anlaufkredit. Mit anderen Worten, wären sie allein auf ihre Erträgnisse angewiesen gewesen, so hätten auch die wichtigen Exilverlage nicht lange bestehen können. Das Wort »groß« habe ich mit Bedacht vermieden. Nach heutigen Maßstäben haben wir es trotz beachtlicher Programme mit Kleinstverlagen zu tun.

Landshoff hat mit zwei festangestellten Vollzeitkräften auskommen müssen. Seine Ko-Direktorin teilte ihre Zeit zwischen dem deutschen und dem holländischen Verlag, und ob Klaus Mann als eine Art Teilzeitkraft im Lektorat gearbeitet hat, dazu gibt es widersprüchliche Angaben.[28] Die Verantwortung für das Programm, damit die »literarische Leitung«, lag bei Landshoff. Zusammen mit der holländischen Ko-Direktorin Alice van Nahuys ist er auch für Herstellung und Ausstattung der Bücher verantwortlich gewesen. Da dies im holländischen Verlag van Nahuys' Arbeitsfeld war, dürfte es im deutschen nicht viel anders gewesen sein. Landshoff hat sich auf diesem Gebiet zwar ausgekannt – er hatte seine Verlagskarriere als Hersteller bei einem Kunstbuchverlag begonnen –, und wir werden sehen, daß er bei Querido in Herstellungsfragen durchaus mitgeredet hat. Viel Zeit kann ihm dafür aber kaum geblieben sein, und außer der Arbeitsökonomie hat es die Klugheit geboten, Alice van Nahuys hier den Vortritt zu lassen. Zumindest anfangs und insgeheim scheint sie ja eine weitere Funktion im deutschen Verlag gehabt zu haben – die des ›Ohres‹ (und notfalls des eingreifenden ›Arms‹) von Emanuel Querido – der seinen so frischgebakkenen Partner ja wirklich kaum gekannt hat. In der ersten Zeit jedenfalls taucht Nahuys' Unterschrift häufig, oft neben der von Landshoff, in Verträgen auf, auch in Briefen, die mit Herstellungsdingen nichts zu tun hatten. Recht bald hat Landshoff dann allein unterschrieben, während van Nahuys bei der Autorenkorrespondenz kaum noch in Erscheinung tritt.

Wie man sah, war Landshoff zunächst sein eigener Sekretär; in den ersten Wochen gab es im deutschen Verlag nicht einmal eine Schreibmaschine. Nachdem er sich mit wechselnden Stundenkräften hatte behelfen müssen, ist im Hochsommer 1933 endlich Jetty Weintraub eingestellt worden. Landshoff hat ihr in den Erinne-

50 Werner Cahn (Sammlung A. Landshoff)

51 Jetty Cahn geb. Weintraub (ebda)

rungen ein verdient hohes Lob gespendet. Sie hat die gesamte Verwaltungsarbeit gemacht, hat die Korrespondenz mit Autoren, Druckereien, ausländischen Verlagen usw. geführt, hat die in der Ära wirtschaftlicher Autarkiebestrebungen erforderlichen Zolldeklarationen ausgefüllt, die für jede einzelne Lieferung stets aufs Neue verlangt wurden, hat Kontakte zu Zeitungen und Kritikern gehalten, Rezensionsstücke verschickt, und ganz nebenbei hat sie auch die kleinen und großen Sonderwünsche der Autoren erfüllt, hat dem einen das schwer erhältliche Farbband für einen seltenen Schreibmaschinentyp besorgt, dem anderen antiquarische Bücher, die er als Quellen für den nächsten Roman brauchte. Kurz, heute gibt es wenigstens ein halb Dutzend Leute für das, was Jetty Weintraub allein erledigt hat.

Indes zeigte sich schon nach wenigen Monaten, daß ein weiterer Mitarbeiter benötigt wurde. Landshoff am 13. 12. 1933 an Klaus Mann: »Der *Rummel* hier ist entsetzlich. Ich bin *wild* entschlossen, ab 1. Januar irgendwelche Hilfe zu nehmen. So ist es nicht zu machen.« Es hat freilich bis zum Sommer 1934 gedauert, daß Landshoff den promovierten Historiker Werner Cahn engagierte. Vor 1933 hatte Cahn für Lion Feuchtwanger Quellenrecherchen in Archiven und Bibliotheken betrieben, allerlei Sekretärsdienste geleistet und reichlich Erfahrung in dem Metier erworben, das ihn für Querido besonders qualifizierte – beim Korrekturlesen. War Jetty Weintraub im deutschen Verlag das ›Mädchen für alles‹, so hat ihr späterer Mann die vielleicht noch anspruchsvollere Rolle der ›Feuerwehr‹ gespielt. Hauptsächlich als Korrektor beschäftigt, war Cahn zugleich Landshoffs rechte Hand, hat im Lektorat die Spreu vom Weizen gesondert (und seine trostreichen Formelablehnungen als »Lektor« gezeichnet), und schließlich hat er, wie übrigens Landshoff auch, am Packtisch gestanden, wenn Not am Mann war.

Das scheint nicht eben selten der Fall gewesen zu sein, denn der holländische und der deutsche Verlag teilten sich mit Queridos Partnerfirma Holkema & Warendorf in die drei Kräfte, die in der Expedition beschäftigt waren. Diese Packer und Boten figurierten nicht auf der Gehaltsliste des deutschen Verlags, wie übrigens auch nicht die Angestellten der holländischen ›Schwester‹, die für Landshoff Buchhaltung und Herstellung miterledigten. Wenn Landshoff davon gesprochen hat, daß das deutsche Unternehmen »durch die Liebenswürdigkeit des holländischen Verlags mit Spesen [...] kaum belastet« sei, dann war – vor allem – diese personelle Unterstützung gemeint. Doch worum hat es sich da, bei Lichte besehen, gehandelt? Um einen Buchungstrick. Der holländische Verlag übernahm Kosten, die der deutsche verursacht hatte, so daß dessen Jahresabschlüsse sich optisch günstiger präsentierten, als sie in Wirklichkeit waren. Man kann dem entnehmen, daß der holländische Verlag sich erheblich besser rentiert hat als der deutsche (sofern der es überhaupt jemals tat), ferner wohl auch, daß das holländische Steuerrecht dem Verfahren Vorschub leistete. Ebenso kann man daran aber ablesen, daß der Sozialist Emanuel Querido einige Mühe gehabt hat, die Besorgnisse des auf Rentabilität bedachten gleichnamigen Kaufmanns zu beschwichtigen. Denn wie immer man die Kosten des deutschen Verlags verbuchte, am *Gesamt*ergebnis beider Unternehmen hat sich damit nicht das Geringste geändert, somit auch nichts am Risikofaktor, den das deutsche darstellte. War auf diese Weise der Anschein gewahrt, so doch nichts sonst. Die Em. Querido's Uitgevers Mij. hat ja selber nur drei Angestellte beschäftigt (van Nahuys war Teilhaberin), und diese zumindest haben gespürt, was der Buchungstrick verschleierte. Bisher hatten sie im Jahr ca. 30 holländische Bücher betreut. Jetzt kam, mit durchschnittlich 15 Titeln, die deutsche Produktion hinzu. Einen neuen Kollegen jedoch haben die holländischen Angestellten trotz dieser Mehrarbeit von 50% nicht begrüßen können...

Von den Verlegern bis zu den Packern und Boten haben alle im Hause Keizersgracht 333 Beschäftigten in einer Weise hart gearbeitet, die die an Minimalarbeitszeiten gewöhnten Tarifvertragsangestellten unserer Tage wohl nicht einmal in Gedanken nachvollziehen können. Ist die anders geartete Arbeitsauffassung und -moral nun gewiß ein generelles Kennzeichen jener versunkenen Zeit, so liegt doch auf der Hand, daß und warum sie bei einem im Exil tätigen Verlage noch stärker hat ausgeprägt sein müssen. Es ist jederzeit ums Überleben gegangen, um nichts Geringeres,

52 **Lion Feuchtwanger, um 1933. Photo F. Weller, nach einem Zeitungsausschnitt**

53 **Arnold Zweig, um 1932. Photo Ilse Lange, Berlin**

und wenn man schon genötigt war, die Bilanz ein wenig zu frisieren, dann ist klar, was zuvor den Mitarbeitern an selbstverleugnender Anstrengung abverlangt worden ist – und was sie selber sich abverlangt haben. Insofern ist die so besonders große Arbeitsbelastung von so bemerkenswert wenigen Leuten nicht bloß etwas Zeittypisches, sondern etwas Exilspezifisches.

Überhaupt geht man nicht fehl, wenn man sich das Büchermachen im Exil als ins Extreme gesteigerte Variante des normalen Verlagsbetriebs vorstellt, extrem infolge der Erschwernisse, vor denen man plötzlich stand. Was von ihnen zuerst in die Augen springt, ist die räumliche Entfernung von den Autoren. Daß mit ihnen ganz enge Verbindung zu halten sei, ist – mit Recht – eine Prämisse von Landshoffs Berufsauffassung gewesen. Daheim hatte sich das leicht machen lassen. Das Berlin der zwanziger Jahre hatte die Intellektuellen aus ganz Deutschland angezogen wie ein Magnet, und die wichtigeren Kiepenheuer-Autoren haben fast ausnahmslos dort gelebt. Jetzt wohnte Feuchtwanger nicht mehr im Grunewald, sondern in Sanary, Heinrich Mann nicht mehr gleich um die Ecke in der Fasanenstraße, sondern in Nizza, Ernst Toller in London, Arnold Zweig gar in Haifa. Weshalb die Autorenkorrespondenz gigantische Ausmaße annahm. Die zwischen Landshoff und Zweig von 1933 bis 1940 geführte umfaßt rund 300 Briefe und ist keineswegs vollständig erhalten. Ähnlich umfangreich muß der Briefwechsel mit Feuchtwanger gewesen sein; selbst das, vor allem ab Feuchtwangers Flucht in die USA (1940), Überlieferte rechtfertige einen Briefband, hat Feuchtwangers Nachlaßverwalter gesagt. Zweig und Feuchtwanger waren aber nur zwei der Autoren, mit denen nun alles schriftlich abgehandelt werden mußte und bis ins kleinste Detail, was man in Berlin am Telefon oder beim Wein besprochen hatte. Für den Literaturwissenschaftler sind diese Briefe gewiß eine unschätzbare Quelle. Für die Beteiligten waren sie eine zeitraubende Mühe und Plage. Und ein dürftiger Notbehelf zudem. Denn nicht wahr, ob es um Honorare ging, um Übersetzungen, Korrekturen, Ablieferungs- oder Erscheinungstermine: am leichtesten wurde man damit fertig, wenn man darüber redete, den anderen zuerst mal anhörend und seine Meinung wägend, statt ihm gleich was aufs Papier zu setzen.

Und gar die Arbeitsprobleme. Sie erst recht wollten diskutiert sein – und mußten nun in notgedrungen dürren, zwangsläufig mißverständlichen Briefen beschrieben werden. Ein Beispiel für viele. Von dem zum Grischa-Zyklus gehörenden Roman ›Einsetzung eines Königs‹ schrieb Arnold Zweig am 20. 1. 1936, das Thema sei »auf keine Weise in ein vernünftiges Format zu bringen [...], seitdem sich in Deutschland die soziologischen Voraussetzungen zum Verständnis des Buches auf den Kopf gestellt haben«; worauf er die strukturell-kompositorischen Konsequenzen skizzierte, die dies nach sich zog. Was sollte Landshoff damit anfangen, was konnte er raten? Er hat von dem Buch ja nur einen Fabelaufriß gekannt. Die Gliederungsprobleme waren noch nicht gelöst, als er – im August 1937 und im Besitz einer vorläufigen Fassung des Romans – auf einen weiteren Brief Zweigs antwortete: »Die Frage, ob wir ›Einsetzung eines Königs‹ in der jetzigen Form oder um das neue Buch erweitert bringen sollen, ist nicht so leicht zu entscheiden.« Ohne daß wir darüber geredet haben, hieß das. Im September traf man sich dann – Zweig machte bei einer Europareise einen Abstecher nach Amsterdam –, und binnen weniger Tage war die Lösung gefunden, nach der man brieflich so lange vergebens gesucht hatte. Überdies, seit dem Treffen war die Gereiztheit aus Zweigs Briefen verschwunden. Man hatte sich wieder einmal gesehen, hatte sich ausgesprochen, hatte an Tonfall und Mimik ablesen können, daß der andere es mit dieser und jener Briefbemerkung so böse gar nicht gemeint hatte.

Weshalb Landshoff einzig an die persönliche Begegnung gedacht hat, wenn er von Autorenkontakten sprach. Und hier lag die vom Exil verursachte große Schwierigkeit. Hermsdorf hat sie wahrgenommen. Gerecht geworden ist er ihr nicht. Es klingt nach Jetset und high life, wenn er sich über den »nomadisierenden Hotelbewohner« Klaus Mann expektoriert und fortfährt: »Auch Landshoff, obwohl stärker an Amsterdam und den Schreibtisch gebunden, frequentierte häufig genug die internationalen Expreßzüge.« Aber, aber! Er hat sogar das Flugzeug benutzt, Landshoff, und nach England ist der Lord zu Schiff gefahren. Wirklich, man stößt auf seine Spuren in Wien so gut wie in London, in Salzburg, Sanary, Zürich, Paris und weiß Gott wo sonst noch, und es waren »zum Kontakt mit den Autoren notwendige Reisen«, das immerhin hat Hermsdorf eingeräumt. Warum aber hat er sie mit diesem Flair versehen? Nichts davon hat den gehetzten Fahrten angehaftet. Wohl aber sind sie fruchtbar gewesen, wir haben es an den Vertragsabschlüssen der Anfangszeit gesehen, die allesamt auf Reisen erzielt worden sind. Und haben wir nicht auch erfahren, was zur selben Zeit Kesten für Allert de Lange zustandegebracht hat? Kesten »lebte ohnehin in Paris«, damit hat Hermsdorf recht. Nur daß er sich von dort nicht wegbewegt hat, so daß er fast nur Autoren hat verpflichten können, die in der banlieue der alten Lutetia sich aufhielten oder kürzlich aufgehalten hatten...

Hingegen also Gedeih und Verderb des Verlags mit davon ab, daß der Verleger die internationalen Expreßzüge frequentierte, so kam es einer mittleren Katastrophe gleich, daß Landshoffs im Oktober 1932 ausgestellter deutscher Paß im Oktober 1937 ablief und von den Konsularbehörden des NS-Staates nicht erneuert wurde. Landshoff war damit zwar noch nicht der deutschen Staatsangehörigkeit verlustig gegangen (die Ausbürgerung erfolgte erst mit Liste 34 im März 1938), doch ohne gültige Papiere saß er in Amsterdam fest. Und da wurde sichtbar, daß der so sehr auf Sparsamkeit bedachte Emanuel Querido die kostspieligen Fahrten seines Partners nicht für Geldverschwendung gehalten hat. Querido alarmierte Freunde mit Beziehungen zum Außenministerium in Den Haag, und diese Intervention hat Landshoff in sensationell kurzer Zeit, nach rund zwei Monaten schon, wieder Bewegungsfreiheit verschafft. Erleichtert schrieb er Klaus Mann im Januar 1938 nach New York, »daß ich gerade noch zu Ende des [letzten] Jahres Deinen guten alten Gunstpaß bekam«.[29]

Über Schwierigkeiten bei der Herstellung deutscher Bücher im fremdsprachigen Ausland ist von Exilverlegern häufig geklagt worden. So waren in Schweden gedruckte Bücher mit Setzfehlern oft ähnlich reich gesegnet wie eine Frühlingswiese mit Kuhblumen. Landshoff hat solche Probleme kaum gehabt. Rund 90% der Querido-Bücher sind in den Niederlanden gesetzt und gedruckt worden, der Rest in der Tschechoslowakei und in Ungarn. (Nach dem Krieg sind vereinzelt auch österreichische Druckereien beschäftigt worden.) Mag schon sein, daß das holländische Druckereigewerbe auch aus den »brotnötigen« Gründen der Arbeitsbeschaffung bevorzugt worden ist, die Emanuel Querido im ›Nieuwsblad‹ angeführt hatte. Das kann aber allenfalls ein nachgeordnetes Motiv gewesen sein. Den Ausschlag hat die Leistungsfähigkeit der holländischen Setzer und Drucker gegeben, und in unserem Zusammenhang heißt das: ihre wirklich frappierende Sicherheit im Umgang mit

54/55 Schutzumschläge von Henri Friedlaender (1934, 13) und Paul Urban (1936, 66)

deutschen Textvorlagen. Bei den ersten Titeln gab es Anlaufschwierigkeiten. Sie wurden aber rasch überwunden, und es hatte mit der Qualität des Satzes nichts, aber alles mit den Zusatzkosten von Autorkorrekturen in den Fahnen zu tun, wenn Landshoff Gustav Regler 1935 schrieb, »daß wir nicht in einem deutschsprachigen Lande setzen und Korrekturen in den Fahnen jedesmal die größten Schwierigkeiten und Kosten hervorrufen«. Regler solle vorher umarbeiten, hieß das, er solle einen satzfertigen Text abliefern. War nämlich ein ›sauberes‹ Manuskript abgeliefert worden, dann hat selbst der in diesen Dingen empfindliche Feuchtwanger nichts auszusetzen gehabt. Als er für den stark sehbehinderten Arnold Zweig bei ›Erziehung vor Verdun‹ Korrektur las, stellte er überrascht fest, er habe damit »viel weniger Arbeit, als ich, nach dem, was Landshoff sagte, geglaubt habe«; wie wenig, dies zeigten die Korrekturen an seinem eigenen Roman ›Die Söhne‹: »Ich glaube, wir haben auf den ersten acht Bogen [=128 Seiten] einen einzigen Fehler des Setzers entdeckt.«

Dieser in der Tat »ausgezeichnete« Satz stammte von der Druckerei Thieme in Nijmegen. Landshoff hat von ihren Setzern gesagt, sie seien »im fast fehlerfreien

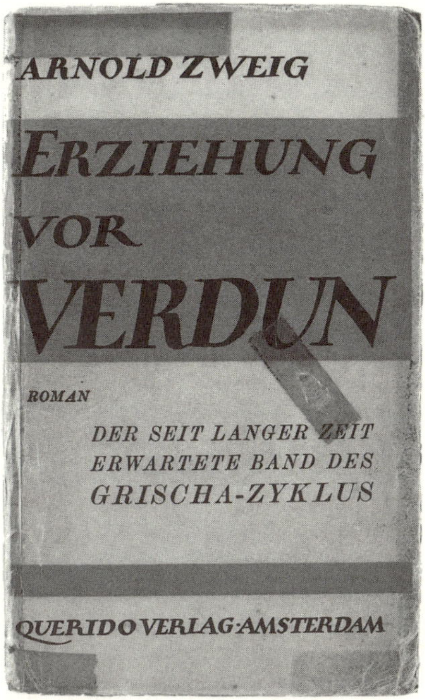

56/57 Schutzumschläge vom Verlag? (1935, 29) und Henri Friedlaender (1935, 49)

Satz der deutschen Sprache den besten Leipziger Druckereien ebenbürtig« gewesen, und das ist keinesfalls zu hoch gegriffen. Bücher von Thieme waren mustergültig (was nichts daran änderte, daß Werner Cahn selbstverständlich auch bei ihnen Korrektur hat lesen müssen), und bis zum Mai 1940 sind andere holländische Druckereien gerade zehn Mal mit Aufträgen betraut worden. Was immer dafür den Ausschlag gegeben hat, Unzufriedenheit mit Thieme kann es nicht gewesen sein. Erst recht hat es nichts mit Thieme zu tun gehabt, wenn Landshoff mitunter im Ausland drucken ließ. Auffällig genug, lauten die tschechischen Druckvermerke fast durchweg auf Firmen, denen eine Buchhandlung angeschlossen war (Julius Kittl in Mährisch-Ostrau etwa hat zu den wichtigsten Kunden des deutschen Querido Verlags in der Tschechoslowakei gezählt). Höchstwahrscheinlich hat in solchen Fällen ein Querido-Druckauftrag dazu gedient, ein Querido-Guthaben auszugleichen, das anders schwer hereinzubringen gewesen wäre. In Ungarn hat sich Landshoff nach demselben Modell bezahlt gemacht, wenn die von der ungarischen Staatsbank verhängten Devisensperren die Überweisungen der Buchhändler verhindert oder unzumutbar verzögert haben. Zwar war die Kontingentierung von Devisen keine ungarische Eigentümlichkeit, doch da es zum wohltätigen Teil des habsburgischen Erbes gehörte, daß in Ungarn (auch) Deutsch gesprochen und geschrieben wurde, konnte man sie wenigstens hier ein bißchen unterlaufen. Mehr freilich nicht. Landshoff am 24. 10. 1939 an Arnold Zweig: »Sie erkundigen sich nach unseren Verrechnungen mit Ungarn. Leider ist die Situation so, daß die Druckrechnungen, die wir nolens volens dort machen, noch immer weit unter den Forderungen liegen, die wir an den ungarischen Buchhandel haben [...].« Nolens volens in der Tat. Denn mit Thieme hat es kein Auslandsbetrieb aufnehmen können, am allerwenigsten die Hungaria-Druckerei in Budapest.

Ist die Buchherstellung somit eine holländische Domäne gewesen, so war die Ausstattung der Bücher primär die Sache deutscher Graphiker. An erster Stelle ist dabei Henri Friedlaender zu nennen, nach ihm Paul Urban und der seine Arbeiten mit Léon Holman zeichnende Kratzenstein. Folgt man Kurt Löbs kürzlich erschienenem Buche über Friedlaender und Urban, so haben sich der deutsche und der holländische Verlag in diesem Punkte grundsätzlich unterschieden: im holländischen seien deutsche Buchgestalter prinzipiell nicht, im deutschen holländische nur ausnahmsweise beschäftigt worden. Friedlaender, der im Sommer 1932 (vor allem aus privaten und wirtschaftlichen Gründen) in die Niederlande gekommen war, habe von Alice van Nahuys »›eine glatte Abfuhr‹« erhalten, als er sich gleich nach der Ankunft bei ihr um Aufträge bemühte. Landshoff dagegen hat Friedlaender ab 1933 ständig, seine Kollegen Urban und Holman gelegentlich beschäftigt, wie Friedlaender und Urban ja auch für die deutsche Abteilung von Allert de Lange ständig tätig waren. Löb erklärt Landshoffs Entscheidung für seine deutschen Landsleute damit, daß er »von Anfang an grundsätzlich eine typisch deutsch anmutende Buchform« angestrebt habe; er beruft sich dabei auf ein Gespräch, das er mit dem Hochbetagten in dessen letztem Lebensjahr geführt hat. Leider hat Löb weitestgehend vorausgesetzt, daß der Leser weiß, wodurch sich eine »typisch deutsch anmutende Buchform« von ihrem holländischen Analogon unterscheidet – es sei denn, man nähme die von ihm en passant zitierte Äußerung eines holländischen Graphikers für diesen Unterschied. Der Mann hat von dem »›nicht-zahmen deutschen Buch‹« gesprochen.

Unterstellt man diese Definition als zutreffend, so wird freilich die Einlassung Landshoffs zu einem Gutteil frag- und befragenswürdig. Paul Urbans Umschläge und Entwürfe entsprechen ganz ohne Zweifel der zitierten Charakterisierung. »Zahm« war dieser Graphiker wirklich nicht. Gleichgültig, ob seine Arbeiten im Einzelfall geglückt oder mißraten sind, mit ihrer bewegten Formensprache und ihrer drastischen, oft provozierend grellen Buntheit müssen sie in jedem Schaufenster ein Blickfang gewesen sein (abgesehen davon, daß man sie als visuellen Reflex der erregten politischen Zeitatmosphäre begreifen kann). Indes hat Landshoff Urban gerade fünfmal beschäftigt, wohingegen Friedlaender – nach Löbs skrupulösen Ermittlungen – wenigstens 51 Aufträge von ihm erhalten hat. Weshalb solch demonstrative Bevorzugung? Gewiß nicht, weil Friedlaender ein Schulkamerad war; auch kaum allein, weil Urban ein unruhiges Wanderleben zwischen Holland, Frankreich und der Schweiz führte (er war, im Haupt- oder Nebenberuf, Agent eines sowjetischen Geheimdienstes), Friedlaender jedoch, da in Den Haag ansässig, jederzeit erreichbar war. Letzteres ist zwar wichtiger, als man denken möchte, doch den Grund kann nur Friedlaenders Arbeit geliefert haben. Betrachtet man nun seine Gestaltungen, so wird man sie schwerlich »›nicht-zahm‹« nennen wollen. Meist sind es Schriftlösungen, korrekt, sauber und von gediegenem handwerklichem Standard zeugend, doch selten einfallsreich. Mit Farben ist Friedlaender auch auf den Schutzumschlägen eher diskret umgegangen. Selbst wenn er hin und wieder kräftigere Farbtöne wählte, wirkt das Ensemble zurückhaltend und ›vornehm‹. Urban dagegen hat lieber mit figuralen Lösungen gearbeitet, und Farben waren ihm oft genug ein Agitationsmittel,

58/59 Schutzumschläge von Paul Urban (1935, 45) und Bob Denneboom (1937, 80)

60/61 Schutzumschläge von Bob Denneboom (1937, 86) und Léon Holman (1938, 97)

mit dem er aufwühlen und aufpeitschen, mit dem er Emotionen ansprechen und erzeugen wollte. Gerade neben Urban wirkt der Friedlaender-Stil seriös und solide. Allerdings strahlt er bisweilen auch jene erhabene Langeweile aus, in die Gediegenheit leicht umschlagen kann.

Was aber soll daran »typisch deutsch« sein? In der Weimarer Republik hat es selbst bei dem auf höchst seriöse Buchpräsentation bedachten S. Fischer Verlag viel kühnere und modernere Gestaltungen gegeben. Es sieht also nicht danach aus, daß Landshoffs Gedächtnis im Jahre 1987 getreulich reproduziert hat, was derselbe Mann in den dreißiger Jahren wollte. Viel naheliegender erscheint mir, daß er allein schon mit der Bevorzugung Friedlaenders seinen holländischen Partnern ein Kompromiß angeboten hat. So wenig Alice van Nahuys Friedlaender geschätzt haben mag, sie dürfte sich mit ihm erheblich leichter abgefunden haben als mit Urban oder einem ihm vergleichbaren Entwerfer. Zudem ist Holland, wir werden es sehen, für den deutschen Verlag ein besonders wichtiges Absatzgebiet gewesen, und es hat sich wohl ausgezahlt, wenn man dem konventionelleren Geschmack dieser Kunden Konzessionen machte. Im Bedarfsfall konnte man sich gleichwohl etwas ›deutscher‹ geben. Auch Friedlaender hat das getan, als er – höchstwahrscheinlich auftragsgemäß – Arnold Zweigs ›Erziehung vor Verdun‹ und ›Einsetzung eines Königs‹ ausstattete. Bis ins Detail hat er den Einbandentwurf übernommen, den Heinrich Hussmann für die vor 1933 in Deutschland erschienenen Bände des Grischa-Zyklus geliefert hatte. Diese Replikate wenigstens sind wirklich »deutsch«.[30]

Sagen wir noch, daß die Graphiker alles andere als großzügig honoriert worden sind – Friedlaender soll für einen Umschlag 40, für einen Einband 25 hfl. erhalten haben –, so nähern wir uns damit dem Kostengefüge und der Kalkulation; der überaus schwierigen Balance zwischen den Faktoren Umfang, Auflage und Preis. Da das Verlagsarchiv vernichtet wurde, gibt es dazu nicht einen einzigen Beleg. Immerhin existiert aber so manche Erläuterung, mit der Landshoff der Unwissenheit von Autoren hat abhelfen wollen. Enthalten sie zwar keine Konkreta, so lenken sie doch den Blick auf das Dilemma des Verlegers. Daß der Querido Verlag »vom Tage seiner Gründung an ideell und materiell anders zu betrachten war als früher Verlage in Deutschland«: dem Leser sollte es nach dem Bisherigen klargeworden sein. Arnold Zweig jedoch hat Landshoff es immer wieder sagen müssen, ohne so recht Glauben zu finden. Ebenso oft auch wie à la longue vergebens hat er dargelegt, warum Querido-Bücher »so teuer« sein müßten: »Die sehr reduzierten Auflagen und die ungeheuren Spesen, mit denen die Transporte der Bücher um Deutschland herum verbunden sind (Transit Deutschland ist ein gefährliches Experiment, das auch bei einer holländischen Firma schief ausgehen kann) lassen eine andere Preisfestsetzung [...] nicht zu.« Das »Experiment« hat er nur einmal gewagt, mit dem ersten Heft der ›Sammlung‹, und prompt war ein Teil der für Osteuropa bestimmten Sendungen beschlagnahmt worden. Seitdem gab es z. B. für Lieferungen nach Prag nur zwei Wege: den via Belgien, Frankreich, der Schweiz und Österreich, oder per Schiff um Dänemark herum und über das polnische Gdynia.

Freilich haben dieselben Autoren, die die hohen Buchpreise monierten, im gleichen Atemzug über zu niedrige Honorare geklagt, ignorierend, daß billigere Bücher ihre Einkünfte geschmälert haben würden. Denn es war ein Irrtum, daß niedrige Preise automatisch in höhere Umsätze mündeten, und Landshoff hat das ganz präzise nachweisen können. Mit Blick auf die materielle Lage von Exilierten und Emigranten hatte er neben der Leinenausgabe, die bei deutschen Büchern die Regel war, einen Teil der Auflage in Form der besonders in Frankreich üblichen Broschur herstellen lassen: mit einem Karton- oder Papierumschlag also, in den der Buchblock eingeleimt (statt eingebunden) wurde. Damit entfielen die relativ hohen Material- und Lohnkosten für die ›richtigen‹ Bindearbeiten, und das broschierte Buch war im

Schnitt ein Drittel billiger als der Leinenband. Gegen alle Erwartungen war diese preiswerte Variante aber schon bei den allerersten Büchern ein Fehlschlag gewesen. Sie wurde viel seltener gekauft als die gebundenen Bücher, und Autoren wie Heinrich Mann oder Zweig haben das an ihren Abrechungen aufs Stück genau sehen können. Mit anderen Worten: Querido hatte aus dem Markt herausgeholt, was aus ihm herauszuholen war, ohne daß die billige Broschur eine ärmere Käuferschicht erschlossen hätte (dies übrigens auch bei de Lange nicht). Es stimmte also, wenn Landshoff schrieb (an Zweig, 26. 6. 1935), »daß nur diese teuren Preise dem Autor und dem Verlag die Existenzmöglichkeit geben«.

Anderseits durfte ein gewisses Preisniveau nicht überschritten werden, und das war, wie leicht begreiflich, auch ein Umfangsproblem. Einem Brief Landshoffs an Heinrich Mann (12. 12. 1935) entnimmt man, »daß wir aus Furcht vor zu hohen Preisen bei umfangreichen Büchern prozentual ungünstiger kalkulieren als bei weniger umfangreichen« (es ging da um ›Die Jugend des Königs Henri Quatre‹). Auf diesem Hintergrund ist es zu sehen, daß Landshoff die Autoren ermunterte, ihren ›dicken‹ Büchern ab und an ein schlankeres folgen zu lassen. Er hatte also freudig zugestimmt, als Zweig sich nach dem, über 600 Druckseiten starken, Roman ›Erziehung vor Verdun‹ eine Erholungspause vom Grischa-Zyklus gönnen und ein kleines Buch schreiben wollte: als Abwechslung für die Leser sei das ebenso begrüßenswert wie aus Preisgründen. Indes hatte Zweig seine Pläne alsbald wieder geändert und doch den nächsten Zyklusroman in Angriff genommen, ›Einsetzung eines Königs‹. Mit 574 Druckseiten war er von einem kleinen Buch so ziemlich das Gegenteil. Da der Vertrag aber über den kleinen Roman geschlossen war, hat Zweig 50% mehr Vorschuß verlangt. Darauf Landshoff am 12. 11. 1936: »[…] daß wir einen fast doppelt so starken Roman abgeliefert bekommen als vorgesehen, ist für uns – geschäftlich gesehen – durchaus kein Vorteil, sondern ein Nachteil. […] Wir können für einen nahezu doppelt so langen Roman keineswegs auch nur annähernd den notwendigen Preisaufschlag nehmen, sondern müssen innerhalb einer Preisgrenze bleiben, die durch den Umfang eigentlich nicht gerechtfertigt ist.« Hermsdorfs bösartig schnöder Kommentar: »Schriftsteller, schreibt dünne Bücher!« Als hätte Landshoff die Eselei begangen, ›Einsetzung eines Königs‹ abzulehnen – weil zu umfangreich! Er hat getan, was ein guter Verleger tut. Er hat es möglich gemacht.

Ist damit über das Dilemma, zwischen Umfang, Auflage und Preis eine vertretbare Relation herzustellen, genügend gesagt, so fehlen doch, wie erwähnt, fast alle Daten, die über den Kernpunkt Auskunft geben könnten: das, was beim einzelnen Buch in schwarzen oder roten Zahlen unterm Strich jeweils herausgekommen ist. Lediglich über einige Autorenhonorare sind wir informiert – doch das ist seit alters der am wenigsten wichtige Posten der Kalkulation. Wenn wir bloß die Papierpreise, die Satz-,

126

QUERIDO VERLAG N.V. · AMSTERDAM

KEIZERSGRACHT 333 · TELEFON 45921

AMSTERDAM, 22. Januar 1936

ABRECHNUNG über ÜBERSETZUNGEN "ERZIEHUNG VOR VERDUN"

über die amerik. Übersetzung wurde am 8. April 1935 bereits abgerechnet!

	SOLL hfl.	HABEN hfl.
1935 31. Mai, 1. Rate poln. Übers. hfl. 50,-- ./. 10% Prov.		45,--
16. August, dän. Übers. hfl. 182,56 ./. 15% Prov.		155,17
16. Oktober, 2. Rate poln. Übers. hfl. 41,12 ./. 10% Prov.		37,01
21. Oktober, 3. Rate poln. Übers. hfl. 41,12 ./. 10% Prov.		37,01
24. Oktober, frz. Übers. hfl. 193,65 ./. 15% Prov.		164,60
6. November, Überweisung	393,79	
18. November, 4. Rate poln. Übers. hfl. 41,15 ./. 10% Prov.		37,03
5. Dezember, tschech. Übers. hfl. 179,93 ./. 10% Prov.		161,94
	393,79	637,76
		393,79
		243,97
21. Januar 1936, Faktur 185	4,80	
28. Februar 34, zuviel überwiesen mit Schein über hfl. 100,--	5,--	
	9,80	9,80
Saldo:		234,17

62 (AZA)

Druck- und Bindekosten kennten! Aber wir wissen ja auch nichts Konkretes über die »Spesen«, wie Landshoff das nannte, was heutzutage Gemeinkosten heißt (Gehälter, Reisekosten, Ausgaben für Strom, Heizung, Sachmittel usw.), nichts über die Frachtkosten durch halb Europa oder nach Übersee und wie sie zwischen Absender und Empfänger aufgeteilt wurden. Selbst über die Auflagen, die in der kalkulatorischen Rechnung sozusagen den Divisor darstellen, sind wir nur ganz unzureichend unterrichtet, nämlich bloß bei einigen wenigen Büchern. Landshoff hat in den frühen sechziger Jahren gesagt, in der Regel sei das auf 3000 Exemplare abgestellte Kalkulationsschema des holländischen Verlags zugrundegelegt worden, und das habe ich, als seinerzeit einzige erreichbare Information, mehrfach publiziert. Aus dem inzwischen zugänglichen Material ergibt sich ein differenzierteres Bild. Die Nachauflagen, die etwas über den Verkaufserfolg sagen, lasse ich hier beiseite (ebenso die unter anderen Bedingungen produzierten Titel der Nachkriegszeit). Jetzt interessieren nur die für die Kalkulation maßgeblichen Erstauflagen. Und so sieht aus, was sich anhand von Druckvermerken, Verträgen, Abrechnungen, Bibliographien oder aus Mitteilungen und Werbemitteln des Verlags hat eruieren lassen:

Vicki Baum: Das große Einmaleins (1935), Liebe und Tod auf Bali (1937): jeweils 10000.

Bernard von Brentano: Prozeß ohne Richter (1937): 2500; Die ewigen Gefühle (1939): 1600.

Alfred Döblin: Jüdische Erneuerung (1933): 3000; Babylonische Wandrung (1934): 6000; Bürger und Soldaten 1918 (1939): 2000.

Albert Einstein: Mein Weltbild (1934): 6000.

Lion Feuchtwanger: Der jüdische Krieg (1933): 5000.

Emil Ludwig: Führer Europas (1934): 5000.

Heinrich Mann: Der Haß (1933): 5000; Die Jugend des Königs Henri Quatre (1935): 4000.

Klaus Mann: Symphonie Pathétique (1935): 2500; Vergittertes Fenster (1937): 2200.

Valeriu Marcu: Die Vertreibung der Juden aus Spanien (1934): 3000.

Rudolf Olden: Hitler (1936): 3000.

Gustav Regler: Der verlorene Sohn (1933), Die Saat (1936): jeweils 2000.

Erich Maria Remarque: Drei Kameraden (1938): 17000.

Joseph Roth: Tarabas (1934): 6000.

Leopold Schwarzschild: Das Ende der Illusionen (1934): 3000.

Ernst Toller: Eine Jugend in Deutschland (1933): 3000.

Jakob Wassermann: Joseph Kerkhovens dritte Existenz (1934): 10000; Melusine, Tagebuch aus dem Winkel (beide 1935): jeweils 6000.

Arnold Zweig: Spielzeug der Zeit (1933), Bilanz der deutschen Judenheit (1934): jeweils 3000; Erziehung vor Verdun (1935), Einsetzung eines Königs (1937): jeweils 5000; Versunkene Tage (1938): 2950.

Es ist also von Buch zu Buch ganz unterschiedlich kalkuliert worden. Keineswegs garantierte der ›Name‹ eine bestimmte Auflage. Erfolgsautoren sind fast ebenso vorsichtig veranschlagt worden wie wenig oder kaum bekannte Schriftsteller. Denn erstaunlich sind nicht die 10000 Stück des ›Kerkhoven‹ oder des ›Großen Einmaleins‹, sondern die 5000 bei Zweigs Weltkriegsromanen. Von einer gravierenden Ausnahme abgesehen, auf die wir später zu sprechen kommen, hat sich Landshoff fast nur in der Frühzeit eklatant verkalkuliert: mit Sicherheit bei Döblins ›Babylonischer Wandrung‹, höchstwahrscheinlich auch bei Roths ›Tarabas‹. Doch das gehört in den nächsten Abschnitt.[31]

Soll und Haben II: Wege zum Leser Im Januar 1936 erbat Arnold Zweig Auskunft, wie der im August des Vorjahrs erschienene Roman ›Erziehung vor Verdun‹ in den einzelnen Ländern verkauft worden sei: »Obwohl es praktisch keine Bedeutung hat, befriedigt es doch ein aufrichtiges Interesse am bücherkaufenden Publikum von einst und an der Kaufkraft der verschiedenen Emigrationen.« Landshoff kam dem Wunsche nach und fügte der Abrechnung über 3289 verkaufte Exemplare eine Aufschlüsselung bei:

Holland	630	Frankreich	103
Österreich	535	Palästina	100
Tschechoslowakei	534	USA	100
Schweiz	520	Rumänien	85
Skandinavien	150	Ungarn	57
Polen	105	England	40
	Sonstige	300	

Fast zwei Drittel des Umsatzes entfielen also auf Deutschlands Nachbarstaaten, auf Länder im Gravitationsfeld der deutschen Kultur, gleichgültig, ob Deutsch dort die ›erste‹ Sprache war oder nicht. Daß die osteuropäischen Staaten mit ihrem starken jüdischen Bevölkerungsanteil zusammengenommen beträchtlich vor den Verkäufen in den angelsächsischen Kulturraum oder nach Frankreich rangierten, ist das zweite Charakteristikum; sie lagen sogar noch vor Skandinavien, das bis zum Zweiten Weltkrieg kulturell gleichfalls stark auf Deutschland orientiert war. Nun handelt es sich um Zahlen für nur ein Buch, und eine andere geographische Verkaufsstatistik existiert für Querido nicht. Indes wissen wir, daß es bei de Lange ganz ähnlich aussah. 1933 und 1934 sind dort zwei Drittel des Gesamtumsatzes in der Schweiz, der Tschechoslowakei und Holland erzielt worden. Diese Koinzidenz gibt den Zweig mitgeteilten Zahlen eine gewisse Repräsentanz. Setzt man sodann die Verkaufszahlen zur Asylpraxis der fraglichen Staaten in Beziehung, so darf man schließen, daß es primär die einheimischen Leser waren, nicht die Exilierten und Emigranten, die den Verlagen die Existenzbasis gesichert habe. Das von einer klerikalfaschistischen Diktatur regierte Österreich war als Asylland für Exilierte aus naheliegenden Gründen unattraktiv, und die Schweiz war für sie, infolge ihrer rigorosen Asylpraxis, faktisch unerreichbar. Die Tschechoslowakei hat eine moderate Asylpolitik betrieben, und eben deshalb war sie sozusagen das Armenhaus der deutschen Emigration: wer anderwärts wegen Mittellosigkeit abgewiesen worden wäre, hat in Prag immer noch eine Bleibe gefunden. Dagegen ist Frankreich das europäische, Palästina damals das überseeische Hauptzufluchtsland gewesen. Und doch sind in Polen, Rumänien und

63–68 Die bis in die fünfziger Jahre vorkommenden Sortimentermarken zeigen, wo die Bücher gekauft wurden: Nach Vorlagen aus Querido-Büchern, vergrößert. (DLA)

Ungarn zusammengenommen mehr Exemplare von Zweigs Roman verkauft worden als in diesen beiden, mit Abstand wichtigsten Sammelpunkten von Exil und Emigration.

Und sprechen die niedrigen Verkaufsziffern der Broschuren nicht dieselbe Sprache? Von Heinrich Manns ›Jugend des Königs Henri Quatre‹ waren Ende März 1936 1776 Leinenbände, aber nur 653 Broschuren verkauft worden, von ›Erziehung vor Verdun‹ per 31. 12. 1937 2841 Leinenbände und 1280 Broschuren. Landshoff hat aus solchen Erfahrungen gefolgert, die Bücher würden ausschließlich vom deutschlesenden Auslandspublikum gekauft. Das war eine von Enttäuschung diktierte Übertreibung, doch ändert sie nichts daran, daß es die ausländischen Leser gewesen sind, die über das Wohl und Wehe der Querido-Produktion entschieden haben.

Mit Fug und Recht darf man bezweifeln, daß reichsdeutsche Leser in nennenswerter Zahl mit den Büchern aus Amsterdam in Berührung gekommen sind. Anfangs scheint Landshoff ein wenig auf Käufe deutscher Auslandsurlauber spekuliert zu haben; jedenfalls hat er sie angeführt, als er Zweig von der Nützlichkeit eines Erscheinungstermins im Frühsommer zu überzeugen versuchte. Später war von den Urlaubern nie mehr die Rede, und das nicht allein wegen scharfer Grenzkontrollen. Die Summen, die sie in Devisen umtauschen durften, wurden von Jahr zu Jahr kleiner. 1934, als sie »außerordentlich viel« gekauft haben sollen, waren es 700 Mark pro Kopf, 1939 nur noch 100. Freilich war dies nicht der einzige Weg, auf dem Querido binnendeutsche Leser zu erreichen versucht hat. Starke Indizien sprechen dafür, daß 1934/35 camouflierte Ausgaben hergestellt wurden. Mindestens drei Titel – Wassermanns Kerkhoven-Roman, Bruno Franks ›Cervantes‹ (beide 1934) und Vicki Baums

›Großes Einmaleins‹ (1935) – haben bei identischem Satzspiegel und gleicher Seitenzahl das Imprint »Verlag Josef Kende Wien« erhalten. Der Buchhändler Kende war für Querido und andere Exilverlage der zentrale Auslieferer in Österreich. Da der Verleger Kende den mit ihm identischen Grossisten wohl kaum hat niederkonkurrieren wollen, bleibt nur eine Erklärung. Es sollte getestet werden, ob politisch unverfängliche oder wenigstens auf den ersten Blick so wirkende Querido-Bücher (denn Franks ›Cervantes‹ war ein eminent politischer Roman) unter einem unverdächtigen Signet quasi legal nach Deutschland eingeschmuggelt werden konnten.

Landshoff hat somit zu imitieren versucht, was Kerstin Sorgatz für Allert de Lange ausführlich beschrieben hat – freilich mit einem fundamentalen Unterschied. Bei de Lange hat der Wiener Verleger E. P. Tal als Strohmann fungiert, und auf seinen Vorschlag hin sind von den für die Camouflage vorgesehenen Büchern in de Langes Vertragsdruckerei politisch »gereinigte« Zweitfassungen hergestellt und mit dem Tal-Impressum versehen worden; einige der bis ins Kleinste gehenden Zensurvorschläge oder -vorschriften von Tal sind erhaltengeblieben, sie kompromittieren Tal und Walter Landauer gleichermaßen. Auf ein solches Verfahren hat Landshoff sich natürlich nicht eingelassen.

Eine beiläufige Bemerkung Erika Manns könnte darauf hindeuten, daß der Versuch noch mit anderen Büchern unternommen worden ist. Wie man weiß, hat Erika sich bemüht, ihren Vater für Querido zu gewinnen – und man weiß auch, wie lange sich Thomas Mann gesträubt hat, seine innerdeutschen Leser aufzugeben. Genau auf diese Skrupel zielend, hat Erika ihren Vater am 16. 8. 1934 unter Berufung auf einen Brief Landshoffs wissen lassen, »daß die Bücher von Döblin, Roth, Wassermann *auch in Deutschland* sehr ordentlich gegangen« seien. Im Nachlaß von Erika Mann ist ein solcher Brief Landshoffs freilich nicht vorhanden, und bislang ist auch nicht ein einziges Exemplar von Döblins ›Babylonischer Wandrung‹ oder Roths ›Tarabas‹ mit einem anderen als dem Querido-Imprint aufgetaucht. Könnte Erika Mann also eine auf Wassermann bezogene Äußerung Landshoffs mißverstanden oder aus eigenen Stücken ›geschönt‹ haben, so bleibt es anderseits fraglich, ob Kende sein deutsches Zielpublikum selbst nur mit den drei bekannten Büchern erreicht hat. Gesetzt, dies sei geglückt, so wäre wohl kaum eine binnendeutsche Ausgabe des Kerkhoven-Romans veranstaltet worden. Sie fußt auf dem Querido-Buche und ist im Ersterscheinungsjahr bei der Berliner Jüdischen Buchvereinigung erschienen. Seitenzahl und (minimal verkleinerter Satzspiegel) stimmen mit der Querido-Ausgabe überein, nur daß hier auf zwei Bände aufgeteilt wurde, was Amsterdam in einem herausgebracht hatte; Einband und Titelei waren natürlich anders. Ein einziges Querido-Buch hat also nachweislich nach Deutschland Eingang gefunden: legal, aber camoufliert, und nicht für das allgemeine Publikum, sondern für das (damals noch unsichtbare) jüdische Ghetto.[32]

69/70 Buchhändleranzeigen aus der ›Neuen Weltbühne‹ vom Dezember 1935 und dem ›Neuen Tage-Buch‹ von Dezember 1937 (DLA)

»Der Vertrieb unserer Bücher ist ja ein Kunststück für sich und sollte einmal beschrieben werden.« So Arnold Zweig im Dezember 1937, doch wie das Kunststück bei Querido bewältigt worden ist, darüber gibt es fast keine Unterlagen mehr. Selbstverständlich hat der Verlag Vertreter beschäftigt, die seine Produktion, wie branchenüblich, beim Buchhandel vorgestellt und angeboten haben. In der Person Friedrich Sussmanns ist sogar derselbe Mann für Landshoff tätig gewesen wie früher bei Kiepenheuer. Seine Arbeit war die gleiche geblieben, sein Aktionsradius jedoch ganz und gar nicht. Statt eines Teils von Deutschland hatte er nun die Schweiz, Österreich, die Tschechoslowakei, Ungarn, Rumänien, Jugoslawien und Italien zu bereisen, und wenn es lohnte, hat er auch Kunden in Polen aufgesucht. Die Niederlande und Belgien waren das Revier des schon vor 1933 nach Amsterdam ausgewanderten Buchhändlers Hermann Igersheimer, und er hat es mit viel Energie durchstreift. Der holländische Querido Verlag bringe »grundsätzlich kein Buch, das wir in Deutsch

DAS FREIE DEUTSCHE BUCH

Dr. Ernest Strauss

AGENCE DE LIBRAIRIE FRANÇAISE ET ÉTRANGÈRE

2, Square Léon-Guillot — PARIS (XVe)

WIR LIEFERN AUS:

Europa-Verlag, Zürich.
Oprecht & Helbling, Zürich.
Malik-Verlag, London.
Vita-Nova-Verlag, Luzern.
Jean-Christophe-Verlag, Zürich.
Jul. Kittl's Nachfolger.
Humanitas-Verlag, Zürich.
Sperber-Verlag, Zürich.
Albert-Müller-Verlag, Zürich.
Dr. Rolf Passer-Verlag.
Zeitbild-Verlag.
Morgarten-Verlag, Zürich.

WIR BIETEN AN:

Diverse Titel aus dem früheren Bermann-Fischer-Verlag, Wien

SONDERANGEBOT:

Zu nicht zu unterbietenden Rabattsätzen

fast alle Titel der Verlage:

***Allert de Lange* — Amsterdam**

***Querido-Verlag* — Amsterdam**

ANTIQUARIAT — NEUANTIQUARIAT
LIEFERUNG NUR AN BUCHHANDLUNGEN
EINRICHTUNG UND BELIEFERUNG VON LEIHBÜCHEREIEN
PORTOFREIER VERSAND NACH ARGENTINIEN, URUGUAY, CHILE, PERU usw.

herausbringen, holländisch«, schrieb Landshoff im Januar 1935: »Wir bearbeiten mit der deutschen Ausgabe den holländischen Markt so gründlich, daß er [Emanuel Querido] nur zu gut weiß, wie wenig mit einer holländischen Ausgabe auszurichten ist.« England, Frankreich und die iberische Halbinsel sind nicht bereist worden – der für Zweig erstellte Länderschlüssel zeigt, warum.

Daß Sussmann oftmals Schwierigkeiten bei der Visaerteilung hatte, war von seinen Problemen das kleinste. Die Bücher mußten ja nicht nur verkauft, sie mußten auch für den Sortimenter rasch und zuverlässig greifbar gehalten werden, und dies

71/72 Buchhändleranzeigen aus der ›Neuen Weltbühne‹ vom März 1939, links, und aus dem ›Neuen Tage-Buch‹ vom November 1935 (DLA)

war die Crux. Der deutsche Buchhändler konnte (und kann) jedes Buch von seinen Grossisten schnell und in billigen Sammellieferungen beziehen. Die Exilverlage waren nicht nur durch lange Transportwege gehandicapt, ihnen fehlte auch die Sammelbestellung, die die Frachtkosten erträglicher machte. Es wäre ein Unding gewesen, wenn der Verlag jede Kleinbestellung nach Bukarest, Triest, Prag oder Kopenhagen auf den Weg hätte bringen wollen, darum bangend, daß der Sortimenter sie viele Wochen später noch abnehmen werde. Wie andere Exilverlage, hat Querido sich mit Auslieferungs- und Inkassostellen in den jeweiligen Ländern oder Regionen zu helfen versucht: in der Regel einheimische Buchhandlungen, die als Verlagsrepräsentanten fungierten.

Im Mai 1934 hat Landshoff von 15 großen Auslieferungsgebieten gesprochen, »in denen wir eigene Vertretungen haben«. Legt man den Länderschlüssel für Arnold

Zweig und die Länderbezugsquellen der ›Sammlung‹ zugrunde, so kann man das Vertriebsnetz in etwa rekonstruieren. Holland und Belgien beiseitegelassen – sie wurden vom Verlag direkt beliefert –, haben in der ersten Hälfte der dreißiger Jahre Auslieferungsstellen bestanden in: Österreich, der Schweiz, der Tschechoslowakei, Dänemark (für Skandinavien), Polen, Rumänien, Ungarn, Frankreich, Palästina und den USA, ferner in dem vom Völkerbund verwalteten Saargebiet, in Italien, Jugoslawien und Argentinien (für Lateinamerika), zeitweise auch in Spanien. Die Saarbrükker Auslieferung ist nach dem katastrophalen Ausgang der Saarabstimmung – 90% der Saarländer hatten im Januar 1935 trotz Hitler »heim ins Reich« gewollt – erloschen, und die spanische Vertretung war aus den Annoncen schon vorher verschwunden, ohne daß sie eine Nachfolge gefunden hätte. Generell scheint das System der Untervertretungen nicht allzu krisenfest gewesen zu sein. Waren es in Österreich die erwähnten Pressionen aus dem Reich, die den Verlag zwangen, sich einen anderen Repräsentanten zu suchen, so haben anderwärts finanzielle Erwägungen zur Trennung geführt. Die Vertretungen in Italien und der Schweiz haben mindestens einmal gewechselt, die palästinensische dreimal, die skandinavische höchstwahrscheinlich viermal. Der erste italienische Partner war falliert, der erste in der Schweiz wollte zu hohe Rabatte, der erste in Palästina war ein wenig träge; sein Nachfolger fiel Gerüchten zum Opfer, die seine Liquidität in Frage stellten.

Für das Vertriebsnetz hat übrigens die Konkurrenz zwischen Querido und Allert de Lange kaum eine Rolle gespielt: niemand in Amsterdam hat sich daran gestoßen, daß beide Verlage schon 1934/35 mit oftmals denselben Auslieferern gearbeitet haben, so in Österreich, der Schweiz, Jugoslawien, Palästina und den USA. Damit ist auch gesagt, daß beide Verlage im Großen und Ganzen die nämlichen Konditionen einräumen mußten, wenn anders ihre Bücher von den Auslieferern nicht vernachlässigt werden sollten. Die de-Lange-Akten und der einzige bekannte Auslieferervertrag von Querido zeigen, daß dies auch in beiden Häusern erkannt worden ist.

Folgt man Sorgatz, so hat de Lange seinen Grossisten im allgemeinen einen Rabatt von 47,5% eingeräumt, der in Ausnahmefällen auf 50% steigen konnte. Walter Zadek, der Inhaber der Tel Aviver Buchhandlung Biblion, bekam lt. seinem am 1. 1. 1935 in Kraft getretenen Vertrag von Querido einen Grundrabatt von 45%. Der Nachlaß stieg auf 47,5% an, wenn Zadek 50 Exemplare eines Titels orderte, und bei 100 Stück kletterte er auf 50%. Die Versandkosten wurden je zur Hälfte von beiden Partnern getragen, und Zadek war berechtigt, einen Teil der auf ihn entfallenden Frachten und Porti auf den Nettopreis umzulegen, d. h. an die Sortimenter weiterzugeben. Wahrscheinlich war dies eine Sondervergünstigung wegen des weiten Transportwegs; dem französischen Auslieferer dürfte sie kaum gewährt worden sein. Als Mindestrabatt fürs Sortiment waren 30% vorgeschrieben. Die Vertretung durfte nur

N.V. QUERIDO VERLAG · AMSTERDAM

KEIZERSGRACHT 333 · TELEFON 45921

AMSTERDAM, 193

Zwischen der Grossobuchhandlung BIBLION, Tel Aviv (Palestine), P.O.Box 713, im Folgenden kurz BIBLION genannt, einerseits, und der Fa. N.V.QUERIDO VERLAG, Amsterdam, Keizersgracht 333, im Folgenden kurz QUERIDO genannt, andrerseits, kam heute folgende Vereinbarung zustande:

I.

QUERIDO überträgt BIBLION die Alleinauslieferung für Palästina.

II.

BIBLION verpflichtet sich, die in Palästina gängigen Bücher von QUERIDO stets auf Lager zu führen und für die Gesamtproduktion des [illegible] Verlages QUERIDO durch regelmässige Besuche und Propaganda beim palästinensischen Buchhandel zu werben.

III.

QUERIDO verpflichtet sich, alle aus Palästina einlaufenden oder dorthin zu erledigenden Bestellungen von buchhändlerischer oder privater Seite nur von BIBLION ausführen zu lassen und jede Belieferung durch andere Kommissionäre, Grossobuchhandlungen etc. zu unterbinden.

IV.

QUERIDO liefert mit einem Rabatt von 45%. Die Hälfte der Versandspesen trägt QUERIDO, die andere Hälfte BIBLION. Fakturierung erfolgt in holländischer Währung. Bei einer Bestellung von 50 Exemplaren eines Titels erhöht sich der gewährte Rabatt auf 47½%, bei einer Bestellung von 100 Exemplaren eines Titels auf 50%. Für alle Lieferungen mit 45% und 47½% erfolgt die Zahlung drei Monate nach Fakturendatum, für alle Lieferungen mit 50% einen Monat nach Fakturendatum.

V.

Biblion übernimmt jedes Risiko für die von QUERIDO gelieferten Werke innerhalb Palästinas, sowie jedes Incasso. Verzögerungen oder Ausbleiben von Zahlungen eines Kunden von BIBLION beeinflusst in keiner Weise die von BIBLION QUERIDO gegenüber eingegangenen Zahlungsverpflichtungen.

VI.

Bleibt eine Zahlung von BIBLION aus und erfolgt die Regelung nicht innerhalb von vierzehn Tagen nach Abgang einer eingeschriebenen Mahnung, hat QUERIDO das Recht diesen Vertrag fristlos zu kündigen. In diesem Falle ist der gesamte Saldo unabhängig von der Fälligkeit sofort an QUERIDO zu zahlen.

VIII.

Die Bestellungen von Biblion erfolgen fest. Von der ersten Bestellung eines Titels hat BIBLION ein Remissionsrecht von XXX 25%.

73/74 Auslieferungsvertrag für Querido in Palästina. Für die Reproduktion wurde der dreiseitige Vertrag auf zwei Seiten zusammengezogen (DEA)

Blatt 2 /VIII.
(Remissionsrecht von 25%)

Durch jede Nachbestellung auf einen Titel wird die gesamte erste Lieferung in Festlieferung verwandelt.

IX.

BIBLION verpflichtet sich, die vom Verlag festgesetzten Guldenpreise in palästinensischer Währung einzuhalten und für deren Innehaltung seitens des palästinensischen Buchhandels Sorge zu tragen. QUERIDO räumt BIBLION das Recht ein, die vom Verlag festgesetzten Guldenpreise so umzurechnen, dass, als Anteil des Buchhandels, von BIBLION ein geringer Aufschlag für Frachtkosten usw. erhoben wird. Dieser Aufschlag darf in keinem Fall 3% des Nettopreises übersteigen.

X.

Der Verlag sendet kleine Aufträge per Kreuzband, grössere per Postpaket, grosse zu ca. ein Drittel (bei Novitäten) per Post und den Rest per Fracht. Bei Frachtsendungen legt der Verlag die erforderlichen Zolldeklarationen etc. der gleichzeitig per Post übersandten Originalfaktur bei. Kosten, die durch unzureichende Erfüllung der erforderlichen Formalitäten entstehen, gehen zu Lasten von Querido. Unabhängig von den hier festgesetzten Versandanweisungen wird QUERIDO die diesbezüglichen Anweisungen von BIBLION genaust beachten.

XI.

QUERIDO sendet von jeder Neuerscheinung ehestens zwei Leseexemplare. QUERIDO stellt ohne jede Spesenberechnung Reisendenmuster, Buchumschläge, Prospekte, Gesamtkataloge, Plakate und alles sonst vorhandene Werbematerial in genügender Menge zur Verfügung. Rezensionsexemplare vergibt BIBLION. Diese Rezensionsexemplare werden BIBLION gutgeschrieben, wenn Belegexemplare der Besprechungen bei QUERIDO eingegangen sind.

XII.

BIBLION verpflichtet sich, dem Buchhandel zu normalen Rabattsätzen zu liefern, d.h. der Mindestrabatt beträgt 30%. An Private darf nicht mit Rabatt geliefert werden

XIII.

Biblion erkennt ausdrücklich an, dass die gesamten Verpflichtungen der Firma ERNST POPPER, Tel Aviv, auf Biblion übergegangen sind, dass auf diese Verpflichtungen alle Bestimmungen dieser Vereinbarung, besonders die hier genannten Fälligkeiten auch BIBLION gegenüber in Kraft treten.

XIV.

Der Vertrag gilt vom Datum der Unterzeichnung der letztunterzeichnenden Partei ab ein Jahr und verlängert sich jeweils um ein Jahr, wenn nicht ein eingeschriebener einer der Vertragspartner einen Monat vor Ablaufen der Frist den Vertrag aufkündigt.

XV.

Der Verlag QUERIDO erklärt sich bereit, bei Zufriedenheit mit den Leistungen von BIBLION, das Unternehmen unaufgefordert weiter zu empfehlen, an der Erweiterung des Vertretungsbereichs von BIBLION zu helfen, und zweckdienliche Referenzen zu erteilen.

Tel Aviv, den 1.Januar 1935 | Amsterdam, den 13. November 1934

BIB LION
Tel-Aviv, P.O.B.713

QUERIDO VERLAG
Direktion

innerhalb ihres Vertriebsgebiets liefern, hatte aber auch Anspruch auf Schutz, wenn ein Kollege die ihm gesetzten Grenzen überschritt. Das Zahlungsziel differierte nach der Höhe des Rabatts: je größer die Bestellung, desto kürzer die Frist. Der Ausliefe-rer trug innerhalb Palästinas das volle Risiko für die Ware, und daran änderte sich nichts, als es 1936 zu bürgerkriegsähnlichen Unruhen kam: höhere Gewalt war im Vertrag nicht vorgesehen. Freilich meinte »Risiko« primär, daß Zadek für das Ein-treiben seiner Forderungen allein verantwortlich war. Die im Pionierlande Palästina nicht seltene Zahlungsunfähigkeit von Sortimentern befreite den Grossisten nicht von seinen Verpflichtungen gegenüber Querido. Es sollte auch begreiflich sein, daß die Höhe des Rabatts mit dieser Inkassofunktion des Auslieferers in enger Beziehung stand. Geriet Zadek in Zahlungsverzug, so konnte Querido den Vertrag zwei Wochen nach Abgang einer eingeschriebenen Mahnung fristlos kündigen, worauf Zadek unverzüglich das Konto glattzustellen hatte. Das liest sich allerdings drakonischer, als es war: keine einfache Sache nämlich, von Amsterdam aus mit einem Schuldner im fernen Palästina zu prozessieren.

Bleibt der für die Grossisten neben der Rabattierung wichtigste Punkt: das Remissions- oder Rückgaberecht. Im Vertrag war vorgesehen, daß Biblion jeweils 25% von der Erstbestellung eines Titels remittieren durfte, daß dieses Recht aber erlosch, wenn vom selben Titel auch nur ein Stück nachbestellt wurde. Diese Regelung war zweifelsfrei die Norm und sollte die Auslieferer zu hohen Erstbestellungen veranlassen. Um eine ausreichende Lagerhaltung ›vor Ort‹ ist es den Verlagen ja vor allem zu tun gewesen: Sortimenter und Leser sollten schnell zu ›ihren‹ Büchern kommen. Der Grossist lief also ein beträchtliches Risiko. Der Verlag aber auch. Denn er mußte stets damit rechnen, maximal ein Viertel der verkauften Bücher wieder zurücknehmen und gutschreiben zu müssen. In puncto Remission hat Zadek dann eine Änderung durchgesetzt. Statt für die erste, galt sein Recht für die letzte Bestellung, und statt auf 25 belief es sich auf 50% dieser letzten Order. Konnte Zadek auf diese Weise etwas von dem im Lager eingefrorenen Kapital liquide machen, so ging er doch bei Rücksendungen auch eines Vorteils verlustig: für die remittierten Titel bekam er nur noch den Grundrabatt (45%), und zwar rückwirkend und gleichgültig, wieviele Exemplare er von ihnen zuvor bezogen hatte. Später hat man nach demselben do-ut-des-Prinzip den Vertrag nochmals geändert. Das Zahlungsziel wurde einheitlich auf 3 Monate festgesetzt (und damit für Großbezüge erheblich verlängert), doch im selben Zuge hatte Zadek eine Bankbürgschaft von 100 Pfund (ca. 1200 Mark damaliger Kaufkraft[33]) beizubringen.

Es war ein Vertrag »mit Haken und Ösen«, und das Referat der wichtigsten Bestimmungen hat gezeigt, worauf es dem Verlag ankam: er wollte zugleich den Grossisten zu größtmöglicher Aktivität spornen und sich selber gegen alle Risiken von seiten des Partners absichern. In der Tat war der Grossist für den Verlag zumeist ein unbeschriebenes Blatt. In Europa konnte sich wenigstens der Reisende ein ungefähres Bild machen, und Friedrich Sussmann hat denn auch einigen Einfluß auf die Auswahl der Partner besessen. In Palästina gab es diese Kontrollmöglichkeit so wenig wie anderswo in Übersee. Walter Zadek war Reisender und Grossist in einem; bezeichnend, daß sein Vertrag nicht von Landshoff unterschrieben wurde, sondern von Alice van Nahuys (und es steht zu vermuten, daß Landshoff dies selber gewünscht hat). Will man der einen und andern Unmutsäußerung Landshoffs in den Briefen an Zweig Glauben schenken, so ist Palästina auch ein besonders heikles Vertriebsgebiet gewesen. Schon über Zadeks Vorgänger hatten sich Buchhändler bei Zweig beklagt, weil der Grossist sie nicht beliefere. Zweig hatte das nach Amsterdam weitergegeben, doch Landshoff erfuhr nun vom Auslieferer, daß der Beschwerdeführer seit langem keine Rechnung mehr bezahlt habe. Anderseits beklagte sich der Grossist beim Verlag über Zweig, weil der vertragswidrig Belegstücke an Sortimenter verkauft haben sollte. In Wirklichkeit hatte ein europäischer Grossist nach Palästina geliefert (und nun allerdings auch die Folgen seines Kontraktbruchs zu tragen: er war mit ungedeckten Wechseln bedient worden).

Solche Querelen haben die Geduld des Verlags strapaziert. Kein Jahr war seit Zadeks Bestallung vergangen, als man in Amsterdam bereits zur Lösung des Vertrags halb und halb entschlossen war. Noch unterblieb die Kündigung, doch zwei Jahre später hat Querido das lang Erwogene getan, und Arnold Zweig ist – mit der Bitte um strengste Vertraulichkeit – von Landshoff über die Gründe informiert worden: Gerüchte über Zahlungsschwierigkeiten der Firma Biblion.[34] Seinen Verpflichtungen gegenüber Querido sei Zadek gewissenhaft nachgekommen, doch wahrscheinlich auf Kosten Dritter, bei denen er, »natürlich nicht aus bösem Willen, sondern aus Geldknappheit«, seit längerem in Verzug sei. Und nun hat Zweig detailliert erfahren, welche Risiken die Zusammenarbeit mit Firmen in sich barg, die man kaum kannte:

»Wir können nicht in all den entfernten Ländern, in denen ein persönliches Eingreifen von uns gar nicht möglich ist, Tausende von Gulden kreditieren ohne eine *relative* Sicherheit vor Verlusten. Bedenken Sie, wir haben mit lauter unsicheren Kantonisten zu tun; wir zahlen pünktlich; überlegen Sie sich aber einmal, wann wir unsere Gelder aus Ländern hereinbekommen, die [...] in den letzten Jahren auch noch die erhebliche Deckung durch Devisengesetzgebung haben. Diese Länder (Polen, Rumänien, Ungarn, Italien, bis zu einem gewissen Grade auch die Tschechoslowakei und Österreich) sind unsere Hauptabnehmer. Ich habe die Verpflichtung meinen holländischen Freunden gegenüber, das kleinstmögliche Risiko zu laufen. Aus diesem und aus keinem anderen Grunde mußte ich die Vertretung aus den Händen Zadeks an Pales übergeben.«

Wird man gewahr, auf welch schwankem Grund die Vertriebskonstruktion Queridos (und der anderen Exilverlage) errichtet war? Landshoff hatte bereits Lehrgeld gezahlt. Beim Konkurs einer italienischen Vertretung hatte der Verlag 4000 Gulden als uneinbringliche Forderung abschreiben müssen. Nun hatte sich Zweig für Zadek auch deswegen eingesetzt, weil dessen Nachfolger Paul Arnsberg in Palästina als aktiver Revisionist bekannt war, also jener zionistischen Partei anhing, die heute von Politikern wie Netanjahu oder Scharon repräsentiert wird. Zweig verabscheute diesen extremen Nationalismus so sehr, daß er Arnsberg, »was an mir liegt, Einkünfte nicht gern zuschanzen« wollte. Landshoffs Erwiderung ist über den Einzelfall hinaus aufschlußreich; und zwar im Bezug auf die vom Verlagsinteresse erzwungenen Rücksichten, »die zu nehmen mir widerlich« ist: »Die persönliche Überzeugung von Herrn Dr. Arnsberg, den Sie mir als aktiven Revisionisten vorstellen (was zu sein er übrigens bestreitet), ist mir gewiß äußerst unerwünscht; aber auch der nationale Herr Krause, der für uns in der österreichischen Provinz reist und dem es gelungen ist, unsere, d.h. Ihre Bücher in ein Sortiment einzuführen, das sich jahrelang geweigert hatte, diese Produktion zu führen, ist kein Gesinnungsgenosse von uns. Schicke ich [?jedoch?], was ich wesentlich vorziehen würde, unseren Reisenden, Herrn Sussmann […], so wird er an der Tür herausgeschmissen, wovon weder er noch die Autoren noch wir etwas haben.«

Arnsberg *war* Revisionist und Friedrich Krause ein Schwarmgeist vom äußersten rechten Flügel des politisch zerklüfteten deutschen Exils. Es ging aber nicht um die Meinungen dieses »nationalen Mannes«, es ging um sein Verkaufstalent und seine Geschäftsbeziehungen, von denen zu profitieren auch Emil Oprecht keine Bedenken gehabt hat. Ebenso sollte Arnsberg Bücher verkaufen und nichts sonst, und da er mehr Kapital besaß und über eine bessere Organisation verfügte als der Sozialist Zadek, mußte die Kröte geschluckt werden. Wie beim Fischer Verlag im »Fall Hauser« war das Handeln ausschließlich vom Geschäftsinteresse bestimmt, nur daß dies Handeln hier ganz anders geartet war. Keineswegs hatte Landshoff ein Buch gemacht, das ihn diskreditierte. Wohl aber hat er Arnsberg und Krause dazu gebracht (und gebraucht), Bücher zu verkaufen, die ihnen zuwider sein mußten.[35]

Fremdsprachige Leser haben zur Existenz des deutschen Querido Verlags ebenfalls beigesteuert, ein hübsches Scherflein sogar. Soweit bislang bekannt, sind von knapp 100 Querido-Büchern bis ca. 1949/50 insgesamt rund 300 Übersetzungen angefertigt worden. Im statistischen Schnitt ist also jeder dieser Titel dreimal übersetzt worden. Mindestens. Denn die Unterlagen sind unvollständig. Die Zahlen basieren auf dem (da und dort von mir ergänzten) Katalog des Deutschen Exilarchivs in der

Deutschen Bibliothek, Frankfurt am Main. Sie sammelt schon seit den fünfziger Jahren Übersetzungen, und ihr Bestand ist wohl der größte in Europa. Nichtsdestoweniger sind überall da, wo verläßliche Einzelbibliographien herangezogen werden konnten, Übersetzungen hinzugekommen, die in der Frankfurter Sammlung noch fehlen, mitunter in beträchtlicher Zahl. Man hat also mit einer größeren Dunkelziffer zu rechnen.

Es geschieht demnach mit gutem Grund, wenn ich die Verkaufsergebnisse bei diesem sogenannten Nebenrecht, an dessen Ertrag auch der Verlag beteiligt war, miteinbeziehe. Heute bewegt sich der Verlagsanteil an Nebenrechtseinnahmen auf 40 bis 50%. Damit verglichen, nimmt sich lächerlich aus, was Landshoff einbehalten hat. Seinen am häufigsten übersetzten Autoren (z. B. Vicki Baum oder Feuchtwanger) hat er 90% der Übersetzungstantiemen überlassen. Bei Zweig galt dieser Satz nur, wenn es sich um »alte Verbindungen« zu Auslandsverlagen handelte; hatte Querido den Abschluß erzielt, so bekam Zweig 85%. Dies war auch bei anderen prominenten resp. vielgelesenen Autoren der übliche Satz. Wilhelm Speyers Verträge enthalten ihn ebenso wie der, den Heinrich Mann über ›Die Jugend des Königs Henri Quatre‹ abgeschlossen hat. Bei ›jungen‹ Autoren – etwa Gustav Regler – betrug die Verlagsprovision 25%, und das mit Recht: es erforderte einige Mühe, von diesen im Ausland Unbekannten eine Übersetzung ›unterzubringen‹. Insgesamt hat sich Landshoff mit diesen Sätzen generöser gezeigt als Landauer: bei Allert de Lange waren Provisionen zwischen 15 und 30% das Normale, und der Autor mußte bei Abschluß des Vertrags über die deutsche Ausgabe automatisch auch die holländischen Rechte abtreten, ohne daß er dafür einen Vorschuß bekam.

Aber keine Regel ohne Ausnahmen. Feuchtwanger hat die meisten Übersetzungsrechte selbst verwaltet. Als Arnold Zweig sich vor einem Vertragsabschluß bei ihm erkundigte, schrieb er: »Die 10%igen Provisionen an den Auslandstantiemen habe ich ihm [dem Verlag] nur für diejenigen Auslandsabschlüsse gelassen, für die nicht bereits lange Generalverträge [...] vorliegen; es bleiben da für Landshoff nicht sehr viel Abschlüsse übrig.« Um die angelsächsischen Rechte von Vicki Baum hat Landshoff sich gar nicht erst bemüht, als er sich um die »Verwaltung« ihrer Auslands- und Vorabdrucksrechte bewarb: er wußte, daß die von Hollywood kaum mehr Beschäftigte von diesen Honoraren lebte. Heinrich Mann wiederum hat die französischen Rechte an den Henri-Romanen und am Essayband ›Der Haß‹ selber ausgeübt; zudem hat er darauf bestanden, daß die übrigen Übersetzungsrechte dem Verlag nur bis drei Monate nach Erscheinen der deutschen Ausgabe verblieben. Landshoff, der damit zur Eile angetrieben werden sollte, hat die Klausel keine Kopfschmerzen bereitet: war trotz der Bedeutung des Autors bis dahin kein Interessent gefunden, so würde auch danach keiner mehr auftauchen.

Der ohnehin niedrige Verlagsanteil ist durch solche Einschränkungen weiter reduziert worden. Dennoch hat sich Landshoff bei den Autoren stets um die Auslandsrechte bemüht – die Kleinbeträge summierten sich auch –, und nicht jeder hat das goutiert. Zweig etwa hat immer wieder versucht, selber zu verhandeln. Da in geschäftlichen Dingen nicht sonderlich versiert, hat er oft Verwirrung gestiftet und sich mit manch unbedachtem Abschluß geschadet. Es war dann regelmäßig Landshoff, der das Porzellan wieder zu kitten hatte, und solche Zwistigkeiten kehren in den Briefen fast refrainartig wieder. Ähnlich harthörig waren die Autoren, wenn es um die Einschaltung von Literaturagenten ging. Heinrich Eduard Jacob hatte sich an einen gebunden, Zweig hat damit stets geliebäugelt, und Landshoff hat die Zwischenhändler verabscheut. Jacob schrieb er, sie entwerteten die Übersetzungsrechte durch allzu aufdringliches Ausbieten. Man könne sicher sein, daß der Arbeitsplan einer »Unzahl von Verlagen« vorgelegen habe, und wenn er, Landshoff, dann das fertige Buch anbiete, werde »jeder amerikanische Verlag« erklären, er habe es »bereits einem Agenten abgelehnt«. Hatte Landshoff hier ignoriert, daß es auch erfolgreiche Agenten gab, so hat er bei Zweig seine Argumentation just auf dieses Faktum gestützt: »Wird jemand ›eingeschaltet‹, so bedeutet das praktisch, daß er Geld haben will. [...] Es wird nicht ganz leicht sein, die 10% oder 15%, die zur Verfügung stehen [...], so zu verteilen, daß die verschiedenen Partner zufrieden sind.« Das war des Pudels Kern, das der Grund der inständigen Bitten, »daß Sie gut daran tun würden, uns die Verwaltung der Auslandsrechte ganz zu überlassen« (19. 9. 1935). Woraufhin Zweig: er brauche »rührige Agenten« und habe für England gerade einen eingesetzt. »Es kann durchaus sein, daß meine Erfahrungen mich enttäuschen, aber es wird Zeit, daß ich sie wenigstens mache« (13. 10. 1935).

Eine bloße Formalität ist die »Verwaltung der Auslandsrechte« also nicht gewesen und die Verlagsprovision kein ›arbeitsloses‹ Einkommen, zumal die Kalamität mit manchen Autoren auf diesem Felde nur eine von vielen war. Weil die englische Übersetzung von Klaus Manns ›Symphonie Pathétique‹ nicht vom Fleck kam, konnte man den inzwischen vorliegenden ›Mephisto‹ in England noch nicht anbieten; den Übersetzer aber »noch mehr zu drängen, als es [...] geschehen ist, dürfte wohl unklug sein. Die Übersetzung wird darunter leiden.« So hat es ein weiteres Jahr gedauert, bis ›Pathetic Symphony‹ in den Londoner Schaufenstern lag, und ›Mephisto‹ ist vor dem Kriege auf Englisch nicht mehr erschienen. Anderwärts hat ein Verleger, aus welchen Gründen immer, die Übersetzung von Heinrich Eduard Jacobs Johann-Strauß-Biographie endlos hinausgezögert, und da es im angelsächsischen Sprachraum geschah, waren zwei Editionen betroffen: englische und amerikanische Verlage benutzten selbstverständlich dieselbe Übersetzung. Hat es hier den Anschein, als habe ein britischer Verlag sich um seine Verpflichtungen drücken wollen, ohne direkt vertragsbrüchig zu werden, so hat ein italienischer Geschäftspartner das Erscheinen von Zweigs ›Erziehung vor Verdun‹ aus politischen Gründen hinausgeschoben. Merkwürdig genug, sind in Mussolinis Italien Werke der Exilliteratur auf Italienisch erschienen, nicht oft, doch immer mal wieder. Als Landshoff Zweigs Weltkriegsroman anbot, liefen in Italien die Vorbereitungen zum Krieg gegen Abessinien auf Hochtouren – Landshoff am 2. 7. 1935: »Mit Mondadori [...] habe ich persönlich in Mailand gesprochen. Man sagte mir, daß bei der augenblicklichen direkten und indirekten Zensur das Erscheinen selbst des ›Grischa‹ kaum denkbar wäre. Ob man den Mut haben wird, ›Erziehung‹ zu bringen in einem Augenblick, wo [...] jede Veröffentlichung unterbleiben soll, die etwa kriegsabschreckend wirken könnte, ist zweifelhaft. Ich stehe aber mit M. in ständiger Verbindung und habe ihnen gerade gestern wieder wegen Ihres Buches geschrieben.« Daß der Roman 1937 doch herauskam, wissen wir. Wieviele Briefe Landshoff deswegen noch hat schreiben müssen, wissen wir nicht.

Die quasi normale, nicht mit politischen Hürden bestückte Vermittlungstätigkeit war freilich auch nicht immer leicht, und dafür mag der Schriftsteller zum Beispiel dienen, der Landshoff die Übersetzungsrechte nur für kurze Frist überließ, Heinrich Mann. Zehn Wochen, nachdem er Landshoff beim ersten Henri-Roman diesen Paragraphen aufgezwungen hatte, notierte Feuchtwanger, trotz vieler Bemühungen des Verlags sei für Heinrich Mann in England und den USA »nichts zustandegekommen«; nun wolle er, Feuchtwanger, sich dort mit »größter Intensität« um Abschlüsse bemühen. Daraus ist aber nichts geworden, und so war es dann doch Landshoff, der Erfolg hatte. Lange vor Erscheinen der deutschen Ausgabe brachte er das Buch bei der besten New Yorker Adresse unter, beim Verlag Alfred Knopf. Jahre später, er lebte als nahezu Unbekannter in Kalifornien, hat Heinrich Mann verbittert geklagt, Mrs. Knopf habe fünf Monate gebraucht, um eines seiner neuen Manuskripte abzulehnen: »Zu vergleichen ist, daß von Europa aus, Landshoff dem Verlag Knopf meine beiden Bände Henri IV ungelesen verkaufen konnte [...].« Heinrich Mann hatte bloß vergessen, daß Knopf für die Zusage damals noch mehr Zeit gebraucht hatte, nämlich ein gutes Dreivierteljahr; erst recht schien ihm entfallen zu sein, wieviel Mühe es Landshoff gekostet hatte, bis der Abschluß perfekt war.[36]

Hat sie sich für den Verlag wenigstens gelohnt? Was den jungen König Henri betrifft, ja, sofern man die Erwartungen nicht zu hoch schraubt. Am 31. 12. 1935 hatte Querido 15 Pfund für die englische, $ 112.50 für die amerikanische, hfl. 37.50 für die polnische und ffrs. 750 für die französische Ausgabe eingenommen, umgerechnet ca. 850 Mark damaliger Kaufkraft. Dabei hat es sich durchweg um den Verlagsanteil an Vorauszahlungen gehandelt, mit welchen die Lizenznehmer einen bestimmten Ab-

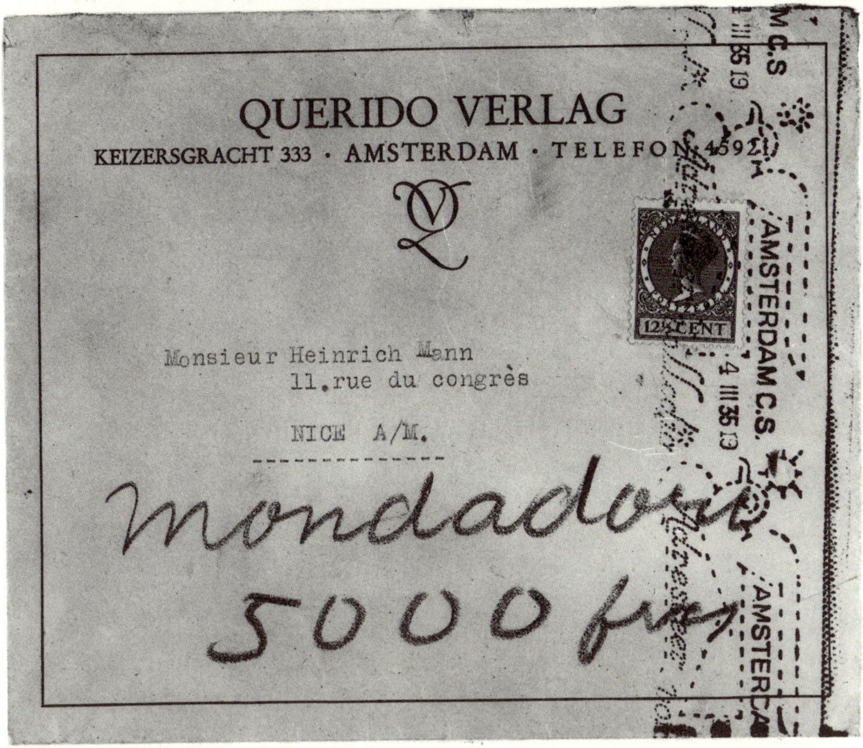

75 Heinrich Mann. Notiz über das zu erwartenden Lizenzhonorar für die italienische Ausgabe des ›Henri Quatre‹ (HMA)

satz garantierten. Überstieg der Verkauf diese meist vorsichtig geschätzten Garantiesummen, so wurden weitere Zahlungen zum jeweils vereinbarten Honorarsatz fällig; ob es hier dazu kam, ist nicht bekannt. Bei Arnold Zweig jedenfalls hat die Übersetzungsbilanz erheblich besser ausgesehen. Legt man die (unvollständig erhaltenen) Abrechnungen von Querido und die von Zweigs New Yorker Verleger Ben Huebsch zugrunde, die Geoffrey Davis eruiert hat, so muß der Querido-Anteil an Zweig-Übersetzungen mindestens 7800 Mark betragen haben. Die beachtliche Summe erklärt sich zum Gutteil daraus, daß der Book of the Month Club rund 50000 Exemplare von ›Erziehung vor Verdun‹ erworben hatte. Zweig hatte sozusagen das große Los gezogen, weshalb sich die Zahlen zum Maßstab auch nicht eignen.

Die bei Zweigs Büchern in kleineren Ländern üblichen Vorauszahlungen hat Landshoff mit hfl. 250 bis 350 beziffert. Bei weniger gelesenen Autoren lagen sie beträchtlich darunter, selbst wenn in wichtige Sprachen übersetzt wurde. Klaus Manns ›Flucht in den Norden‹ ist von Knopf für insgesamt $ 250 zur Übersetzung erworben worden, die polnische Ausgabe von ›Symphonie Pathétique‹ hat Verlag und Autor hfl. 125 eingebracht. Gustav Regler hat für die französische Übertragung der ›Saat‹ eine Vorauszahlung von 750 ffrs. erhalten. Auf den Verlag entfielen davon 187.50 ffrs., ungefähr 30 Mark. Bei Übersetzungen ins Russische oder in eine der sowjetischen Nationalitätensprachen sind Autor und Verlag überhaupt leer ausgegangen. Die UdSSR war der Berner Urheberrechtskonvention (damals noch) nicht beigetreten, ihre Übersetzungen waren schlicht und einfach Raubdrucke. Landshoff hatte also allen Grund, Zweigs Hoffnungen zu dämpfen: Auf Moskaus »feste Versprechungen« sei »nicht viel zu geben«, Heinrich Mann habe mit den Russen einen »sehr noblen« Vertrag, die längst fällige Devisenzahlung stehe aber noch immer aus; selbst »treue Parteimitglieder« würden mit Zahlungen ins Ausland »recht sehr sitzengelassen«. Das änderte sich erst, nachdem die sowjetische Politik sich geändert hatte, Stichwort: Volksfront. Von diesem Schwenk haben aber nur ganz wenige, handverlesene und als Bündnispartner umworbene bürgerliche Schriftsteller profitiert, von den Querido-Autoren Heinrich Mann, Feuchtwanger und Zweig. Von Zeit zu Zeit erhielten sie Abschlagszahlungen in Devisen, doch steht es dahin, ob der Verlag an ihnen partizipiert hat. In der Korrespondenz Landshoff – Zweig werden sie nie erwähnt, und in Abrechnungen tauchen sie auch nicht auf. Eine andere Spezies von Übersetzungshonoraren spielt in den Briefdialogen dagegen eine sehr große Rolle: jene, die wegen der Devisenrestriktionen oft Jahre ausblieben. Für den Verlag hieß das, daß die so entstandenen Zinsverluste manchmal fast den Verdienst aufzehrten. Verständlich, daß Landshoff jede derartige Überweisung als kleinen Sieg empfand: »Hiesige Bankleute, die ich gelegentlich spreche, sind immer wieder von neuem überrascht, daß es uns gelingt, aus Ländern wie Ungarn, Italien usw. usw. wirklich die Devisen herauszuquetschen.«

Andere Nebenrechte haben für Verlag und Autoren kaum eine Rolle gespielt. Das Filmgeschäft blieb Querido trotz vieler Bemühungen verschlossen, und die in der Weimarer Republik oft sehr einträglichen Zeitungsvorabdrucke waren nicht mehr der Rede wert. Es kamen dafür ja nur eine Handvoll deutschsprachiger Auslandsblätter überhaupt in Frage, und ihre Auflagen waren viel zu klein, als daß die Honorare den Aufschub der Buchausgabe gerechtfertigt hätten. Galt dies selbst für ›große‹ Zeitungen wie die Basler ›National-Zeitung‹ und das ›Prager Tagblatt‹, um wieviel mehr erst für die Exilpresse. Der ›Mephisto‹-Vorabdruck in der ›Pariser Tageszeitung‹ hat Verlag und Autor nur hfl. 250 eingetragen, dafür um so mehr Scherereien, bis das Geld wirklich herein war.

Noch schlechter womöglich war es um Geschäfte mit der Büchergilde Gutenberg und der Universum-Buchgemeinschaft bestellt, den beiden ins Exil überführten Buchklubs. Für Universum sind lediglich drei Querido-Titel bekannt geworden

QUERIDO VERLAG N.V. · AMSTERDAM

KEIZERSGRACHT 333 · TELEFON 45921

AMSTERDAM, den 7.Januar 1938

Herrn Bernard von Brentano
Küsnacht bei Zürich

Lieber Herr von Brentano!

Dank für Ihren Brief.

Heute schreibt mir nun die BÜCHERGILDE folgendes:
"Im vergangenen Jahres korrespondierten wir wegen der Ausgabe von Brentano "PROZESS OHNE RICHTER" in Planobogen. Wir benötigen 1000 Exemplare und zwar zu dem Preise von 70 Rappen pro Exemplar. Wollen Sie uns bitte sofort mitteilen, ob Sie unserem Ansuchen Rechnung tragen können."

Sie werden sich unserer Korrespondenz über diesen Fall vielleicht erinnern. Die BÜCHERGILDE hatte bereits voriges Jahr einen Preis von 70 Rappen geboten. Ich hatte daraufhin in Uebereinstimmung mit Ihnen hfl. -.35 verlangt. 70 Rappen sind ungefähr fl. -.29 Die Büchergilde hatte von unserer Forderung "Kenntnis" genommen. Diese Kenntnis schliesst allerdings nicht aus, dass sie nun wieder auf ihr altes Angebot zurückkommt. Natürlich wäre es mir lieber, wenn wir die fl. -.35 bekommen könnten, die wir s.Zt. forderten und die ohnehin bereits ein lächerlich kleiner Betrag im Verhältnis zu den effektiven Kosten sind. -Am besten sehen Sie unsere Korrespondenz vom APRIL-MAI 37 durch, in der auch die Honorarfrage zwischen uns eingehend erörtert ist.

Wenn ich jetzt an die BÜCHERGILDE schreibe, kann ich durch die Forderung von fl. -.35 die ganze "Transaktion" gefährden, zumindest aber die Entscheidung wieder endlos aufschieben. Am besten sprechen Sie vielleicht- wenn es Ihnen nicht lästig ist- noch einmal mit den Leuten und beziehen sich darauf, dass wir uns eigentlich ja über den Preis von fl. -.35 bereits früher verständigt hätten. Haben Sie den Eindruck, dass man von den Leuten durchaus nicht mehr bekommen kan, will ich- Ihre Zustimmung vorausgesetzt- den Vorschlag acceptieren. Wenn Sie jedoch eine Unterhaltung mit den Leuten- was ich sehr gut verstehen könnte- vermeiden wollen, werde ich- wiederum Ihre Zustimmung vorausgesetzt- den Vorschlag der BÜCHERGILDE acceptieren.

76/77 (DLA)

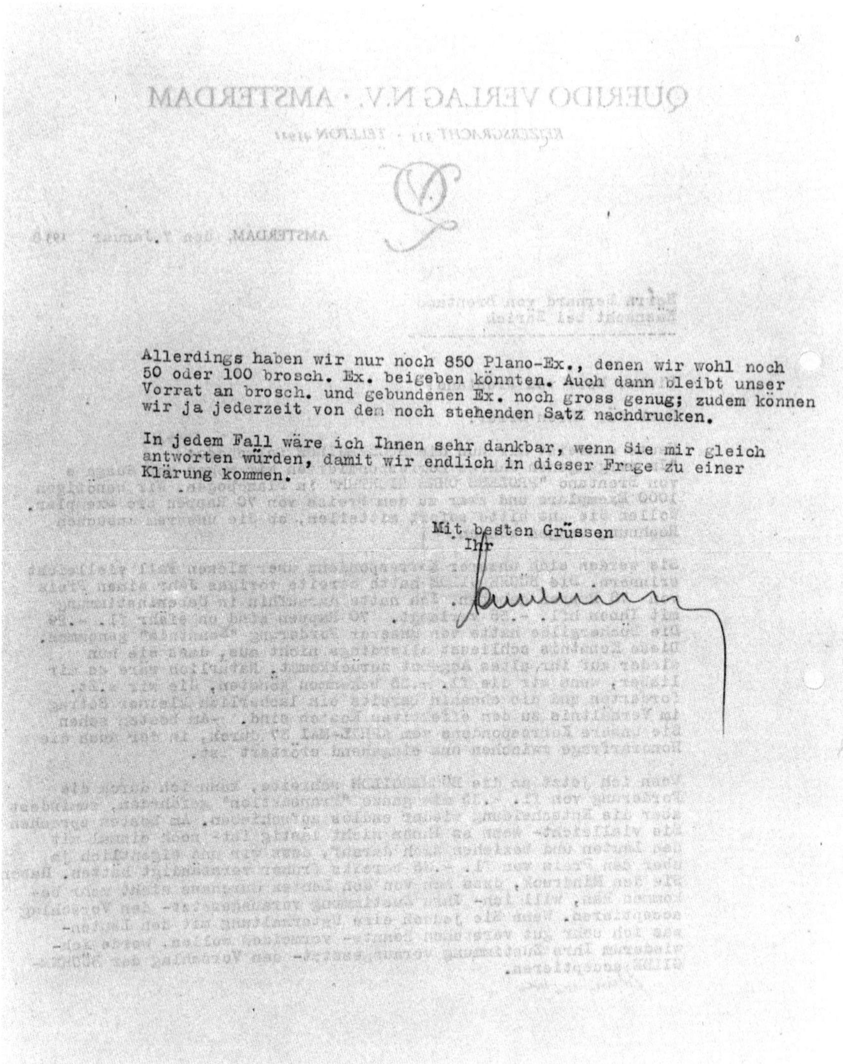

Allerdings haben wir nur noch 850 Plano-Ex., denen wir wohl noch 50 oder 100 brosch. Ex. beigeben könnten. Auch dann bleibt unser Vorrat an brosch. und gebundenen Ex. noch gross genug; zudem können wir ja jederzeit von dem noch stehenden Satz nachdrucken.

In jedem Fall wäre ich Ihnen sehr dankbar, wenn Sie mir gleich antworten würden, damit wir endlich in dieser Frage zu einer Klärung kommen.

Mit besten Grüssen
Ihr

– Anna Seghers' ›Kopflohn‹ (1933, im Jahr der Erstausgabe), Bruno Franks ›Cervantes‹ (Erstausgabe 1934) und Reglers ›Saat‹ (1936), beide im Jahr 1937 übernommen. Durchweg hat Universum Rohbogen von Querido gekauft, die lediglich anders aufgebunden und mit dem eigenen Imprint versehen wurden (bei Seghers und Regler hat man nicht einmal dem Schmutztitel mit dem Querido-Signet ausgetauscht). Die Büchergilde hat in den Vorkriegsjahren ganze zweimal und gleichfalls auf Rohbogenbasis mit Querido kooperiert, 1938 bei Döblins ›Pardon wird nicht gegeben‹ (Erstausgabe 1935) und, unbekannt, wann exakt, bei Bernard von Brentanos ›Prozeß ohne Richter‹ (Querido: 1937). Die zweite Transaktion scheint nicht einmal die Herstellungskosten gedeckt zu haben. Die Büchergilde erwarb 850 Exemplare zum Stückpreis von 70 (statt der von Landshoff geforderten 84) Rappen. Was ›Erziehung vor Verdun‹ betrifft, hatte Landshoff schon im Mai 1934 von »grundsätzlicher Übereinstimmung« mit der Büchergilde berichtet. Zunächst war von 4000 Stück die Rede, und Landshoff fürchtete, mit der billigeren Parallelausgabe den Buchhandel zu

78/79 Titelblätter von Lizenzausgaben (DLA)

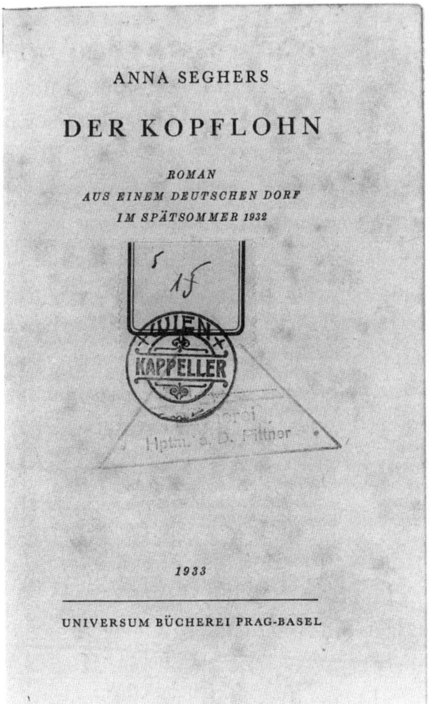

verprellen. Dann ging es nur noch um 2000 Stück, und nachdem die Wiener Büchergildenfiliale »eine panische Angst vor ›pazifistischer‹ Literatur« an den Tag gelegt hatte, sollten es schließlich 1000 Stück für die Schweiz sein. Nicht einmal daraus ist aber etwas geworden: außer Spesen war nichts gewesen.[37]

Vom Verkaufserfolg der deutschen Ausgaben geben (mitsamt einigen Brieferwähnungen) auch die wenigen erhaltengebliebenen Abrechnungen ein recht plastisches Bild. An der Spitze liegt mit wenigstens drei, wahrscheinlich aber mehr Büchern Vicki Baum. ›Das große Einmaleins‹ (1935) erreichte bereits im Erscheinungsjahr eine zweite Auflage (11.–15. Tsd.) und 1937 wurde das 16.–18. Tsd. nachgedruckt. ›Der große Ausverkauf‹ (1937) hat es im Erscheinungsjahr ebenfalls zum 18. Tsd. gebracht, und von ›Liebe und Tod auf Bali‹ (1937) wurde 1940 mit dem 11.–13. Tsd. eine zweite Auflage gedruckt. Bernard von Brentanos Roman ›Die ewigen Gefühle‹ kam im Oktober 1939 mit der absolut niedrigsten Erstauflage (1600) heraus; trotz der Kriegsverhältnisse wurde er im Frühjahr 1940 mit 1250 Exemplaren nachgedruckt. Das mit deutlichem Abstand erfolgreichste Buch hatte Querido Lion Feuchtwanger zu danken: ›Die Geschwister Oppenheim‹ (1933). Ihre Erstauflage ist unbekannt, doch schon 1934 lagen sie im 20. Tsd. vor, und 1935 wurde das 21.–25. Tsd. gedruckt. Feuchtwangers ›Jüdischer Krieg‹ (1933) ist trotz zweier Nachauflagen weit dahinter zurückgeblieben: es war das 8.–9. Tsd., das 1937 als 3. Auflage ausgeliefert wurde. Eine Nachauflage hat Heinrich Manns ›Der Haß‹ erlebt, sogar im Erscheinungsjahr 1933; fraglich allerdings, ob sie notwendig war. Landshoff am 4. 12. 1933 an Klaus Mann: »Der Haß geht scheinbar. Jedenfalls druckten wir – mangels Übersicht über die auf Europa verstreut liegenden Exemplare – eine zweite Auflage.« Hoch war sie nicht. Insgesamt kam das Buch auf 7000 Stück. Rudolf Oldens Hitler-Biographie (1935) konkurrierte mit der fast zeitgleich im Zürcher Europa-Verlag erschienenen von Konrad Heiden; diese wurde mit zweistelligen Auflageziffern zum Bestseller, wohingegen Oldens Zweitauflage sich mit dem 4.–6. Tsd. in bescheidenem Rahmen hielt. Von Ernst Tollers ›Eine Jugend in Deutschland‹ ist das 4.–7. Tsd. nachgedruckt worden, und bei Bruno Franks ›Reisepaß‹ ist gleichfalls eine Nachauflage (in unbekannter Höhe) nachweisbar. Für Wassermanns Kerkhoven-Roman hatte der Verlag 1934 von 10000 Exemplaren gesprochen, doch auf Klappentexten der späteren Wassermann-Bücher ist von 15000 die Rede, nur daß ein solches Exemplar bislang nirgends aufgetaucht ist. Indes erinnert man sich der ›Parallelaktionen‹ bei Kende und bei der Berliner Jüdischen Buchvereinigung…

Bei den Titeln, die nicht über die Erstauflage hinauskamen, beginne ich mit Arnold Zweigs Büchern. Sie haben die besten Ergebnisse erzielt. Von ›Spielzeug der Zeit‹ (1933, 3000) waren am 31. 12. 1938 2341 verkauft, von ›Bilanz der deutschen

9

QUERIDO VERLAG N.V. · AMSTERDAM

KEIZERSGRACHT 333 · TELEFON 45921

AMSTERDAM, 193

ABRECHNUNG über GUSTAV REGLER "DIE SAAT" per 30.September 1936

Erschienen: 26.März 1936
Auflage: 2000 Exemplare

Gesamtverkauf bis 30.September 1936	Exemplare	610
Abgerechnet per 30.Juni 1936	"	577
Verkauf vom 1.Juli bis 30.September 1936	"	33

		SOLL hfl.	HABEN hfl.
Saldo lt.Abrechnung per 30.Juni 1936		390,84	
8.August 1936 Editions Sociales fr.frcs. 750,-- hfl. 72,10 ./. 25%			54,07
33 Exemplare Tantième 12,5% von hfl. 2,90 hfl. 0,3625 mal 33			11,96
		390,84	66,03
	./.	66,03	
Saldo per 30.September 1936		324,81	
Zahlung durch Au Pont de l'Europe 22.Oktober 1936		27,03	
		351,84	

Irrtum vorbehalten !

80 (AGRF)

Judenheit‹ (1934, 3000) am 30. 6. 1939 2649. ›Erziehung vor Verdun‹ (1935, 5000) war bis Ende 1938 mit 4160 Exemplaren weggegangen, ›Einsetzung eines Königs‹ (1937, 5000) zur selben Zeit mit 1942 Stück. Von dem kleinen Roman ›Versunkene Tage‹ (1938, 2950) waren am 30. 6. 1939 noch zwei Drittel am Lager, nur 1071 Stück waren verkauft. Die frühen Bücher haben also ein recht befriedigendes Ergebnis erzielt, und bedenkt man die kürzere Laufzeit und den um über 1 Gulden höheren Preis, so gilt das für ›Erziehung‹ erst recht. ›Einsetzung‹ dürfte gerade die Kosten hereingebracht haben, der letzte Titel dagegen kaum.

Solch ›guten‹ Zahlen stehen bei Heinrich Manns erstem Henri-Roman ein schlechtes und bei Reglers ›Saat‹ ein katastrophales Ergebnis gegenüber. ›Jugend‹ war am 26. 8. 1935 mit 4000 herausgekommen, und am Jahresende waren 653 Broschuren und 1708 Leinenbände verkauft worden. Im 2. Verkaufsquartal wurden bloß noch 68 Leinenbände geordert. Die Bestände der Grossisten waren demnach noch so groß, daß sie vor Nachbestellungen (die sie um ihr Remissionsrecht gebracht hätten) zurückgeschreckt sind. Dies trotz Heinrich Manns Namen und – schlimmer – trotz des Weihnachtsgeschäfts, zu dem das Buch ja rechtzeitig vorgelegen hatte. Bei Reglers Roman sah es noch verheerender aus. Erschienen war er am 26. 3. 1936 (2000), und am Ende des Erscheinungsquartals waren gerade 577 Stück verkauft worden. Man sieht, wie vorsichtig das gute Dutzend Auslieferer disponiert hatte. Bis zum 30. 9. 1936 wurden 33 Stück nachbestellt, und wie beim vorigen Beispiel war damit faktisch das Urteil über die Verkaufschancen des Buches gesprochen. Dabei hatten beide Werke sehr positive Kritiken bekommen, der ›Saat‹ hatte Ernst Bloch sogar einen regelrechten Hymnus gewidmet. Es hatte aber nichts geholfen, und es war schon das zweite Mal, daß ein Buch Reglers festlag ›wie Blei‹; im Vertrag über die ›Saat‹ war vereinbart worden, daß 1/6 des Honorars mit etwa noch eingehenden Tantiemen für den ›Verlorenen Sohn‹ (1933) verrechnet werden sollte... Wenn Landshoff rückblickend gesagt hat, von Reglers erstem Buch seien, wie von Döblins ›Babylonischer Wandrung‹, nur wenig über 1000 Exemplare verkauft worden, so könnte das für Regler noch zu hoch gegriffen sein.

Bei Klaus Mann sah es besser aus. Die wenigen Abrechnungen, die die Zeit überdauert haben, präsentieren ihn als einen schon damals gut verkäuflichen Autor. Von ›Symphonie Pathétique‹ waren Mitte 1938 2245 Stück verkauft worden – 90% der Auflage nach knapp drei Jahren. Vom ›Vergitterten Fenster‹ ist binnen neun Monaten ein Drittel der Auflage abgesetzt worden. Für ›Mephisto‹ haben wir keine Abrechnung, doch der Start war vielversprechend: 1200 Exemplare nach einem knappen Vierteljahr, die Erstbestellungen der Auslieferer. Ähnlich hoch waren sie bei Joseph Roths ›Das falsche Gewicht‹. Der Roman gehörte zur Frühjahrsproduktion 1937, und Roth dürfte sich auf die erste Abrechnung gestützt haben, als er im Juli

81 Leopold Schwarzschild, New York 1942. Photographie von Fred Stein (DEA)

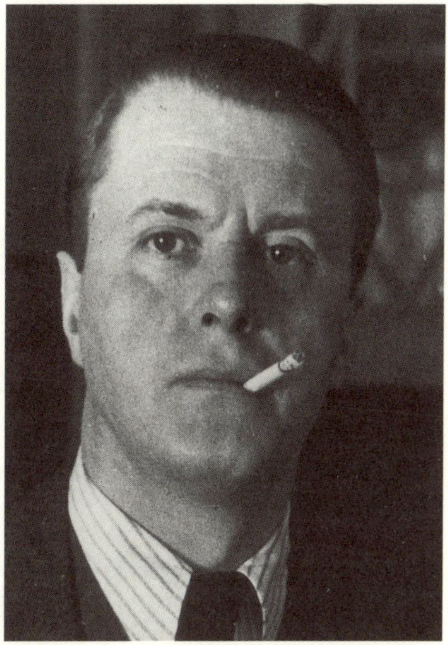

82 Bernard von Brentano. (Suhrkamp Verlag, Frankfurt am Main)

1937 von rund 1100 verkauften Exemplaren schrieb. Erstaunlicherweise ist Heinrich Eduard Jacobs Johann-Strauß-Biographie sehr viel schlechter gegangen. Das Buch mit dem populären Stoff war im Herbst 1937 herausgekommen, doch waren, Landshoff zufolge, im April 1939 erst etwa 1000 Exemplare verkauft.

Von nun an haben wir es nur mehr mit dem zu tun, was man heute Trendmeldungen nennt. Wir verdanken sie Feuchtwanger, der seinem an der jenseitigen Mittelmeerküste lebenden Freunde Zweig getreulich berichtet hat, was Landshoff bei Besuchen in Sanary verlautbarte. Vor Verfälschungen ist man bei diesem Gewährsmann sicher. Feuchtwanger eignete ein nüchterner Kaufmannsverstand, er hätte wahrscheinlich selber einen passablen Verleger abgegeben. Im April 1934 schrieb er: »Gestern war Landshoff da. Die deutsche Ausgabe der ›Oppermanns‹ hat glücklich das 20. Tausend erreicht, und er strahlt. Mit Essaybüchern hat er vorläufig allerdings kein Glück gehabt. Die Bücher von Döblin, Schwarzschild, Marcu gehen sehr schwach.« Im Juni 1934 sodann, Schwarzschilds ›Ende der Illusionen‹ (»das ich, wie Sie, für sehr gut halte«) sei »marktmäßig ein glatter Versager«. Im Juni 1935 hieß es, was Landshoff »über den Absatzmarkt« erzählt habe, sei »nicht gerade erfreulich« gewesen: »Die Bücher, bei denen der Verlag nicht daraufgezahlt hat, sind sehr weni-

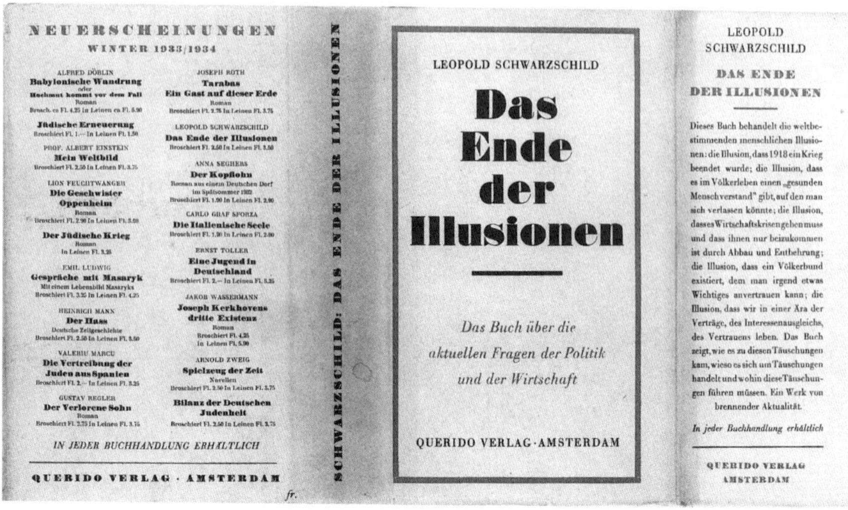

83 Schutzumschlag von Henri Friedlaender (1934, 20) mit der Produktionsankündigung für 1934; die hintere Klappe ist abgeschnitten (DLA)

ge, und sie können gerade die Verluste ausgleichen, die Querido an der Mehrzahl seiner Bücher gehabt hat. […] Was Landshoff sagte, klang sehr überzeugend. Er persönlich und wohl auch Querido selber sind sehr gutwillig, aber der ganze Markt der Emigrantenliteratur wird offenbar von Tag zu Tag unsicherer […].« Dabei hat Landshoff die Erfahrung mit dem ersten Henri-Roman und mit Reglers ›Saat‹ da noch bevorgestanden – nebst einigen anderen.

Denn daß die 1936 kreierte Reihe ›Das gute billige Buch‹ vor allem Nachauflagen enthalten habe: diese von der Kommentatorin der den Landshoff-Erinnerungen beigegebenen Briefe aufgestellte Behauptung ist unzutreffend. Es hat sich um einen nur notdürftig kaschierten Ramsch gehandelt. Einer der sechs Titel dieser Serie war ein Nachdruck, das ist richtig: Vicki Baums 1929 publizierter Roman ›Eingang zur Bühne‹. Leonhard Franks ›Ochsenfurter Männerquartett‹ war aber schon ein Mitdruck, entnommen einem Bande der gleichzeitig erscheinenden Werkausgabe und dazu bestimmt, das Risiko dieser Edition etwas zu mindern. Bei den restlichen vier Büchern – ›Oppenheims‹ von Feuchtwanger, Tollers Jugendautobiographie, Roths ›Tarabas‹ und Bruno Franks ›Cervantes‹ – hat es sich um Restauflagen gehandelt und in drei Fällen um Liegengebliebenes. Landshoff hat stets sehr kleine, am akuten Bedarf orientierte Quoten zur Buchbinderei gegeben, und die billige Reihe sollte helfen, das große Lager von Rohbogen abzubauen. In ganz grobes, billiges Leinen gebunden, war sie im Preis extrem reduziert. Jeder Band kostete hfl. 1.50 (statt zwischen 3.25

84 Schutzumschlag vom Verlag? (1936, 75) für »Das gute billige Buch«; die hintere Klappe ist abgeschnitten (DLA)

und 3.90 in den Originalausgaben). Gut gegangen ist aber nur der Feuchtwanger, von dem offenbar bloß ein Teil des 21. bis 25. Tausends so ausgestattet wurde: im Verlagskatalog von 1938 nämlich ist das Buch wieder als Originalausgabe für hfl. 3.90 verzeichnet; die anderen Titel jedoch gab es noch immer in der billigen Version. Deutlicher: ›Oppenheims‹ waren als Lockvogel für die Reihe gedacht. Das geneigte Publikum hat das Sonderangebot zu würdigen gewußt, an den Ladenhütern aber ist es vorbeigegangen. Schon im Erscheinungsquartal war der Mißerfolg abzusehen. Der Verkauf sei »bisher in keiner Weise befriedigend«, schrieb Landshoff am 5. 11. 1936, und es war kein Trost, daß de Lange mit verbilligten Büchern ebenfalls Schiffbruch erlitt. Eine für 1937 geplante zweite Serie ist denn auch nicht mehr realisiert worden, wohl aber ist ein Teil der ›Cervantes‹-Rohbogen im selben Jahr zu Universum gewandert, und weshalb die von Reglers ›Saat‹ dasselbe haben tun müssen, versteht man ohnehin. Kurz, wir haben auf einem Umweg einige deram schlechtesten verkäuflichen Bücher identifiziert.

Und die anderen? Landshoffs Angaben über die 1940 von den Nazis beschlagnahmten bzw. über die der Vernichtung entgangenen Bestände helfen ein bißchen weiter, obwohl sie spärlich sind. Im Mai 1946 erfuhr Arnold Zweig von ihm, daß insgesamt ca. 60 000 Bände konfisziert worden seien, darunter von ›Erziehung‹ 250, von ›Einsetzung‹ 1800 und von ›Versunkene Tage‹ 1050 Rohbogenexemplare. Aus einem Vergleich mit den vorhin genannten Absatzziffern darf man nun nicht schließen, daß die Differenz verkauft worden sei: Eines der Buchlager ist bei dem deutschen Luftangriff auf Rotterdam vollständig zerstört worden. Von der Werkausgabe Leonhard Franks dagegen sind sehr große Bestände gerettet worden, insgesamt 5850 Exemplare, dazu noch 2500 von dem separat erschienenen Roman ›Traumgefährten‹. Von A. M. Freys Erzählung ›Der Mensch‹ hat die Druckerei Thieme ebenfalls 1500 Rohbogen versteckt gehalten. Darüberhinaus hat der Verlag dem Germanisten Walter A. Berendsohn im Februar 1947 weitere Titel genannt, die ›im Untergrund‹ überdauert hatten: von Feuchtwanger ›Erfolg‹ und ›Der falsche Nero‹, von Roth ›Das falsche Gewicht‹ und ›Leviathan‹, von Konrad Merz ›Ein Mensch fällt aus Deutschland‹, endlich ›Der arme Verschwender‹ von Ernst Weiß. Es dürfte sich um beträchtliche Bestände gehandelt haben: Ein Jahr zuvor schon hatte Landshoff an Hermann Kesten geschrieben, auf eine einzige kleine Annonce hin seien je 1500 gerettete Exemplare des ›Falschen Nero‹ und von Vicki Baums ›Liebe und Tod auf Bali‹ verkauft worden, ja, sogar das »unlesbare Buch von Merz« sei fünfhundertmal weggegangen. Vom ›Falschen Nero‹ waren 1949 aber immer noch fast 300 Stück an Lager.

Da wir die Auflagen nicht kennen, sind die Zahlen nur schwer zu bewerten. Die Dimension der Frank-Bestände läßt allerdings auf ein ziemliches Verkaufsdebakel bei dieser (neben der Feuchtwangerschen) zweiten Werkausgabe des Verlags schließen. Nach seinen oben skizzierten Erfahrungen ist kaum anzunehmen, daß Landshoff Franks Bücher mit mehr als 4000 aufgelegt haben sollte: Im selben Jahr hat er ja mit der billigen Reihe ramschen müssen. Indes hat es wenig Sinn, darüber zu spekulieren, und als gesichert darf immerhin gelten, daß es am 10. Mai 1940 einen Lagerbestand von rund 75 000 + X Bänden gegeben haben muß. Plus X, denn was in dem zerbombten Rotterdamer Depot sich befand, ist unbekannt.

Wie hoch wohl bei Querido die sogenannte Deckungsauflage angesetzt wurde? Bei uns wurde sie bis in die frühen sechziger Jahre meist auf 25 bis 33% berechnet: man kalkulierte so, daß der Verkauf eines Viertels oder Drittels der Auflage ausreichte, um Herstellungs- und Gemeinkosten zu decken. Vor dem Krieg könnte ein ›normaler‹ Verlag ähnlich kalkuliert haben. Querido hat aber nicht unter normalen Bedingungen arbeiten können – man denke an die Transportkosten; an das Kreditrisiko in Gestalt der unsicheren Grossisten-Kantonisten; an den Zinsverlust, den die von Devisenrestriktionen verursachten Zahlungsverzögerungen im Gefolge hatten; endlich an das große Defizit bei der ›Sammlung‹, das irgendwie wieder ausgeglichen werden sollte. Auch ist Landshoff ein Mann von stark ausgeprägtem Pflichtbewußtsein und Verantwortungsgefühl gewesen. Im Mai 1933 ist er aus dem Exil noch einmal nach Deutschland zurückgekehrt, einzig um den Gläubigern des Kiepenheuer Verlags Rechenschaft über sein Tun abzulegen. Daß dies böse hätte ausgehen können (und um ein Haar auch ausgegangen wäre): dieser Gedanke ist ihm nicht gekommen. Wenn er also »die Verpflichtung meinen holländischen Freunden gegenüber, das kleinstmögliche Risiko zu laufen«, so stark betont hat, dann war das alles andere als bloß eine Redensart. Er arbeitete mit anvertrautem Geld, und ich denke, dies hat stets sein Handeln bestimmt (und nicht nur, wenn es um die Bonität eines Auslieferers ging). Kurz, er dürfte die Risikospanne hoch veranschlagt und die Deckungsauflage eher bei 20 als bei 33% angesetzt haben. Angesichts aller bekannten Zahlen und Daten hieße dies, der Verlag habe bis 1938 allenfalls eine kleine Rendite erwirtschaftet, aber keine Rücklage für das, was danach kam.[38]

85 Schutzumschlag vom Verlag? (1936, 57) mit der Anzeige der ›Gesammelten Werke‹ von Leonhard Frank (DLA)

Soll und Haben III: Kampf um Honorare Und die ›Rendite‹ der Autoren? Konnte man davon überhaupt sprechen, ja selbst nur von einem halbwegs adäquaten Arbeitsentgelt? Eine allgemeingültige Antwort gibt es auch in normalen Zeiten nicht, um wieviel weniger unter den Ausnahmebedingungen des Exils. Thomas Manns Lebensverhältnisse im Zürich der dreißiger Jahre sind nicht zu Unrecht als »Exil de luxe« bezeichnet worden. Zur selben Zeit schrieb Landshoff von dem ebenso bedeutenden Alfred Döblin: »Er ist so ziemlich am schlechtesten dran – *viele* Kinder – *sehr* wenig Geld – ein sehr guter Schriftsteller und *keiner* will was von ihm wissen. Völlig isoliert.« Zwischen diesen Extremen spannt sich die Skala, und der Verlagsvertrag war das (oft einzige) Vehikel, sich ihrem positiven Pol wenigstens ein bißchen zu nähern, und sei es auf Kosten des Verlags. Es hat somit zu den schwierigsten Aufgaben des Verlegers gehört, den »Mittelweg« zu finden, wie Landshoff das formuliert hat, nämlich den Verlag nicht zu gefährden und doch »nach möglichst vielen Seiten eine [...] halbwegs offene Hand zu haben«.

86 Thomas Mann im Exil. Photo Lotte Jacobi (DLA)

Um den Autoren für die Arbeit an einem Buche eine gewisse Sicherheit zu geben, hat Landshoff das vereinbarte Mindesthonorar – im damaligen Sprachgebrauch: die

»Garantie« – in (meist monatliche) Raten aufgeteilt, deren erste bei Vertragsabschluß gezahlt wurde. Einige Autoren hatte er so schon bei Kiepenheuer »vorfinanziert«; bei Querido kamen nunmehr fast alle in den Genuß dieser Vergünstigung. Die Garantie orientierte sich an Auflagen und Verkaufserwartungen. Soweit sich das überprüfen ließ, war sie aber nie mit dem für die Erstauflage zu zahlenden Honorar identisch. Wäre sie's gewesen, so hätte Vicki Baum für ›Das große Einmaleins‹ 2612, Gustav Regler für ›Die Saat‹ 687 und Arnold Zweig für ›Spielzeug der Zeit‹ 1500 Gulden be-

87 Alfred Döblin, um 1930. Photo Gerstenberg (früher Dührkoop), nach einer zeitgenössischen Illustrierten (DLA)

kommen müssen. Tatsächlich hat Baum 2000, Regler 600 und Zweig 1200 Gulden erhalten. Immerhin hat der Verlag 80 – 90% des Honorars vorausbezahlt, eine Generosität, die erst vor der Folie des Branchenüblichen richtig zu ermessen ist: Vorschüsse – meist 1/3 des Honorars – wurden entweder bei Vertragsabschluß oder bei Ablieferung des Manuskripts gezahlt; Verlage, die zu beiden Terminen jeweils 1/3 zahlten, waren selten. Was die ›Restsumme‹ betraf, so hatte der Durchschnittsautor zu warten, bis sie in kleiner und kleinster Münze hereintröpfelte – oder auch nicht. Querido jedoch übernahm fast das gesamte Risiko. Nirgendwo findet sich nämlich ein Beispiel dafür, daß ein Autor Vorschüsse hat zurückzahlen müssen, wenn sein Buch nicht ging.

Man übertreibt nicht, wenn man sagt, daß ohne dieses solidarische Verhalten die deutsche Literatur unseres Jahrhunderts um einige ihrer größten Werke ärmer wäre.

Bei Berechnung der Honorare hat sich der Verlag freilich ein wenig schadlos gehalten, und hier ist Landshoff durchaus im Rahmen des Üblichen geblieben. Ganz wenige Autoren nur haben ein Entgelt erhalten, das auf dem Ladenpreis des tatsächlich verkauften Buches basierte, also des gebundenen bzw. broschierten Exemplars. Heinrich Mann und Zweig haben zu diesen happy few gehört, und man geht nicht fehl, wenn man auch Feuchtwanger, Thomas Mann und Emil Ludwig zu ihnen rechnet: die viel Gelesenen, die fordern konnten. Die übrigen Verträge, die ich habe einsehen können, lauten ausnahmslos auf den Broschurpreis. Nun wissen wir, daß er ein Drittel unter dem des Leinenbandes lag, nicht minder wissen wir aber, wie wenig Käufer die Broschuren gefunden haben. Diese Differenz schuf dem Verlag ein kleineres oder größeres Polster. Reglers ›Saat‹ war gewiß ein Verkaufsdesaster, doch infolge der Honorarbasis Broschur hat sich das Defizit allein bei den nachweislich verkauften Exemplaren um ca. 50 Gulden verringert. Bei Klaus Manns gut verkauftem Tschaikowsky-Roman betrug die Ersparnis schon rund 125 Gulden – und nun erst bei Vicki Baum! Zwar hat sie nicht auf Vorschüsse verzichtet, wie Landshoff sich zu erinnern meinte, doch ihre Tantiemeforderungen waren bescheiden, zumal sie die Broschur als Honorarbasis akzeptierte. Dadurch hat Landshoff allein bei den vier Büchern, für die noch Verträge vorliegen, rund und nett 5400 Gulden damaliger Kaufkraft gespart.

War somit die Broschur-Abrechnung für das Gros der Autoren die Regel, so sind die Honorar*sätze* (und damit die Garantien) höchst unterschiedlich gewesen. Das günstigste Ergebnis hat – auf dem Papier! – Heinrich Mann bei den Henri-Romanen erzielt. Bis zum 3000. verkauften Broschur-Exemplar sollte er 17, ab dem 3001. 20% des Ladenpreises erhalten; die Sätze beim Leinenband: 13 bzw. 15%. Galt dies für ›Jugend‹, so haben sich bei ›Vollendung‹ die unteren Werte um jeweils 1/2% erhöht; die höheren blieben unverändert. Arnold Zweig ist hinter diesen Sätzen meist zurückgeblieben. Für ›Spielzeug der Zeit‹ hat er 20% von der Broschur bekommen, und bei den Weltkriegsromanen hatte er eine diffizile, am Ladenpreis orientierte Prozentstaffel ertüftelt. Diese Mühe hätte er sich sparen können: der Umfang hat beide Bände ohnehin in die höchste Kategorie katapultiert: 15% vom verkauften Exemplar. Für ›Versunkene Tage‹ waren es dann freilich nur noch 13%. Über Feuchtwangers Honorare wissen wir nur, was er Zweig brieflich mitgeteilt hat, damit der bei Verhandlungen einen Anhaltspunkt habe. Demnach hat Querido für ›Die Söhne‹ (1935) 15% gezahlt, doch schon im Jahr darauf auf eine Reduzierung gedrungen: 13% hatte Landshoff für den ›Falschen Nero‹ geboten, 13½ hat Feuchtwanger als Minimum haben wollen. Beim Reisebericht ›Moskau 1937‹ hat Feuchtwanger 12%

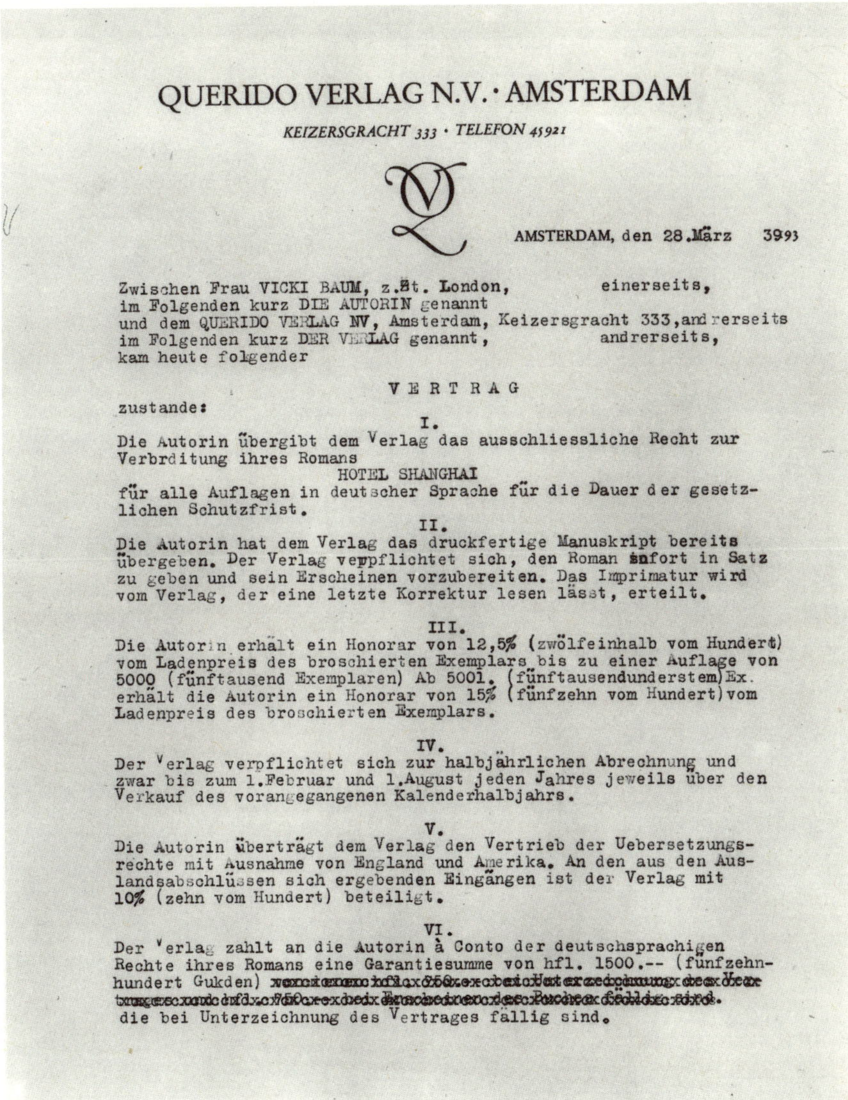

QUERIDO VERLAG N.V. · AMSTERDAM

KEIZERSGRACHT 333 · TELEFON 45921

AMSTERDAM, den 28.März 3993

Zwischen Frau VICKI BAUM, z.Zt. London, einerseits,
im Folgenden kurz DIE AUTORIN genannt
und dem QUERIDO VERLAG NV, Amsterdam, Keizersgracht 333, andrerseits
im Folgenden kurz DER VERLAG genannt, andrerseits,
kam heute folgender

V E R T R A G

zustande:

I.

Die Autorin übergibt dem Verlag das ausschliessliche Recht zur Verbrditung ihres Romans

HOTEL SHANGHAI

für alle Auflagen in deutscher Sprache für die Dauer der gesetzlichen Schutzfrist.

II.

Die Autorin hat dem Verlag das druckfertige Manuskript bereits übergeben. Der Verlag verpflichtet sich, den Roman sofort in Satz zu geben und sein Erscheinen vorzubereiten. Das Imprimatur wird vom Verlag, der eine letzte Korrektur lesen lässt, erteilt.

III.

Die Autorin erhält ein Honorar von 12,5% (zwölfeinhalb vom Hundert) vom Ladenpreis des broschierten Exemplars bis zu einer Auflage von 5000 (fünftausend Exemplaren) Ab 5001. (fünftausendunderstem)Ex. erhält die Autorin ein Honorar von 15% (fünfzehn vom Hundert) vom Ladenpreis des broschierten Exemplars.

IV.

Der Verlag verpflichtet sich zur halbjährlichen Abrechnung und zwar bis zum 1.Februar und 1.August jeden Jahres jeweils über den Verkauf des vorangegangenen Kalenderhalbjahrs.

V.

Die Autorin überträgt dem Verlag den Vertrieb der Uebersetzungsrechte mit Ausnahme von England und Amerika. An den aus den Auslandsabschlüssen sich ergebenden Eingängen ist der Verlag mit 10% (zehn vom Hundert) beteiligt.

VI.

Der Verlag zahlt an die Autorin à Conto der deutschsprachigen Rechte ihres Romans eine Garantiesumme von hfl. 1500.-- (fünfzehnhundert Gukden) ~~von denen hfl. 750.-- bei Unterzeichnung des Vertrages und hfl. 750.-- bei Erscheinen des Buches fällig sind.~~
die bei Unterzeichnung des Vertrages fällig sind.

88/89 (Vicki Baum-Archiv, Akademie der Künste, Berlin)

QUERIDO VERLAG N.V. · AMSTERDAM

KEIZERSGRACHT 333 · TELEFON 45921

AMSTERDAM, den 28.März 1939

Blatt -2- Vertrag mit Frau VICKI BAUM

VII.

Der Autorin stehen pro Tausend zehn Freiexemplare zur Verfügung.

VIII.

Die Autorin verpflichtet sich, ihren nächsten Roman dem QUERIDO Verlag zuerst anzubieten. Der Verlag ist verpflichtet, innerhalb von vierzehn Tagen seine Entscheidung zu treffen.

IX.

Bei Streitigkeiten aus diesem Vertrage unterwerfen sich beide Parteien einem in Amsterdam tagenden Schiedsgericht von drei Personen. Jede Partei bestellt einen Vertrauensmann. Beide Vertrauensleute haben sich über die Wahl eines Dritten zu einigen. Ist innerhalb eines Monats, nachdem eine der beiden Parteien den Streit verkündet hat, das Schiedsgericht noch nicht zusammengetreten, ist das ordentliche Gericht in Amsterdam zuständig.

X.

Dieser Vertrag ist von beiden Parteien gelesen, genehmigt und auch für ihre Rechtsnachfolger verbindlich unterzeichnet worden.

Amsterdam, den 28.März 1939

QUERIDO VERLAG NV

Landshoff

verlangt und Landshoff 10 angeboten – Indiz für die schlechte Marktlage und mehr noch dafür, daß Landshoff für dies problematische Buch – Verherrlichung Stalins, Rechtfertigung der Moskauer Prozesse usw. – nur sehr geringe Chancen sah.

Wie bei Heinrich Mann war in Vicki Baums Verträgen eine nach der Auflage gestaffelte Honorierung vorgesehen. Für die bis 1936 erschienenen Titel wurden bis zum 5. Tausend 12,5, bis zum 10. 15 und ab dem 10 001. Exemplar 17,5% bezahlt. Ab 1937 ist die letzte Kategorie weggefallen – ein weiteres Mal, daß die Autorin dem Verlag unter die Arme gegriffen hat. Nun hatte die Staffelung bei Vicki Baum bekanntlich eine reale Grundlage, während sie bei Heinrich Mann bedeutungslos blieb: der erste Henri-Roman dürfte nie auch nur in die Nähe der höheren Tantieme vorgerückt sein. Anders als bei Heinrich Eduard Jacob, hatte man das aber nicht vorhersehen können, und wenn Landshoff diesem recht eitlen Manne ebenfalls ab dem 3001. Exemplar 15% bewilligte, dann war das ein Zugeständnis, das nicht einen Cent kostete.

Die übrigen Verträge kennen solch ein Splitting nicht. Bernard von Brentano und Gustav Regler wurden mit 12,5% honoriert, der auflagenträchtige Wilhelm Speyer mit 15. Diesen Satz hat Klaus Mann mindestens einmal durchgesetzt, bei ›Symphonie Pathétique‹, bei ›Vergittertes Fenster‹ waren es dann aber nur hfl. 0,125 oder 7,8% pro Band (für Manns andere Bücher fehlen die Unterlagen). Bei dieser sehr niedrigen Offerte ist Landshoff anscheinend nicht ganz wohl gewesen, und so hat er beschwichtigend hinzugefügt, Ernst Glaeser habe für den (ähnlich schmalen) Erzählungsband ›Das Unvergängliche‹ (1936) auch nicht mehr bekommen.

Bei den ausgezahlten Garantiesummen liegt Heinrich Mann an der Spitze. Für den ›Haß‹ hat er 15 000 ffrs. (= hfl. 1500), für den ersten Henri-Roman hfl. 3500 und für den zweiten hfl. 3600 erhalten, insgesamt für drei Bücher also 8600 Gulden. Arnold Zweig rangiert zwar der Summe nach – 9300 Gulden – vor ihm, doch setzt sich der Betrag aus Vorschüssen für sechs Bücher zusammen. Während bei Mann die Garantie für den zweiten Henri-Roman leicht über der für ›Jugend‹ lag, ist bei Zweig ab Mitte der dreißiger Jahre ein kontinuierliches und zuletzt drastisches Absinken zu beobachten. Für ›Spielzeug‹ hatte Landshoff 1200 Gulden ohnehin nur bewilligt, weil er das Buch von de Lange loseisen wollte. Der zweite Vertrag – Garantie hfl. 3150 – galt für ›Bilanz der deutschen Judenheit‹ und ›Erziehung‹, zudem war die Übernahme der Kiepenheuerbestände in der Summe berücksichtigt. Für ›Einsetzung‹ sind nur noch 1800 Gulden garantiert worden, und ein letzter Vorschuß in gleicher Höhe wurde 1938 für zwei Bücher nach Haifa überwiesen: für ›Versunkene Tage‹ und für das sog. Palästina-Buch, das Zweig nicht mehr abgeliefert hat.

Deutlich kleinere Vorschüsse auch bei Vicki Baum und Wilhelm Speyer. Baum hat zunächst 2000, ab 1937 dann nur noch 1500 Gulden erhalten, und bei Speyer ist

Vom Opernball in Berlin.
Am Tisch im Vordergrund: (Von links aus) die Schriftstellerin Vicki Baum; die Opernsängerin Barbara Kemp; der Pianist Prof. Edwin Fischer; Herr Lert, der Gatte von Vicki Baum. (Phot. Dr. Erich Salomon.)

90 Nach einer Illustrierten vor 1933 (DLA)

der Rückgang noch dramatischer: von 2100 auf 1500 auf 1116 Gulden. Mit Nennung dieser Zahlen liegen die vierstelligen Garantiesummen hinter uns. Heinrich Eduard Jacob hat die 660 Gulden für den ›Grinzinger Taugenichts‹ einem halb faszinierenden, halb abstoßenden Ritual des Feilschens verdankt, das Landshoff nicht ohne Amüsement über sich hat ergehen lassen. Als es dann um die Johann-Strauß-Biographie ging, hat er das Spiel aber schon gekannt und nur mehr noch 1200 österr. Schillinge (ca. 500 Gulden) gezahlt. Bei Regler waren es sowohl 1933 für den ›Verlorenen Sohn‹ als auch 1935 für ›Die Saat‹ 600 Gulden, und Bernard von Brentano hat 1937 für ›Prozeß ohne Richter‹ 300, 1938 für ›Die ewigen Gefühle‹ 350 Gulden erhalten: von allen bekannten Vorschüssen die niedrigsten.

Bei einigen Verträgen hat Landshoff auf eine Option Wert gelegt, eine Klausel, die den Autor verpflichtete, sein nächstes Buch zuerst ihm anzubieten. Es bedarf keiner

Erklärung, weshalb sie sich in Vicki Baums Verträgen findet, und bei Zweig und Speyer leuchtet sie ebenfalls ein: Die Fortsetzungsbände von Romanzyklen sollten im Verlag bleiben. Bei Regler aber? Wenn man dem noch weithin Unbekannten schon finanziell nicht viel zu bieten hatte, sollte er sich wenigstens im Verlag zuhause fühlen. Dies und nichts anderes, denn Döblins so schwer zu verkaufende Bücher sind ja auch allesamt bei Querido erschienen, obwohl in seinen Verträgen die Optionsklausel fehlte.

Auch hier der obligate Vergleich mit Allert de Lange: laut Kerstin Sorgatz bewegten sich die Honorarsätze dort zwischen 10 und 17,5% und erreichten bei Spitzenauflagen 20%. Die Garantie soll zwischen hfl. 300 und 5000 geschwankt haben. Beide Angaben hätten gewonnen, wenn sie konkreter gefaßt worden wären. Wir erfahren nicht einmal, ob die Honorare auf dem effektiven Ladenpreis oder auf der Broschur basieren, ebensowenig wird mitgeteilt, wie oft der Spitzenvorschuß gewährt wurde und wer in seinen Genuß kam. Außer Brecht, der 1933 für den ›Dreigroschenroman‹ 8000 Mark (ca. hfl. 4800) erhalten hat, dürfte so splendide nur ein Autor behandelt worden sein: der mit Gérard de Lange durch beider gemeinsame Passion eng verbundene Joseph Roth. Es sind wohl diese raren Ausnahmen, die Sorgatz zu dem Schluß verleitet haben, de Lange rechne »im Durchschnitt zu den bestzahlenden Verlagen des Exils«. In Wirklichkeit hat der Querido-Konkurrent in zwei verschieden motivierten Ausnahmefällen exorbitant viel, im Allgemeinen aber so gut oder schlecht gezahlt wie andere Verlage, und mit Newcomern ist er bisweilen geradezu gnadenlos umgesprungen. Für Friedrich Walters Kassandra-Roman betrug die Garantie hfl. 150, und diese Summe wird so recht plastisch, wenn man sich vergegenwärtigt, daß der von Gérard de Lange protegierte Joseph Roth am 1. Januar 1936 mit nicht weniger als 13625 Gulden »im Vorschuß« gewesen ist.[39]

Bei Vicki Baum hat sich natürlich niemand den Kopf zerbrechen müssen, ob Querido die Vorschüsse in Gestalt des Verkaufserlöses wieder hereinbekommen würde, und im Falle von ›Symphonie Pathétique‹ ist sogar das Vorschußkonto von Klaus Mann ausgeglichen worden. Den Verlagsanteil für eine Übersetzung eingerechnet, hat Reglers ›Saat‹ im ersten Halbjahr 1936 knapp 250 Gulden eingebracht, 5/12 des Vorschusses, und es ist nicht anzunehmen, daß das Konto durch den Teilverkauf an Universum glattgestellt wurde. Der Vorschuß für Heinrich Manns ersten Henri-Roman wurde, ausweislich der einzigen erhaltengebliebenen Abrechnung, nur etwa zur Hälfte abgedeckt. Wie mag erst der Saldo für den zweiten Band ausgesehen haben, erschienen, als wichtige Absatzgebiete schon weggefallen waren? Ich schätze, daß auf Heinrich Manns Honorarkonto bei Kriegsbeginn ca. hfl. 4000 offenstanden. Die letzten Abrechnungen zeigen ja, daß sogar der gut verkäufliche Arnold Zweig mit weit mehr als 2200 Gulden im Debet war: überstiegen die Rücksendungen die Ver-

23.April 1935.

INTEGRIERENDE

ERGAENZUNGEN UND ERLAEUTERUNGEN ZUM

VERLAGSVERTRAG QUERIDO-JACOB VOM 19.APRIL 1935.

Zu II

wird Weihnachten als Erscheinungstermin festgesetzt.Der Autor hatte sich ursprünglich am 5.April 1935 verpflichtet, das Manuskript des"Bernadotte" im Oktober 1935 abzuschliessen, während der Verlagsvertrag den 1.September 1935 vorsieht. Beide Kontrahenten, der Autor sowohl wie der Verleger, haben den dringenden Wunsch und sehen die unerlässliche Notwendigkeit ein, das Buch auf den Weihnachtsmarkt zu bringen. Sie verpflichten sich gegenseitig, dies unter gar keinen Umständen zu verunmöglichen. Da zur Herstellung eines 3ooseitigen Werkes (bis zur Herausgabe an das Sortiment) eine Frist von 6-7 Wochen zu rechnen ist, ergibt sich also, dass das Werk, um am 1.Dezember auf dem Weihnachtsmarkt zu gelangen,am 1. Oktober in der Hand des Verlages sein muss.

Zu III

Es fehlt der Ladenpreis des broschierten Exemplars. Ich unterstelle, dass ein Buch, das in seiner Ausführung etwa dem Buche von MARCU, DIE VERTREIBUNG DER JUDEN AUS SPANIEN, gleicht, auch im Ladenpreis nicht anders gehalten werden kann. Dass also der Preis des Bernadotte broschiert 2.- holl.Gulden betragen wird. Da Sie mir nun für die ersten 3ooo Exemplare eine Tantieme von 12 1/2 % zahlen, beträgt diese Tantieme, zusammengerechnet, 75o.- holl.Gulden. Daraus geht hervor, dass Sie mir für die im § IV erwähnten Uebersetzungs-und sonstigen Rechte eine Anzahlung von 15o.- holl.Gulden (d.s. einhundertfünfzig holl.Gulden) machen, (da die gesamte Garantiesumme, die Sie mir überweisen 9oo.- holl.Gulden beträgt).

Zu IV

wird festgesetzt,dass Anzahlungen, die der Querido-Verlag beim Verkauf von Uebersetzungsrechten von ausländischen Verlegern erhält,unverzüglich nach dem hier festgesetzten Schlüssel (75 % der Autor, 25 % der Querido-Verlag) zur Ueberweisung gelangen. Lediglich der Umsatz der fremdsprachigen Exemplare wird genau so wie der Umsatz der deutschsprachigen Exemplare zu den in Punkt VI festgesetzten ~~Abrechnungs~~Terminen abgerechnet.

Zu VII

Der Autor erhält bei Erscheinen des Werkes die für die Gesamtauflage von 3ooo Exemplaren ihm zustehenden Freiexemplare : also dreissig.

91 Nach Vertragsabschluß von H.E. Jacob aufgestellte Zusatzforderungen. Die Bernadotte-Biographie wurde nie vollendet (DLA)

käufe, so beließ es die Buchhaltung beim letzten Kontostand. Der Autor würde ohnehin nichts zurückzahlen, warum sich da die Mühe machen und, auf Gulden und Cent genau, sein Konto mit den Remittenden belasten? Und von ihnen verzeichnete die letzte Aufstellung (Oktober 1939) etwa 500 von allen Titeln, bereits honoriert, wie sich versteht, und somit der obgenannten Summe zuzuschlagen.

Die Autoren sind freilich kaum je auf die Idee gekommen, ihre Konten auch einmal aus der Verlagsperspektive zu betrachten, und dies nicht bloß, weil sie in kaufmännischem Denken ungeübt waren. Vielmehr haben sie den Verleger mit einem Mäzen verwechselt und ihn insgeheim für einen Halsabschneider gehalten, wenn er ihren Forderungen nicht willfahrte. Oft geht das weit über den ›naturwüchsigen‹ Gegensatz zwischen den beiden ungleichen Partnern hinaus, denn dies Verhalten ignoriert, daß mit Anbruch des Exils der ökonomische Abstand zwischen ihnen sich nicht unerheblich verringert hatte. Nun bringt es nicht weiter, über die Realitätsblindheit mancher Schriftsteller sich zu mokieren. Besser, man fragt, woraus sie resultiert. Eben aus dem umstürzenden Faktum, welches sie zu übersehen sich oft krampfhaft bemüht haben.

Wir haben gehört, daß Heinrich Mann für die werweißwievielte Nachauflage eines vor 20 Jahren geschriebenen Romans 4000 Mark erlöst hatte – und jetzt sollte ihm ein brandneues Buch nur 5600 Mark bringen? Zweig hatte bis März 1933 von Kiepenheuer 1500 Mark Monatsrente bezogen und in der sicheren Erwartung gelebt, daß sie nach Abflauen der Wirtschaftskrise wieder auf die alte Höhe von 2500 Mark klettern würde; nun waren daraus 560 Mark monatlich geworden, garantiert für nur ein Jahr, binnen welcher Frist zwei Bücher abzuliefern waren. Noch tiefer der Einbruch bei dem Unterhaltungsschriftsteller Wilhelm Speyer. Der ertragreichste seiner Querido-Verträge stellte ihm für den ›Hof der schönen Mädchen‹ hfl. 2100 (ca. 3360 Mark) sicher. Bei Ullstein hatte er 1929 für einen Roman 30000 Mark bekommen, 20000 für den Vorabdruck in der ›Berliner Illustrirten‹, 10000 für das Buch, und als er 1931, mitten in der Wirtschaftskrise, zu Rowohlt übergewechselt war, hatte er eine Monatsrente von 2000 Mark ausgehandelt, zahlbar für vorerst zwei Jahre.

Kurz, das Exil ist gerade von denen als umwälzende Veränderung besonders stark erfahren worden, die keine Not gekannt hatten – erfahren, aber nicht seelisch verarbeitet. Es war zuviel gewesen, es war zu unerwartet gekommen, und die mit Unsicherheit gepaarte soziale Deklassierung wurde zu einem psychischen Problem erster Ordnung. Mehr noch als auf die Bedrohung der materiellen Existenz, haben sie auf die des Selbstwertgefühls mit einem Nichtwahrhabenwollen reagiert und sich zäh an den Status geklammert, den sie daheim innegehabt hatten. Kein Zufall, daß Thomas

Mann im Exil stets Villen bewohnt hat, möglichst ähnlich der, die er in München sein eigen genannt hatte, Villen, bezogen oft wider die ökonomische Vernunft. Er ›war sich das schuldig‹, genau wie es Feuchtwanger sich schuldig war, die Bibliothek neu zusammenzutragen, die ihm in Berlin geraubt worden war. Just so hat Zweig, im puritanischen Pionierland Palästina, am geheiligten Zeremoniell der tea time festgehalten – und allerdings auch an der Forderung nach 17,5% Tantieme, hartnäckig und unbeeindruckt von der so gründlich veränderten Realität. In Berlin hatte er sie schließlich gehabt, und war nicht Landshoff noch immer sein Verleger? Natürlich ist derlei nicht gesagt, es ist wohl nicht einmal gedacht worden; aber als Reaktion auf den Vertreibungsschock hat es das Handeln bestimmt.

Bei Autorenbriefen, die auf den ersten Blick wie pure Unvernunft wirken, wird man das generell in Rechnung stellen müssen, – Landshoff jedenfalls, der dieses Gefühl ja auch kannte (und seine Pappenheimer obendrein), hat es getan. Mit welcher Geduld nicht ist er auf ihre großen Sorgen und kleinen Wehwehchen eingegangen! Er hat sie getröstet und ermutigt, hat sie beraten und ist ihnen oft weiter entgegengekommen, als er es im Interesse des Verlags – und damit in dem der Autoren! – gedurft hätte. So hat er mit allerlei Verrechnungskunststücken Heinrich Manns Honorarwünsche für den zweiten Henri-Band erfüllt – 2500 Gulden Garantie hatte er angeboten, »3600« hatte Heinrich Mann markig daneben geschrieben. Nun, man würde eben Übersetzungseinnahmen auf die Garantie verrechnen; unerörtert blieb, ob sie in dieser Höhe eingehen würden. Selbst ein Paragraph, der Mann vor einer Guldenabwertung sicherte, ist schließlich in den Vertrag aufgenommen worden; zuerst hatte sich Landshoff diesem Verlangen verweigert. Kategorisch beim Nein blieb er nur, als Mann auch noch den Ladenpreis festzulegen suchte. Ganz niedrig. Um dem Verkauf aufzuhelfen, wie er in aller Unschuld wohl meinte...

Von Landshoffs Briefen an Heinrich Mann sind nicht viele erhalten. Um so dichter ist der Briefwechsel mit Arnold Zweig. Wenn Hermsdorf von Landshoffs Briefen sagt, ab 1934 hätten sie den »Dauerton gedämpfter Klagelieder«, so muß er glatt die Briefschreiber verwechselt haben. Zweig war es, der sich in wenig variierten Jeremiaden erging, meist gekoppelt mit Ansprüchen und Forderungen. War es einmal der Nachdruck eines alten Buches, der die Kasse füllen sollte, so ein andermal die raschestmögliche Edition eines neuen Dramas (das noch gar nicht fertig war und auch nach Jahren noch nicht druckreif sein sollte). Es hat schon diplomatischer Fähigkeiten bedurft, den empfindlichen Autor von seinen Wunschträumen sachte weg- und aufs Nächstliegende hinzulenken, etwa auf den längst verstrichenen Ablieferungstermin für den nächsten Roman. Und es hat Charakterstärke gebraucht, die Blößen nicht zu nutzen, die der ebenso spontane wie vertrauensselige Briefschreiber in Haifa sich immer wieder gab.

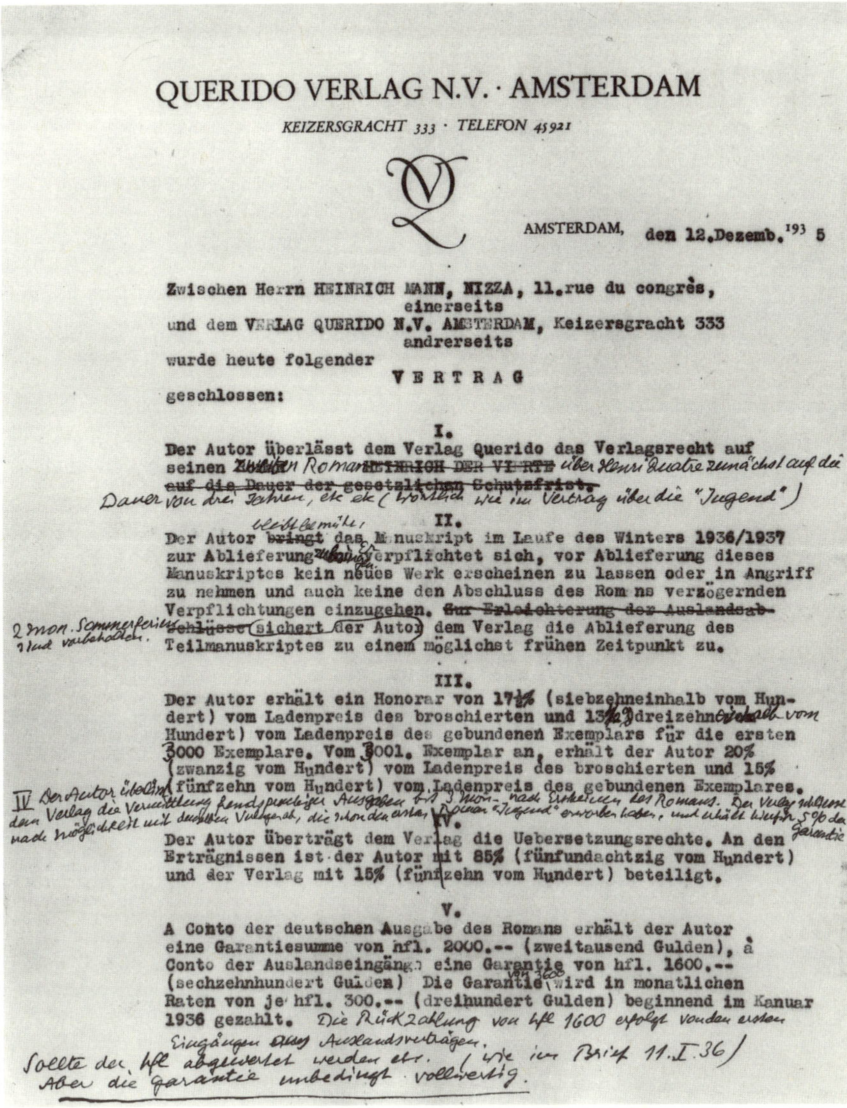

QUERIDO VERLAG N.V. · AMSTERDAM

KEIZERSGRACHT 333 · TELEFON 45921

AMSTERDAM, den 12.Dezemb.1935

Zwischen Herrn HEINRICH MANN, NIZZA, 11.rue du congrès,
einerseits
und dem VERLAG QUERIDO N.V. AMSTERDAM, Keizersgracht 333
andrerseits
wurde heute folgender
VERTRAG
geschlossen:

I.

Der Autor überlässt dem Verlag Querido das Verlagsrecht auf seinen ~~zweiten~~ Roman ~~HEINRICH DER VIERTE~~ über Henri Quatre zunächst auf die ~~auf die Dauer der gesetzlichen Schutzfrist.~~ Dauer von drei Jahren, etc etc (wörtlich wie im Vertrag über die "Jugend")

II.

Der Autor ~~bringt~~ bleibt bemüht, das Manuskript im Laufe des Winters 1936/1937 zur Ablieferung zu bringen, verpflichtet sich, vor Ablieferung dieses Manuskriptes kein neues Werk erscheinen zu lassen oder in Angriff zu nehmen und auch keine den Abschluss des Romans verzögernden Verpflichtungen einzugehen. ~~Zur Erleichterung der Auslandsabschlüsse~~ (sichert der Autor) dem Verlag die Ablieferung des Teilmanuskriptes zu einem möglichst frühen Zeitpunkt zu.

2 mon. Sommerferien sind vorbehalten.

III.

Der Autor erhält ein Honorar von 17½% (siebzehneinhalb vom Hundert) vom Ladenpreis des broschierten und 13½% (dreizehneinhalb vom Hundert) vom Ladenpreis des gebundenen Exemplars für die ersten 3000 Exemplare. Vom 3001. Exemplar an, erhält der Autor 20% (zwanzig vom Hundert) vom Ladenpreis des broschierten und 15% (fünfzehn vom Hundert) vom Ladenpreis des gebundenen Exemplares.

IV Der Autor überlässt dem Verlag die Vermittlung fremdsprachiger Ausgaben bis 3 Mon. nach Erscheinen des Romans. Der Verlag schliesst nach Möglichkeit mit denselben Verlegern ab, die schon den ersten Roman „Jugend" erworben haben, und erhält weiter 5% der Garantie

IV.

Der Autor überträgt dem Verlag die Uebersetzungsrechte. An den Erträgnissen ist der Autor mit 85% (fünfundachtzig vom Hundert) und der Verlag mit 15% (fünfzehn vom Hundert) beteiligt.

V.

A Conto der deutschen Ausgabe des Romans erhält der Autor eine Garantiesumme von hfl. 2000.-- (zweitausend Gulden), à Conto der Auslandseingänge eine Garantie von hfl. 1600.-- (sechzehnhundert Gulden) Die Garantie von 3600 wird in monatlichen Raten von je hfl. 300.-- (dreihundert Gulden) beginnend im Januar 1936 gezahlt. Die Rückzahlung von hfl 1600 erfolgt von den ersten Eingängen aus Auslandsverträgen.

Sollte der hfl abgewertet werden etc. (wie im Brief 11.I.36) Aber die Garantie unbedingt vollwertig.

92/93 Querido-Vertragsentwurf mit handschriftlichen Änderungswünschen von Heinrich Mann (HMA)

QUERIDO VERLAG N.V. · AMSTERDAM

KEIZERSGRACHT 333 · TELEFON 45921

Blatt -2-
Vertrag Mit Herrn Heinrich Mann AMSTERDAM, den 12. Dezember 1935

VI
(unten)

VII.

Der Autor behält sich die Abdrucksrechte seines Romans vor; er verpflichtet sich jedoch einen, das Erscheinen des Romans verzögernden Vorabdruck nur in Uebereinstimmung mit dem Verlag abzuschliessen.

VIII.

Der Verlag verpflichtet sich zur vierteljährlichen Abrechnung und zwar jeweils am 1. Februar, 1. Mai, 1. August und 1. November über den Absatz des vorangegangenen Quartals. Gleichzeitig mit der Abrechnung erfolgt eine etwa fällige Auszahlung.

IX
~~VIII.~~

Der Autor erhält pro Tausend fünfzehn Freiexemplare.

IX.

Bei Streitigkeiten aus diesem Vertrage unterwerfen sich beide Parteien einem in Amsterdam tagenden Schiedsgericht von drei Personen. Jede Partei bestellt einen Vertrauensmann. Beide Vertrauensleute haben sich über die Wahl eines Dritten zu einigen. Ist innerhalb eines Monats, nachdem einer der beiden Parteien den Streit verkündet hat, das Schiedsgericht noch nicht zusammengetreten, ist das ordentliche Gericht in Amsterdam zuständig.

X.

Dieser Vertrag ist von beiden Parteien gelesen, genehmigt und auch für ihre Rechtsnachfolger verbindlich unterzeichnet worden.

Querido Verlag N.V.

[illegible]

VI

Der Ladenpreis des zweiten Romans über Henri IV wird auf brosch. hfl 2.90, geb. hfl 3,90 festgesetzt. Der Autor verpflichtet sich, einen Umfang des Buches von ... Druckseiten nicht zu überschreiten. Sollte dieser Umfang dennoch überschritten werden, erhöht sich der Ladenpreis nach Massgabe von hfl. ?. 100 Seiten. Hierbei sind dasselbe Format und derselbe Satz angenommen wie bei „Die Jugend des Kgs Henri IV".

2.75. 3.25

bei 500 Seiten

X

94 Ernst Weiß, um 1929. Aus dem S. Fischer gewidmeten Album (DLA)

95 Wilhelm Speyer. Photo Li Osborne, nach einem Zeitungsausschnitt (DLA)

Da hatte er Ende September 1935 berichtet, daß ihm das laufende Jahr eine aus der Rücklage aufzufüllende »Unterbilanz« von ca. 230 Pfund (2800 Mark) beschert habe, und ein Vierteljahr später folgte die Klage, Palästina sei ein »schamlos teures Land« geworden. Zwischendurch hatte Zweig aber auch vermeldet, jüdische Arbeiter könnten sich keine Bücher kaufen, da sie nur 5 – 6 Pfund im Monat verdienten. Das regte zum Nachdenken gleich über dreierlei an: über den seelischen Druck, der Zweig zu einem seinen Einkünften offenkundig unangemessenen Lebensstandard zwang; über seine und seiner Frau Befähigung, mit Geld umzugehen; last but not least auch über die Höhe seiner Ersparnisse. Was aber bei dieser Gelegenheit das schamlos teure Palästina, das waren bei einer anderen familiäre Belastungen und bei einer dritten ein Übersetzungsvertrag, bei dem Landshoff »Anfängerbedingungen« akzeptiert haben sollte. Dem indes waren bei solch mitleidheischenden Klagen und zornigen Monita stets die Übersetzungseinkünfte Zweigs gegenwärtig – aus den USA vierstellige Dollarbeträge auch ohne den Book of the Month Club –, und so hat er zwar nicht repliziert, wie er es gekonnt hätte, aber er ist harthöriger geworden, wenn es um Querido-Geld ging. Nicht nur im Verlagsinteresse, auch, um für andere »eine wenigstens halbwegs offene Hand« haben zu können. Für Döblin etwa, dessen familiäre Belastung um so viel größer war, wie seine Tantiemen hinter den Zweigschen zurückblieben. Döblin hätte erheblich mehr Grund zu Klagen gehabt, und es mag sein, daß auch er seinem Verleger hin und wieder bittere Briefe geschrieben hat. Allzu wahrscheinlich ist das freilich nicht, und nach außen vollends, etwa Brecht gegenüber, hat er aus der Misere eine Satire gemacht:

»[…] was sagt nun der Verleger? Das ist ja jetzt die allerdringlichste Frage. Meiner, wenigstens mein Buch betreffend, schüttelt sämtliche ihm zur Verfügung stehenden Köpfe; er hofft jetzt (der eitle Träumer) auf mein neues kleines Buch (›Pardon wird nicht gegeben‹), das sicher (sicher!) reussieren wird, es geht nichts über die religiöse Überzeugung bei Geldgebern (wir müssen den Verlegern die Religion bewahren). Jedenfalls hat er schon erheblich weniger vorausbezahlt als das erste Mal, und geht es so weiter, so wird ihn die Depression übermannen und er wird mich anpumpen.«[40]

Krise im Verlag Eineinhalb Jahre nur gingen ins Land, und Döblins Scherz war zur Prognose geworden. Landshoff suchte verzweifelt einen Finanzier. Einem am 6.11. 1936 geschriebenen Brief an Klaus Mann lag ein vertrauliches Separatum bei, das der Adressat sofort nach der Lektüre vernichten sollte. Es informierte ihn darüber, daß die seit geraumer Zeit im Verlag bestehenden Spannungen ins Stadium des offenen Konflikts getreten waren: »Queridos sind entschlossen – wobei es gleichgültig ist, ob sie nicht mehr können oder ob sie nicht mehr wollen –, nach den sehr erheblichen Investitionen, die sie in den ersten Jahren gehabt haben, keinen Cent neues Geld in den Verlag hineinzustecken und in Zukunft die Produktion so einzustellen, daß nur in dem gleichen Umfange Geld ausgegeben wird, wie Geld einkommt. Bis zur Abschlußbilanz des laufenden Jahres, die in der ersten Hälfte des Februar [1937] vorliegen wird, werden überhaupt keine neuen Verträge gemacht [...]. Damit, daß 1937 in erheblichem Umfang neue Verträge, insbesondere Vorschußverträge geschlossen werden, wie sie naturgemäß gemacht werden müßten, um den Autoren die Möglichkeit zur Arbeit zu geben, ist, wenn überhaupt, nur in bescheidenstem Umfang zu rechnen. *Darüber hinaus hat sich erwiesen, daß Qu.s durchaus bereit sind, den deutschen Verlag abzustoßen.* Mir scheint das noch das relativ Günstigste an der Situation.«

Bald darauf erfuhr Klaus Mann, daß es Querido, wie immer es um seine Verkaufspläne stand, zumindest mit den Einsparungen bitter ernst war: Werner Cahn war zum 1. 1. 1937 gekündigt worden (»Armer Mensch. Muß jetzt Konserven in Privathäusern verkaufen.«). Lassen wir Landshoffs Überlegungen beiseite, wie der Verlag – mit oder ohne Querido – weiterzuführen und die dazu notwendigen ca. $60000 zu beschaffen seien – fragen wir nach den Ursachen der Krise, wirtschaftlichen wie anderen.

In den Vorjahren hatte Landshoff die Produktion kräftig ausgeweitet. 1933 waren 8 Titel erschienen, 1934 13 und 1935 26. Damit war der Scheitelpunkt aber auch schon erreicht. 1936 gab es nur noch 21 neue Bücher, und es braucht keine besonderen Gaben, um den Rückgang mit den von der ›Sammlung‹ verursachten Verlusten in Zusammenhang zu bringen. Floriert hatte die Zeitschrift nie. Von den 3000 Heften der Druckauflage waren nach Landshoffs Erinnerung anfangs etwa 2000 abgesetzt worden, aber kaum für lange. Die Verkaufsauflage ging eher sprunghaft als kontinuierlich zurück. Zuletzt soll es weltweit noch 400 Abonnenten gegeben haben. Klaus Mann hat Feuchtwanger im Sommer 1935 geschrieben, der Verlag habe sich an der ›Sammlung‹ »seit längerem desinteressiert«: »Landshoff und ich waren es, die unter allen Umständen durchhalten wollten. Ich habe seit Monaten meine Arbeit [...] ohne jede Bezahlung getan. Landshoff seinerseits hat seit langer Zeit einen erheblichen Teil seiner Einnahmen [...] für ein Defizit geopfert, das immer beträchtlicher wurde und für das der Verlag nicht mehr aufkommen wollte.«

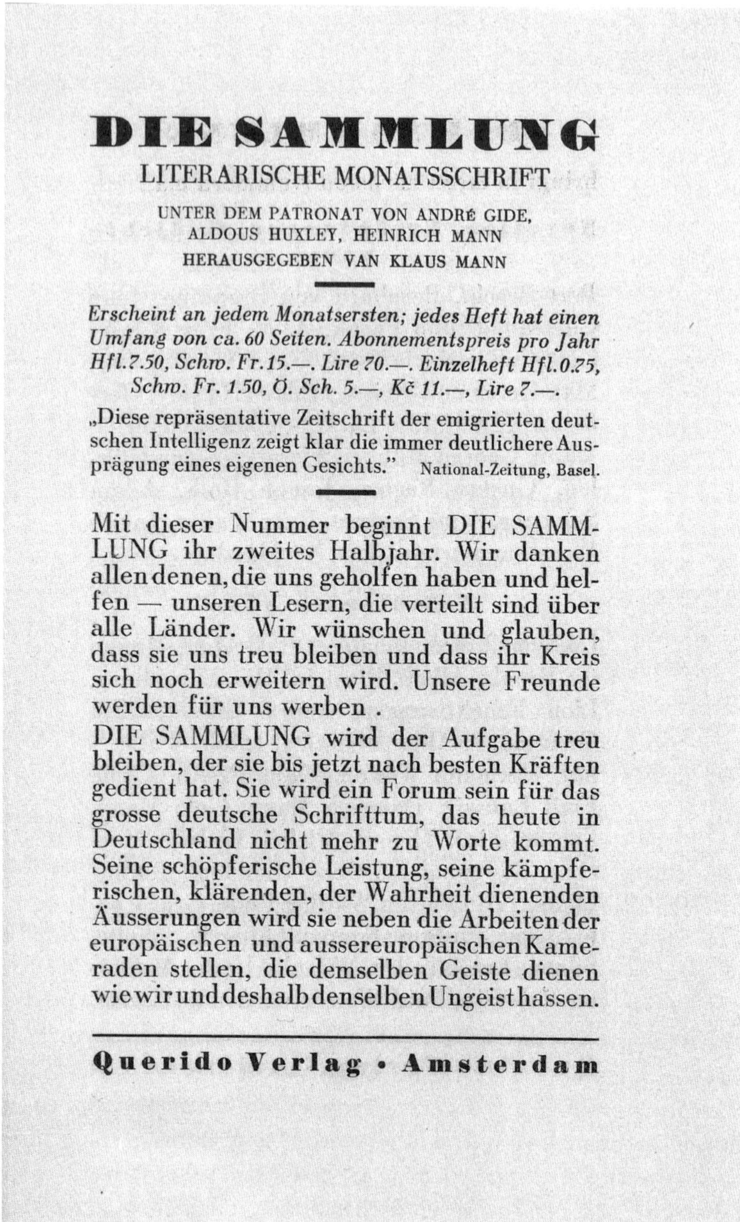

DIE SAMMLUNG

LITERARISCHE MONATSSCHRIFT

UNTER DEM PATRONAT VON ANDRÉ GIDE, ALDOUS HUXLEY, HEINRICH MANN

HERAUSGEGEBEN VAN KLAUS MANN

Erscheint an jedem Monatsersten; jedes Heft hat einen Umfang von ca. 60 Seiten. Abonnementspreis pro Jahr Hfl. 7.50, Schw. Fr. 15.—. Lire 70.—. Einzelheft Hfl. 0.75, Schw. Fr. 1.50, Ö. Sch. 5.—, Kč 11.—, Lire 7.—.

„Diese repräsentative Zeitschrift der emigrierten deutschen Intelligenz zeigt klar die immer deutlichere Ausprägung eines eigenen Gesichts." National-Zeitung, Basel.

Mit dieser Nummer beginnt DIE SAMMLUNG ihr zweites Halbjahr. Wir danken allen denen, die uns geholfen haben und helfen — unseren Lesern, die verteilt sind über alle Länder. Wir wünschen und glauben, dass sie uns treu bleiben und dass ihr Kreis sich noch erweitern wird. Unsere Freunde werden für uns werben .

DIE SAMMLUNG wird der Aufgabe treu bleiben, der sie bis jetzt nach besten Kräften gedient hat. Sie wird ein Forum sein für das grosse deutsche Schrifttum, das heute in Deutschland nicht mehr zu Worte kommt. Seine schöpferische Leistung, seine kämpferischen, klärenden, der Wahrheit dienenden Äusserungen wird sie neben die Arbeiten der europäischen und aussereuropäischen Kameraden stellen, die demselben Geiste dienen wie wir und deshalb denselben Ungeist hassen.

Querido Verlag • Amsterdam

96–99 Prospekt der Werbekampagne für die ›Sammlung‹, 1934 (DLA)

DIE SAMMLUNG

bringt in ihren nächsten Nummern u.a.:

Novellen, Erzählungen, Gedichte von:

Bert Brecht, Bernhard von Brentano, Jean Cocteau, Bruno Frank, A. M. Frey, Claire Goll, Oskar Maria Graf, Ernest Hemingway, Max Herrmann-Neisse, Aldous Huxley, Hermann Kesten, Else Lasker-Schüler, Heinrich Mann, George Milburn, Hermynia Zur Mühlen, Gustav Regler, Joseph Roth, Adam Scharrer, Anna Seghers, Fritz Walter, Jakob Wassermann (aus dem Nachlass).

Aufsätze u.a. von:

Ludwig Bauer, Johannes R. Becher, Menno ter Braak, Albert Einstein, Ilja Ehrenburg, Lion Feuchtwanger, André Gide, Stefan Grossmann, Aldous Huxley, Infeld (Palästina), Hermann Kesten, Egon Erwin Kisch, Emil Ludwig, Heinrich Mann, Golo Mann, Leo Mathias, Thomas Michel, Ludwig Marcuse, Raymond Mortimer (London), Rudolf Olden, E. du Perron, Walther Rode, Graf Carlo Sforza, Philippe Soupault, Henrik Scholte, Silone, Ernst Toller, Wilhelm Uhde, Antonina Valentin, Paul Westheim, Arnold Zweig.

Querido Verlag • Amsterdam

Über u.a. folgende Themen:

„Krise des Liberalismus", „Gemeinschaft und Persönlichkeit", „Die religiöse Opposition", „Das palästinensische Dilemma", „Roosevelts Plan", „Literatur in Sowjetrussland", „Wohin steuert die Weltliteratur", „Der deutsche Humanismus", „Pädagogik in Frankreich", „Kulturbolschewismus und Rinnsteinkunst", „Fascismus und Nationalsozialismus", „Klassenkampf in der N.S.D.A.P.", „Englische Romanciers", „Die Situation der modernen Oper", „Holland und seine Geschichte", Moderne holländische Literatur", „Wallenstein", „Thomas de Quincey", „Materialistische Literaturgeschichte", „Heinrich Heine", „Rathenau", „Italien und das Ausland".

Berichte über Bücher, Theater und Filme

Briefe aus den Zentren Europas; in den nächsten Nummern aus: London, Wien, Moskau, Berlin, Brüssel, Stockholm.

Die Aprilnummer (Nummer 8.) wird zum grössten Teil als Spezialnummer über Holland erscheinen, mit Beiträgen von holländischen und deutschen Autoren über holländische Geschichte, Literatur, Musik, Malerei und Theater. In Abständen folgen weitere Spezialnummern über andere Länder.

Querido Verlag • Amsterdam

Die SAMMLUNG veranstaltet ein

PREISAUSSCHREIBEN FÜR DIE BESTE LITERARISCHE NOVELLE

Die Novelle muss in deutscher Sprache geschrieben sein und eine Länge von 25 und 40 Maschinenseiten (= von 8000 bis 13000 Worten) haben. Einsendungen können vom 1. März bis zum 15. Mai 1934 an den Querido-Verlag, Amsterdam, Keizersgracht 333, erfolgen, und zwar a n o n y m, unter Angabe einer Deckadresse, an die das Manuskript in der zweiten Junihälfte zurückzusenden ist. Wir bitten auf dem Briefumschlag das Wort „PREISAUSSCHREIBEN" zu vermerken und Rückporto in Form von internationalen Postscheinen beizulegen.

Das Preisrichterkollegium setzt sich zusammen aus: Heinrich Mann, Bruno Frank und der Redaktion der „SAMMLUNG". Die Entscheidung des Kollegiums ist unwiderruflich. Sie wird in der Julinummer der Zeitschrift bekannt gegeben.

Der ERSTE PREIS beträgt 300 Hfl., der zweite 150 Hfl.

Die beiden preisgekrönten Novellen werden in der SAMMLUNG erscheinen. Der Querido Verlag behält sich das Abdrucksrecht auch in fremden Sprachen vor.

Querido Verlag • Amsterdam

fr.

»Der Verlag«, das war offenkundig der holländische Partner, wohingegen die nach Landshoffs Griff in die eigene Brieftasche verbleibenden Defizite aufs Konto des deutschen Unternehmens gingen. Unterdessen war die Suche nach einem Mäzen ergebnislos geblieben, und eine Umfangserweiterung hatte die Zahl der Leser ebensowenig zu vergrößern vermocht wie eine aufwendige Werbekampagne: 30000 Prospekte waren verschickt worden, 25 neue Abonnenten hatten sich gemeldet. So war kurz vor dem Abschluß des zweiten Jahrgangs (August 1935) entschieden worden, einen dritten nicht mehr zu beginnen. War dergestalt eine kostentreibende Belastung verschwunden, so war das Defizit natürlich geblieben, mitsamt einem verschlechterten Klima im Verlag.

Im Jahr darauf dürften Besorgnis oder Verärgerung noch gewachsen sein, denn ein Gutteil der 21 Neuerscheinungen war nur schlecht oder gar nicht an den Mann zu bringen. Die ›Saat‹ war ein Fehlschlag, ebenso der ›Arme Verschwender‹ von Ernst Weiß, eines der großartigsten Bücher, das Landshoff in Amsterdam gemacht hat, endlich auch Feuchtwangers ›Stücke in Prosa‹, der Band der Werkausgabe, den der Verlag nicht grundlos zwei Jahre vor sich her geschoben hatte: Dramen in Buchform waren immer ein schlechtes Geschäft. Das alles hätte sich freilich ertragen lassen – ohne die ›Gesammelten Werke‹ von Leonhard Frank. Sie haben eine große Kapitalinvestition erfordert, und mit Hilfe der Allert-de-Lange-Akten läßt sich in etwa rekonstruieren, wie es zu der riskanten Edition gekommen ist. Über seinen neuen Roman ›Traumgefährten‹ hatte Frank mit beiden Verlagen verhandelt, und beide waren interessiert. Als Frank jedoch den Abschluß vom Neudruck seiner früheren Bücher abhängig machte, hat Landauer nein gesagt und damit ein besseres Augenmaß bewiesen als Landshoff. Der hat gemeint, er könne das Wagnis eingehen, weil sich Frank bei der Honorierung flexibel zeigte. Bei de Lange hatte er auf Vorschüsse für das neue Buch verzichtet, und Landshoff gegenüber muß er es darüberhinaus auch für die alten getan haben: anders wären ihm nach dem Kriege die geretteten Bestände nicht in toto vergütet worden. Waren somit die Kosten um einen Bruchteil verringert, so blieb doch als eigentlicher Fehler die geschlossene Erscheinungsweise der Ausgabe. Von ein und demselben Autor sechs Bücher auf einmal... Bei Feuchtwanger, den er als Schriftsteller wenig schätzte, hat Landshoff sich darauf nicht eingelassen, obwohl seine ›Gesammelten Werke‹ als Verkaufsobjekt viel aussichtsreicher waren. Hier jedoch ist sein kühl wägender Verstand von der Verehrung getrübt worden, die er dem Autor zeitlebens entgegenbrachte, und so hätte er mit Kleists Marquise von O. sagen können, »mein eignes, innerliches, mir nur allzu wohlbekanntes Gefühl« trage an den Verlagsschulden in Sachen Leonhard Frank die Hauptschuld.

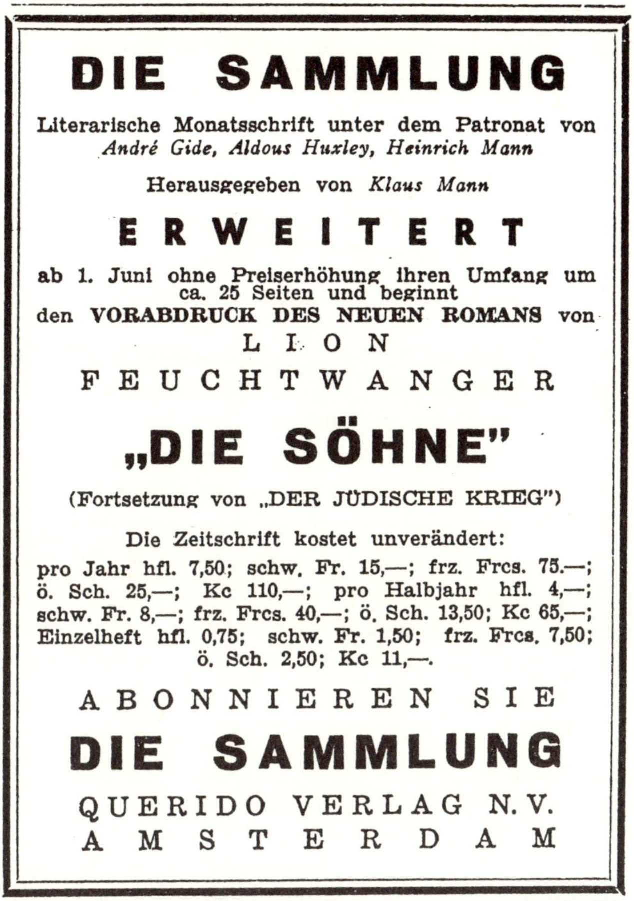
DIE SAMMLUNG

Literarische Monatsschrift unter dem Patronat von
André Gide, Aldous Huxley, Heinrich Mann

Herausgegeben von *Klaus Mann*

ERWEITERT

ab 1. Juni ohne Preiserhöhung ihren Umfang um
ca. 25 Seiten und beginnt
den VORABDRUCK DES NEUEN ROMANS von
LION
FEUCHTWANGER

„DIE SÖHNE"

(Fortsetzung von „DER JÜDISCHE KRIEG")

Die Zeitschrift kostet unverändert:
pro Jahr hfl. 7,50; schw. Fr. 15,—; frz. Frcs. 75.—;
ö. Sch. 25,—; Kc 110,—; pro Halbjahr hfl. 4,—;
schw. Fr. 8,—; frz. Frcs. 40,—; ö. Sch. 13,50; Kc 65,—;
Einzelheft hfl. 0,75; schw. Fr. 1,50; frz. Frcs. 7,50;
ö. Sch. 2,50; Kc 11,—.

ABONNIEREN SIE
DIE SAMMLUNG

QUERIDO VERLAG N.V.
AMSTERDAM

100 »Die Sammlung ... erweitert«. Anzeige im ›Neuen Tage-Buch‹, 3. Jg., Nr. 21 v. 25.5. 1935, S. 503 (DLA)

Unabhängig davon war 1936 für die Exilverlage ein Unglücksjahr, und bei Querido hat man das besonders stark empfunden. Zwar hatte sich nach Gérard de Langes Freitod das Verhältnis zum Hause Allert de Lange merklich entspannt, und jene freundschaftlichen Beziehungen traten in ihr Recht, die die Beteiligten im Nachhinein bis in die Gründungsphase zurückverlängert haben. Was wog das aber, da mit der Emigration des im Dritten Reiche unerwünschten Verlagsteils von S. Fischer ein, wie es schien: übermächtiger, Konkurrent erstanden war? Der Bermann-Fischer-Verlag brachte ja, nach Bermanns eigenem Bekunden, ein Lager von mehr als

780000 Bänden im Werte von über 1,5 Millionen Mark an seinen Verlagssitz Wien mit. Die exakten Zahlen hat man draußen natürlich nicht gekannt, daß aber die Buchbestände von Schnitzler bis Thomas Mann und von Döblin bis Hofmannsthal nicht eben klein sein konnten, dies hat man recht gut gewußt. Und wie immer es um die politischen Mutmaßungen bestellt sein mochte, die die Exilierten an die großzügige Transfererlaubnis der Reichsschrifttumskammer für Bermann knüpften: der späte Neuankömmling bedrohte die ›alten‹ Verlage just so, wie Leopold Schwarzschild es beim Bekanntwerden von Bermanns Auswanderungsabsicht beschrieben hat:

»Die Zahl der Käufer deutschsprachiger Bücher ist relativ klein und eher im Sinken als im Steigen begriffen. Die Verleger der ausgewanderten deutschen Literatur – in der Hauptsache Querido, de Lange und Oprecht – schöpfen aus diesem Käuferkreis aus, was überhaupt aus ihm auszuschöpfen ist und können eben balanzieren. [...] Was könnte ein neuer S. Fischer Verlag tun? [...] Die ganze Sache bestünde nur aus dem platten, stumpfsinnigen, völlig unproduktiven Vorgang, daß da, wo jetzt drei Firmen sind, noch eine vierte sich einnistete und ihnen einen Teil wegnähme. Keine Leistungssteigerung wäre von dieser vierten zu gewärtigen; alles, was sie könnte, können die anderen schon längst, sie können es in der Tat sogar besser; keine Lücke wäre offen, kein Plus könnte geschaffen werden; es würde sich um nichts als um die allerprimitivste aller denkbaren merkantilen Veranstaltungen handeln; nämlich darum, daß jemand käme und aus einem Topf, von dem bisher dreie lebten, nun als vierter ebenfalls zu löffeln beanspruchte.«

Sachlich schlagend, drückte dies die allgemeinen Auffassungen des Exils aus, vereinzelt selbst die von Schriftstellern, die – René Schickele – beim ›Sammlungs‹-Skandal noch die Partei Bermanns genommen hatten. Und ausgerechnet in der Amsterdamer Keizersgracht sollte man anders geurteilt haben? Ein Brief Landshoffs an Thomas Mann könnte es vermuten lassen. Landshoff versicherte darin, »daß Schwarzschilds Argumente die unseren nicht sind und nicht sein können. Wenn ich einmal von der Person Bermanns absehe, so habe ich sachlich in der Gründung weiterer Verlage im Ausland niemals eine Gefahr gesehen, sondern umgekehrt eine Entlastung.« Man müßte von einer geradezu biblischen Selbstverleugnung Landshoffs sprechen (Matthäus 5,39), wüßte man nicht, daß es sich bloß um eine façon de parler handelt, vorgebracht, um sich von dem Verdacht zu reinigen, die Exilverlage hätten Schwarzschild als Sprachrohr benutzt. Es war aber nicht einmal eine höfliche Redensart, denn die wohlbedachte reservatio – »wenn ich einmal von der Person Bermanns absehe« – hob die Aussage für eben den konkreten Fall auf, um den es einzig

101 Auf der gegenüberliegenden Seite: Die Gründung des Bermann-Fischer Verlags in Wien, 15.7.1936 (DLA)

BERMANN-FISCHER VERLAG
GES. M. B. H.
WIEN III. ESTEPLATZ 5

TELEFON: U-17-4-74
TELEGRAMM-ADRESSE: BERMANNFISCHER
BANKKONTO: ÖST. CREDITINSTITUT FÜR ÖFFENTL. UNTERNEHMUNGEN U. ARBEITEN
POSTSPARKASSEN-KONTI: WIEN 58.250, ZÜRICH VIII. 15056, PRAG 501424.

Dem geehrten Buchhandel zeigen wir hierdurch die Begründung eines neuen Verlagsunternehmens an, dessen Leitung Herr Dr. GOTTFRIED BERMANN-FISCHER, bisher Vorstandsmitglied der S. FISCHER VERLAG A. G., BERLIN, innehat. Wir übernehmen aus dem Verlag S. Fischer, Berlin, die bisher dort erschienenen Werke nachverzeichneter Autoren. Die Neuerscheinungen für den Herbst sind in Vorbereitung und werden demnächst dem Buchhandel durch unsere Reisenden und durch Anzeigen und Prospekte bekanntgegeben werden.

Die Auslieferung der in unseren Verlag übergehenden Werke sowie der Neuerscheinungen erfolgt durch die Firma Rudolf Lechner & Sohn, Wien I. Seilerstätte 5 (für Holland und Kolonien, Belgien und Luxemburg durch die Firma van Dittmar, Amsterdam, Singel 95).

Wir bitten den verehrlichen Sortimentsbuchhandel um tätige Verwendung für unsere Verlagswerke.

Mit vorzüglicher Hochachtung
BERMANN-FISCHER VERLAG

Wien, den 15. Juli 1936

87.12.96

NEUE RSCHEINUNGEN HERBST 1936

LION FEUCHTWANGER

DER FALSCHE NERO

ROMAN

Brosch.: Gulden 2.90 Leinen: Gulden 3.90

Mit diesem historischen Roman erreicht Feuchtwanger den höchsten Zweck der Geschichtsschreibung: den Sinn des anscheinend sinnlosen Geschehens unserer Zeit aufzuzeichnen.

LEONHARD FRANK

GESAMMELTE WERKE

IN EINZELBAENDEN

Jed. Band brosch.: Gulden 2.90 Leinen: Gulden 3,90
5 Ganzleinenbände: Gulden 17.50

I. Band: Die Räuberbande. — II. Band: Das Ochsenfurter Männerquartett / Von Drei Millionen Drei. — III. Band: Der Bürger / Die Ursache. — IV. Band: Karl und Anna / Bruder und Schwester. — V. Band: Der Mensch ist gut / Die Novellen.

EMIL LUDWIG

DER MORD IN DAVOS

Kartoniert: Gulden 1.25

Ich zögere keinen Augenblick, niederzuschreiben, dass dies Ludwigs bestes Buch ist. Denn es ist sachlich... Jeder müsste diese Schrift lesen. *De Groene Amsterdammer.*

KLAUS MANN

MEPHISTO

ROMAN EINER KARRIERE

Brosch: Gulden 2.90 Leinen: Gulden 3.90

Dieses Buch nimmt gefangen durch die Begabung des Schriftstellers und weil es für Viele wie ein vorgehaltener Spiegel ist. *Nieuwe Rotterdamsche Courant.*

HANS E. PRIESTER

Das deutsche Wirtschaftswunder

Brosch: Gulden 2.90 Leinen: Gulden 3.90

In einer knappen, leicht verständlichen Sprache, gestützt auf ein umfangreiches, authentisches Material wird ein in diesem Ausmass bisher ungekanntes Bild der deutschen Wirtschaft gezeichnet. Die hier vermittelten Kenntnisse machen überhaupt erst die Politik des Dritten Reiches verständlich.

WILHELM SPEYER

ZWEITE LIEBE

ROMAN

Brosch: Gulden 1.90 Leinen: Gulden 2.90

Ein Buch von hervorragender Spannung, in ausgezeichnetem Deutsch, mit einer gleichzeitig ebenso liebenswürdigen wie klaren Charakteristik der Personen. *Volksrecht, Zürich.*

DAS GUTE BILLIGE BUCH

Eine Reihe bester, erfolgreicher Bücher in billigen Ausgaben

JEDER BAND IN LEINEN GEBUNDEN: GULDEN 1.75

VICKI BAUM

DER EINGANG ZUR BUEHNE

ROMAN

Das Buch ist reich an Gefühl und Temperament, an Kraft und Innigkeit des Stils, reich ist die Intuition der Dichterin, reich ihre Sprache. *Nieuwe Rotterdamsche Courant.*

LEONHARD FRANK

DAS OCHSENFURTER MAENNERQUARTETT

ROMAN

Das ganze eigentümliche Milieu der schönen süddeutschen Stadt Würzburg, Menschen und Landschaft werden durch einen grossen Dichter anschaulich gemacht. *Literarisches Echo.*

ERNST TOLLER

Eine Jugend in Deutschland

Das Buch hat solche Innigkeit und Kraft, dass aus dem wichtigen Dokument das Kunstwerk wird. *Prager Presse.*

BRUNO FRANK

CERVANTES

ROMAN

Ein Dichter setzt einem Dichter ein Denkmal. Bruno Frank hat Cervantes in seiner Einmaligkeit erfasst und sie einmalig gestaltet. *Der Tag, Wien.*

JOSEPH ROTH

TARABAS, Ein Gast auf dieser Erde

ROMAN

Ein Werk, das in seiner klassisch schönen Prosa, an reifem Können, Innigkeit und Stärke den berühmten „Hiob" noch übertrifft. *Prager Presse.*

LION FEUCHTWANGER

Die Geschwister Oppenheim

ROMAN

Der echte Künstler ist nicht Richter — er gestaltet, und das ist es, was Feuchtwanger mit diesem Roman getan hat. *André Maurois.*

QUERIDO VERLAG N.V. AMSTERDAM

Imp. E.I.R.P. (O. Zeluk), 4, rue Saulnier, Paris (9e) (PRINTED IN FRANCE)

102 Neues Tage-Buch, 4.Jg., Nr.50 v. 12.12. 1936, S. 1200 (DLA)

ging. Kurz, Landshoff hat den Bermann Fischer Verlag kein Deut anders eingeschätzt als Schwarzschild, und als Bermann sich in Wien etabliert hatte, hat er entsprechend agiert. Im Herbst 1936 warb er mit einer Intensität für seine Bücher wie nie zuvor und auch später nicht mehr. Ein volles Vierteljahr hindurch, vom 26.9. bis zum 19.12., erschien, Woche für Woche und an bevorzugter Stelle placiert, eine ganzseitige Anzeige von Querido – demonstrativ im Blatte des Mannes, von dem Landshoff Thomas Mann hatte glauben machen wollen, daß seine »Argumente die unseren nicht sind und nicht sein können«, in Schwarzschilds ›Neuem Tage-Buch‹. Mit der kostspieligen Werbung im einzigen Exilorgan, das auch ein nennenswertes ausländisches Publikum erreichte, hat Landshoff versucht, gegen den Bermann-Fischer Verlag den Platz zu behaupten, nicht minder aber auch, via einer erhofften Umsatzsteigerung die Kritik der holländischen Partner zu neutralisieren. Kein Zufall, daß zwei Anzeigen ganz der Frank-Ausgabe vorbehalten waren und daß ›Das gute billige Buch‹ dreimal angepriesen wurde.

Da er damit bekanntlich nicht viel Glück gehabt hat, hat sich Landshoff schließlich sogar an eine Schimäre geklammert, um die Rettung herbeizuzwingen. Am 16.11. 1936 hat er den in Moskau lebenden Johannes R. Becher gebeten, er möge prüfen, ob nicht Vegaar, die Verlagsgenossenschaft ausländischer Arbeiter in der Sowjetunion, die Querido-Produktion in der UdSSR vertreiben könne. Dies inmitten der Verlagskrise – und freilich auch inmitten des sowjetischen Staatsterrors; weshalb Landshoff eigens nach Paris reiste, um der einflußreichen Maria Osten[41] das Schreiben zur persönlichen Beförderung zu übergeben. Er wußte, daß Post aus dem Ausland eigene und eigenartige Wege nehmen mußte in jener Zeit, wenn sie den Moskauer Empfänger wirklich erreichen sollte... Natürlich ist aus dem aberwitzig-verzweiflungsvollen Versuch nichts geworden. Immerhin wurde der Brief archiviert. Dankenswerterweise.

Nach alldem vernimmt man den Beiklang, wenn Landshoff, ebenfalls während der Verlagskrise, am 12.11. 1936 Zweig gegenüber den »großen Opferwillen meiner holländischen Freunde« als Voraussetzung dafür benannt hat, »unter solchen Umständen unverändert weiterzuarbeiten«. Davon abgesehen, daß Zweig die Geheimschrift nicht hat entschlüsseln können: da der »Opferwille« erlahmt zu sein schien und das »unverändert« schon verneint worden war, ging es inzwischen fast nur mehr darum, ob die holländischen Freunde überhaupt noch Freunde waren. Damit nähert man sich den tieferen Kausalitäten dieser mit nur-ökonomischen Erklärungen nicht auszulotenden Konfrontation. Weit mehr als eine finanzielle, war es eine Vertrauenskrise.

103 Lion Feuchtwanger auf dem Weißrussischen Bahnhof in Moskau, 1937, mit Eva Herrmann und Maria Osten (Akademie der Künste, Berlin)

Ausgebrochen war sie zwischen Menschen, die sich auf gemeinsames Handeln für dasselbe Ziel verständigt hatten und politisch eines Sinnes waren – aber von verschiedener Prägung und Mentalität. Es war nicht bloß ein Stoßseufzer, wenn Landshoff dem vertrauten Freunde Klaus Mann nach einer Reise berichtete, Paris sei anstrengend gewesen und die Menschen dort »nicht übermäßig erfreulich, wenngleich es aber nennenswerten Gewinn bedeutete, die holländische Grenze endlich für einige Stunden mal wieder hinter sich zu haben«. Das war keine Überheblichkeit. Man wußte, daß man Holland Dank schuldete für die Zuflucht, die es gewährte, mehr noch dafür, daß es einen ungehindert arbeiten ließ. Gleichwohl spürte man Tag für Tag, daß man ein Fremder war. Mit den Dimensionen begann es. Amsterdam zählte nicht einmal 800000 Einwohner – Berlin dagegen 4 Millionen, halbsoviel wie das ganze Königreich der Niederlande. In mancher Hinsicht war die Berliner Kantstraße von der Keizersgracht fast so weit entfernt wie die Erde vom Mond. Gestern noch die quirlige Hektik der Metropole mitsamt dem Freiraum, den sie dem Privatleben schuf – heute die beschauliche Stille der Provinz und die gleichsam auf dem Präsentierteller zur Schau gestellte Bravheit reputierlicher Bürger.

Werner Cahn hat mir geschildert, wie diese Holländer ihm doch unleidlich gewesen seien bei seiner Ankunft. Schlimm allein schon die vorhanglosen Fenster, durch die jedermann sehen konnte, was drinnen vorging, nie war man für sich. Noch übler der Geiz. Bei Einladungen habe die obligatorische Plätzchendose auf dem Tisch gestanden. Selbstverständlich habe man die Aufforderung der Hausfrau abgewartet, klar, doch nachdem man einmal zugegriffen habe – »einmal!, stellen Sie sich vor!« – wurde die Dose zugemacht. Wie also konnte man, dem Wahrspruch der Anekdote zufolge, einen Amsterdamer Kaufmann in Verruf bringen? Am sichersten mit der Behauptung, daß er für seinen Lebensunterhalt sich an den Zinseszinsen vergreife.

Auf den der calvinistisch-puritanischen Mentalität entsprossenen Rigorismus hat auch Landshoff abgehoben, und mitunter hat er ihn, in den Erinnerungen wie in Gesprächen, an Emanuel Querido exemplifiziert. Bei der Gründung des deutschen Verlags hatte Landshoff keinen Pfennig in der Tasche (tatsächlich mußte er sich die eine Hälfte seines Anteils borgen, die andere vom Gehalt abstottern). Sein Instinkt habe ihm aber geraten, darüber zu schweigen. Wie gut er daran getan hatte, erfuhr er Jahre später, als er Querido fragte, was wohl geschehen wäre, wenn er ›gebeichtet‹ hätte: »›Dann hätte es den Verlag nicht gegeben.‹« Dies trotz der bekannten Fähigkeiten des Partners und trotz der politischen Ereignisse, die ihn mittellos gemacht hatten. Solch eingewurzeltem Erwerbssinn war manches anstößig, was anderswo gar nicht bemerkt worden wäre. So galten Landshoff und Klaus Mann für leichtfertig, weil sie sich nach Monaten zermürbender Arbeit acht Tage Urlaub gegönnt hatten; Querido hielt dies für unstatthaften Luxus. Illustriert die Episode die »strengen Lebensregeln« und die »frugale Lebensweise« des Mannes, so macht sie auch die mentalitätsbedingten Reibungsflächen sichtbar. Landshoff hatte ja keineswegs ein anderes Arbeitsethos, er hatte nur urbanere Lebensgewohnheiten als Querido. Auch er hat den Verlag allem anderen vorangestellt, aber er ist dabei nicht so rechenhaft-kleinlich verfahren, wie es in Holland der Brauch war. So sind die Honorarvorstellungen der deutschen Autoren ein gewaltiger Stein des Anstoßes gewesen, und daß Landshoff ihnen ein Stück Wegs entgegenkam, wurde zum steten Streitpunkt. Im Herbst 1935 bat er Klaus Mann, in Geldsachen nicht dem Verlag, nur ihm persönlich zu schreiben: »Es ist *besser* so.«

Diese Mentalitätsunterschiede, affektiv so besonders stark besetzt, weil dem nervus rerum so eng benachbart, waren der Nährboden der Krise. Freilich wäre es zu ihr kaum gekommen, hätte nicht jemand versucht, aus Differenzen Konflikte zu machen. Ein symptomatischer Vorfall zeigt, daß dieser Interessent schon im November 1934 auf Konfrontation aus war. Es ging um Thomas Mann, genauer: um Landshoffs Chancen, ihn S. Fischer abspenstig zu machen. Emanuel Querido war darauf ebenso erpicht, wie es jeder andere Verleger gewesen wäre. Welche Bedeutung dieser Prestigegewinn für ihn besaß, geht – indirekt – aus einem entsetzten Briefe Landshoffs an Klaus Mann hervor. Geschrieben Anfang November 1934 in Davos, wo Landshoff eine Lungengeschichte auskurierte, beginnt er ohne jede Anrede so:

»*Mein Gott*, es ist doch wohl außerhalb des Bereichs einer gesunden Vorstellung: jetzt hast Du Alice – die's mir hämisch reportierte – gesagt, daß es nichts mit Deinem Vater wird. Als ob das nicht noch *lange* Zeit gehabt hätte und als ob es Dich und mich

104 Alice von Nahuys. Photo Paul Huf, Amsterdam (Sammlung A.Landshoff)

nicht sinnlos und unnütz schädigte. Es ist entsetzlich, wenn man einem Menschen nichts als Ehrlichkeit nachsagen kann.«

Nicht mitfühlend, nicht bedauernd – »hämisch« hat die »Direktrice« reagiert, und man muß ein wenig ausholen, um das verständlich zu machen. Alice van Nahuys war Subalternangestellte in der Buchabteilung eines Amsterdamer Warenhauses, als der um 23 Jahre ältere Querido ihr erstmals begegnete, ihren Liebreiz erkannte und ihre Begabung bemerkte und sie alsbald in seinen Verlag holte, wo er sie formte, fast wie Pygmalion Galathea. Gemessen an ihren Anfängen, hat sie eine steile und in damaligen Zeiten für eine Frau besonders bemerkenswerte Karriere gemacht. Gerade fünfunddreißig, war sie 1929 Direktorin, und als Landshoff sie 1933 kennenlernte, war sie auch Teilhaberin. Ihre Funktionen im deutschen Verlag haben wir kennengelernt; hinzuzufügen ist, daß sie der Neugründung anfangs »sehr geneigt« war. Wann sich das änderte, ist nicht auszumachen, doch die Ursache des Auffassungswandels liegt auf der Hand. Statt zu Landshoff ein kollegiales Verhältnis zu entwickeln, hat sie den ihr Ranggleichen als Eindringling empfunden, als Rivalen im Verlage und in Emanuel Queridos Gunst. Nahuys, die nicht bloß »energisch« war, wie Landshoff sagt, sondern auch eminent ehrgeizig, war unfähig, sich mit der Überlegenheit des neuen Mannes abzufinden, mit seiner Weltläufigkeit und damit, daß er vertrauten Umgang mit all den Berühmten pflog, die sie selber nie zu Gesicht bekommen hatte. Wenn sie in sachlichen Fragen – etwa der Buchgestaltung – zurückstecken mußte, hat sie das als Niederlage aufgefaßt, und vollends hat es sie gereizt, daß Landshoff sich die Betreuung der Autoren vorbehielt, dies übrigens mit Grund: nie hätte er ein Manuskript so von oben herab abgelehnt, wie sie es bei Paul Zech getan hat. Kurz, statt Spannungen abbauen zu helfen, hat Alice van Nahuys sie verstärkt, sie hat obstruiert, statt zu kooperieren, hat in der Krisenzeit mit »Bosheiten« (Klaus Mann) nicht gespart – und allerdings falsch taktiert, weil sie sich des Sieges allzu sicher fühlte. Am 2.3. 1937 registrierte Klaus Mann einen Brief Landshoffs über »Komplikationen dramatischer Art im Hause Queri«; die Tagebuchnotiz erlaubt die Datierung des Schreibens auf den 28. Februar oder 1. März:

»Herr Querido erschien Sonnabend früh [27.2.] im Verlag und teilte mir Folgendes mit: er hat am Abend davor Fred von Eugen nicht nur aus dem Larener Haus, sondern auch (*zweifellos* unwiderruflich) aus dem Verlag herausgesetzt. Als Grund gab er mir sehr erhebliche Differenzen an, über deren Einzelheiten er mich später informieren wollte. Bei den ›Differenzen‹ habe sich Alice ›zu seiner größten Enttäuschung‹ ganz auf v. Eugens Seite gestellt – er habe daher auch ihr den Verlag verbieten müssen, solange sie nicht ihre Meinung ändert. Gleichzeitig hat Qu. nicht nur seine *tägliche* Arbeit hier, sondern auch – solange er keinen geeigneten Reisenden hat – seine Reisetätigkeit aufgenommen. Zwischen uns bestand bereits in der ganzen letzten Zeit, besonders aber jetzt *ganz* große Freundschaft.«

Fred von Eugen besorgte im holländischen Verlag den Vertrieb, was Vertreterreisen einschloß. Alice van Nahuys hat von Eugen später geheiratet, und man darf vermuten, Privates habe dem Konflikt erst seine Schärfe gegeben. Immerhin entnimmt man der Mitteilung auch, welche Schlüsselposition van Nahuys besetzt gehalten hatte. Wenn es eine Neuheit war, daß Querido wieder »täglich« in den Verlag kam, dann hieß das, er sei zuvor und seit längerem nur durch van Nahuys informiert worden. Damit war es vorbei, und auch der mutmaßliche sachliche Hauptstreitpunkt war vom Tisch – Landshoff in einem weiteren undatierten Brief an Klaus Mann:

»Querido hat mir, als ich dieser Tage wieder in Laren war, wo ich regelmäßiger

Gast bin, in sehr rührender und auch sehr sympathischer Weise die ›ganze Geschichte‹ erzählt. Ich habe ihn *aufrichtig* gern – bin auch gern bei ihm. Unser Verhältnis ist ausgezeichnet – womit dem deutschen Verlag ein großer Dienst geleistet ist. Von einer Aufgabe des Unternehmens ist nun *keine* Rede mehr – sie war allein Alicens Idee.«

Wirklich? Was wäre der Ohrenbläser ohne willige Zuhörer? Und war die Affäre nicht schon recht weit gediehen? Doch sei dem, wie ihm wolle, da nun autoritäre Verhaltensmuster aus dem Spiel waren, präsentierten sich die Mentalitätsprobleme in ihrer realen Dimension. Landshoff und Querido besaßen hinreichend Selbstvertrauen, um nicht aus allem und jedem eine Prinzipienfrage machen zu müssen. Weil sie sich Kompromisse seelisch ›leisten‹ konnten, haben sie zum Konsens gefunden. Alice van Nahuys' Versuch, dem deutschen Verlag das Lebenslicht auszublasen, hatte das nun endgültig an den Tag gebracht, und so hat der Streit, dem Landshoff auszuweichen versuchte, doch ein Gutes gehabt. Derart gründlich hat er die Atmosphäre gereinigt, daß Nahuys das Vertrauensverhältnis nicht mehr hat erschüttern können, als sie im Herbst 1937 wider Erwarten in den Verlag zurückkehrte: bloß in den holländischen freilich, und statt als Direktorin nur mehr noch als Angestellte. Landshoff hatte obsiegt (trotz der »Flops« von 1936 verzeichnet man für 1937 immerhin 18 neue Bücher), und wenn man jetzt mit Alice van Nahuys zum Lunch ging, mußte man sich nur noch wegen ihrer allzu intimen Beichten zusammennehmen, nicht mehr wegen ihrer Bosheiten – Klaus Mann: »Sie kann es natürlich nicht *lassen*, von ihren Tragödien und dramatischen Lebensumständen zu sprechen.«[42]

Verlage in der Krise Wäre diese Geschichte streng chronologisch angelegt, so hätte uns der Taperschritt des »und dann, und dann« längst schon genötigt, von Landshoffs Furcht vor politischen Pressionen des Gastlandes zu sprechen. Zum Teil resultierten sie aus Erfahrungen mit den Buch- und Zeitungsverboten in der Endphase Weimars, ein wenig wohl auch aus der Staatsfrömmigkeit, die mehr oder minder allen Deutschen anhaftete. Bei ihm hat sich diese Sorge schon bemerkbar gemacht, noch lange bevor es in Holland einen Anhaltspunkt für sie gab. Im September 1933 hat er von den satirischen ›Szenen aus dem Nazileben‹ in Heinrich Manns ›Haß‹ politischen Großschaden für den Verlag befürchtet, und aus dem bereits imprimierten Manuskript der zweiten ›Sammlungs‹-Nummer hat er einen kritischen Beitrag Werner Hegemanns über Luther entfernt, um die Gefühle von Hollands Protestanten nicht zu verletzen. Als im Dezember 1933 bekannt wurde, daß die Polizei bei dem Amsterdamer Verlag van Kampen wegen des dort erschienenen Romans ›Das Vaterland‹ von Heinz Liepmann ermittelte, hat Landshoff das Ende der Meinungsfreiheit auch in den Niederlanden herannahen sehen und Klaus Mann beinahe ultimativ aufgefordert, ein Hollandheft der ›Sammlung‹ zu machen, mit einem Kopfbeitrag, der das Asylland als traditionellen Hort von Freiheit und Gastfreiheit preisen sollte. Für kurze Zeit sah es so aus, als kämen solche Beschwörungen zu spät. Liepmann wurde angeklagt und wegen Beleidigung des Reichspräsidenten von Hindenburg zu einem Monat Haft verurteilt, den er auch absitzen mußte; im selben Monat wurden drei deutsche Sozialisten in Handschellen zur deutschen Grenze gebracht und der Gestapo übergeben (gesetzwidrig übrigens, denn ein »unerwünschter« Ausländer sollte »›nach Möglichkeit über die Grenze gesetzt [werden], die er selbst angibt‹«). Diesen skandalösen Ereignissen hat Landshoff symptomatische Bedeutung beigemessen und argwöhnisch registriert, was in dieselbe Richtung zu weisen schien, noch besorgter aber jede Kritik am Verlag und an der ›Sammlung‹. »Natürlich« werde man etwas »›vorsichtiger‹« werden, schrieb er Hermann Kesten, doch ebenso natürlich sei, »daß es gar keinen Sinn« habe: »Es entbehrt nicht des Komischen, daß man heute bei der Veröffentlichung von Büchern gleiche oder ähnliche Erwägungen anstellen muß, wie vor etwa einem Jahre in Berlin.« In seinen Augen war das Liepmann-Urteil nur »ein schüchterner Beginn«, und Monate später noch, nach Hindenburgs Tod im August 1934, ermahnte er Klaus Mann zu größter Vorsicht beim Redigieren: »Leider muß man jetzt auch daran denken, daß Hitler Staatsoberhaupt ist und folglich nicht mehr beleidigt werden darf.«

In Wirklichkeit waren die Ausweisungen von einem Kleinstadtbürgermeister eigenmächtig verfügt worden, ohne jede Anordnung von »oben«, und der Staatsanwalt war nicht ex officio gegen Liepmann eingeschritten, sondern auf Grund der Anzeige eines Privatmanns. Liepmanns Buch war auch nicht verboten, es war nur vorüberge-

INHALT:
MENNO TER BRAAK Geist und Freiheit
E. DU PERRON Holländische Literatur
STEPHEN SPENDER Van der Lubbe
A. DEN DOOLAARD Ogaru der Räuber
SJOERD BROERSMA London
CONSTANT VAN WESSEM Zeitgenössische Holländische Musik
HENRIK SCHOLTE Bühne in Holland
JAN H. DE GROOT Diktators Liebe
HALBO C. KOOL, Zusammenspiel
*** Unabhängiges Österreich
GLOSSEN
QUERIDO VERLAG · AMSTERDAM

105 Die Inhaltsübersicht der sogenannten »Holland«-Nummer der ›Sammlung‹, I. Jg, H.8 v. April 1934 (DLA)

hend konfisziert worden; nach vier Wochen konnte es wieder verkauft werden, »ohne die inkriminierte Stelle«. Dies war schon kurz nach den Ereignissen zu bemerken, doch Landshoff saß der Schock in den Knochen. Und so hat er 1935 die Druckfahnen von Oldens Hitler-Biographie und 1936 die von Heinrich Manns Essayband ›Es kommt der Tag‹ einem »politisch gut orientierten holländischen Anwalt zur Einsicht« gegeben. Oldens Buch hat die freiwillig-unfreiwillige Selbstzensur passiert, das von Heinrich Mann nicht. Inzwischen war nämlich wieder etwas vorgefallen: der Chefredakteur der sozialdemokratischen Tageszeitung ›Het Volk‹ war wegen Beleidigung eines fremden Staatsoberhauptes angeklagt worden. Die Texte von ›Es kommt der Tag‹ waren nicht entfernt so aggressiv wie die Hitler-Karikatur von ›Het Volk‹, doch die Anklageerhebung hat Landshoff genügt, um zu dem bereits angekündigten und gesetzten Essayband auf Distanz zu gehen. Statt bei Querido, kam er bei Oprecht heraus, und es war Thomas Mann, der ihn dorthin vermittelte. Landshoff hat den Rückzieher später ausdrücklich bedauert und sich einer zu großen Vorsicht geziehen. Tatsächlich hat Oprecht wegen des Buches keine Scherereien mit den Schweizer Behörden gehabt, und außerdem ist, doppelte Ironie, der Chefredakteur von ›Het Volk‹ nur in der ersten Instanz verurteilt worden; in der dritten wurde er mit Glanz und Gloria freigesprochen. Erst recht hat sich die niederländische Regierung erheblich standfester gegen deutsche Proteste und Beschwerden gezeigt, als Landshoff angenommen hat: Nicht ein einziges Querido-Buch (und, soweit ich sehe, auch keines mehr aus einem anderen Exilverlag) ist inkriminiert worden.

Anderwärts hätte allerdings auch größte Vorsicht nichts geholfen, vor allem in Österreich nicht, der seinerzeit zweiten Diktatur im deutschen Sprachraum. Im April 1934 hatte sich die ›Sammlung‹ kritisch mit den Wiener Straßenkämpfen vom Februar beschäftigt, der militärischen Zerschlagung der österreichischen Linken, und binnen kurzem wurde die Zeitschrift von der Dollfuß-Diktatur verboten. Ein Bittgang von Klaus Mann zum Wiener Geschäftsträger im Haag blieb erfolglos, ebenso die schriftlichen Interpellationen, die er und Joseph Roth bei einem mit Roth befreundeten österreichischen Diplomaten in Paris einreichten. Wohl versicherte der Legationsrat nach wenigen Wochen, »›er habe positiven Bescheid von der zuständigen Wiener Instanz: die Zeitschrift sei frei‹«. Eine Bestätigung aus Wien war aber nach vollen sieben Monaten noch immer nicht eingetroffen, und als Ernst Bloch auf Manns Bitte im Dezember 1934 den mit dem österreichischen Kanzler Schuschnigg befreundeten Franz Werfel um Fürsprache ersuchte, blieb auch ihm der Erfolg versagt. In der Liste der Bezugsstellen ist die Wiener Auslieferung nie mehr aufgeführt worden.

Willkür, verschärft durch Schlamperei? Eher wohlberechnete Absicht. Denn der Wiener Politischen Polizei war ja bekannt, daß Bücher mit dem Querido-Signet in recht großer Zahl nach Österreich hereinströmten. Aus diesem Blickwinkel nimmt sich das Verbot als Warnung aus, und so ist es in Amsterdam auch aufgefaßt worden. Mit Oskar Maria Graf hatte Landshoff über einen politischen Zeitroman (›Der Abgrund‹) Vertrag gemacht, in dem die Schilderung der österreichischen Februarereignisse breiten Raum einnahm. Nach dem Verbot der ›Sammlung‹ wies Landshoff das Manuskript zurück. Mit Grafs Worten: »Er begründete die Ablehnung damit, daß nicht nur dieses Buch, sondern seine ganze Produktion in Österreich verboten werden würde. Das könne er im Interesse der ihm anvertrauten emigrierten Autoren nicht wagen. Um einen Ausgleich zu finden, nahm er dann den ›Harten Handel‹ [...].« Landshoff hat mir diese Darstellung bestätigt. Er hat sich aber nicht mehr erinnern können, ob er auch Anna Seghers' Österreich-Roman ›Der Weg durch den Februar‹ abgelehnt hatte, nicht einmal daran, ob ihm dieses (1935 bei Münzenbergs Editions du Carrefour erschienene) Buch überhaupt angeboten worden war. Zwar hatte er Anna Seghers »entdeckt« und bis dahin alle ihre Bücher verlegt. Anderseits wäre ›Der Weg durch den Februar‹ nicht der einzige Roman mit einem tagespolitischen Stoff, der als Auftragsarbeit für Münzenberg geschrieben wurde. Mit dem für den Saarkampf bestimmten Roman ›Im Kreuzfeuer‹ ist Regler Querido aus dem nämlichen Grunde »untreu« geworden. Ob aber in einem oder mehr Fällen: die pre-

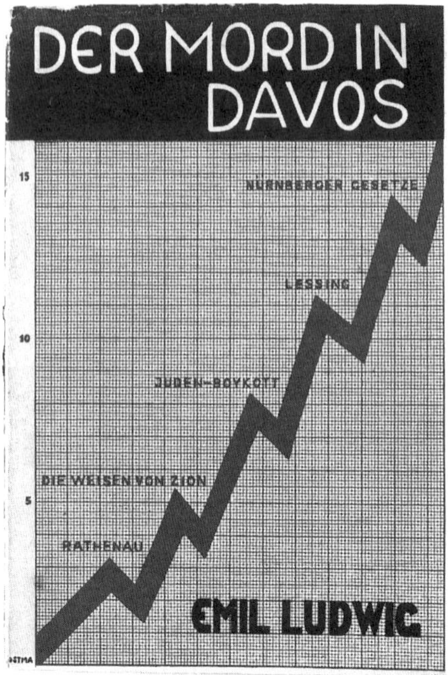

106/107 Schutzumschläge von A.Postma (1936, 61) und von Henri Friedlaender (1935, 43)

käre Finanzsituation des Verlags hat Landshoff zum Verzicht auf Bücher gezwungen, die vorhersehbar in Österreich verboten werden würden.

Was aber ist bei einer Diktatur vorherzusehen? Grotesk genug, hat das Wiener Regime auch Bücher verboten, die ihm beim Kampf gegen die Umtriebe der illegalen Nazipartei hätten willkommen sein müssen. Oldens Hitler-Biographie ist gleich nach Erscheinen, Anfang 1936 für etwa einen Monat, im November 1937 dann endgültig verboten worden. Ebenso sind Tollers ›Jugend in Deutschland‹ und Zweigs ›Erziehung vor Verdun‹ der Wiener Zensur zum Opfer gefallen. Murray G. Hall, der Autor des Standardwerks zur österreichischen Verlagsgeschichte, sieht im Olden-Verbot ein »Zugeständnis den Deutschen gegenüber«. Landshoff hatte bei Beschlagnahme des Zweigschen Romans dieselbe Ansicht geäußert: Sie sei eine »Auswirkung des deutsch-österreichischen Kulturabkommens« vom Sommer 1936.

Des direkten Berliner Drucks hat es in der zweiten Hälfte der dreißiger Jahre vielfach aber schon nicht mehr bedurft. Bei Kleinstaaten zumal hat die wachsende Stärke des Dritten Reichs und, Hand in Hand mit ihr, das Zurückweichen der westlichen Großmächte genügt, um politisch Brisantes aus Exilverlagen auf den Index zu setzen. Die Schweiz hat schon im März 1934 das Verbot von Schriften angedroht, »›die geeignet sind, die guten Beziehungen [...] zu anderen Staaten zu gefährden‹«, und von diesem Bundesratsbeschluß hat sie auch mehrfach Gebrauch gemacht. Querido war just mit einem Buch betroffen, das einen Schweizer Bürger zum Verfasser hatte: Emil Ludwigs ›Der Mord von Davos‹. Nachdem der Student David Frankfurter im Februar 1936 Wilhelm Gustloff, den NSDAP-Landesgruppenleiter in der Schweiz, erschossen hatte, hatte Ludwig eine Verteidigungsschrift für den Täter geschrieben, die in Wahrheit eine Anklageschrift gegen den Antisemitismus der NS-Diktatur war. Das Buch erschien ungehindert in vier Sprachen, nur in der Schweiz wurde es unverzüglich verboten. Erst nach neun Jahren ist es in einer Neuausgabe zugelassen worden, 1945, als »alles vorbei« war. 1936 jedoch hatten in der Schweiz auch »Demokratenblätter« gegen Ludwig geschrieben, »aus Furcht vor dem mächtigen Nachbarn«.[43]

108 Adolf Hitler »grüßt den Toten« Wilhelm Gustloff, »den ersten Blutzeugen des Nationalsozialismus im Ausland«, in: Kölnische Illustrierte Zeitung, 14. Jg., Nr. 8 v. 20. 2. 1936, S. 256 (DLA)

Emil Ludwig für den Mörder Frankfurter

Wenn der Cohn kräht auf dem Mist...

109 Die Brennessel, 6. Jg., Folge 48 v. 1. 12. 1936 – antisemitische Hetze (DLA)

Weit folgenreicher als Einzelverbote in einem um Neutralität bemühten Land war die Annäherung an das Dritte Reich, mit der es die Verlage in anderen Staaten zu tun bekamen. In Jugoslawien hatte sie sich 1936 schleichend vollzogen und war mit einem Handelsvertrag besiegelt worden, in Rumänien etablierte sich 1937 eine Diktatur, die den (dort eigenwüchsigen) Antisemitismus zum Regierungsprogramm erhob. Dies war gemeint, wenn Landshoff konstatierte, der Verlag sei »völlig machtlos, wenn aus Ländern wie Jugoslawien, Rumänien usw. Rücksendungen mit Hinblick auf die politische Lage erfolgen«. Und nun erst Österreich. Als Hitler im Februar 1938 die Aufnahme von Nationalsozialisten ins Wiener Kabinett erzwang, wollte Landshoff die großen Lagerbestände bei Kende nach Amsterdam zurückholen. Ein »glücklicher Stern« verzögerte seinen Aufbruch. Als er abreisen wollte, marschierte die Wehrmacht in Österreich ein. Die Bücher wurden »am ersten Tage nach dem Umsturz« beschlagnahmt. Sie waren für Querido ebenso verloren wie die sich auf einen Halbjahresumsatz belaufenden Forderungen an den Auslieferer. Die Nazis hatten Josef Kende in die Kategorie »gefährlich« eingestuft. Sie verhafteten ihn sofort und deportierten ihn mit dem ersten Wiener Transport (1. 4. 1938) ins KZ Dachau. Dort ist der Siebzigjährige nach einem halben Jahr »verstorben«...

Der Wegfall Österreichs war der schwerste Schlag, der den Verlag bis dahin getroffen hatte. Ein Detail erhellt, wie enorm hoch die Verluste gewesen sein müssen. Hatte Querido durch den Konkurs eines Auslieferers Einbußen gehabt, so waren die Autoren davon unberührt geblieben; jetzt fanden sich in den Abrechnungen Abzüge für schon honorierte Exemplare mit der lakonischen Begründung »Verlust Österreich«. Nichtsdestoweniger traf zu, was Landshoff Zweig am 11. 4. 1938 schrieb: daß seine und seiner Autoren Situation »unvergleichlich günstiger« sei, »als die der Autoren und Verlage, die in Wien ihr Heil suchten«. Diese seien ausnahmslos geflohen, »auch wenn sie noch bis in den letzten Tagen ihre Verbindung mit dem Dritten Reich aufrechterhalten hatten. [...] Auch ihre, da sie in Wien ansässig sind, natürlich viel größeren Lager sind beschlagnahmt.«

Der Plural vermag die massive Anspielung auf Bermann und sein Unternehmen nicht zu verdecken. Noch im hohen Alter, er hatte da längst seinen Frieden mit ihm gemacht, war Landshoff der Ansicht, zu einem Exilverlag »im vollen Sinne des Wortes« sei der Bermann-Fischer-Verlag erst in Stockholm geworden, nach der Flucht aus Wien. Allerdings trifft es nicht ganz zu, wenn Landshoff dies damit begründet, daß Bermann »seine Bücher in Deutschland vertrieb und also vermeiden mußte, Werke von Autoren, die in scharfem Gegensatz zur Naziideologie standen, zu verlegen«. Im Prinzip hat Landshoff natürlich recht, doch die Details sehen etwas anders aus. Einerseits hat Bermann nicht alle »Unerwünschten« (zu denen seit seiner Ausbürgerung im Dezember 1936 auch Thomas Mann gehörte) nach Deutschland liefern können, anderseits waren seine Verbindungen dorthin viel enger, als Landshoffs Formulierung vermuten läßt. Sie deutlich zu machen, genügt das Resumé, das Murray G. Hall nach Durchsicht der reichhaltigen Wiener Behördenarchivalien gezogen hat:

»Zum wirklichen Emigranten wurde er [Bermann] anläßlich des ›Anschlusses‹. Er war zu sehr gefinkelter Geschäftsmann, zu vorsichtig, um sein einträgliches Geschäft im Reich zu ruinieren oder aufs Spiel zu setzen. Im Gegensatz zu den wirklichen Exilverlagen war das Deutsche Reich für Bermann doch das Hauptabsatzgebiet. [...] Der Verlag wurde nicht in Deutschland stigmatisiert. Im Gegenteil: er war im Adreßbuch des deutschen Buchhandels 1937 verzeichnet, nahm an der Leipziger Frühjahrsbuchmesse 1937 ganz normal teil und stellte gar einen nicht geringen Teil seiner Produktion bis zum ›Anschluß‹ im Deutschen Reich her. Er sorgte somit für die Auslastung deutscher Druckereien und Bindereien und war insofern willkommen, als die Wertschöpfung seines Verlags in Deutschland eben im Land blieb und nicht ins Ausland gebracht werden konnte. Wie an anderer Stelle [...] erläutert, genoß der Bermann-Fischer-Verlag innerhalb des [deutschen] Devisenkontingentierungssystems eine Sonderstellung.«

Gemeint ist eine Besserstellung, und damit haben wir ganz en passant die Erklärung, weshalb Bermann den Exilverlagen bei weitem nicht so gefährlich geworden war, wie sie, Schwarzschild und andere es befürchtet hatten. Zugleich versteht man, warum in österreichischen Blättern und in einigen Exilzeitschriften noch bis in den Januar 1938 hinein gegen Wiener jüdische Verlage polemisiert wurde, die Geschäfte mit Hitlers Deutschland machten. Deren volles Ausmaß ist draußen verborgen geblieben, das Faktum aber war bekannt, und so haben die auf einen wohlbekannten Ungenannten gemünzten Glossen und satirischen Verse den ohnehin starken Anti-Bermann-Emotionen des Exils immer neue Nahrung geliefert. Als Bermann sich nach der Flucht aus Wien anschickte, den Verlag mit einem schwedischen Partner, dem Stockholmer Verleger Bonnier, weiterzuführen, hat er das von gänzlich unerwarteter Seite zu spüren bekommen. Thomas Mann, der bisher mit ihm durch dick und dünn gegangen war, erteilte seinen Plänen eine brüske Absage. In einem Brief an Klaus Mann liest man von der »Kalamität mit Bermann, der seine Überflüssigkeit nicht einsehen will«. Wirklich machte sich Thomas Mann nun die Argumente zu eigen, gegen die er sich störrisch verschlossen hatte, als sie 1936 u.a. von Schwarzschild vorgebracht worden waren. Er ist nicht einmal vor dem »Rat« zurückgeschreckt, Bermann möge zu seinem Arztberuf zurückkehren. Schwarzschild hatte das ebenfalls empfohlen, doch damals war Bermann ein sehr reicher Mann gewesen. Thomas Mann sprach nun zu einem, der von vorn anfangen mußte, und das wirkt ein wenig schäbig. Aber gemach, die Peripetie ließ auch diesmal nicht auf sich warten.

Im Verlauf weniger Wochen wurde aus der harschen Aufkündigung m immer freundlicher ein Einverständnis mit Bermanns Plänen – mit einer und, wie es schien, gravierenden Einschränkung: die bislang konkurrierenden ge Querido, Allert de Lange und Bermann-Fischer müßten aufs engste zusammen arbeiten. So ist schließlich die »Konzentration« der Kräfte zur Losung erhoben worden, ein Schlagwort, das ebenso verheißungsvoll klang, wie es verschwommen war. Thomas Mann hat das Schicksal von Bermanns Verlag, genauer: sein Verbleiben in ihm (aber das waren in jenen Wochen Synonyma) ausdrücklich von diesem Arbeitsverbund abhängig gemacht. Wenn also der von ihm zur Führung der Gespräche erkorene Fritz Landshoff mit Gottfried Bermann nicht einig wurde, so stand zu erwarten, daß dessen Verlag trotz des schwedischen Kapitals über kurz oder lang zu etwas Ephemerem verkümmern würde. Indes, sie sind einig geworden, am 8. Juni 1938, auf den Tag zwei Monate nach Thomas Manns Scheidebrief.

Liest man diese Dokumente, so wirkt Landshoff gelegentlich wie der Bevollmächtigte von Thomas Mann, und Bermann schien quasi unter Kuratel zu stehen. Doch der Schein trügt. Das größere Opfer war von Thomas Mann Landshoff auferlegt worden, und der Brief mit dem dieser Arnold Zweig die neuen Fakten rechtfertigend zu erläutern suchte, läßt ahnen, weshalb er es auf sich genommen hatte: »Es gilt halt noch einmal – ohne sich im geringsten über die gesamte Situation zu täuschen –, unter Zurückstellung aller privaten Wünsche, Reibereien und ›Konkurrenzfragen‹ eine Organisation zu schaffen, die in der Lage ist, auch jetzt noch mit einiger Aussicht auf Erfolg das Werk der emigrierten Autoren zu schützen und zu verbreiten.« Die Formulierung verrät, mit welchen seelischen Vorbehalten Landshoff an die Sache herangegangen ist, und darüberhinaus, daß er den Abscheu vor dieser Lösung gerade bei seinen wichtigsten Autoren für beträchtlich gehalten hat. Mit Recht. Ob Zweig, Feuchtwanger oder Bruno Frank, ob Klaus Mann oder Joseph Roth, sie alle kann man getrost Feinde von Gottfried Bermann nennen, und die Zusammenarbeit mit ihm hat ihr Verhältnis zu »ihrem« Verleger nicht gerade verbessert. So hat Landshoff denn wieder und wieder an ihre Einsicht appelliert, ihnen die Lage geschildert und für die Maßregeln geworben, mit denen sie gewendet werden sollte.

Es gab davon ein ganzes Bündel, defensive wie offensive. Allert de Lange, Bermann-Fischer und Querido gründeten eine Zentralauslieferung, die bei de Lange angesiedelt war (die Oprecht-Verlage sind an dem Verbund nicht beteiligt worden, obwohl Thomas Mann sie gerne dabeigesehen hätte[44]). Die Zentralauslieferung hatte »›für jede der vertretenen Firmen den Verkauf zu leiten, den Vorrat zu lagern [...], zu fakturieren, zu verpacken und zu versenden, die Conten getrennt zu führen, zu inkassieren und zu mahnen; fernerhin alle für diese Tätigkeiten notwendigen Arbeiten, inssondere was das [Devisen-]Clearing betrifft, zu leisten, eventuelle Zollfragen zu erledigen und die Bindeaufträge, insbesondere des Bermann-Fischer-Verlages, weiterzuleiten und zu beobachten. Die Zentralauslieferung verpflichtet sich, einen Prospektversand an die Unterauslieferungen [...] auf ihre Kosten durchzuführen.‹« Bei den Gründerverlagen verblieb damit außer dem Lektorat faktisch nur ein (kleiner) Teil der Buchhaltung und die Herstellung (daß Bermann sie in seinen Memoiren ebenfalls an die Zentralauslieferung delegiert hat, ist offensichtlich ein Erinnerungsfehler). Für Querido hieß dies, daß der holländische Verlag zumindest buchungstechnisch von vielen Gratisleistungen für die deutsche Schwester befreit wurde; unabhängig davon brachte die Kooperation allen Beteiligten eine Kostenersparnis. Sorgatz merkt freilich zu Recht an, der Bermann-Fischer-Verlag habe von ihr am meisten profitiert. Bis dahin primär auf den Verkauf ins Dritte Reich orientiert, konnte er ohne eigene Investitionen an einem gut eingespielten Vertriebsnetz partizipieren.

Denn es überrascht ja nicht, daß es sich bei den Unterauslieferern durchweg um die alten Repräsentanten von de Lange und Querido gehandelt hat. Die ihnen gewährten Konditionen wichen allenfalls punktuell von denen ab, die wir bereits kennen, doch das ist keineswegs der einzige, nicht einmal der wichtigste Grund, auf ihr Referat zu verzichten. Der Vertrag über die Zentralauslieferung ist in der ersten Augustdekade geschlossen worden. Zur selben Zeit bereiste Lord Walter Runciman im Auftrag des britischen Kabinetts die Tschechoslowakei und leitete den Untergang des Landes ein, das, wir wissen es, für die Exilverlage ein Hauptabsatzgebiet war. Was nutzten da Sonderrabatte für die André'sche Buchhandlung in Prag oder Julius Kittl in Mährisch-Ostrau? Und warum von der Libreria Littoria in Triest überhaupt sprechen, da es in Italien seit dem 1. Juli per Dekret verboten war, Bücher von ausländischen Juden zu verkaufen? Die rasante politische Entwicklung hatte die Vereinbarung partiell schon zu Makulatur gemacht, als die Verleger ihre Unterschrift daruntersetzten. Die Zentralauslieferung senkte die Kosten. Gegen die galoppierende Schwindsucht, von der die Absatzgebiete befallen waren, kam sie nicht auf.

Mit der Etablierung einer an den britischen Albatros-Books orientierten Taschenbuchserie sind die drei Verlage in die Offensive gegangen, um ein vermeintliches Niemandsland für sich zu erobern. Neben Textsammlungen aus Klassik und Romantik sollten die ›Forum-Bücher‹ »vorexilische« Werke der Verlagsautoren bringen. Arnold Zweig gegenüber hat Landshoff das Editionskonzept damit begründet, daß zu einer Zeit, »wo durch die großen Beschlagnahmen in Wien von vielen Autoren das gesamte Werk, von anderen ein großer Teil ihrer Werke vollständig vom Markt verschwunden sind, die Möglichkeit [besteht], Neudrucke herauszubringen zu einem

FORUM

GEMEINSCHAFTSPRODUKTION DER VERLAGE BERMANN-FISCHER, STOCKHOLM, ALLERT DE LANGE, A'DAM, QUERIDO, A'DAM

Beratendes Komitee: Thomas Mann - René Schickele - Franz Werfel - Stefan Zweig

Amsterdam, den 17.Februar 39

Herrn Hermann Kesten
Nice a/M.
Villa Paulette
---- ------

Lieber Herr Kesten!

Hier sind die zweiten fl. 50.--; bitte haben Sie die Liebenswürdigkeit, uns den Eingang zu bestätigen.

Mit besten Grüssen
FORUM

Wertbrief

Anbei 1	Billet	hfl.	20.--	Nr.	DL 097786
1	"	"	10.--	Nr.	NJ 083522
1	"		10.--	Nr.	GP 063024
1	"		10.--	Nr.	CR 011682

ADMINISTRATION
AMSTERDAM
Keizersgracht 333, Tel. 45921

ZENTRALAUSLIEFERUNG
AMSTERDAM
Damrak 67, Tel. 20492

110 (Handschriften-Sammlung der Stadtbibliothek München)

erschwinglichen Preis«. Das leuchtet ein, solange man nicht daran denkt, daß das in Wien Beschlagnahmte unverzüglich als Ramschware ins Ausland wanderte. Wir haben gesehen, daß dieser die Neuproduktion behindernde Buchexport nach der Annexion Österreichs den Höhepunkt erreichte, die Preise aber einen bis dahin nie gekannten Tiefstand. Warum z. B. sollte jemand für einen (schwach) kartonierten Band Thomas-Mann-Erzählungen 30 ffrs. ausgeben, wenn er den in Wien beschlagnahmten ›Felix Krull‹ des Querido Verlags für 25 ffrs. haben konnte? Das Forum-Projekt wurde gerade beschlossen, da klagte Bermann bei Thomas Mann darüber, daß sein Wiener Verlag trotz aller Einsprüche unter NS-Leitung weiterarbeite und »die in Deutschland verbotenen Werke, darunter also auch die Ihren, mit Exportprämie nach dem Ausland« liefere. Die Lager der Firmen Löwit und Lanyi, die vor 1938 dem Ramsch als »Schleuse« ins Ausland gedient hatten, sind ebenfalls »geräumt« worden, davon zu schweigen, daß die bei Kende konfiszierten Bestände von Querido, de Lange usw. denselben Weg genommen haben.

Der rechtlich selbständige, aber bei Querido angesiedelte und von Landshoff geleitete Forum-Verlag wurde dennoch gegründet und begann im Sommer 1938 mit Hochdruck zu arbeiten. In den Erinnerungen hat Landshoff die Auflagen der Forumbücher irrtümlich mit 10000 angegeben, in Briefen von 1938/39 dagegen, genau wie Bermann, mit 6000. Die Autoren erhielten 250 Gulden Garantie, Herausgeber von Anthologien mußten sich mit 50–100 Gulden zufriedengeben. Die erste Serie von elf Bänden kam Anfang Dezember 1938 heraus, und wenn Bermann drei Wochen später vorsichtig von einem »ermutigenden Anfang« gesprochen hat, so war diese Zurückhaltung begründet. Im Sommer 1939 hat die Forum-Administration (i. e. Landshoff) eine Garantie auf 6000 nur noch in Sonderfällen für tragbar gehalten – es sei »›unmöglich, im Allgemeinen 3500 zu drucken und 6000 zu garantieren‹«. Die zweite (und letzte) Serie vom Frühsommer 1939 umfaßte nur noch sieben Titel, doch trotz der Auflagensenkung von 6000 auf 3500 blieben die Forumbücher im Defizit. Im Dezember 1939 konstatierte Walter Landauer, die Bände gingen »›leider nicht gut und verhältnismäßig schlechter als unsere teueren Ausgaben‹«. Das einzig Verwunderliche daran ist wohl, daß Landauer darüber verwundert war.

Wurde der Forum-Verlag geschäftlich bei Querido geführt, so ist damit nicht gesagt, daß Landshoff die Titelauswahl allein getroffen hat. Querido-Autoren haben ihm deswegen auch heftige Vorwürfe gemacht (und dabei stillschweigend unterstellt, daß das »beratende Komitee« – Thomas Mann, Schickele, Werfel, Stefan Zweig – vor allem dekorative Bedeutung hatte). Landshoff habe sich von Bermann »ins Schlepptau nehmen« lassen, hat Arnold Zweig kritisiert, um fortzufahren: »Die Verdienste des Queridoverlages um das Weiterleben der deutschen Literatur in der Emigration geben ihm ein solches Übergewicht über die Akrobatenstücke der […]

111/112 Die ersten Bände der ›Forum‹-Bücher, Umschläge (DLA)

Bermänner, daß die ersten zehn Nummern der Forumbücherei eine Verfälschung der Situation darstellten.« In puncto Dominanz der Fischer-Autoren hatten Zweig und andere – Feuchtwanger, Döblin – recht, mit ihren Vorwürfen aber nur insoweit, als es um das Erscheinungsbild in der Öffentlichkeit ging.

Es weist Landshoff als den seine Kollegen weit überragenden Verleger aus, der er war, daß er dies als untergeordneten Gesichtspunkt betrachtet hat. Wie hätte er auch anders handeln können, nachdem er einmal in die Zusammenarbeit gewilligt hatte! Der Liaison mit Bonnier ungeachtet, war der Bermann-Fischer-Verlag die von den kooperierenden Firmen derzeit mit Abstand schwächste und mußte à tout prix gestützt werden, wenn der Dreibund Bestand haben sollte. All die bekannten Vorbehalte und Aversionen hatten dahinter zurückzutreten, mochten sie auch noch so stark und berechtigt sein. Verdeutlicht dies Landshoffs Motive, so macht der Protest »seiner« Autoren seine Bedrängnis sichtbar. Natürlich haben sie nicht allein aufbegehrt, weil der Querido Verlag sein Licht unter den Scheffel stellte, vielmehr wollten selbstverständlich auch sie in der Forumbücherei vertreten sein. Zweig hatte bereits

DAS FREIE DEUTSCHE BUCH

Grösstes Antiquariat guter deutscher Belletristik

DAS ANTIQUARIAT ENTHAELT WERKE FOLGENDER AUTOREN:
(Die Liste ist nicht vollständig; aus Raumgründen wurde weniger Wichtiges weggelassen.)

KLABUND: Borgia.
KNAUR-LEXIKON 1932
KOERMENDI
KOLLONTAY
KRAFFT-EBING
KARL KRAUS:
Chinesische Mauer,
Die letzten Tage der Menschheit,
Pro domo et mundo.
KURELLA

LAGERLOEF
LANIA
LEDERER
LAWRENCE
LENNHOF
LERNET-HOLENIA
SINCLAIR LEWIS
LEWINSOHN
LICHNOWSKY
LILL
LOCKHART
JACK LONDON
ALBERT LONDRES
VAN LOON
LOOS
EMIL LUDWIG:
Napoleon,
Menschensohn,
Goethe,
Lincoln,
Bismarck,
Wilhelm II.,
Juli 14.,
Diana,
Tom und Sylvester,
Genie und Charakter.
LUFLOS: Gummi.
LUNGWITZ
ROSA LUXEMBURG

MAC EVOY
MADELUNG
MAINZER
HEINRICH MANN:
Untertan, Kopf,
Zwischen den Rassen,
Schlaraffenland,
Das öffentliche Leben.
Jagd nach Liebe,
Professor Unrat,
Göttinnen,
Geist und Tat,
Liliane und Paul.
KLAUS MANN
MARCU
MARCUSE
MAURICE: Liebe.
MAUROIS: Eduard VII.
MEHRING
MENDELSSOHN
MERESCHKOWSKI
MEYRINK
MICHAELIS
MILBURN
MITCHELL
MOLNAR
MORGENSTERN
Hermynia zur MUEHLEN
MULFORD
AXEL MUNTHE
MUSIL
MYNONA

ALFRED NEUMANN
ROBERT NEUMANN
NEMIROWSKY
NORDAU: Die konventionellen Lügen.

OBERMAYER
O'FLAHERTY
OLBRACHT
OLDEN
OPPENHEIMER
OSTENSO:
Ruf der Wildgänse,
Erwachen im Dunkeln.
OSTWALD

PHILO-ATLAS
PICARD
POE
POLGAR
POLLATSCHEK
PORTIGLIOTTI:
Borgia.
PRINZ: Jüd. Geschichte.
RABENER
RADIGUET
REMARQUE
REIMANN
RENN
RILKE
ROMAIN ROLLAND:
Jean Christophe,
Das Leben Tolstois,
Das Leben Händels,
Musikalische Reise,
Mutter und Sohn,
Sommer,
Annette und Sylvia,
Peter und Lutz.
ROTH:
Hotel Savoy, Juden auf der Wanderschaft,
Rechts und links,
Rebellion,
Radetzkymarsch.

SACHER-MASOCH:
Katharina II.
SALTEN
GEORGE SAND
SCHAFFNER
SCHARRER
RENÉ SCHICKELE:
Das Erbe am Rhein,
Die Witwe Bosca.
SCHNITZLER: fast alles
SCHOLOCHOW
SCHOMBURGK: Afrika.
SCOTT: Fant.
SEIDEL
SHAW
SIEBURG:
Robespierre,
Gott in Frankreich.
UPTON SINCLAIR
SOERGEL
SPEYER
SPRINGER:
Kunstgeschichte.
STERNBERG
STERNHEIM
STONE: van Gogh.
O. F. STRAUSS:
Voltaire.
STRESEMANN
STRINDBERG
SUTTNER

TAGORE
TAIROFF
TARRASSOW
TOLSTOI
TRAVEN
TRETJAKOW
TROTZKI
TUCHOLSKY
MARC TWAIN

UNAMUNO: 4 Bände.
UNRUH
VALLENTIN:
Napoleon,
Winckelmann.
VAN DER VELDE
VERMEYLEN
VICTOR:
Mathilde,
General und die Frauen.
G. von der VRING:
Soldat Suhren

WALLACE
WASSERMANN
WEININGER
E. WEISS
H. G. WELLS: fast alles.
H. WENDEL: Danton.
WERFEL:
Barbara,
Verdi,
Abituriententag.
OSCAR WILDE
OTTO WOLF:
Die Geschäfte des Herrn Ouvrard.

ZAREK: Liebe auf dem Semmering, Theater um Maria Thul.
ARNOLD ZWEIG:
Sergeant Grischa,
Junge Frau von 1914,
Novellen um Claudia,
Pont und Anna,
Spielzeug der Zeit,
Frühe Fährten.
STEFAN ZWEIG:
Amok, Fouché,
Verwirrung der Gefühle,
Marie Antoinette,
Brennendes Geheimnis,
Erstes Erlebnis,
Der Zwang, Jeremias.

DR. ERNEST STRAUSS

AGENCE DE LIBRAIRIE FRANÇAISE ET ETRANGERE

2, Square Léon-Guillot, Paris (XVe)

ANTIQUARIAT — NEUANTIQUARIAT LIEFERUNG NUR AN BUCHHANDLUNGEN
EINRICHTUNG UND BELIEFERUNG VON LEIHBUECHEREIEN
PORTOFREIER VERSAND NACH ARGENTINIEN, URUGUAY, CHILE, PERU usw.

Imp. S. P. I., 4 et 5, rue Saulnier, Paris (IXe) (PRINTED IN FRANCE)

113 Neues Tage-Buch, 7. Jg., H.23 v. 3.6. 1939 (DLA)

wegen des ›Streits um den Sergeanten Grischa‹ gedrängt, und Feuchtwanger war ebenfalls ungeduldig: Landshoff schreibe »in Sachen des Forum Verlags ausweichende Briefe«, ließ er Zweig Anfang 1939 wissen. Während der Grischa-Roman aus Umfangsgründen nicht in die Reihe aufgenommen wurde und Zweig leer ausging – an sein schmales Meisterwerk ›De Vriendt kehrt heim‹ hat offenbar niemand gedacht –, zog sich Landshoff bei Feuchtwanger elegant aus der Klemme. Eine Teilauflage des 1939 für die etwa formatgleiche Werkausgabe geplanten ›Jud Süß‹ ist ins Gewand der Forumbücher gesteckt worden. (Mit den Rohbogen von Leonhard Franks schwer verkäuflicher ›Räuberbande‹ wurde übrigens genauso verfahren – zwei Fliegen mit einer Klappe.)

Hat Landshoff so den einen und andern Autor zufriedengestellt, so wäre sein Dilemma ohne einen Blick auf den holländischen Partner doch sehr unvollständig beschrieben. Die prinzipielle Übereinkunft mit Bermann war allgemach fast drei Monate alt und der Vertrag über die Zentralauslieferung seit zwei Wochen unterschrieben, da hatte Emanuel Querido von diesen Innovationen noch keine Ahnung. Landshoff an Klaus Mann: »Querido ist seit zwei Tagen wieder stundenweise im Verlag und muß nun allmählich über all die großen Veränderungen unterrichtet werden, die in den vier Monaten seiner Abwesenheit vor sich gegangen sind. [...] Du kannst Dir vorstellen, welche Schwierigkeiten das nun wieder macht.« Es war also auch er, der über seinen Schatten springen mußte, »unter Zurückstellung aller privaten Wünsche, Reibereien und ›Konkurrenzfragen‹«. Wenn Gottfried Bermann von alldem überhaupt etwas gespürt hat, so hat er es jedenfalls nicht merken lassen. Die Zusammenarbeit mit Landshoff und Landauer spiele sich »in freundschaftlichster und alle Teile befriedigender Weise ab«, schrieb er Thomas Mann. Wenigstens das erste darf bezweifelt werden.

Bleibt vom letzten der Gemeinschaftsprojekte zu sprechen, dem wiederum mit einer Verlagsgründung verbundenen Versuch, in Übersee einen »zweiten Markt« zu erschließen. Die Initiative ist auch hier von Landshoff ausgegangen. Seit der Annexion Österreichs hat er sich mit dem Plan einer New Yorker Zweigniederlassung getragen, und als er im Mai 1938 in die USA reiste, wurde er dort auch schon von einem seriösen und kapitalkräftigen Gesprächspartner erwartet, dem Verleger Heinz Günther Koppell, vormals Berlin. Koppell hatte die Deutsche Buchgemeinschaft gegründet und bis 1932 als Teilhaber geleitet, außerdem war er Mitbesitzer einer gutgehenden Berliner Druckerei gewesen. Mit Landshoff hatte er damals über eine Beteiligung am Kiepenheuer Verlag verhandelt. Aus der Sache war nichts geworden, die Verbindung war geblieben. Da Koppell schon 1932 nach Palästina ausgewandert war, hatte er – abzüglich der von Brüning 1931 eingeführten, noch minimalen

Reichsfluchtsteuer – sein offenbar beträchtliches Vermögen ungehindert mitnehmen können. 1936 war er dann in die USA übersiedelt und hatte, Landshoff zufolge, in Amsterdam Station gemacht. Mag sein, daß bei diesem Rencontre allerlei Pläne gewälzt wurden. Dringlich wurden sie erst zwei Jahre später.

Am 15.8. 1938 gründeten Koppell und (namens der europäischen Verlage) Landshoff die Alliance Book Corporation. Koppell investierte $ 25000 und fungierte als Präsident. Die im Gebäude des Verlags Longmans, Green & Co. untergebrachte (und mit ihm liierte) Firma sollte den »Dreibund« in den USA und in Kanada vertreten und als Kommissionär seine Bücher ausliefern (Mindestabnahme 100 pro Titel, bei 12 Titeln jährlich mindestens 250 Exemplare, stets mit 55% Rabatt). Ein Teil der Bücher – die mit den höheren Quoten – sollte in Rohbogen geliefert und mit dem Namen der Alliance Book Corporation versehen werden: Pflicht- bzw. Auswahlbände für die Mitglieder einer Buchgemeinschaft, mit welcher Koppell dem Vertrieb eine solide Basis zu geben hoffte. Die Autoren sollten für die von Alliance für eigene Zwecke übernommenen Stücke mit 5% vom Ladenpreis des Leinenbandes honoriert werden, und wenigstens in zwei Fällen hat dieses Angebot Empörung ausgelöst. Heinrich Mann notierte auf Landshoffs Brief: »nicht für ›Vollendung‹« und: »zuerst Knopf Vorsprung 3 Monate«, so der Übersetzung vor dem Original den Vorzug gebend. Weder Mann noch der ähnlich enttäuschte Zweig haben zunächst begriffen, daß die 5% nur für die Teilauflage gedacht waren, die auf einem »bisher nicht erfaßten Markt« verkauft werden sollte, wie Landshoff es ausgedrückt hat: Mache man es nicht, so würden in den USA vielleicht 25 bis 50 Bücher zum normalen Honorarsatz verkauft, so aber sei »immerhin die Chance gegeben, daß ein paar hundert, vielleicht gar tausend oder mehr Ex. verkauft« würden.

Als Landshoff dies am 18. 7. 1938 schrieb, könnte er schon sich selber ein bißchen Zuversicht suggeriert haben. Nötig hatte er sie jedenfalls. Als er nämlich den bisherigen Auslieferer, die Firma van Riemsdijk, aufgesucht hatte, war er vom Inhaber allsogleich ins Lager geführt worden. Dort hatte er »einen erheblichen Teil der je 100 Exemplare« vorgefunden, »die wir ihm [seit 1933!] von jedem Titel geschickt hatten und die er übrigens auch immer bezahlt hatte«. Ein indolenter Grossist? Bei dem nächsten New-York-Aufenthalt im Herbst 1938 sollte Landshoff lernen, daß van Riemsdijk sich keiner Versäumnisse schuldig gemacht hatte. Der amerikanische Markt war viel schwieriger als gedacht, im Dezember 1938 hat Landshoff das eingestanden, allerdings ohne daß ihm klar gewesen wäre, warum.

Keineswegs waren die finanziellen Anstrengungen des jüdischen Publikums für seine durch die Novemberpogrome terrorisierten und ausgeplünderten deutschen Verwandten die Ursache, erst recht nicht der von den Pogromen ausgelöste »Widerstand gegen alles Deutsche überhaupt«. Der war beschämend gering geblieben, und die deutsch-jüdische Immigration war dazumal zahlenmäßig noch so klein und überdies finanzschwach, daß sie als Käuferschicht nicht ins Gewicht fiel. Das Hemmnis bildete eine andere Bevölkerungsgruppe, die von Exilierten und Emigranten verächtlich als »Sauerkrautdeutsche« titulierten Deutsch-Amerikaner. Diese nach Millionen zählenden Abkömmlinge deutscher Einwanderer des 19. Jahrhunderts stellten die einzige lohnende Zielgruppe dar, solvent, wie ihre Angehörigen im allgemeinen waren. Zu einem nicht unbeträchtlichen Teil handelte es sich um die Enkel der ausgewanderten Revolutionäre und Demokraten von 1848, aber das hatte nichts zu besagen. In ihrer Gesamtheit waren die Deutsch-Amerikaner in einem fast unvorstellbaren Maße verspießert, waren absolut unzugänglich für alles, was auch nur entfernt nach Literatur und Kunst roch, und in politicis konnte man beinahe von Glück reden, wenn sie »nur« auf die Weimarer Republik schimpften, »nur« dem Kaiser nachtrauerten. In den Kinos von Yorkville, dem »deutschen« Stadtteil New Yorks, ist bis zum Kriegseintritt der USA (Dezember 1941) die Goebbels-Wochenschau gezeigt und – lautstark bejubelt worden.

Kurz, die Alliance Book Corporation hat mit ihren deutschen Büchern kein Bein auf die Erde bekommen (wohingegen sie mit englischen Übersetzungen glänzend reüssierte), die mit großem Werbeaufwand angekündigte Buchgemeinschaft ist sang- und klanglos verschieden, nachdem sie sich vergeblich um Mitglieder bemüht hatte, und bis auf den heutigen Tag sind lediglich zwei Querido-Bücher mit dem Imprint der Alliance Book Corporation nachzuweisen. Landshoffs Fazit: »In Rumänien habe ich mehr Bücher verkauft als in den Vereinigten Staaten.«[45]

Ein Ende in Raten Die auf 1939 vordatierte erste Forum-Serie nicht gerechnet, hat Querido 1938 14 neue Bücher herausgebracht, 1939 waren es – wieder ohne Forum – noch neun und im Frühjahr 1940 fünf. Bereits im August 1938 hatte Klaus Mann von seinem Freunde erfahren, es sei augenblicklich »praktisch unmöglich«, auch nur »einen Cent ›außerhalb des Etats‹ herauszubekommen«. Wie klein der Spielraum tatsächlich geworden war, ist an Landshoffs Überlegungen zur Erscheinungsweise von Feuchtwangers Roman ›Exil‹ abzulesen. Das Manuskript lag im Februar 1939 größtenteils vor, doch wegen seines Umfangs – fast 1000 Druckseiten – ist Landshoff vor dem Buche regelrecht zurückgeschreckt und hat Feuchtwanger Fortsetzungslieferungen vorgeschlagen, wie sie im 19. Jahrhundert üblich waren: je ein Drittel im März, Mai und August 1939. Und wirklich ist der erste Teil unter dem Titel ›Sepp Trautwein‹ auch auf einigen Buchumschlägen angekündigt worden. Erschienen ist er nicht. Landshoff hat den Roman ein volles Jahr vor sich hergeschoben,

114/115 Gemeinschaftswerbung der Verlage Bermann-Fischer, Allert de Lange und Querido, 1938/1939 (Sammlung A. Landshoff)

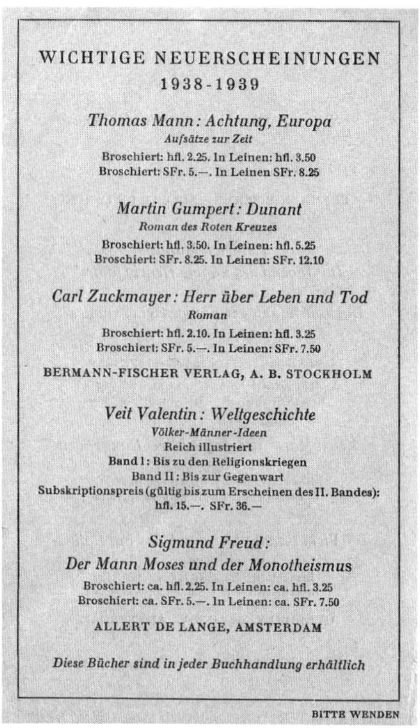

WICHTIGE NEUERSCHEINUNGEN
1938-1939

Thomas Mann: Achtung, Europa
Aufsätze zur Zeit
Broschiert: hfl. 2.25. In Leinen: hfl. 3.50
Broschiert: SFr. 5.—. In Leinen SFr. 8.25

Martin Gumpert: Dunant
Roman des Roten Kreuzes
Broschiert: hfl. 3.50. In Leinen: hfl. 5.25
Broschiert: SFr. 8.25. In Leinen: SFr. 12.10

Carl Zuckmayer: Herr über Leben und Tod
Roman
Broschiert: hfl. 2.10. In Leinen: hfl. 3.25
Broschiert: SFr. 5.—. In Leinen: SFr. 7.50

BERMANN-FISCHER VERLAG, A. B. STOCKHOLM

Veit Valentin: Weltgeschichte
Völker-Männer-Ideen
Reich illustriert
Band I: Bis zu den Religionskriegen
Band II: Bis zur Gegenwart
Subskriptionspreis (gültig bis zum Erscheinen des II. Bandes):
hfl. 15.—. SFr. 36.—

Sigmund Freud:
Der Mann Moses und der Monotheismus
Broschiert: ca. hfl. 2.25. In Leinen: ca. hfl. 3.25
Broschiert: ca. SFr. 5.—. In Leinen: ca. SFr. 7.50

ALLERT DE LANGE, AMSTERDAM

Diese Bücher sind in jeder Buchhandlung erhältlich

BITTE WENDEN

WICHTIGE NEUERSCHEINUNGEN
1938-1939

Stefan Zweig: Ungeduld des Herzens
Roman
Broschiert: hfl. 3.90. In Leinen: hfl. 4.90
Broschiert: SFr. 9.—. In Leinen SFr. 12.—

BERMANN-FISCHER - ALLERT DE LANGE

Heinrich Mann:
*Die Jugend des Königs Henri Quatre**
Roman
*Die Vollendung des Königs Henri Quatre***
Roman
*Broschiert: hfl. 4.25. In Leinen: hfl. 5.90
Broschiert: SFr. 9.50. In Leinen: SFr. 13.50
**Broschiert: hfl. 5.90. In Leinen: hfl. 7.50
Broschiert: SFr. 16.—. In Leinen: SFr. 19.—

Erich Maria Remarque: Drei Kameraden
Roman
Broschiert: hfl. 2.90. In Leinen: hfl. 3.90
Broschiert: SFr. 7.20. In Leinen: SFr. 9.40

Vicki Baum: Liebe und Tod auf Bali
Roman
Broschiert: hfl. 2.50. In Leinen: hfl. 3.50
Broschiert: SFr. 6.—. In Leinen: SFr. 8.50

QUERIDO VERLAG N.V., AMSTERDAM

Diese Bücher sind in jeder Buchhandlung erhältlich

BITTE WENDEN

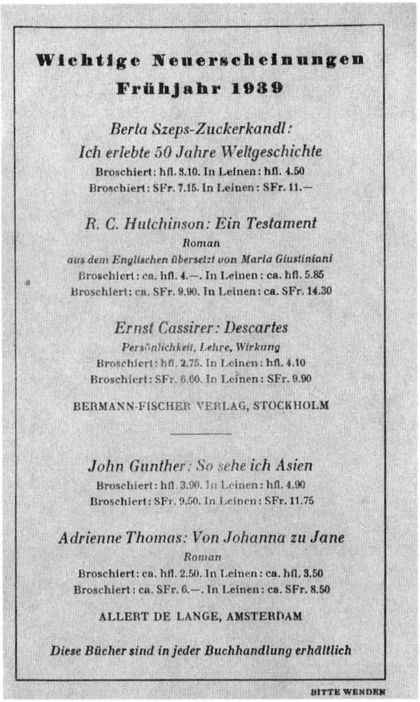

Wichtige Neuerscheinungen
Frühjahr 1939

Berta Szeps-Zuckerkandl:
Ich erlebte 50 Jahre Weltgeschichte
Broschiert: hfl. 8.10. In Leinen: hfl. 4.50
Broschiert: SFr. 7.15. In Leinen: SFr. 11.—

R. C. Hutchinson: Ein Testament
Roman
aus dem Englischen übersetzt von Maria Giustiniani
Broschiert: ca. hfl. 4.—. In Leinen: ca. hfl. 5.85
Broschiert: ca. SFr. 9.90. In Leinen: ca. SFr. 14.30

Ernst Cassirer: Descartes
Persönlichkeit, Lehre, Wirkung
Broschiert: hfl. 2.75. In Leinen: hfl. 4.10
Broschiert: SFr. 6.60. In Leinen: SFr. 9.90

BERMANN-FISCHER VERLAG, STOCKHOLM

John Gunther: So sehe ich Asien
Broschiert: hfl. 3.90. In Leinen: hfl. 4.90
Broschiert: SFr. 9.50. In Leinen: SFr. 11.75

Adrienne Thomas: Von Johanna zu Jane
Roman
Broschiert: ca. hfl. 2.50. In Leinen: ca. hfl. 3.50
Broschiert: ca. SFr. 6.—. In Leinen: ca. SFr. 8.50

ALLERT DE LANGE, AMSTERDAM

Diese Bücher sind in jeder Buchhandlung erhältlich

BITTE WENDEN

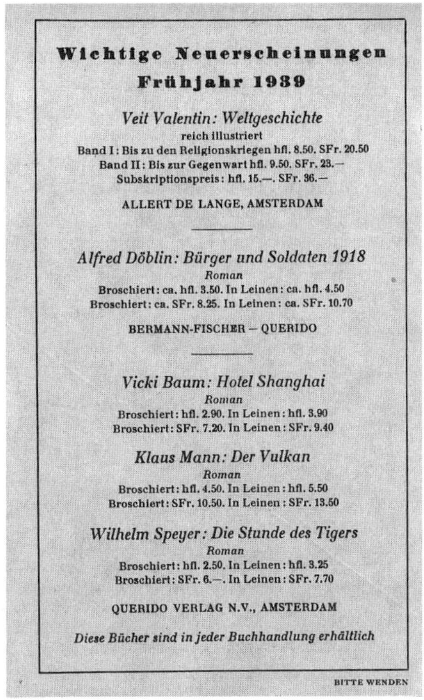

Wichtige Neuerscheinungen
Frühjahr 1939

Veit Valentin: Weltgeschichte
reich illustriert
Band I: Bis zu den Religionskriegen hfl. 8.50. SFr. 20.50
Band II: Bis zur Gegenwart hfl. 9.50. SFr. 23.—
Subskriptionspreis: hfl. 15.—. SFr. 36.—

ALLERT DE LANGE, AMSTERDAM

Alfred Döblin: Bürger und Soldaten 1918
Roman
Broschiert: ca. hfl. 3.50. In Leinen: ca. hfl. 4.50
Broschiert: ca. SFr. 8.25. In Leinen: ca. SFr. 10.70

BERMANN-FISCHER – QUERIDO

Vicki Baum: Hotel Shanghai
Roman
Broschiert: hfl. 2.90. In Leinen: hfl. 3.90
Broschiert: SFr. 7.20. In Leinen: SFr. 9.40

Klaus Mann: Der Vulkan
Roman
Broschiert: hfl. 4.50. In Leinen: hfl. 5.50
Broschiert: SFr. 10.50. In Leinen: SFr. 13.50

Wilhelm Speyer: Die Stunde des Tigers
Roman
Broschiert: hfl. 2.50. In Leinen: hfl. 3.25
Broschiert: SFr. 6.—. In Leinen: SFr. 7.70

QUERIDO VERLAG N.V., AMSTERDAM

Diese Bücher sind in jeder Buchhandlung erhältlich

BITTE WENDEN

116/117 Gemeinschaftswerbung der Verlage Bermann-Fischer, Allert de Lange und Querido, Frühjahr 1939 (Sammlung A. Landshoff)

bis er ihn im Frühjahr 1940 in einem Band herausbrachte. Die Garantie belief sich auf hfl. 1500. Laut Feuchtwanger war das »genau die Hälfte des Honorars, das mein englischer Übersetzer erhält«.

Beleuchtet dies die Produktionsbedingungen im letzten Friedensjahr, so illustriert das folgende Beispiel die Absatzchancen. Von Klaus Manns ›Vulkan‹ hatten die im Sommer 1939 noch verbliebenen Auslieferungen 300 Stück geordert, arg wenig für einen Oktavband von 721 Seiten, den der Verlag für hfl. 4.50/5.50 anbot und der, dieser Preis-Umfang-Relation zufolge, entweder in beträchtlicher Auflage hergestellt oder mit beachtlicher Unterdeckung kalkuliert worden sein muß. Die deprimierende Verkaufsziffer stammt vom Juli 1939 – sechs Wochen vor der Eruption des realen Vulkans (um in Klaus Manns Metaphorik zu bleiben). Allert de Lange müsse überwintern, mehr könne man nicht machen, schrieb Walter Landauer dem in

118 Überfall auf Holland. Das von der Luftwaffen-Kriegsberichter-Komp.Nr. 2 »Nur für den Dienstgebrauch« am 10.5. 1940 aufgenommene Photo der Sieger trägt die Legende: »Be-

gegnung deutscher Kradfahrer und holländischer Gefangener im zerstörten Rotterdam«
(Bibliothek für Zeitgeschichte, Stuttgart)

Frankreich nach Kriegsbeginn internierten Hermann Kesten: »Die Produktion des Herbstes führen wir durch, da ja schon alles gesetzt war, aber was dann geschieht, ist mir rätselhaft.« Ganz ähnlich bei Querido, nur daß Landshoffs Ton viel entschiedener klang: der Verlag habe beschlossen, »seine Produktion, solange es die Umstände nur irgend zulassen, bestimmt fortzusetzen« – vorerst freilich nur mit den in Satz befindlichen Büchern. Im selben Brief (24.10. 1939) wurde Arnold Zweig zur Rückzahlung des Vorschusses aufgefordert, falls er das Palästina-Buch nicht abliefere. In der gesamten Autorenkorrespondenz ist dies ein einmaliger Vorgang, und als Zweig das Manuskript für Frühjahr 1940 versprochen hatte, erklärte Landshoff halb entschuldigend: »Ein Teil der Vorräte ist durch Beschlagnahme in den verschiedenen Ländern vernichtet. Zehntausende von Gulden hat der Verlag in Österreich, in der Tschechoslowakei, Polen usw. usw. verloren – ganz abgesehen von den wahnsinnigen Kosten, die die durch die Umstände erforderlichen dauernden Umdispositionen der Vorräte erfordern« (15.11. 1939). »Umdisponiert« hatte inzwischen auch Bermann. »Ein ziemlich großer Teil meines holländischen Bücherlagers [...] befindet sich auf dem Wege nach hierher«, schrieb er Thomas Mann am 13.11. 1939 aus Stockholm, und im Frühjahr 1940 gelangte mit einem weiteren Transport »das etwa 12000 Bände umfassende Forum-Lager« von Bermann-Fischer-Titeln nach Schweden. In unserem Zusammenhang heißt dies, daß Bermann die Vereinbarung über die Zentralauslieferung aufgekündigt hatte, kaum 15 Monate, nachdem sie abgeschlossen worden war. War Schweden sicherer? Bermann selbst hat es bezweifelt – vielleicht kämen die Bücher gerade für einen Einmarsch zurecht. Tatsächlich konnte niemand wissen, wo man »in Sicherheit« war – mit Brechts ›Flüchtlingsgesprächen‹: »Damit man herausbringt, ob man schon heut fliehen muß oder erst morgen fliehen darf, ist eine Intelligenz nötig, mit der man noch vor ein paar Jahrzehnten hätt ein unsterbliches Werk schaffen können.« Bermann hatte Glück. Stockholm blieb verschont. Amsterdam nicht.

Was für den Querido Verlag nach dem deutschen Überfall folgte, ist zum Teil schon gesagt worden. Soweit die Buchlager die Kampfhandlungen überstanden hatten, wurde der größte Teil der Vorräte beschlagnahmt. Die Verlagsakten hatten Jetty und Werner Cahn schon verbrannt, bevor noch der Verlag »Besuch« bekam. Landshoffs Mitarbeiter sind mehrfach verhört worden, wurden aber nicht mißhandelt und blieben auf freiem Fuß, so daß sie sich verbergen konnten, als im Sommer 1942 die Judendeportationen einsetzten. Wie Alice van Nahuys und Fred von Eugen haben Jetty und Werner Cahn im Untergrund überlebt. Walter Landauer wurde in seinem Versteck aufgespürt und nach Bergen-Belsen verschleppt. Im Februar 1945 ist er dort buchstäblich verhungert. Emanuel Querido hat das Untertauchen ver-

119 Überfall auf Holland. Die Bildunterschrift des Originals: »In Holland internierte Juden aus Deutschland, die über Berlin, Wien, Prag u. Warschau nach Amsterdam kamen u.v. dort aus die Welt mit ihren Greuelmärchen zu überstreuen. Diese Juden, die die Emigrationspresse leiteten[,] sind zum Teil in unsere Hände gefallen, die andern haben sich rechtzeitig nach Paris u. London in Sicherheit gebracht. Aber auch dort werden sie gefunden und ihrer gerechten Strafe zugeführt werden.« (Bibliothek für Zeitgeschichte, Stuttgart)

schmäht. Im Juli 1943 wurden er und seine Frau in eines der polnischen Vernichtungslager deportiert und ermordet.

Landshoff war Ende April 1940 in Geschäften nach London gereist, und am Morgen des 10. Mai, an welchem Tag er hatte zurückfahren wollen, wurde ihm zusammen mit dem Hotelfrühstück die Nachricht vom deutschen Überfall auf Holland »serviert«. Was darauf folgte, war zunächst Unglück im Glück. Die von der hysterischen Öffentlichkeit geforderte und auf Drängen von Militär und Geheimdienst ins Werk gesetzte Masseninternierung »feindlicher Ausländer« erfaßte ihn wie Zehntausende andere Exilierte und Emigranten. Vor Hitler nach England geflohen, galten sie nun absurderweise für Hitlers Spione und Agenten. Landshoff hat seine Hafterlebnisse geschildert, mit zuviel Verständnis für die britischen Behörden. Im Unterhaus sind die Internierungen schon bald als Schandfleck auf Englands Ehre ge-

120 Umschlag. 1940 (HAW)

brandmarkt worden, eine Sicht der Dinge, zu der der auch hier ein wenig Staatsfromme sich noch nach Jahrzehnten nicht hat bequemen wollen. In jenen Tagen hat er es sogar abgelehnt, Harold Macmillan zu benachrichtigen, der als Verleger sein Geschäftspartner, als Politiker ein Gegner der Internierungen und als Member of Parliament mächtig genug war, ihm zur Freiheit zu verhelfen. Deshalb hat es statt zwei, drei Wochen sieben Monate gedauert, bis Landshoff dank weniger einflußreichen Freunden – die Familie Mann, Liesl Frank, Hermann Kesten, Franz Carl Weiskopf und (höchstwahrscheinlich auch) Gustav Regler – zu einem Schiffsbillett kam und zu einem mexikanischen Visum, welches ihn berechtigte, in New York an Land zu gehen.

Fest entschlossen, den Verlag auf irgendeine Weise weiterzuführen, hatte er sich schon in London dazu eine juristische Handhabe verschafft. Mit dem Einverständnis der niederländischen Exilregierung verlegte er den Unternehmenssitz von Amsterdam nach Batavia in Niederländisch-Indien (dem heutigen Djakarta in Indonesien). »Damit sind die Rechte und Pflichten des Amsterdamer Verlags an die Firma Querido A.G. Batavia übergegangen, die den Verlag unter meiner Leitung unverändert fortführt. Die Verlagstätigkeit werde ich von New York aus ausüben.« So die im Dezember 1940 in London ausgefertigte Erklärung für Autoren und Geschäftspartner, und im Begleitbrief an Vicki Baum hieß es: »Die Mitteilung, die ich Ihnen zukommen lasse, zeigt Ihnen, daß Sie Ihren deutschen Verlag noch nicht losgeworden sind. Solange es noch einen Menschen gibt, der deutsch liest, werde ich weiterverlegen, und wenn der gestorben ist, werde ich es erst recht tun.«

Tatsächlich hatte Landshoff in London auch einen Partner gefunden, einen deutschen Verleger, der in Wien sein Heil gesucht hatte, allerdings ohne Verbindungen zum Dritten Reich zu unterhalten, weshalb er auch nach der Annexion verhaftet worden war: Jakob Hegner. Der mit knapper Not nach England Entkommene strebte, wie Landshoff, in die USA, und als er Hermann Kesten im November 1940 um die Beschaffung eines Visums bat, hat er das so begründet: »Mit Landshoff habe ich die schönsten Pläne besprochen, und wir sind uns einig, daß wir sie drüben gemeinsam durchführen können und wollen. Drüben!« Indes hat Hegner kein amerikanisches Visum bekommen, und auch ein anderer Plan hat sich in Luft aufgelöst. Alfred und Blanche Knopf schienen fest entschlossen zu sein, Landshoff unter dem Dache ihres Imperiums einen kleinen Verlag einzurichten, doch die Zeit verstrich, und es war davon nie mehr die Rede. Damit nicht genug der verlorenen Hoffnungen, kam Landshoff bald auch der fiktive Verlagssitz Batavia abhanden: japanische Truppen besetzten im Frühjahr 1942 Niederländisch-Indien. Nach dem Scheitern all seiner Projekte hat Landshoff schließlich mit dem nach seiner Ausweisung aus Schweden in die USA geflohenen Gottfried Bermann Fischer[46] die L.(andshoff) B.(ermann) Fischer Pu-

293

Verlegung des Querido-Verlages Amsterdam nach Batavia.
Geschaeftsfuehrung: New York.

Auf Grund einer am 27. November 1940 durch die Hollaendische Regierung in London gezeichneten Erklaerung habe ich den Verlag Querido von Amsterdam nach Batavia, Hollaendisch Indien, verlegt. Damit sind die Rechte und Pflichten des Amsterdamer Verlages an die Firma Querido A.G. Batavia uebergegangen, die den Verlag unter meiner Leitung unveraendert fortfuehrt. Die Verlagstaetigkeit werde ich von New York aus ausueben. Die New Yorker Adresse des Verlages werde ich Ihnen in Kuerze mitteilen.
Diese Verlegung des Verlages ist gleicherweise fuer die Autoren von besonderer Bedeutung, da nicht nur die Kontinuitaet der Produktion des Verlages gesichert ist, sondern auch saemtliche von auslaendischen (insbesondere amerikanischen) Firmen mit Querido, Amsterdam, abgeschlossenen Vertraege nunmehr in einem sowohl politisch sowie devisenrechtlich freien Lande abgerechnet werden muessen und ich somit in der Lage bin, alle aus den Vertraegen eingehenden Betraege in gewohnter Weise an die Autoren weiterzuleiten und neue Vertraege zu schliessen.
Da ich mich bereits in der Abreise nach Amerika befinde, werde ich noch im Laufe des Januar die sofortige Aufnahme der Produktion mit Ihnen besprechen koennen. Bis dahin bitte ich Sie, alle Mitteilungen, Wuensche und Vorschlaege an mich c/o Hermann Kesten, 50 West 77th Street, Park Plaza Hotel, zu richten.

London, Mitte Dezember, 1940

Dr.Fritz Landshoff

121 (AZA)

blishing Corporation gegründet, einen im wesentlichen fremdfinanzierten Verlag für Bücher in englischer Sprache. Einem Biographen Landshoffs ist dieser Lebensabschnitt wichtig, uns geht er nur insoweit an, als die Geschicke des Querido Verlags davon berührt werden. Der von Angestellten in Stockholm weitergeführte Bermann-Fischer-Verlag wurde für eine Handvoll Querido-Bücher sozusagen zur Notunterkunft. Insgesamt neun Titel sind auf diese Weise bis 1945 in Schweden erschienen, unter dem Signet von Bermann Fischer und ohne daß die Querido-Provenienz durch einen Copyrightvermerk kenntlich gemacht worden wäre.

Begreiflich, daß Landshoff den Autoren gegenüber die Eigenständigkeit stets mit großem Nachdruck betont hat. Die Zahlungen würden von Bonnier geleistet, schrieb er Bruno Frank, die Verträge für seine Autoren aber einzig von ihm gezeichnet, die für Bermann-Fischer-Autoren ausschließlich von Bermann Fischer. Ganz ähnlich an Feuchtwanger: »Gastrecht« genieße man bei Bonnier, mehr nicht, Gastrecht »bis zu dem Tag, an dem nach der Befreiung von Holland der Querido Verlag seine Tätigkeit wieder voll aufnehmen kann«. Kurz, Landshoff hat gut Wetter für die Verbindung mit Gottfried Bermann Fischer machen wollen – und müssen. Daß Bruno und Liesl Frank ihm nicht grün waren, ergibt sich unzweideutig aus Landshoffs Argumentation, und was Feuchtwanger betrifft, so liest man in einem seiner

122/123 Signets der L.[andshoff] B.[ermann] Fischer Corporation, New York und der Querido, Inc., New York (DLA)

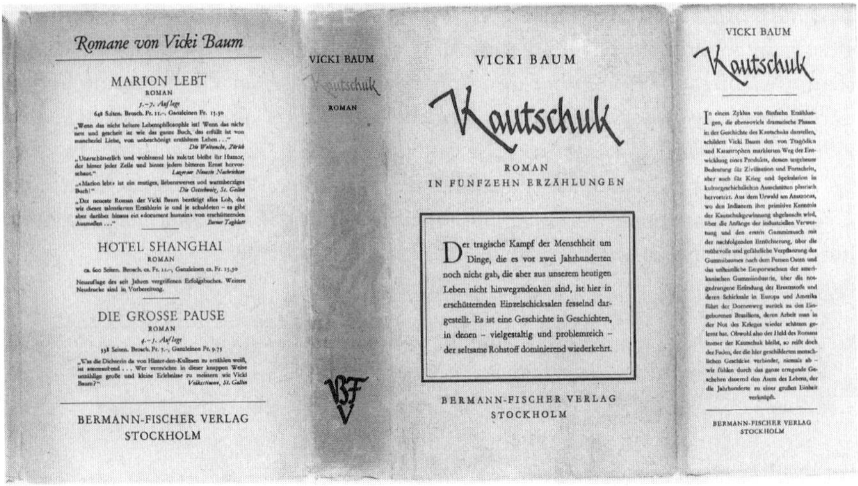

124 Schutzumschlag vom Verlag? (1945, 142) (DLA)

Briefe an Arnold Zweig: »Dem Bermann-Fischer Verlag gegenüber habe ich, wie gesagt, das höchste Mißtrauen.« Feuchtwanger hat es bei Worten nicht bewenden lassen, und Landshoff hat es nichts geholfen, daß er auf die 15 Jahre guter Zusammenarbeit verwies oder auf die Amsterdamer Werkausgabe. Der letzte Band der Josephus-Trilogie ging, der Geschlossenheit des Zyklus wegen, an den bei Bermann Fischer untergeschlüpften angestammten Verleger. Nicht so der Roman ›Simone‹. Ihn hat der von dem Bonnier-Konkurrenten Ljus in Stockholm gegründete Neue Verlag bekommen, ganz gleich, was Landshoff dazu sagen mochte. Und nicht nur das. Der in Haifa gänzlich isolierte Arnold Zweig hatte Feuchtwanger Vollmacht gegeben, für den Deutschlandroman ›Das Beil von Wandsbek‹ einen Vertrag abzuschließen, und Feuchtwanger beschrieb die Alternativen:

»Die deutschen und die schwedischen Rechte können hier [in Los Angeles] so gut wie sicher verkauft werden, sei es an Landshoff, sei es an den Ljus Verlag in Stockholm. Praktisch steht hinter Landshoff S. Fischer und hinter S. Fischer Bonnier in Stockholm. In Stockholm ist heute der größte Papierkonzern Europas eben der Ljus Verlag, der seinesteils sowohl einen deutschen wie einen schwedischen Verlag aufgemacht hat. Das ist insofern gut, als wir nicht genötigt sind, die Bedingungen Queridos ohne weiteres anzunehmen.«

So im April 1944, und vier Wochen später erfuhr Zweig: »Ich habe also einen Abschluß über die deutsche Ausgabe Ihres Buches ›Das Beil von Wandsbek‹ erreicht, und zwar mit dem Ljus Verlag in Stockholm.« Landshoff aber hat noch 1945 mit

Zweig Vertrag machen wollen – und erst da erfahren, daß Feuchtwanger ihm wegen (oder gegen) Bermann Fischer einen wichtigen Autor abspenstig gemacht hatte und ein großes Buch.

Dabei konnte er längst schon und mit bestem Gewissen sagen, daß er sich auf den Wiederbeginn in Amsterdam vorbereite, und es dürfte sogar solch unsichere Kantonisten beeindruckt haben, daß er auf Briefbögen der Querido Incorp. New York mit ihnen korrespondierte. Eigentlich zur Verbreitung niederländischer und flämischer Literatur in den USA gegründet, wurde dieser Kleinverlag zum Sprungbrett für Europa, zum rechtsfähigen Vertragspartner von Anna Seghers, Leonhard Frank, Hermann Kesten und selbst von Lion Feuchtwanger, der über ›Waffen für Amerika‹ wieder mit Landshoff abschloß. Auch Zweig gegenüber hat er – auf solch einem Briefbogen – im Juli 1945 die Hoffnung geäußert, die Ljus-Publikation werde eine Ausnahme bleiben, »der recht bald wieder Bücher unter meinem Imprint folgen werden«. Bereits im Dezember 1945 ist Landshoff nach Amsterdam aufgebrochen, geraume Zeit vor Eröffnung des regulären Schiffsverkehrs, und das hat sogar dem mißtrauischen Feuchtwanger Achtung abgenötigt: »Wie er das fertiggebracht hat, bleibt ein kleines Wunder.«[47]

»Wenn Sie nicht kommen, sind Sie ein Esel, denn, trotz allem, Europa ist unbeschreiblich schön. [...] Erst nachdem ich all die Jahre in N. Y. gelebt habe, weiß ich, was es bedeutet, wieder hier zu sein. Ich brauche Ihnen nicht zu sagen, daß – natürlich am meisten in Amsterdam – die trüben Eindrücke oft genug vorwiegen. Jeder Schritt erinnert Sie an die Menschen, die nicht mehr da sind, aber gerade diese Dinge haben wir uns ja oft genug in N. Y. vergegenwärtigt.«

So Landshoff am 15. 2. 1946 an Kesten, der im selben Briefe einen ausführlichen Bericht über das Wiederaufleben des Verlags (überall größtes Entgegenkommen) und nicht zuletzt über die Bücher empfing, die wider Erwarten die Okkupation überstanden hatten. Soweit erkennbar, hat es sich dabei ausnahmslos um Titel gehandelt, die von der Druckerei Thieme in Nijmegen hergestellt worden waren. Sie war ein beträchtliches Risiko eingegangen, als sie der Einstampf-Verfügung der Besatzungsmacht zuwiderhandelte. Landshoff hat offengelassen, ob es aus »Nachlässigkeit« geschehen sei oder »in guter Absicht«, und lediglich angemerkt, daß Thieme die holländische Ausgabe von ›Mein Kampf‹ habe drucken müssen, habe, »bewußt oder unbewußt, dieses ›Versehen‹ erleichtert«. An ein bloßes Versehen mag man bei über 15000 Rohbogenexemplaren aber nicht so recht glauben. Vor einem solch raumgreifenden Phänomen hat man ja nicht einfach die Augen verschließen können. Es muß schon eine bewußte Entscheidung gewesen sein, die Konterbande aufzubewahren. Landshoff und die von Eugens, die jetzt seine Partner waren, haben die Be-

Zwischen Herrn Maxim Lieber, 489 Fifth Avenue, New York N.Y., als Vertreter von ANNA SEGHERS, im Folgenden kurz DER AUTOR genannt und dessen Rechtsnachfolger einerseits
und
dem Querido Verlag N.V., Singel 262, Amsterdam, Holland, im Folgenden kurz DER VERLAG genannt, oder dessen Rechtsnachfolger andererseits kam heute folgender

V E R T R A G

zustande:

1.

Der Autor uebertraegt dem Verlag das ausschliessliche Recht auf Drucklegung und Verbreitung seiner Romane

DAS SIEBTE KREUZ und TRANSIT

fuer alle Auflagen in deutscher Sprache fuer die Dauer der gesetzlichen Schutzfrist.

II.

Die druckfertigen Manuskripte werden bei Unterzeichnung des Vertrages dem Verlag ausgeliefert. Der Verlag verpflichtet sich, beide Buecher in 1947 erscheinen zu lassen.x

III.

Der Autor erhaelt ein Honorar von 15% (fuenfzehn von Hundert)vom Ladenpreis des broschierten Exemplars.

IV.

F.H.L.

A Conto der Tantiemen zahlt der Verlag dem Autor einen Betrag von $2,000.00 (zweitausend Dollars) bei Vertragsabschluss, und weitere $2,000.00 (zweitausend Dollars) ~~beixOeffnungxdesxdeutschenxMarktes~~ am 1. Juli.x Weitere Abrechnungen und Zahlungen erfolgen halbjaehrlich, und zwar jeweils bis zum 1. Oktober und 1. April, ueber den Verkauf im ersten, resp. zw eiten Kalenderhalbjahr. x1947
Die Vorschusszahlungen sind an Maxim Lieber zu leisten; alle spaeteren Zahlungen erfolgen an den Autor abzueglich einer Kommission von 10%, die an Herrn Lieber zu leisten ist.

V.

Der Verlag hat das Recht, Drucklizenzen von den oben genannten Buechern des Autors an Buchgemeinschaften oder aehnliche Organisationen, die ihre Buecher ausserhalb des Sortiments-Buchhandels nur an ihre Mitglieder abgeben, zu verkaufen. Die Eingaenge aus derartigen Verkaeufen werden 50 : 50 zwischen Autor und Verlag geteilt. Der Verlag verpflichtet sich, innerhalb von 12 Monaten fuer die Einfuhr seiner eigenen Ausgabe in Mitteleuropa zu sorgen oder Vereinbarungen fuer eine Lizenzausgabe zu treffen. Der Erloes einer Lizensausgabe wird 50:50 zwischen Autor und Verlag geteilt.

VI.

Der Autor erhaelt fuer die erste Auflage 10, fuer alle weiteren Auflagen je 10 Freiexemplare.

x Das siebte Kreuz liegt bereits gedruckt in Amsterdam in einer Auflage von 4000 Expl. vor

F.H.L.

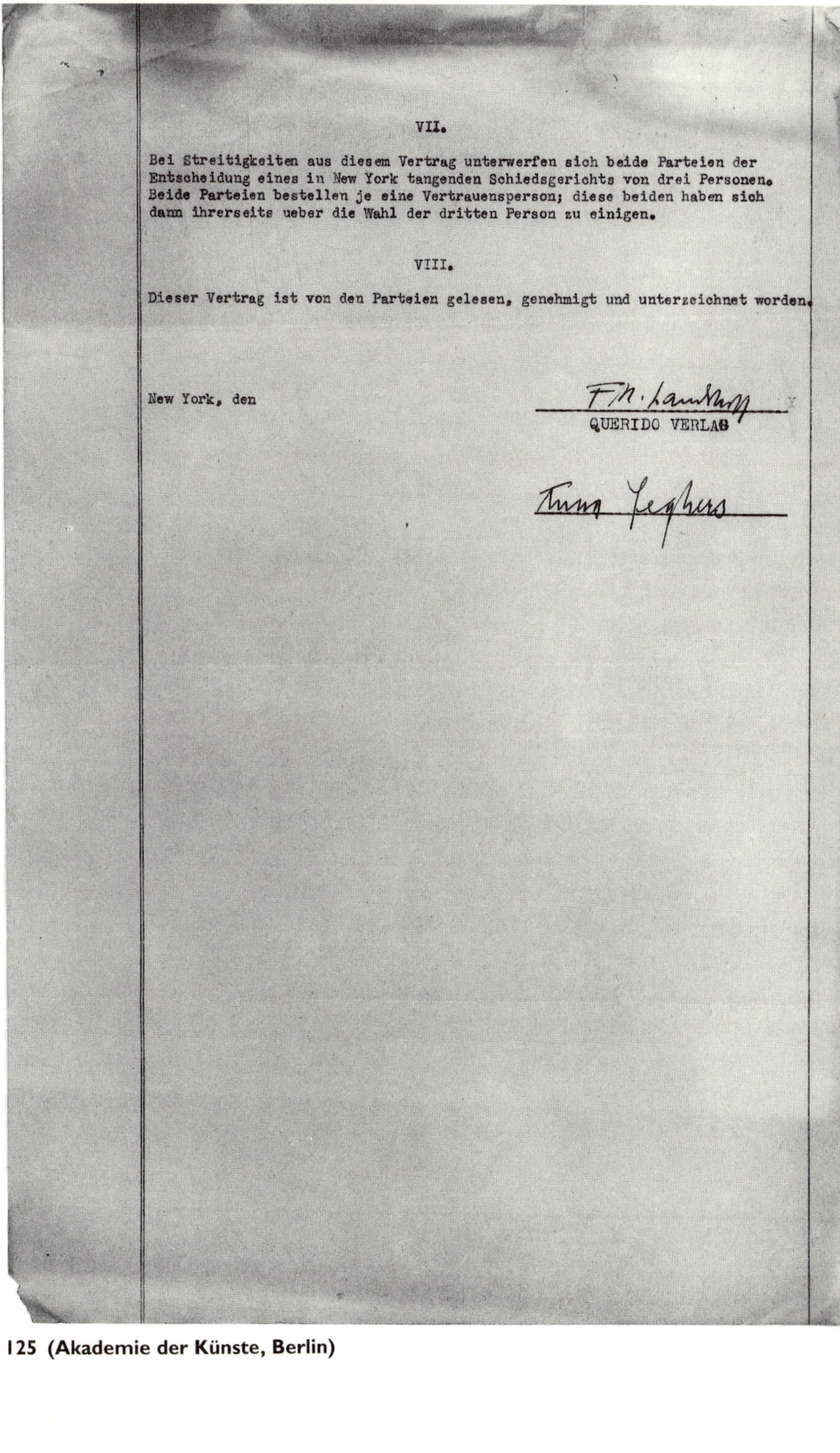

VII.

Bei Streitigkeiten aus diesem Vertrag unterwerfen sich beide Parteien der Entscheidung eines in New York tangenden Schiedsgerichts von drei Personen. Beide Parteien bestellen je eine Vertrauensperson; diese beiden haben sich dann ihrerseits ueber die Wahl der dritten Person zu einigen.

VIII.

Dieser Vertrag ist von den Parteien gelesen, genehmigt und unterzeichnet worden.

New York, den

F. M. Landshoff
QUERIDO VERLAG

Anna Seghers

125 (Akademie der Künste, Berlin)

stände so rasch als möglich in den Handel gebracht (man erkennt sie an der für die frühe Nachkriegszeit typischen Halbleinenbindung, die es bei Querido weder vorher noch später gab). Für geraume Zeit waren diese Bücher das einzige, was der deutsche Verlag anzubieten hatte, dies ungeachtet des großen Optimismus von Landshoff. Die Produktion sei angelaufen, hatte er Kesten geschrieben, sein Roman ›Die Zwillinge von Nürnberg‹ werde schon gesetzt, als eines von zwölf Büchern, die noch 1946 herauskommen sollten. Zwei Wochen später klang es schon wesentlich gedämpfter. Er lasse die Herstellung von Kestens Buch »so sehr beschleunigen, wie das unter den gegenwärtigen Umständen möglich ist«, rechne aber trotzdem mit vier bis fünf Monaten. Tatsächlich ist 1946 kein neues Buch erschienen, auch nicht Anna Seghers' ›Siebtes Kreuz‹, das mit dieser Jahreszahl imprimiert ist. Landshoff am 28. März 1947 an Kesten:

»Seit 14 Tagen ist mein Schreibtisch geschmückt mit drei gebundenen Exemplaren der ›Zwillinge von Nürnberg‹. Diese sind die ersten Muster, denen die Auflage nun unfehlbar auf dem Fuße folgt. Im April wird das Buch bestimmt erscheinen. Auf einen bestimmten Tag hat sich die Binderei nicht festlegen wollen. Gleichzeitig mit Ihrem Buch erscheinen: Anna Seghers, Annette Kolb und Schwarzschild. [...] Jeder in New York ist natürlich böse mit mir. Keiner realisiert, unter welchen Umständen man hier arbeitet. Glauben Sie mir: ich habe seit den allerersten Queridozeiten im Jahre 1933 nicht so viel und regelmäßig gearbeitet wie jetzt. Ich tue wirklich mein Möglichstes. Seien Sie mir also nicht zu gram.«

Um es an Kesten zu exemplifizieren: es hat dieser Bitte wirklich bedurft. Er hatte Landshoff angeherrscht, die Rechte fielen an ihn zurück, falls seine Bücher nicht 1946 erscheinen sollten, hatte ihn darauf hingewiesen, daß der Vorschuß »schon verfallen« sei, und mit jedem Brief hatte er ärger räsoniert und gewütet. Am 7. 2. 1947: »Ihr neuer Verlag ist der langsamste Verlag, den ich je gehabt habe. Offenbar rechnen Sie mit einer Lebensdauer von 150 Jahren oder spekulieren aufs Ableben Ihrer ohnehin unjungen Autoren, um dann mit den großen Nachlaß-Werken zu paradieren.« Am 8. 3. 1947: »In allen anderen Verlagen erscheinen die Bücher, nur bei Ihnen vergehen die Jahre, als hätten wir sie im Schock und im Hundert, und nichts ereignet sich. Das erinnert schon an die Fabel, die Joseph Roth sich als Hölle der Autoren ausgedacht hat, von dem reichen Mann, der die Bücher der Autoren kauft und gleich im Manuskript zerstört.« Als Kesten sich im nächsten Brief darüber beklagte, »daß Sie mir nichts oder nur Wetterberichte schreiben, und daß Ihre Bindereien aufs Tauwetter warten müssen«, ist Landshoff für einmal der Geduldsfaden gerissen: »Ihr letzter Brief war [...] so scheußlich, daß ich erst über einer Antwort brütete und dann sowohl Ihren Brief wie meine Antwort verdrängte. [...] Sie haben es leicht, aus Ihrem wohlgeheizten Zimmer über Wetterberichte zu höhnen.«

Das war es. Von Krieg und Kriegsfolgen hatte man in USA am eigenen Leibe faktisch nichts verspürt. Niemand hatte deswegen gehungert, niemand gefroren, niemand Entbehrungen auf sich nehmen müssen. Und so hat, mangels Phantasie und Einfühlungsvermögen, auch niemand begriffen, was Landshoff über die Behinderung der Produktion durch Mangel an Papier und Kohle, planmäßige Stromsperren und plötzlichen Stromausfall usw. berichtet hat, nicht davon zu reden, daß eine hilflose Bürokratie mit aberwitzigen Kontrollen und Direktiven blockierte, was zu wollen sie doch behauptete: die Rückkehr zu normalen Verhältnissen. Landshoff hatte das schon im Februar 1946 beschrieben, doch bei Kesten (und anderen) war es in taube Ohren gefallen:

»Eine gewisse Schwierigkeit ist, daß in Holland selbst absolut unbegrenzte Absatzmöglichkeiten bestehen, wir aber nur 10% unserer Produktion hier verkaufen dürfen, da die Papierzuweisung unter der Voraussetzung erfolgt, daß 90% der Bücher exportiert werden. [...] Es ist [...] ausgeschlossen, a) nachzudrucken, da kein Papier dafür bewilligt wird, wenn es nicht für Export ist, b) [Papier] zu importieren, da kein Geld für diesen Zweck zur Verfügung gestellt wird. Genau aus diesem Grund gehen natürlich die paar Bücher, die noch hier sind, so schnell weg.«

Auf Devisenkontigente und Exportzwang kommt es hier an. An diesen Punkten griff der Mechanismus einer anderen Bürokratie in den der niederländischen wie ein Zahnrad ins andere. Grotesk genug, haben der Alliierte Kontrollrat für Deutschland und, nach seinem Auseinanderbrechen, die einzelnen Besatzungsmächte, die Einfuhr von Druckerzeugnissen auch dann unterbunden, wenn es sich um Bücher von Exilierten handelte, um zweifelsfrei antinazistische Literatur, die bei der erstrebten Reeducation bessere Dienste getan hätte als jene überaus fragwürdigen Fragebogen, für die Papier in Hülle und Fülle zur Verfügung stand. So gab es in Holland Papier fast nur für Buchexporte, in Deutschland und Österreich aber keine Devisen für Buchimporte. Doch für wen machten Querido in Amsterdam, Oprecht in Zürich, Bermann Fischer und der Neue Verlag in Stockholm Bücher, wenn nicht für die zwölf lange Jahre von Welt und Wahrheit abgeschnittenen Deutschen?

In Landshoffs Autorenkorrespondenz wurde zum Dauerthema, wie man die Schranken der Bürokratie überwinden, unterlaufen oder wenigstens durchlässig machen könne. Stets ist da von Verhandlungen die Rede, die aussichtsreich anfingen und ergebnislos endeten; von neuerlichen Erwartungen und erneut enttäuschten Hoffnungen; von Landshoffs und Fred von Eugens Reisen zu alliierten Dienststellen und zu deutschen Verlegern; mal nach Köln, mal nach Frankfurt, mal nach Hamburg – und immer umsonst. Zur gleichen Zeit mußte Landshoff die teils ungläubigen, teils erbosten Autoren beschwichtigen und davon abhalten, sozusagen für Gotteslohn Lizenzen in eine der Besatzungszonen zu vergeben, nämlich für wertlose

126/127 Schutzumschläge von Susanne Heyneman (1947, 153) und (1947, 154) (DLA)

Reichsmark: »Natürlich kann man soviel Lizenzen, wie man will, nach Deutschland und Österreich vergeben, und eine ganze Menge Menschen tun es auch. Das scheint mir jedoch prinzipiell falsch. Je weniger es getan wird, desto stärker ist der Druck, um eine allgemeine Regelung zu erzwingen.« So im März 1947 an Feuchtwanger, so noch immer im Oktober 1948 an Zweig: »Vor allem rate ich Ihnen ab, zu viele Lizenzen nach zu vielen Richtungen zu geben. [...] Sie müssen frei bleiben, sobald die Verhältnisse es zulassen, eine Vereinbarung mit *einem* Verlage zu machen, der die Ihnen wesentlichen Bücher nachdruckt und auch in Zukunft Ihr Werk publiziert. Überflüssig zu sagen, daß ich glücklich wäre, dieser Verleger zu sein – wie ich es durch anderthalb Jahrzehnte hin gewesen bin.«

Auf die Autoren machten solche Appelle keinen sonderlichen Eindruck. Bei den meisten festigte sich mit fortschreitender Zeit die Meinung, die im Ausland sitzenden Verleger ließen es an Energie und Geschick fehlen und trügen allein die Schuld daran, daß die Bücher nur im Ausland gelesen werden konnten. Ob das nun ausgesprochen wurde oder nicht, als Unterstellung war es allgegenwärtig. In Wirklichkeit waren die Verlage viel übler dran, als etwa Feuchtwanger, Zweig oder Kesten es sich ausmalten. Vor dem Krieg hatten ihnen die Länder Ost- und Südosteuropas als Markt offengestanden. Jetzt waren sie hinter dem Eisernen Vorhang verschwunden, und Landshoff hat – im Januar 1948 – Kesten vorgerechnet, was daraus folgte: »Von den ›Zwillingen‹ sind ungefähr 1000 Exemplare verkauft. Sie müssen nicht denken, daß das schlecht ist. Ich habe mich bei schwedischen und Schweizer Verlagen erkundigt, was sie augenblicklich von wichtigen gut besprochenen Neuerscheinungen verkaufen; es ist immer ungefähr die gleiche Anzahl [...]. Ich brauche Ihnen nicht zu versichern, daß mit dem Absatz von 1000 Exemplaren die reinen Herstellungskosten nicht zur Hälfte gedeckt sind.« Grosso modo sind mit alldem die Bedingungen umrissen, zu denen zwischen 1947 und 1950 26 Bücher, davon fünf Nachauflagen (= N), bei Querido herauskamen. Wem die – aus der Bibliographie des S. Fischer Verlags übernommenen – Auflagen gleichwohl hoch erscheinen, der sollte bedenken, daß man hoffte, irgendwann doch noch nach Deutschland liefern zu können; die höchsten Ziffern datieren bezeichnenderweise durchweg nach der Währungsreform in den deutschen Westzonen (20. 6. 1948).

15000	Vicki Baum: Hotel Shanghai, 1949 (N)
10000	Vicki Baum: Clarinda, 1949
8000	Vicki Baum: Schicksalsflug, 1947
6000	Leonhard Frank: Die Jünger Jesu, 1949 (davon 5000 Mitdruck für Bermann Fischer, Wien)
	Hermann Kesten: Die fremden Götter, 1949
5000	Lion Feuchtwanger: Waffen für Amerika, 2 Bände, 1947/48
	Leonhard Frank: Mathilde, 1948
	Hermann Kesten: Copernicus und seine Welt, 1948
	Heinrich Mann: Der Atem, 1949
	Thomas Mann: Bekenntnisse des Hochstaplers Felix Krull, 1949 (N)
	Robert Neumann: Kinder von Wien, 1948
4000	Bruno Frank: Sechzehntausend Francs, 1948 (N)
	Martin Gumpert: Der Geburtstag, 1948
	Hermann Kesten: Die Zwillinge von Nürnberg, 1947
	Annette Kolb: König Ludwig II. von Bayern und Richard Wagner, 1947
	Joseph Roth: Der Leviathan, 1947 (N)
	Leopold Schwarzschild: Von Krieg zu Krieg, 1947
	Anna Seghers: Das siebte Kreuz, 1947
3000	Hans Keilson: Komödie in Moll, 1947

2000 Vicki Baum: Hier stand ein Hotel, 1948
Vicki Baum: Liebe und Tod auf Bali, 1948 (N)
Charles A. und Mary R. Beard: Geschichte der Vereinigten Staaten von Amerika, 1949
Max Horkheimer und Theodor W. Adorno: Dialektik der Aufklärung, 1948
Romain Rolland: Aus meinem Leben, 1949
1000 Alfred Polgar: Anderseits, 1948
? [Erika Mann (Hrsg.):] Klaus Mann zum Gedenken, 1950

Spiegeln sich in der geringen Zahl der Neuerscheinungen die desolaten Nachkriegsverhältnisse, so hat es mit ihnen doch nur indirekt zu tun, daß der deutsche Querido Verlag seine Tätigkeit schon nach wenigen Jahren hat einstellen müssen. Der Kollaps war die unmittelbare Folge der 1948 vollzogenen Verschmelzung mit dem Bermann-Fischer-Verlag. Hier ist nicht zu erörtern, was einen Biographen vor ebenso reizvolle wie schwierige Aufgaben stellen dürfte: Landshoffs höchst ambivalentes Verhältnis zu Gottfried Bermann Fischer. Er ist mit diesem Manne ja für die gesamte Dauer des Exils auf sonderbare Weise »verbunden« gewesen: zuerst in dezidierter Gegner-, wenn nicht erbitterter Feindschaft; als Konkurrent; danach in einer von den Umständen erzwungenen Zusammenarbeit, die in den USA in eine Partnerschaft auf Zeit einmündete, nachdem Landshoffs andere Pläne obsolet geworden waren. Bermann Fischer hat den Widerpart(ner) in seinen Erinnerungen en passant und mitunter als vernachlässigenswerte Größe behandelt, und der Landshoff der Memoiren hat den seinen auf eine Weise geschildert, die sich kraß von allem unterscheidet, was er Jahrzehnte hindurch privatim, aber für die Öffentlichkeit bestimmt, über ihn geäußert hat. Die Lösung der psychologischen Probleme bleibt Sache des Biographen, doch muß immerhin gesagt werden, daß Landshoff vom ›Sammlungs‹-Konflikt bis in die Nachkriegszeit als der Gebende und Nachgebende erscheint, obwohl Bermann Fischer seine Geduld auf oft harte Proben gestellt hat.

Dies letzte gilt auch für die Umstände, unter denen der von beiden gemeinsam betriebene New Yorker L.B. Fischer Verlag Anfang 1946 verkauft wurde. Die Transaktion wurde von Bermann Fischer und Marinus Warendorf (dem Mitinhaber der New Yorker Querido Incorp.) während Landshoffs erster Europareise abgewickelt: ohne sein Wissen, über seinen Kopf hinweg und nur insoweit formal korrekt, als Warendorf über eine Vollmacht des Abwesenden verfügte. Zu anderen Zwecken erteilt, wurde sie zum Verkauf des Unternehmens an einen Comic-Verleger »genutzt«. Über diese Details verliert Bermann Fischer in seinen Erinnerungen kein Wort, erst recht nicht darüber, daß auch Landshoffs Interessen tangiert waren. Indes, auch Landshoff ist seinerzeit statt von seinem Partner zuerst von einem betroffenen Autor informiert worden, von Kesten, dessen Buch nun gegen seiner Willen in dem amerikanischen Verlag herauskam. Ihm hat er einen ausführlichen Rechtfertigungsbrief nach New York geschrieben (28.2. 1946), dem man außer dem eben grob Umrissenen entnimmt, daß ihm die überhastete Liquidierung einen beträchtlichen Verlust beschert hat: $ 7500 hatte er in den Verlag eingebracht, geliehenes und mühsam abbezahltes Geld, und vom Verkaufserlös hatte er ganze $ 175 erhalten. Ein Wort der Klage wird in dem Brief nicht laut. Selbst Warendorfs Verstoß wider die guten Kaufmannssitten wird – nach außen – gedeckt, ja, sogar als vernünftig gerechtfertigt. Zwar habe Warendorf von der »Vollmacht einen so in gar keiner Weise besprochenen Gebrauch gemacht«, aber: »Die Firma mußte entweder groß finanziert oder verkauft werden. Die große Finanzierung, die wir im Zusammenhang mit *Bonnier* etc. – insbesondere nach dem Kriege – stets für möglich hielten, ist nicht zustandegekommen. Also war der Verkauf in aller Interesse [...].« Ob auch in dieser unziemlichen Eile, darüber hat Landshoff wohlweislich geschwiegen. Indem er aber wie von ungefähr den Namen Bonnier einflocht, hat er einen wenig camouflierten Hinweis auf ihre Ursache gegeben. Bonniers wegen haben sich Landshoffs und Bermann Fischers Wege 1946 so abrupt getrennt, Bonniers wegen sollten sie sich 1948 unvermutet wieder kreuzen.

Wie Landshoff nach Amsterdam, kehrte Bermann Fischer nach Stockholm zurück, um wieder die Leitung seines dortigen Verlages zu übernehmen, doch anders als Landshoff ist er von seinem Partner nicht gerade freudig empfangen worden. Ganz unverständlich ist das nicht. Legt man Knut Becks Bibliographie des S. Fischer Verlags zugrunde, so hatte der Bermann-Fischer-Verlag von 1940 bis einschließlich 1947 rund 430000 Exemplare von etwas über 80 Titeln hergestellt. Die wenigen Erfolgsbücher abgerechnet, die es zu Nachauflagen (130000) brachten, bleiben ca. 65 Titel mit insgesamt etwa 300000 Exemplaren. Davon dürfte nur ein Bruchteil in Schweden und der Schweiz »untergebracht« worden sein, den beiden Ländern, auf die der Markt im Krieg zusammengeschrumpft war. In den ersten Nachkriegsjahren hat sich daran mehr theoretisch etwas geändert als praktisch; Devisenrestriktionen und Clearingvorschriften erdrosselten auch hier den Handel. Der Bermann-Fischer-Verlag muß also schon im Kriege auf einem Bücherberg gesessen haben, und die in der Hoffnung auf Deutschlandexporte sprunghaft gesteigerte Produktion der Jahre 1945–1947 hat ihn noch um ein beträchtliches anwachsen lassen: allein 1945 wurden über 100000 Bücher bzw. Rohbogenexemplare hergestellt. Natürlich gab es Bestseller wie Stefan Zweigs ›Die Welt von gestern‹ oder Werfels Roman ›Das Lied der Bernadette‹, doch dürften sie die Herstellungskosten der übergroßen Masse kaum aufgewogen haben. Anders ausgedrückt: der deutsche Verlag war auf Kosten und Rechnung seines schwedischen Mehrheitsaktionärs hochgradig defizitär. Bonnier hatte große Summen investiert, und da Deutschland »off limits« blieb, waren sie für unabsehbare Zeit gebunden. Bei Landshoff verbirgt sich dies nüchterne Faktum hinter einer vornehm zurückhaltenden Formulierung: Bonnier habe sich »nicht allzu geneigt« gezeigt, »nach einer Investitionsspanne von acht Jahren, die wahrhaft magere Jahre waren [...], weiterhin von Hoffnungen zu leben, deren Erfüllung unsicher erschien«.

Bonnier wollte den deutschen Verlag lieber heute als morgen abstoßen, und man versteht nun, weshalb Bermann Fischer es so eilig gehabt hatte, das New Yorker Unternehmen zu verkaufen, gleichgültig an wen, und sei es ein in der Branche wenig geachteter Produzent von Comics. Wird man es angesichts der Umstände dieses Verkaufs aber gleichermaßen eingängig finden, daß Landshoff und van Nahuys-von Eugen bereit waren, die Bonnier-Anteile abzulösen und mit Bermann Fischer einen Gemeinschaftsverlag zu errichten? Es wird begreiflicher, wenn man zweierlei bedenkt: zum einen die gerade an Bermann Fischer mehrfach bewährte Bereitschaft und Neigung Landshoffs, »alle privaten Wünsche, Reibereien und ›Konkurrenzfragen‹« zurückzustellen; zum zweiten seine und van Nahuys'-von Eugens Erwartung, nach der Währungsreform in den Westzonen werde sich der deutsche Markt in nicht allzu ferner Zeit öffnen. Diese Überlegung dürfte den Ausschlag gegeben haben. Schließlich hatte Bermann Fischer ein (vorerst immaterielles) Gut von höchstem Wert in die Verbindung eingebracht: seine Anwartschaft auf den in Deutschland verbliebenen Teil des Fischer Verlags, den Peter Suhrkamp geleitet hatte und den er auf Anordnung des Propagandaministeriums ab 1942 unter eigenem Namen hatte weiterführen müssen. Aus der Sicht des Querido Verlags schien die Fusion somit einen sicheren Start in Westdeutschland zu verbürgen.

Beschert hat sie ihm indes den Untergang. Die Ursachen lassen sich vorerst und wohl für geraume Zeit nur in groben Umrissen nachzeichnen, denn das Fallissement ist eng mit dem gleichfalls nur schemenhaft nachvollziehbaren Konflikt zwischen Gottfried Bermann Fischer und Peter Suhrkamp verquickt. Über ihn wird man schlüssig erst urteilen können, wenn die Rechtsnachfolger beider Kontrahenten ihre Archive der Forschung uneingeschränkt zugänglich gemacht haben werden. Bis dahin bleibt auch in der Geschichte des deutschen Querido Verlags ein beträchtlicher weißer Fleck. Heute läßt sich lediglich sagen, daß Querido durch die im Sommer 1948 vollzogene Fusion in Bermann Fischers Schwierigkeiten hineingezogen worden ist wie in einen Strudel. Im August 1948 noch hatte Klaus Mann einem Freunde aus Amsterdam geschrieben: »Da bist Du jetzt überrascht – gell? Ich bin wieder im Lande, oder doch im Erdteil. Der Friedrich [Landshoff] hat mich telegraphisch herbeigebeten: sein Verlag vergrößert sich, er konnte es nicht mehr schaffen; es ist eine Halbtagsstellung, zunächst auf einige Monate, und dann wird man ja sehen. Es kam alles sehr überraschend [...].« Ein wenig anders klingt dann schon, was Landshoff

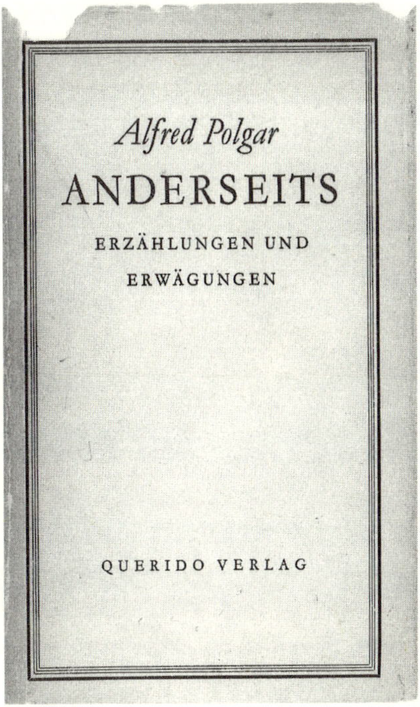

128/129 Schutzumschläge von Susanne Heyneman (1949, 169) und (1948, 163)

zwei Monate später Arnold Zweig schrieb: die »technischen Schwierigkeiten« bei der Zusammenlegung der Verlage »wären ein hübscher Komödienstoff – nur würde ich mir die Sache lieber aus dem Zuschauerraum ansehen, als eine der personae comoediae zu sein«. Es waren auch nicht bloß technische, es waren substantielle Schwierigkeiten. Derselbe Klaus Mann, der im August 1948 telegraphisch aus Kalifornien nach Amsterdam gerufen worden war, erhielt im April 1949 auf offiziellem Verlagspapier den Bescheid, es sei vielleicht »wirklich klüger«, daß er über seine »älteren Bücher bei *verschiedenen* Verlage« disponiere: »Wenn Du nach Österreich gehst, sollst Du Dich frei fühlen, zu tun, was Dir ›am Platze‹ richtig erscheint.« Privatim aber (und wohl als Beilage zum Verlagsbrief) erfuhr er von Landshoff:

»Überhaupt ist die Lage *sehr* unerfreulich. Ich habe mein Gehalt auf ein Minimum reduziert –; der Absatz außerhalb Deutschlands ist praktisch nihil – und aus all den schönen Deutschlandträumen ist bisher nichts geworden. [...] Unser Umsatz hier ist auf einen Bruchteil des letzten Herbstes zusammengeschmolzen. Die Kosten des

130/131 Gottfried Bermann Fischer und Peter Suhrkamp 1947 in Ebenhausen (DLA)

komplizierten Vertriebes mit allen Im- und Exportlizenzen sind so hoch monatlich wie der Umsatz. Ich muß das Office hier auf ein Minimum reduzieren. Die letzten Monate haben uns ein Vermögen gekostet. Ich habe – nicht aus bösem Willen – viel zu viel versprochen und – gehalten. [...] Gerade das ist mein Fehler. Ich versuche, alles so günstig wie möglich darzustellen. Ich kann es nicht mehr.«

Diesem Eingeständnis widerspricht zumindest nicht, was Siegfried Unseld im Kontext einer Kontroverse mit Gottfried Bermann Fischer mitgeteilt hat, dabei einen Brief Landshoffs an Bermann Fischer zitierend und referierend:

»Der Amsterdamer Verlag finanzierte Bermann Fischers Herauslösung aus dem Stockholmer [Bonnier-]Verlag und geriet dabei unter finanziellen Druck. [...] Diese Situation schildert Fritz Landshoff in einem Brief vom 17. Mai 1949 an Bermann Fischer: ›Die erste Konsequenz dieser unter falschen Voraussetzungen getroffenen Dispositionen ist, daß eine unserer Firmen – die in Amsterdam – sehr plötzlich nicht nur illiquide, sondern in hohem Maße passiv geworden ist – und zwar so sehr, daß wir mit einem monatlichen Verlust von etwa hfl. 10000 arbeiten.‹ In diesem Brief sprach er von den in Amsterdam liegenden 300000 Büchern, die zur Sanierung schnell verkauft werden sollten. Suhrkamp widersetzte sich solchen Dispositionen. Der Frankfurter Verlag hätte das finanziell nicht überstanden.«

1948

Amsterdam, Ende Juli 1948

Wir teilen unseren Freunden vom Sortimentsbuchhandel hierdurch mit, dass unsere seit vielen Jahren freundschaftlich verbundenen Firmen, einem von beiden Seiten seit langem gehegten Wunsche entsprechend, vereinigt sind. Name und Adresse der Firma ist fortan

BERMANN-FISCHER/QUERIDO VERLAG N.V.
AMSTERDAM-C, SINGEL 262

Die Leitung liegt in den Händen der Herren Gottfried Bermann Fischer und F. H. Landshoff.

Die Tätigkeit des Stockholmer Büros wird am 1. August nach Amsterdam verlegt. Wir bitten unsere Geschäftsfreunde daher, in Zukunft Korrespondenz und alle Bestellungen an die Amsterdamer Adresse zu senden. Zahlungen sind auf das Konto des Bermann-Fischer/Querido Verlages N.V. bei dem Bankhaus Pierson & Co, Amsterdam-C, Herengracht 208-214, zu leisten. Anstelle der bisher getrennten Konten werden unsere Kunden bei Bezug und Bezahlung von Bermann-Fischer- und Querido-Büchern in Zukunft nur *ein* Konto zu führen haben.

Wir sind uns bewusst, dass bei der Bezahlung der alten Bermann-Fischer-Rechnungen in manchen Devisenbeschränkungen unterliegenden Ländern insofern Schwierigkeiten entstehen können, als nur Überweisung nach Schweden gestattet wird. In allen diesen Fällen sind wir selbstverständlich damit einverstanden, dass die laufenden Rechnungen

132/133 (DLA)

noch in der alten Weise nach Stockholm beglichen werden. Wir wären unseren Kunden jedoch zu grossem Dank verpflichtet, wenn alle noch offenen Rechnungen so schnell wie möglich bezahlt würden.

Ab 1. August werden alle Bücher unseres Verlages in holländischer Währung berechnet. Die Gulden-Preise werden den bisherigen Preisen entsprechen. Anfang August werden wir Ihnen eine Liste der Guldenpreise für die Bermann-Fischer Bücher zustellen.

Unsere Kunden werden begreifen, dass die Übersiedlung des Bermann-Fischer Verlages eine Fülle von technischen Schwierigkeiten mit sich bringt; wir werden jedoch unser Möglichstes tun, unsere Kunden hierunter nicht leiden zu lassen. Im Augenblick befindet sich das Warenlager und die Buchhaltung des Bermann-Fischer Verlages auf dem Wege von Stockholm nach Amsterdam. Alle Vorbereitungen für eine schnelle Abwicklung des Umzugs sind getroffen, und wir können die Zusicherung geben, dass in der zweiten Augusthälfte die Auslieferung mit der gewohnten Pünktlichkeit wieder aufgenommen wird.

Es wird unser Bestreben sein, die angenehmen und freundschaftlichen Beziehungen, die uns seit vielen Jahren mit dem Sortimentsbuchhandel in der ganzen Welt verbinden, zu erhalten und enger zu gestalten.

Mit vorzüglicher Hochachtung

BERMANN-FISCHER VERLAG

QUERIDO VERLAG

Soweit Unselds Zitat und Referat, und die Schlußfolgerung ist selbstverständlich die seine. Hier ging es nur darum, die Verkettung zu zeigen – und freilich auch die Kausalität in Gestalt des Stockholmer Bücherbergs. Gesetzt, daß die von Unseld genannte Bestandsziffer in etwa den Tatsachen entspricht, so kennen wir doch auch die Querido-Auflagen und wissen, wie hoch der genuin Amsterdamische Anteil an dem überquellenden Lager gewesen sein kann. Allenfalls ein Fünftel. Und damit hätte sich's leben lassen.

Es hat sich noch ein Weilchen hingeschleppt, unter Umständen, die vorerst nicht zu eruieren sind. Als letztes Buch mit dem Querido-Signet kam 1950 der Gedächtnisband für Klaus Mann heraus. Der deutsche Verlag dieses Namens hat da faktisch nicht einmal mehr in der Verbindung mit Bermann Fischer bestanden, und es war nur noch die juristische Kodifizierung eines bereits geraume Zeit zurückliegenden Ereignisses, daß der S. Fischer Verlag im September 1951 die Rechtsnachfolge von Bermann Fischer-Querido antrat. Landshoff schied am 31. Dezember 1951 aus – aus der Amsterdamer Filiale des in Deutschland restituierten S. Fischer Verlags.

Bermann Fischer war 1933 und für beträchtliche Zeit ein Feind des deutschen Querido Verlags gewesen, und am Ende war es auch er, der ihn zugrundegerichtet hat. Seine Absicht ist das nun aber wahrlich nicht mehr gewesen und auch nur partiell sein Verschulden. Er hatte bereits Schiffbruch erlitten, als die Amsterdamer ihn aufnahmen, und für ihr kleines Boot war er eine viel zu schwere Last. Hatten sie sich mit ihrer Rettungsaktion übernommen, so hat ihn das Kompromiß mit Peter Suhrkamp auf festen Grund gehievt. Das Kompromiß. Denn es ist zu bezweifeln, ob Bermann Fischer einen längeren Rechtsstreit mit Suhrkamp finanziell hätte durchstehen können. Viele damalige Beobachter hatten in ihm den Sieger gesehen, in Suhrkamp den insgeheim Unterlegenen. Man weiß es längst besser. Bermann Fischers Nothelfer in Amsterdam waren die Verlierer. Indem sie ihm eine Atempause verschafften und eine Planke für den nächsten Sprung boten, sind sie untergegangen.[48]

Was aber bleibet... Weil Pegasus für Befehle taub ist, läßt sich ein Verlagsprogramm nicht planen. Bei jedem Buche steht der Verleger vor der Qual der Wahl, und was sich im Nachhinein oft wie ein mit Umsicht ersonnenes Ensemble ausnimmt – nun, man tut gut, sich von solchen, an der normativen Kraft des Faktischen ausgerichteten Vorstellungen zu befreien; etwa indem man fragt, *wogegen* ein Verleger sich entschieden hat. Dabei kann man getrost Einsendungen beiseitelassen, wie jeder Verlag sie empfängt. »Meistens Dummes und doch nichts Brauchbares«, notierte Klaus Mann leicht zynisch, nachdem er bei Querido »wieder einen Stoß von Manuskripten durchgeblättert« hatte. Bei Allert de Lange hat Sorgatz die Ablehnungen für 1934 mit über 100, für 1936/37 mit rund 200 beziffert, und bei Querido dürfte die Quote kaum geringer gewesen sein und zum größten Teil aus a priori Unzulänglichem bestanden haben.

Bedeutsamer als solche Ziffern ist die weitgehende Abstinenz bei bestimmten Literaturgattungen, die von allen wichtigen Exilverlagen gewahrt worden ist. Außer Alfred Wolfensteins die Jahrhunderte überspannender, im Titel bewußt an Herder sich anlehnender Gedichtsammlung ›Stimmen der Völker‹ hat Landshoff keinen einzigen Lyrikband herausgebracht. Dabei hat es an Angeboten, auch namhaften, nicht gefehlt. Feuchtwanger hat sich mehrfach zum Fürsprecher für Johannes R. Bechers Sonette gemacht, Landshoff sich darauf aber nicht eingelassen. Umgekehrt hat es Berthold Viertel nicht akzeptiert, daß er für die Herstellungskosten eines Gedichtbandes selber hätte aufkommen sollen: Übernahme von 250 Exemplaren für hfl. 350, ab dem 251. Exemplar 25% Beteiligung am Verkaufserlös; dies hatte Landshoff ihm vorgeschlagen. Bei Dramen war das Risiko wenigstens ebenso groß. Die Publikation von Feuchtwangers ›Stücken in Prosa‹ ist nur im Zusammenhang der Werkausgabe zu sehen. Auch da ist der Band zwei Jahre geschoben worden, und Feuchtwangers Dramen in gebundener Sprache sind gar nicht mehr erschienen. Arnold Zweig ist mit keinem seiner vielen Vorstöße in puncto Dramen durchgedrungen, und es war lediglich ein Freundschaftsdienst für den gerade mittellos über die Grenze gekommenen Autor, daß Landshoff 1938 Georg Kaisers ›Gärtner von Toulouse‹ verlegte.

Bemerkenswert große Zurückhaltung auch bei allen Formen der Kurzprosa – ein knappes Dutzend Titel in all diesen Jahren nur, obwohl man sich lange mit einem Reihenplan getragen hatte. Schon im Juni 1935 hatte Alice van Nahuys Paul Zech eine Novelle zurückgeschickt, mit der Begründung, der »vor einigen Monaten« gefaßte Plan einer Erzählungsserie sei »aus den verschiedensten Gründen« wieder aufgegeben worden. So ganz doch nicht – im Mai 1936 machte Landshoff mit Alexander Moritz Frey Vertrag über eine Erzählung, die in »einer der ›Inselbücherei‹ ähnlichen Serie« herauskommen und mit 5000 Exemplaren erstaufgelegt werden sollte; Frey ist auch sofort honoriert worden. Von Max Herrmann-Neiße hat gleichfalls eine Novelle in Amsterdam gelegen – im Juli 1936 bat Landshoff ihn um Geduld –, und Ulrich Becher hatte offenbar mehrere Texte zur Auswahl geschickt: als Landshoff sich im Oktober 1936 für den Erzählungsband ›Die Eroberer‹ (Oprecht) bedankte, fügte er hinzu, die Arbeiten seien ihm »ja zum großen Teil bereits bekannt«. Im Februar 1937 schien dann die Entscheidung über das »daß« gefallen zu sein, nicht jedoch die über das »wann«. Landshoff machte Zweig mit dem Vorhaben bekannt – »Herr Zadek hat übrigens Reisemuster« (Vorzeigestücke für den Buchhandel) – doch war noch immer »ganz unsicher, wann wir mit den Büchern beginnen«. In dieser Form gar nicht, doch einige der in Landshoffs Regalen lagernden Texte waren für die Notproduktion des Frühjahrs 1940 höchst willkommen.

Drei große Namen nunmehr. Robert Musil. Alfred Kerr. Ernst Bloch. Bei Bloch war der Refus eindeutig wirtschaftlichen Erwägungen geschuldet, bei Kerr und Musil darf man dies vermuten. Das Manuskript von ›Erbschaft dieser Zeit‹ war im Oktober 1933 sowohl Herzfeldes Malik Verlag als auch Querido zugegangen, doch statt in Prag oder Amsterdam ist es 1935 bei Oprecht in Zürich erschienen. Einem Briefe an Klaus Mann, den Bloch um Vermittlung gebeten hatte, ist zu entnehmen, was bei Querido der Annahme des Buchs im Wege stand: »Herr Landshoff erklärt, wie bedeutend er das Buch halte. Danach verlangt er von mir nicht nur Verzicht aufs Honorar und eine kleine verschwiegene Beisteuer sozusagen. Sondern Erstattung der Druckkosten, als wäre ich ein kleiner Anfänger aus vermögendem Haus.« – Von Alfred Kerr ist ein Briefkonzept erhaltengeblieben, in dem er Querido Anfang Juni 1935 eine zweibändige Fortsetzung seiner 1917 bei S. Fischer veröffentlichten Sammlung ›Die Welt im Drama‹ anbot: Theaterkritiken aus der Weimarer Republik, so zusammengestellt, daß sie »ein sehr merkwürdiges Kapitel der Geistesgeschichte« ergäben. »Sein Abschluß ist die Naziherrschaft.« Ob aus dem Brouillon ein Brief wurde, hat sich nicht ermitteln lassen. Die Wahrscheinlichkeit spricht dafür – Landshoff hatte im selben Frühjahr Kerrs Erinnerungen an Walther Rathenau veröffentlicht.

Für Musil sondierten seine Freunde bei Landshoff und kamen zweimal nicht zum Zuge. Das Resultat des ersten Versuchs vom Herbst 1933 faßte Musil in die Bemerkung, daß der Verlag »die Verhandlungen mit mir unhöflich hat liegen lassen«; da der Adressat des Briefes, Klaus Pinkus, die Initiative selber in die Wege geleitet hatte, genügte die Anspielung. Über die zweite Bemühung im Spätsommer(?) 1934 hat Musil seinen Gönner ausführlicher informiert: »Von Querido verspreche ich mir nichts, da sowohl Ihre Intervention damals keinen Erfolg hatte, als auch eine während meiner jetzigen Abwesenheit eingelegte Sonde anscheinend keinen, zu der sich ein gemeinsamer Bekannter von mir und Dr. Landshoff freie Hand erbeten hatte, obwohl ich ihm alle meine Bedenken vorher sagte. Ich muß gestehn, daß ich selbst wenig Lust auf diese holländischen Verlage habe, die auch ihrerseits, als sie noch Kiepenheuer hießen, auf mich nicht sehr viel Wert legten.« Bei der bekannten Empfindlichkeit Musils sollte man dem letzten Satz nicht zu viel Gewicht beimessen. Mit seiner Skepsis hat Musil aber rechtbehalten. »Aus der Verlagsangelegenheit mit Dr. L. ist nichts geworden«, erfuhr Pinkus bald darauf. Freilich ist es Musil, wie stets, um eine Finanzierung über viele Jahre zu tun gewesen. Den Verlag hätte das bei weitem überfordert, zumal nicht abzusehen war, wann er mit dem ›Mann ohne Eigenschaften‹ hätte rechnen können.

Wegen Bernard von Brentanos Roman ›Theodor Chindler‹ hat Landshoff mit dem Autor einen längeren Briefwechsel geführt, der schließlich in eine Ablehnung einmündete: die Bücher würden primär von deutschlesenden Ausländern gekauft, und die seien mit dem wilhelminischen Deutschland und dem Weltkrieg nicht so vertraut, wie Brentanos Buch dies voraussetze. Das war nicht ganz stichhaltig, und ganz aufrichtig ist es auch nicht gewesen. Klaus Mann hat die wahren Ablehnungsgründe erfahren: die Fabel sei »relativ sauber erzählt«, aber »miserabel konstruiert und thematisch wenig glücklich«; auch fehle dem Buche alle »›Vision‹« (welche Metapher man sich vielleicht mit »Botschaft«, eher noch mit »poetische Phantasie« übersetzen darf). Ein von Arnold Zweig empfohlenes Romanmanuskript von Günther Anders – Landshoff nennt ihn noch Günther Stern – ist eindeutig an ästhetischen Bedenken des Verlegers gescheitert: Das in der ›Sammlung‹ abgedruckte Kapitel habe »nicht nur [bei] mir, sondern sehr vielen einen zwiespältigen Eindruck« hinterlassen; »vieles« darin stamme »aus zweiter Hand«, und »sehr vieles« sei »wesentlich komplizierter« ausgedrückt, »als es notwendig wäre«. Bei der Ablehung von Klaus Manns Manuskript über Horst Wessel standen scheinbar politische Erwägungen im Vordergrund – ob jetzt im Exil die rechte Zeit sei für »ein so ›saloppes‹ und ›burschikoses‹ Buch über Horsti« –, indes zielt der Einwand auf eine Diskrepanz zwischen Stoff und Darstellung, und daß der Text trotz der Klaus-Mann-Hausse unveröffentlicht geblieben ist, beweist die Schlüssigkeit von Landshoffs ästhetischem Argument. Warum seine Richard-Wagner-Biographie von Querido abgelehnt wurde, hat Ludwig Marcuse in seinem Lebensbericht nicht mitgeteilt, gesprächsweise aber hat er darüber bisweilen so finstere Mutmaßungen angestellt, daß man versucht sein mochte, an die Existenz einer wagnerianischen Weltverschwörung zu glauben. Landshoff sind diese Geschichten auch zu Ohren gekommen, und er hat sie mit hellem Gelächter quittiert: bedauerlich genug, sei in dem Buch nur von dem Politiker und Ideologen Wagner die Rede; daß er auch Komponist gewesen sei, habe Marcuse übersehen. Die Begründung charakterisiert Buch und Verleger gleichermaßen, denn eine aufs Ideologische zentrierte Künstlerbiographie ist ja nicht illegitim. Für die

Ablehnung von Soma Morgensterns Roman ›Der Sohn des verlorenen Sohnes‹ haben wir nur das Zeugnis des gekränkten Autors: Landshoff (und Landauer) sollen das Buch auf Joseph Roths Rat hin [!] als »›zu jüdisch‹« zurückgewiesen haben. Ist es schwer vorstellbar, daß Landshoff sich just bei dem »heiligen Trinker« Formulierungshilfe geholt hat, so könnte ihn die penetrante Proselytenmacherei für die jüdische Orthodoxie tatsächlich an dem Roman gestört haben, nicht minder die einfältige Fabel und der auf beträchtliche Strecken erbarmungswürdige Stil. Die von Morgenstern referierte Begründung aber? Von Döblin über Marcu bis Zweig hat Landshoff schließlich gerade in der fraglichen Zeit – 1934/35 – einiges »sehr Jüdische« gebracht... Worauf es bei den letzten Beispielen aber primär ankommt: Landshoffs Entscheidungen sind nicht vorrangig von der Überlegung diktiert worden, ob ein Buch politisch, ideologisch oder sonstwie »nützlich« sei. Den Ausschlag gab offenbar, ob es seinen Qualitätsansprüchen genügte.

Von einer ganzen Anzahl Bücher wissen wir nur, daß sie Landshoff vorgelegen haben (oder als Projekte angeboten worden sind): 1933 ein Roman von Ernst Weiß (vermutlich der auch von Allert de Lange abgelehnte ›Gefängnisarzt‹, ein älteres Manuskript, das Weiß aus guten Gründen in die Schublade verbannt hatte und jetzt aus purer Not herumreichte); eine Lafayette-Biographie von Andreas Latzko (im Januar 1934 schon als »in Vorbereitung« befindlich angekündigt); ein Roman von Alexander Moritz Frey, von dem wir nicht einmal den Titel kennen; Georg Hermanns phantastischer Zeitroman ›Bist du es, oder bist du's nicht?‹, den Querido im Herbst 1937 »eingefordert« hatte und der verschollen zu sein scheint; Hans Siemsens Buch ›Hitler Youth‹, für das Klaus Mann sich einzusetzen versprach (ohne daß er Siemsen viel Hoffnung gemacht hätte); endlich ›Leutnant Bertram‹ von Bodo Uhse. Für diesen Roman hat Feuchtwanger schon im März 1938 bei Landshoff ein gutes Wort einlegen wollen, vergebens jedoch, denn im Juli 1939 schrieb Uhse einer Freundin, er dränge Landshoff sehr, »daß er mein Buch doch deutsch herausbringt«.

Wenigstens drei Bücher hat Landshoff nur mit größten Bedenken angenommen. Gustav Regler mußte auf die Einhaltung des über ›Die Saat‹ geschlossenen Vertrags pochen – Landshoff hatte höchstwahrscheinlich die (gut versteckte) aktuelle Metaebene dieses historischen Romans übersehen, damit auch die raffiniert verschlüsselte Parteikritik, auf die es dem Kommunisten Regler vor allem angekommen war. Die politischen Vorbehalte gegen Feuchtwangers apologetischen Reisebericht ›Moskau 1937‹ hat Landshoff in den Erinnerungen vorsichtig umschrieben, wohingegen Feuchtwanger sie in einem Brief an Willi Bredel (2.5. 1937) klar benannt hat: »Das Rußlandbüchlein ist fertig. [...] Es war nicht ganz leicht, es bei den westlichen Verlegern durchzudrücken, da sie natürlich Bedenken hatten, ein so pro bolschewistisches Buch zu veröffentlichen.« Landshoff hat es auch nur gebracht, um die Beziehung zum Autor nicht zu gefährden. Ganz anders lagen die Dinge bei Konrad Merz. Zu ihm hat er überhaupt keine Beziehungen aufnehmen wollen. Merz war aber das Protektionskind des holländischen Kritikers Menno ter Braak, und Emanuel Querido fürchtete, man werde diesen ebenso wohlmeinenden wie reizbaren (und nach Klaus Manns Ansicht überdies »konfusen«) Menschen ernstlich verprellen, wenn man das Buch seines Schützlings ablehne. Dem hat Landshoff sich gebeugt, ohne daß deshalb seine Sympathien für Autor und Buch gewachsen wären. Wir sahen schon, daß er ›Ein Mensch fällt aus Deutschland‹ »unlesbar« genannt hat, und bis ins hohe Alter legte er freimütige Geständnisse wie dieses ab: »Ein Buch habe ich gemacht, dafür schäme ich mich noch heute. Wissen Sie, welches?« Da ich die Geschichte schon mehrfach gehört hatte, kannte ich die Antwort.

Kurioserweise ist er gerade wegen der Publikation dieses – wirklich eklatant mißlungenen – Buches ausdrücklich gelobt worden, überdies im Zusammenhang mit dem absurden Vorwurf, daß er kaum junge Autoren gebracht habe: »Um so mehr ist hervorzuheben, wenn der Verlag [...] mit Konrad Merz' ›Ein Mensch fällt aus Deutschland‹ das Erstlingswerk eines Unbekannten veröffentlichte.« So Hermsdorf, und dieser für einen Literaturhistoriker bemerkenswert unhistorischen Sicht hat sich noch vor Kurzem auch Hermsdorfs Kollege Hans Würzner befleißigt (und Allert de Lange in das Verdikt gleich einbezogen): »Die größten Schwierigkeiten hatten aber die jungen Schriftsteller, die noch nicht die Gelegenheit gehabt hatten, sich einen Namen zu machen. Für sie haben die beiden Amsterdamer Verlage praktisch nichts getan. [...] Die einzige Ausnahme ist [...] Konrad Merz.« Lassen wir lieber unerörtert, wo die »Jungen« so plötzlich hätten herkommen sollen, vergessen wir aber nicht, daß Anna Seghers oder Irmgard Keun, Gustav Regler oder Klaus Mann seinerzeit durchaus noch nicht im biblischen Alter standen. In Deutschland hatten sie gerade erst angefangen, »sich einen Namen zu machen«, freilich nur bei dem kleinen Kreis von wirklich an Literatur Interessierten, und im Ausland waren sie völlig unbekannt. Zumindest Querido hat aber einiges für sie getan...[49]

Bleiben wir einen Augenblick bei Hermsdorf. Er hat gemeint, eine seit Mitte der dreißiger Jahre »intensivierte Bemühung« Landshoffs um »Erfolgsautoren« feststellen zu können, und er hat sie darauf zurückgeführt, daß das »Klima auf dem internationalen Buchmarkt [...] rauher« geworden sei. Diese »verlegerische Strategie« (i. e. die Gewinnung zum Beispiel von Vicki Baum) sei aus wirtschaftlichen Gründen verfolgt worden und habe »zur Sammlung eines – aus durchaus unterschiedlichen Gründen – ›namhaften‹ Schriftstellerkreises« geführt. Querido habe dadurch zwar nicht »das Gesicht eines antifaschistischen Exilverlags« verloren, indes sei »durch die fortschreitende Ausweitung seines Autorenkreises Querido [...] dem ehemaligen S.

Fischer Verlag ähnlich« geworden – »er wurde zum Exilverlag für das literarisch ›Anerkannte‹ und bürgerlich ›Seriöse‹. Die Kehrseite des Strebens nach wirtschaftlicher Stabilität durch literarische Opulenz bestand in einer zunehmenden Entprofilierung: Querido verlor gegenüber Bermann Fischer seine Identität und schließlich – nach dem Kriege – auch seine Existenz.« Die Spekulation über die Untergangsursachen interessiert nicht weiter, wohl aber, daß Hermsdorf wenige Zeilen zuvor der Bermann-Fischer-Produktion in Wien den antifaschistischen Charakter entschieden abgesprochen hatte. Queridos »Entprofilierung« müßte deshalb ebenfalls mit einem Verlust an antifaschistischem »Gesicht« einhergegangen sein. Und in der Tat, bei Behandlung des von Querido verlegerisch betreuten Forum-Programms spricht Hermsdorf aus, was er zuvor nur suggeriert hatte: »Das eigentlich antifaschistische Buch fehlte.« Stellen wir dieser kruden Mischung aus logischen Widersprüchen, Faktenbeschreibung und zwanghafter (wenn vielleicht auch nicht unbedingt erzwungener) Antifa-Rhetorik das kraß anders geartete Urteil von René Schickele gegenüber. Er gab es ab, als er Thomas Mann im November 1933 ankündigte, mit seinem nächsten Buche werde er wohl nach Amsterdam »›gehen‹«, und zwar »zu de Lange, dessen Verlag politisch *nicht* polemisieren will. Bei Querido weiß man nicht, in welche Gesellschaft man gerät, und ich will weder mit offenem noch mit getarntem Bolschewismus etwas zu tun haben.« So verschieden also kann man einunddieselbe Sache ansehen, vorausgesetzt, man hat die gewünschte Brille zur Hand.

Was Klaus Mann mit der Zeitschrift versagt geblieben war, ist Landshoff mit dem Verlage gelungen: die repräsentative Sammlung der deutschen Exilliteratur, quer durch alle ideologischen Lager, literarischen Schulen und ästhetischen Richtungen. Zweifellos hätte er die »fortschreitende Ausweitung seines Autorenkreises« sich noch viel größer und stärker gewünscht, hätte auch aus so »durchaus unterschiedlichen Gründen ›namhafte‹« Schriftsteller wie Thomas Mann, Werfel und Stefan Zweig in ihn einbezogen, wenn ihm das nur gelungen wäre. An Bemühungen hat er es jedenfalls nicht fehlen lassen, weder bei ihnen noch bei anderen, und das Verlagsprofil hat ihm keine schlaflosen Nächte bereitet. Über Landshoffs wirtschaftliche Beweggründe brauche ich kein Wort mehr zu verlieren. Über die weltanschaulichen wäre allenfalls zu sagen, daß ihm jeder exilpolitische Ehrgeiz fernlag. Für ihn waren solche Erwägungen und Interessen nicht bloß deshalb kein Kriterium, weil ein Gesinnungsverlag ohne offene oder verdeckte Parteisubventionen hätte scheitern müssen. Für ein solches Unternehmen wäre er der richtige Mann nicht gewesen (und er ist nach dem Kriege ja auch nicht in die DDR gegangen, obwohl Anna Seghers ihn zu locken gesucht hatte). Politisch hat er sich »auf der linken Seite der Menschheit« (Arnold Zweig) definiert, dem Wesen nach war er ein Liberaler. Und wirklich, ohne Tole-

134/135 Schutzumschläge von Henri Friedlaender (1933, 6) und (1934, 18)

ranz, ohne großzügiges Gelten- und Gewährenlassen hätte er seinen Verlag nicht zum Mittelpunkt machen können. Das aber ist Querido in den hier maßgeblichen Vorkriegsjahren zweifelsfrei gewesen: das wichtigste verlegerische Zentrum des literarischen Exils. Gut 50 Schriftsteller waren unter diesem Signet versammelt, die meisten standen schon vor 1936 unter Vertrag, aber immer wieder stießen neue dazu. Nur etwa ein Dutzend hatte vor 1933 bei Kiepenheuer publiziert, die Mehrzahl anderswo: bei S. Fischer (Döblin, Kerr, Klaus Mann, Wassermann); bei Rowohlt (Brentano, Bruno Frank, Olden, Speyer); bei Zsolnay (Ludwig, Robert Neumann, Zarek); bei der Insel (Leonhard Frank); bei Ullstein (Baum, Remarque, Weiß); bei List, Drei Masken, dem Neuen Deutschen Verlag oder wo sonst noch. Draußen hätten die meisten auch anderswo unterkommen können, einige sollten ja auch abgeworben werden, wie wir sahen. In der Keizersgracht 333 war man aber unter dem besten Dache, und das hat auch gewußt, wer – wie Arnold Zweig – den Verleger öfter schalt als rühmte.

Natürlich befand man sich in gemischter Gesellschaft, da hatte Schickele schon recht. Beim politischen Bekenntnis reichte die Spanne von engagierten Kommunisten (Anna Seghers, Gustav Regler) bis zu dezidierten Antikommunisten (Konrad Heiden, Fritz Heymann), und wenn Landshoff Anna Seghers entdeckt hatte, so zählte er anderseits den »Renegaten« Valeriu Marcu zu seinem engeren Bekanntenkreis. Die ästhetischen Distanzen sind in der hier gebotenen Kürze nicht einmal anzudeuten. Da der mit Erzählformen kühn experimentierende Alfred Döblin, dort der traditionelle Erzähler Bruno Frank, für den die künstlerische Revolution des Jahrhundertbeginns nie stattgefunden hatte; hier Lion Feuchtwanger, der sich bei der Psyche seiner Figuren fast noch an die physiognomischen Lehren Lavaters hielt, dort Arnold Zweig, der für die Personengestaltung höchst virtuos die Befunde der Psychoanalyse nutzte; Klaus Mann erzählte plan und eindimensional, bei Anna Seghers war die Welt »unterteuft« vom Mythos der Antike, von der Bibel und den Heiligenlegenden. Und so weiter, fast ad infinitum.

Man könnte dies wirklich profillos nennen, wäre die Literatur des deutschen Exils nicht so vielgestaltig und heterogen gewesen. Eine Einheit bildet sie ja nur insoweit, als sie unter den nämlichen Bedingungen eines seelischen, rechtlichen und sozialen Ausnahmezustandes außerhalb der deutschen Grenzen geschrieben worden ist. Da nun aber die widerspruchsvolle Vielfalt ihr Wesen ausmacht, besteht Landshoffs Leistung und Verdienst darin, daß er es vermocht hat, die vielen Farbnuancen und individuellen Facetten dieses eminent bunten Spektrums zusammenzubringen und, ungeachtet aller »privaten Wünsche, Reibereien und ›Konkurrenzfragen‹«, beisammenzuhalten. Reibereien zwischen rivalisierenden Schriftstellern, wie sich versteht, und Hermsdorfs Vorwurf der Profillosigkeit ist denn auch zum Gutteil aus den nur zu subjektiven Urteilen einiger Autoren über das Verlagsprogramm geschöpft, vornehmlich aus den Bekundungen von Arnold Zweig.

Bemerkenswert nicht minder, daß Landshoff auf die Übersetzung ausländischer Autoren weitestgehend verzichtet hat, damit jenes Mittel verschmähend, mit dem andere Verlage die Kassen zu füllen hofften (und wohl auch füllten). Der Malik Verlag hat exakt genausoviele Bücher von ausländischen Schriftstellern gebracht wie von Exilierten (allerdings durchweg von solchen, die Herzfelde schon vor 1933 unter Vertrag gehabt hatte). Allert de Lange hat ab 1935 regelmäßig Übersetzungen im Programm gehabt, und es ist ein klares Indiz für das rein kommerzielle Interesse von Gérard de Langes Nachfolger Philipp van Alfen, daß ihr Anteil kontinuierlich stieg; ab 1938 lag er bei etwa 25% der Neuerscheinungen. Bermann Fischer hat allein in seinen ersten drei Stockholmer Jahren (1938–1940) das Programm zu etwa 30% mit Übersetzungen bestritten. Bei Querido dagegen sind zwischen 1933 und 1940 ganze fünf Übersetzungen erschienen, nicht einmal 5% der Produktion; nach dem Kriege sind dann noch zwei Titel hinzugekommen. Mit diesem beinahe »lupenreinen« Exilprogramm steht der Verlag einzigartig da.

Und wo wohl hätte eine Parallele, was da im Lauf der Jahre erschien? Die Romane Döblins, in ihrem Rang bis heute nicht recht gewürdigt (der zweibändige Zyklus ›Das Land ohne Tod‹), wenn nicht völlig verkannt, weil nicht verstanden (›Babylonische Wandrung‹); Oskar Maria Grafs ›Harter Handel‹, der mit großem Abstand beste seiner bayrischen Dorfromane; der ›Henri Quatre‹, das Flaggschiff des deutschen historischen Romans (und daß das Alterswerk ›Der Atem‹ ihm an Bedeutung nicht viel nachsteht, diese Einsicht greift bei Germanisten zunehmend Platz); von Thomas Mann mit dem ›Felix Krull‹ wenigstens ein Nebenwerk; die Romane der Seghers, die ihre Bedeutung der mythengesättigten Poesie ebenso verdanken wie den unbequemen Wahrheiten, die sie in raffiniert einfacher Sprache vorgebracht hat, unbekümmert um die rasch wechselnden Losungen ihrer Partei; die Feuilletons und Aphorismen von Polgar, Gültiges aufs knappste komprimierend; die prophetischen Warnungen von Leopold Schwarzschild, der als Analytiker und als begnadeter Stilist die deutsche Publizistik seiner Zeit um weit mehr als nur um Haupteslänge überragt; Ernst Weiß, der eigentliche Meister des psychologischen Romans in der deutschen Sprache, und Landshoff hat mit dem ›Armen Verschwender‹ das reifste Werk seiner Exiljahre gedruckt; zum guten Beschluß dieser vorwiegend dem Alphabet geschuldeten Abfolge Arnold Zweig, ein Erzähler von Geblüt, der mit seinen Zyklusromanen den einzigen großen Epochenaufriß, das einzige weitgespannte Gesellschaftspanorama geschaffen hat, das die deutsche Literatur (nicht nur) unseres Jahrhunderts kennt.

Keine schlechte Bilanz an »großen« Büchern, und auch ihre Umgebung kann sich großenteils sehen lassen: Bruno Frank; der vergessene Publizist Konrad Heiden; Ludwig Marcuse; der von deutschen Lesern als Romancier erst noch zu entdeckende Robert Neumann; der Joseph Roth des ›Tarabas‹; Wilhelm Speyer; als document humain Ernst Tollers Jugendautobiographie. Ob auch der einst viel gelesene, heute verschollene Emil Ludwig in diese Reihe gehört, wird von der Zunft entschieden werden müssen, die ihn zu Lebzeiten – und womöglich aus Futterneid – erbittert als »Dilettanten« abqualifiziert hat, von den Historikern; mir scheint, die Vergessenheit des Mannes sei ebenso unbegründet wie das Riesenhafte seines einstigen Ruhms. Ganz entschieden gehört aber Irmgard Keuns ›Nach Mitternacht‹ in diese Rubrik, das Buch, mit dem sie weit über sich hinauswuchs. Ursprünglich war sie mit dem Roman bei de Lange unter Vertrag gewesen, doch Philipp van Alfen hatte ihn, im Beisein

Landauers, aus politischen Motiven abgelehnt. Irmgard Keun hat einige seiner Begründungen brieflich festgehalten, unter anderem diese: »›Sie greifen einen Mann wie Hitler an, der von unzähligen Menschen verehrt wird.‹« Für Landshoff war das kein Hinderungsgrund, Buch und Autorin in seinen Verlag zu übernehmen. Und fügen wir ruhig an, daß gleich zwei deutsche Nachkriegsgenerationen ihm ihr »antifaschistisches« Kultbuch verdanken, die Achtundsechziger die ›Dialektik der Aufklärung‹, die Wohlstandskinder den ›Mephisto‹ (von dem er selbst nicht allzuviel hielt).

Die Raumnot verbietet den detaillierten Nachweis, daß die für die Exilliteratur typischen Genres und Themen – Historisches, Deutschland vor und unter Hitler, Jüdisches, Exil usw. – im Verlagsprogramm gewichtig und oftmals mit den jeweils bedeutendsten Werken vertreten sind. Gleichfalls aus Platzgründen muß auf den vergleichenden Panoramablick über die Produktion der Konkurrenten verzichtet werden und, nicht weniger bedauerlich, auf den Exkurs zur zeitgenössischen Kritik und ihren Urteilen über die wichtigsten Bücher des Querido Verlags.

Bleibt vom Nichtverwirklichten zu sprechen, soweit davon etwas ruchbar geworden ist. In der Vorkriegszeit war dies beispielsweise ein Essayband von Thomas Mann. Um ihn hat Landshoff geworben wie sonst um niemanden, und da wir die Gründe kennen, wird es nicht überraschen, daß er ihm das höchste Angebot gemacht hat, von dem wir wissen: 10000 sfrs. Garantie und 20% Tantieme. Die Offerte datiert vom August 1934, und Anfang Januar 1936 wurde einläßlicher über den mit dem Arbeitstitel ›Bilanz der Republik‹ geplanten Band gesprochen – kurz bevor Bermanns Emigration das Projekt obsolet werden ließ. (›Felix Krull‹ war dann eine Art pourboire für Landshoffs entsagungsreiche Mühen.) Sodann hat Landshoff 1937/38 eine Tucholsky-Auswahl geplant, von der wir nur Kenntnis haben, weil Arnold Zweig ihn in einem Briefe nachdrücklich dazu ermunterte. Was Zweig betrifft, hat Landshoff mit großer Ungeduld auf das Palästina-Buch gewartet, obwohl er sich nach einigen, ihm vorliegenden Textproben hätte sagen können, daß Zweig es nicht abliefern werde, weil seine Weiterwanderung in die USA gescheitert war. Ebenso hat er fest auf den »Henkerroman«, d. h., ›Das Beil von Wandsbek‹, gerechnet. Im Frühjahr 1939 hatte Zweig ihm den ›plot‹ erzählt, und wie Feuchtwanger hat er ihn gedrängt, sich an die Arbeit zu machen: »Ich sah sofort die außerordentlichen Möglichkeiten, die Ihnen dieser Henkerroman geben würde. Dazu, daß Sie sich nun endgültig diesem Stoff zugewandt haben, glaube ich nicht nur Sie, sondern auch uns beglückwünschen zu können.« »Uns« – das sind Leser und Verlag gleichermaßen.

Für die Nachkriegsjahre sind wohl bei weitem nicht alle Absprachen und Projekte bekannt, doch das Überlieferte genügt, um den großen Rahmen zu erkennen, den Landshoff der Verlagsarbeit gesteckt hatte: ›Transit‹ von Anna Seghers (der Vertrag schon in New York geschlossen, die Autorin mit einem ansehnlichen Vorschuß ausgestattet); von Zweig den Grischa-Roman als Auftakt einer Serie von Nachdrucken, ferner das kulturhistorisch-zeitdiagnostische ›Alpenbuch‹ und, noch immer, der kritische Report über Palästina; von Heinrich Mann eine Gesamtausgabe, »sobald die Grenzen nach Deutschland und Österreich sich auch nur ein wenig öffnen«; von Feuchtwanger die Fortsetzung der Werkausgabe (noch im August 1949 meinte Feuchtwanger, der Goya-Roman, sein neuestes Buch, werde »kurz vor der englischen und amerikanischen Ausgabe bei Landshoff erscheinen«); von Leonhard Frank lag das druckfertige Manuskript der ›Deutschen Novelle‹ schon vor; von Friedrich Walter der Roman ›Helene Bartenstein‹; von Kesten ein Essayband; von Polgar ein »Omnibus«, d. h., ein Querschnitt durch das Gesamtwerk; eine große, von Klaus Mann besorgte Querido-Anthologie; Klaus Manns »Wendepunkt« (für den die Druckvorbereitungen schon im Gange waren). Endlich sollte sich die Präsenz des Instituts für Sozialforschung im Verlagsprogramm nicht auf die ›Dialektik der Aufklärung‹ beschränken. Max Horkheimer beabsichtigte, die ›Zeitschrift für Sozialforschung‹ wieder aufleben zu lassen, ein Kostenvoranschlag Landshoffs war bereits akzeptiert, und da im Institut an eine dauernde Verbindung mit Querido gedacht war, hat Theodor W. Adorno dem Verlag auch die ›Minima Moralia‹ angeboten.[50]

Mit dem Abschied von S. Fischer im Dezember 1951 war Landshoffs erster Versuch gescheitert, im deutschen Verlagswesen wieder Fuß zu fassen. Mit dem zweiten, der sich unmittelbar anschloß, ist es ihm nicht besser, es ist ihm eher noch schlechter ergangen, wehrlos, wie er gegen Intrigen, Infamie und ordinäre Anmaßung stets war. Einen dritten hat er nicht mehr unternommen. Trotz des großen Erfolgs als Managing Vice-President eines amerikanischen Kunstverlags war der folgende, weit längere Lebensabschnitt von Trauer begleitet, von einem sehnsüchtig-schmerzlichen Blick zurück. Unvergeßbar, wie der Achtzigjährige plötzlich verstummte und mit veränderter Stimme fragte: »Können Sie mir sagen, weshalb ich das da jetzt schon bald dreißig Jahre mache? Wirklich gelebt habe ich doch nur bei Querido und bei Kiepenheuer.« Dies »das da« war von einer verächtlichen Handbewegung begleitet. Sie tilgte die Arbeit von Jahrzehnten. In den zwanziger Jahren, als Anfänger, hatte er alles darangesetzt, um vom Kunstverlag loszukommen. Er hatte »richtige« Bücher machen, hatte Literatur verlegen wollen. Da er aber nun die deutsche Literatur über die Hitlerdiktatur hinweggerettet hatte – war dies nur geschehen, um erneut bei Kunstbüchern zu landen? Nie mehr möchte ich einen so unglücklichen Menschen sehen müssen, wie er es in jener Stunde war.

Nicht zu ermessen, was uns verlorenging, als er sich – wirklich mit Gründen – entschloß, Deutschland den Rücken zu kehren, kaum daß er es wieder betreten hatte.

NEUE BÜCHER

AUS DEM

QUERIDO VERLAG

AMSTERDAM

1948-1949

Mit vollständigem Verlagsverzeichnis

136–152 Das letzte Veröffentlichungsverzeichnis des Querido-Verlags (Manfred Ernst, Bremerhaven)

Ausgegeben am 15. Oktober 1948

Alle Preise in Holländischen Gulden

Preisänderungen vorbehalten

Printed in the Netherlands

Zu den Autoren des Querido Verlages in den Jahren 1933-1940 gehörten u.a.

Ludwig Bauer
Vicki Baum
James M. Cain
Alfred Döblin
Prof. Albert Einstein
Lion Feuchtwanger
Bruno Frank
Leonhard Frank
A. M. Frey
Oskar Maria Graf
Konrad Heiden
Th. Th. Heine
Fritz Heymann
Heinrich Ed. Jacob
Georg Kaiser
Marta Karlweis
Alfred Kerr
Kurt Kersten
Irmgard Keun
Annette Kolb
Sinclair Lewis
Emil Ludwig
Erika Mann
Heinrich Mann
Klaus Mann
Thomas Mann
Valeriu Marcu
Ludwig Marcuse
Konrad Merz
Alfred Neumann
Robert Neumann
Rudolf Olden
Hans E. Priester
Gustav Regler
Anna Reiner
Erich Maria Remarque
Joseph Roth
Arthur Schnitzler
Leopold Schwarzschild
Anna Seghers
Carlo Graf Sforza
Wilhelm Speyer
Carl Sternheim
Ernst Toller
Jakob Wassermann
Ernst Weiss
Franz Werfel
Victoria Wolf
Alfred Wolfenstein
Otto Zarek
Arnold Zweig
Stefan Zweig

Der größte Teil der Werke der oben genannten Autoren ist infolge der Okkupation Hollands während des Krieges vernichtet. Es ist beabsichtigt, die wichtigsten Bücher wieder erscheinen zu lassen.

1

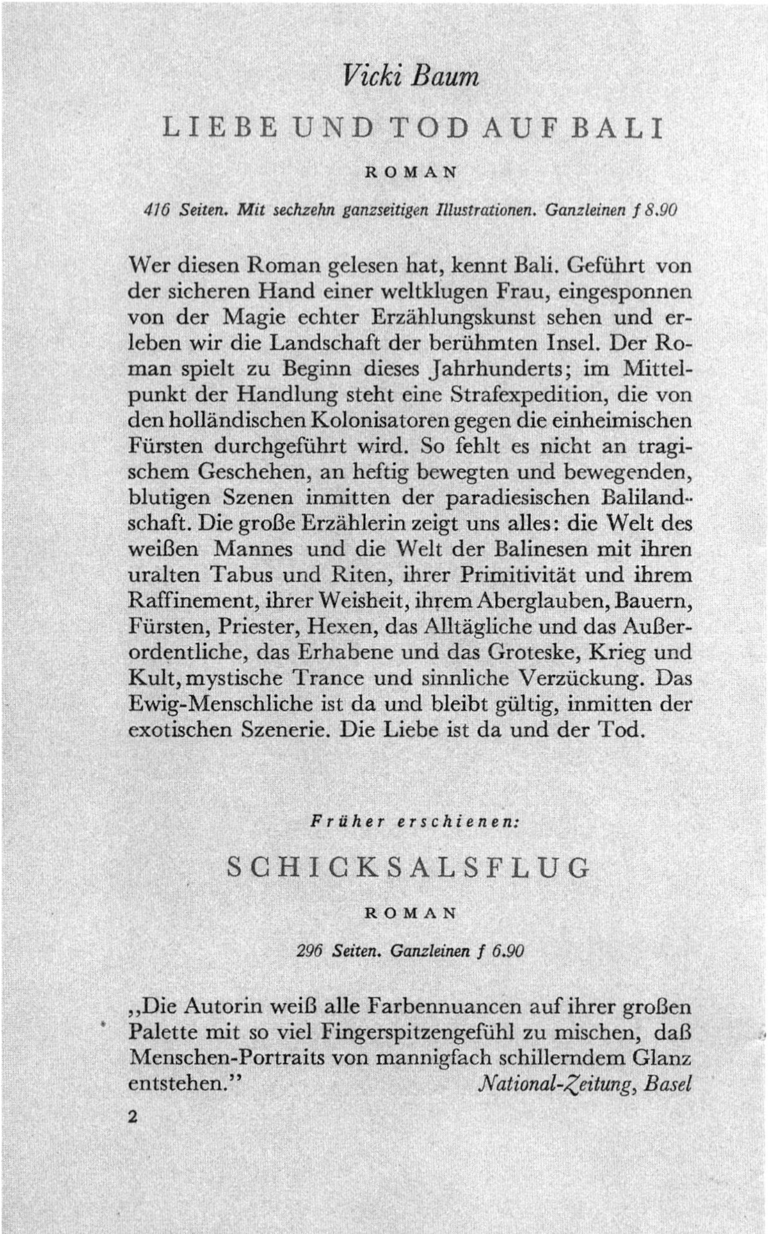

Vicki Baum

LIEBE UND TOD AUF BALI

ROMAN

416 Seiten. Mit sechzehn ganzseitigen Illustrationen. Ganzleinen f 8.90

Wer diesen Roman gelesen hat, kennt Bali. Geführt von der sicheren Hand einer weltklugen Frau, eingesponnen von der Magie echter Erzählungskunst sehen und erleben wir die Landschaft der berühmten Insel. Der Roman spielt zu Beginn dieses Jahrhunderts; im Mittelpunkt der Handlung steht eine Strafexpedition, die von den holländischen Kolonisatoren gegen die einheimischen Fürsten durchgeführt wird. So fehlt es nicht an tragischem Geschehen, an heftig bewegten und bewegenden, blutigen Szenen inmitten der paradiesischen Balilandschaft. Die große Erzählerin zeigt uns alles: die Welt des weißen Mannes und die Welt der Balinesen mit ihren uralten Tabus und Riten, ihrer Primitivität und ihrem Raffinement, ihrer Weisheit, ihrem Aberglauben, Bauern, Fürsten, Priester, Hexen, das Alltägliche und das Außerordentliche, das Erhabene und das Groteske, Krieg und Kult, mystische Trance und sinnliche Verzückung. Das Ewig-Menschliche ist da und bleibt gültig, inmitten der exotischen Szenerie. Die Liebe ist da und der Tod.

Früher erschienen:

SCHICKSALSFLUG

ROMAN

296 Seiten. Ganzleinen f 6.90

„Die Autorin weiß alle Farbennuancen auf ihrer großen Palette mit so viel Fingerspitzengefühl zu mischen, daß Menschen-Portraits von mannigfach schillerndem Glanz entstehen." *National-Zeitung, Basel*

2

Leonhard Frank

MATHILDE

ROMAN

445 Seiten. Ganzleinen f 8.90

Leonhard Frank erzählt uns das Leben einer Frau, vom ersten Erwachen ihrer Weiblichkeit über das melancholische Zwischenspiel einer verfehlten Ehe bis zur Erfüllung in Liebe und Mutterschaft. Mathilde lebt heute, in unserer Zeit; auch ihre Biographie wird berührt von dem großen, wirren Geschehen der letzten Jahre. Aber inmitten der allgemeinen Unruhe und Problematik repräsentiert sie etwas Zeitloses, Stabiles, Unveränderliches — man hat es wohl „das Ewig-Weibliche" genannt. Das Ewig-Weibliche fragt nicht, fordert nicht, experimentiert nicht;es ist geduldig, es kennt seine Sendung, weiß sein Gesetz.

Sehr einfach ist diese Geschichte — von jener „Einfachheit hoher Art", die der Dichter für seine Heldin charakteristisch findet. Und Reize sehr „hoher Art" sind es in der Tat, mit denen der schlichte Bericht uns fesselt und beglückt. Poetisch Zartes steht neben dem psychologisch Gewagten, inniges Gefühl verbindet sich mit erzählerischer Dynamik, Landschaftsbilder von einzigartiger Leuchtkraft prägen sich uns ebenso unvergeßlich ein wie die dramatischen Höhepunkte der Handlung; die sublime Technik eines großen Erzählers und die ahnungsvolle Zärtlichkeit eines ergriffenen Herzens wirken zusammen, um die rührende Frauengestalt in holder Prägnanz vor uns erstehen zu lassen.

In Vorbereitung:

DIE JÜNGER JESU

ROMAN

3

Hermann Kesten

COPERNICUS UND SEINE WELT

BIOGRAPHIE

496 Seiten. Mit zwölf Kunstdrucktafeln. Ganzleinen f 9.90

Mit weitausholendem Schwung, vielgestaltigem Wissen, dem gebotenen Quantum kritischen Salzes und dem festumrissenen Standpunkt eines souveränen Historikers entwirft Hermann Kesten ein Gemälde der Zeit seines Helden. Religion und Ausschweifung, Vernunft und Witz, Intrigue und Roheit bilden den mit satirischer Phantasie belebten Hintergrund, von dem aus die Linien einer großen und sonderbaren Seele vor uns entstehen, des Jahrtausendmenschen Nicolaus Copernicus.

Mit kühnem, durch die tiefgreifenden, von den Naturwissenschaften erwirkten Umwälzungen seiner eigenen Zeit geschärftem Blick schildert Kesten die revolutionäre Tat des einsamen Genius und ihre außerordentlichen Konsequenzen für den Fortschritt des menschlichen Denkens im geschichtlichen Ablauf.

Als Diener der Wahrheit und Kenner der Schönheit fördert der leidenschaftliche Biograph Begebenheiten aus dem Dunkel der Vergangenheit ans Licht, die uns kein Geschichtsbuch verrät, und wir erleben im Banne des Erzählers Glanz und Elend, Genie und Greuel eines der aufregendsten Zeitabschnitte des abendländischen Welttheaters.

In Vorbereitung:

DIE VERSCHLOSSENE TÜR

ROMAN

4

Thomas Mann

BEKENNTNISSE DES HOCHSTAPLERS FELIX KRULL

192 Seiten. Ganzleinen f 4.90

Sobald im Jahre 1937 die „Bekenntnisse des Hochstaplers Felix Krull" in erweiterter Form erschienen waren, zählten die Kenner dies Meisterwerk Thomas Mannscher Prosa, in dem die höchste geistig-sinnliche Grazie aus einer geradezu aristophanischen Laune geschöpft ist, zum Schönsten im Oeuvre des grossen Schriftstellers. Das „Buch der Kindheit", um einen zweiten, bis dahin unbekannten Teil bereichert, gibt, traditionalistisch und avantgardistisch zugleich, in der Form köstlichsten Humors Aufschlüsse von erregender Kühnheit über das Wesen des Dichters selbst und seiner Epoche.
Wir begleiten den jugendlichen Abenteurer im Geiste in eine süddeutsche Großstadt, wo er seine abgründigen Experimente fortsetzt und die unwiderstehliche Anmut der Macht empfinden lernt, der er in träumerischen Spekulationen entgegenstrebt. Sodann unternimmt er den ersten wirklichen Anschlag gegen die bestehende Gesellschaft, indem er eine militärische Prüfungskommission vollständig zum Narren hält. Der Simulant Krull überspielt seine eigenen Vorsätze in unerschöpflichen Eingebungen der Situation mit Wort und Gebärde derart, daß aufrichtiges Mitleid der Betrogenen ihn am Ende in die erhoffte Freiheit begleitet.

„Im Gegensatz zu allen andern Werken ist hier ein Scherzo, voll Grazie und tänzerischem Spiel. Der Stoff enthielt nur Gegenwart, ohne die geringste Beschwerung weder eines jahrhundertlangen Bürgergeschlechts noch einer Hoftradition, noch einer historischen Stadt wie Venedig; gerade deswegen konnte unter diesem nur Modern-Gegenwärtigen eine luftig-duftige Mozartsche Musik des Rokoko erklingen." *Ferdinand Lion*

5

Alfred Polgar

ANDERSEITS

ERZÄHLUNGEN UND ERWÄGUNGEN

304 Seiten. Ganzleinen f 6.90

Wenn jemand berufen ist, den Charme einer versunkenen Welt aufzurufen und in unsere Herzen etwas von dem zurückzutragen, was uns beinahe verloren schien, so ist es Alfred Polgar. Der Meister deutscher Prosa belohnt, die ihm Liebe und Anhänglichkeit bewahrten, mit dieser neuen Sammlung von Skizzen und Erzählungen.
Franz Blei schrieb gelegentlich sehr geistreich, Polgar's Sprache sei aus „Filigranit". Er charakterisiert damit treffend das klare und zugleich biegsame, von den Übeln der Schwerfälligkeit und Dickflüssigkeit befreite Deutsch und die Schärfe des scheinbar so gemütlichen Witzes.

Urteile über Alfred Polgar:
„Polgars Feuilletons sind Extrakte, geschrieben to the happy few, wie Stendhal zu sagen pflegte, streng genommen nur für sich selbst, mit einer unendlichen, unermüdlichen Freude an der Prägnanz von Wort, Satz, Seite, des Ganzen. Diese cose piccinine werden in kommenden Zeiten als klassisch empfunden werden." *Josef Hofmiller*

„Kurze Dichtungen in Prosa, wie Alfred Polgar sie schreibt — menschlich, geistig, schriftstellerisch vom ersten Rang —, sind bisher in unserer Literatur überhaupt noch nicht vorhanden gewesen. Und sie werden wahrscheinlich auch nicht nachgêahmt werden können."
Oskar Loerke

„Jede dieser Skizzen ist eine kostbare Essenz, ein wohlriechender Extrakt, gepreßt aus dem Duft, den tausend Lebenserfahrungen zurückgelassen haben. Dieses Parfüm riecht freilich nicht allzu milde, vielmehr scharf und beißend; denn Polgar besitzt, wie Lichtenberg einmal von sich sagt, die Gabe, aus allem Gift zu saugen."
Egon Friedell

6

Im Frühjahr 1949 erscheint:

Heinrich Mann

DER ATEM

ROMAN

Heinrich Mann fügt dem gewaltigen Zyklus seiner Romane ein neues Werk hinzu, in dem wie in seinen schönsten Schöpfungen die unerbittliche Schärfe des alles registrierenden Beobachters mit der Farbenglut des großen Malers zusammengeht. Mit einer an Goya erinnernden Potenz im Visionären und einer an den großen Franzosen geschulten Meisterschaft der Seelenkunde entwirft er das Porträt einer sterbenden Frau und deren seltsamen Abschied von einem Leben, dessen ganzen Reichtum er im Reflex des Niedergangs an uns vorbeiziehen läßt.

In Vorbereitung:

Klaus Mann

DER WENDEPUNKT

AUTOBIOGRAPHIE

Unersättliche Neugier gegenüber allem, was draußen ist — die Ferne lockt und das Nahe will ergründet sein —, aber auch der forschende, vor Konventionen nicht anhaltende Blick ins eigene Dunkel verleihen diesen Erinnerungen eine exemplarische Bedeutung, die weit über die private Sphäre hinausreicht. Klaus Mann, von frühester Jugend an ein Weltenbummler, kehrt immer wieder mit seiner bangenden Liebe nach Europa zurück. Es ist die Heimat seiner Träume, und seine Sorge gilt der Unverlierbarkeit des abendländischen Geistes in allen seinen Erscheinungsformen. Ein Stück europäischer Kultur der letzten Jahrzehnte hat in diesem Buch einen sehr persönlichen Ausdruck gefunden.

7

Lion Feuchtwanger

WAFFEN FÜR AMERIKA

ROMAN IN ZWEI BÄNDEN

I. Band 460 Seiten. II. Band 415 Seiten
In Leinen gebunden je f 8.90

„Dieses ungewöhnliche Buch über die Geschichte des amerikanischen Freiheitskampfes — vom Versailler Hof aus gesehen — ist eine literarische Großtat."

New York Times

„Lion Feuchtwanger, von dem gleichen höchsten Niveau als Romancier wie als Historiker erreicht sein Ziel mit dem einzig wahrhaften und würdigen Mittel, mit dem man einen historischen Roman schreiben kann, nämlich durch die Gestaltung echter Menschen, deren Gefühle, Gedanken, Erfahrungen und Milieu für den Leser Wirklichkeit werden."

Saturday Review of Literature

„Der Leser lebt nicht nur von Stunde zu Stunde mit den großen Persönlichkeiten, sondern wird geradezu ein Stück von ihnen, fühlt sich mitten hinein gestellt in eine der eindrucksvollsten Perioden der Geschichte."

Chicago Sunday Tribune

„Ein interessanter Stoff — aber vor allem, was wichtiger ist, ein ausgezeichneter Roman, nach manchem schwächeren wieder ein echter Feuchtwanger: gescheit, farbig, interessant, voll Geist und Witz, mit einer Fülle lebendigster Figuren, packend in der verwickelten, spannungsreichen Handlung und glänzend geschrieben. Ein Buch, das man unweigerlich in einem Zug vom Abend bis zum nächsten Morgen liest, ohne auf eine Zeile zu verzichten."

Die Weltwoche, Zürich

Bruno Frank

SECHZEHNTAUSEND FRANCS

NOVELLE

93 Seiten. Gebunden f 2.90

„Aus dem Nachlaß Bruno Franks stammt 'Sechzehntausend Francs', eine in ihrer Dichte und Geschlossenheit geradezu meisterliche Novelle, die die innere Entwicklung eines Deutschen zwischen den beiden Weltkriegen mit sparsamsten Mitteln und überlegener Kunst des Wortes durchleuchtet und ein einsames Leben schildert, das nach einer einzigen Verirrung ganz unter dem Zeichen unstillbaren Durstes nach Gerechtigkeit steht, ganz im Dienst an die menschenwürdige Auslegung des Gesetzes hingegeben." *Luzerner Tagblatt*

Martin Gumpert

DER GEBURTSTAG

ROMAN

178 Seiten. Ganzleinen f 5.90

„In den 36 Stunden dieser Romanhandlung spielen sich einige alltäglich scheinende, aber mit der Sprachkraft eines bedeutenden Erzählers durchleuchtete und in ungeahnte Zusammenhänge gebrachte Ereignisse ab. Mit angehaltenem Atem begleitet man ihn, den namenlosen Helden, auf jedem seiner Schritte. Die Widersprüche des Lebens werden weder verkitscht noch verschwiegen, aber die Resignation des Erfahrenen, Reifgewordenen läßt ihn trotzdem ausrufen: 'Wie gut ich es habe! Wie schön ist das alles!' Ein wunderbares, ein tröstliches Buch! Grundehrlich und dankbar für den Reichtum des Lebens. Das Chaos unseres Daseins wird zum Wunder gestaltet. Der schmale Band wiegt eine Reihe dickbäuchiger Erfolgsbücher auf." *Der Bund, Bern*

9

Max Horkheimer und Theodor W. Adorno

DIALEKTIK DER AUFKLÄRUNG

PHILOSOPHISCHE FRAGMENTE

312 Seiten. Ganzleinen f 8.90

In diesem Werk geht es um die aktuellsten und dringlichsten Fragen der Gegenwart. Die geistige Problematik unserer Zeit wird von hoher Warte gedeutet; aus der Analyse ergibt sich der konstruktive, schöpferische Beitrag zur Überwindung der Krise.

Max Horkheimer und Theodor W. Adorno gehörten dem mit der Universität Frankfurt a.M. verbundenen Institut für Sozialforschung an, dessen Leitung Horkheimer 1931 übernahm. Dieses Institut setzte seine Tätigkeit in der Emigration fort, erst in Europa, dann, an die Columbia University angeschlossen, in New York.
Der Begriff der Aufklärung geht in diesem Buch weit über die Philosophie des 18. Jahrhunderts hinaus; er bedeutet den ganzen Prozess bürgerlichen Geistes, wie er seit den Anfängen städtischer Zivilisation in der Geschichte des Abendlandes sich abspielte.
In der Durchführung ihrer gesellschaftlich-historischen Analysen geben die Autoren eine exakte und rigoröse Kritik des gegenwärtigen Kulturbetriebes, wobei die Filmindustrie als ideologischer Faktor mit besonderer Ausführlichkeit behandelt wird. Der Beziehung zwischen der vollendeten Aufklärung und dem totalen Rassenhaß ist ein besonderer Abschnitt gewidmet. Ein anderer Exkurs befaßt sich mit dem Verhältnis der Aufklärung zum Mythos, von Homers Odyssee bis zur Philosophie des Marquis de Sade und Nietzsches.

Das Werk enthält eine tiefschürfende Analyse der unsere Zeit bestimmenden Ideologien und eine vorurteilslose Diagnose der Gegenwart.

10

Hans Keilson

KOMÖDIE IN MOLL

ERZÄHLUNG

118 Seiten. Gebunden f 3.90

„Die stellenweise geradezu gespenstisch anmutende psychologische Realistik dieser Schilderung ist einer der bemerkenswertesten epischen Beiträge zur Zeit, die uns aus der europäischen Literatur der letzten Jahre bisher bekannt wurden." *National-Zeitung, Basel*

Hermann Kesten

DIE ZWILLINGE VON NÜRNBERG

ROMAN

544 Seiten. Ganzleinen f 8.90

„Kesten hat seinem reichen Opus ein Buch hinzugefügt, das uns mit seiner meisterhaften Beherrschung von Stoff und Sprache und seiner kunstvollen Mischung von Phantasie und Allegorie ungemein packt."

National-Zeitung, Basel

Annette Kolb

KÖNIG LUDWIG II VON BAYERN UND RICHARD WAGNER

107 Seiten. Ganzleinen f 3.90

„Annette Kolb schöpft in ihrem Wagner-Büchlein aus persönlichen Erinnerungen. Ihre Mutter war mit Wagner befreundet, sie selbst mit Felix Mottl, dem Wagner-Apostel und überragenden Wagner-Dirigenten, und so ist hier viel eigenes Erlebnis, wertvolle Überlieferung erstmalig veröffentlicht, auf subtile Weise ausgesprochen. Die Freunde von Annette Kolb, aber auch die Wagnerfreunde finden hier ein Büchlein, dem der Zauber persönlicher Erinnerung eine besonders liebenswerte Note gibt."

Basler Volksblatt

11

Robert Neumann

KINDER VON WIEN

ROMAN

201 Seiten. Ganzleinen f 5.90

„Ein erschütterndes Buch — so eindringlich, so trostlos und so unendlich traurig. Wenige Tage aus dem Leben von ein paar Wiener 'Besprisorni', ihre Begegnung mit einem gutmütigen Negerpfarrer, der ihnen auch nicht helfen kann, ihr Zurückfallen aus schüchterner Hoffnung in trotziges Verzweifeln — Neumann hat es meisterhaft und mit so wahrhaft wirkender Einfachheit geschildert, daß einem graut." *Die Weltwoche, Zürich*

„Die Unvorstellbarkeit der Lage, in der eine zufällig zusammengewürfelte Kindergruppe im Keller eines Wiener Hauses lebt, ihre Verdorbenheit und ihre Vertrauensseligkeit, ihre Härte und ihr Jammer — das alles ist von einer so düstern Beklemmung und trägt so sehr den Stempel der Wirklichkeit, daß einen der Menschheit ganzer Jammer anfassen kann." *Tages-Anzeiger, Zürich*

Joseph Roth

DER LEVIATHAN

NOVELLE

71 Seiten. Gebunden f 2.50

„Joseph Roth erzählt in seiner nachgelassenen Novelle ein melancholisches Märchen, die Geschichte eines jüdisches Korallenhändlers in einem kleinen russischen Dorf, der sich durch die roten, runden Geschöpfe des Meeres dem nie gesehenen Ozean geheimnisvoll verbunden fühlt, so unwiderstehlich hingezogen zum fremden Element, daß ihn sein einfacher Lebensweg geradwegs in die Tiefen des Meeres führt, zu einem Tod, den er nicht fürchtet, in ein geheimnisvolles Reich, darin der Leviathan der Bibel über die Korallen herrscht."

Tages-Anzeiger, Zürich

12

Leopold Schwarzschild

VON KRIEG ZU KRIEG

492 Seiten. Ganzleinen f 8.90

„Leopold Schwarzschild gibt eine zusammenhängende Darstellung der entscheidenden Jahre zwischen dem ersten und dem zweiten Weltkriege. Was den Leser von der ersten bis zur letzten Seite fesselt, ist die klare, eindeutige und packende Sprache und eine unbedingt ehrliche Objektivität. Mit diesen Eigenschaften versehen, wird das Buch für jeden Leser zum Erlebnis. Der Verfasser führt die wahren Hintergründe des für die menschliche Gesellschaft beschämenden Weltdebakels vor Augen, und dies aus der Erkenntnis heraus, daß nur derjenige berechtigt ist, am Aufbau einer besseren Welt mitzuwirken, der die Ursachen unserer katastrophalen Weltlage unvoreingenommen zu erkennen vermag. Nicht ohne diesen Grund hat Winston Churchill dieses Buch dem britischen Ministerium als unentbehrliche Lektüre empfohlen." *Der Bund, Bern*

Anna Seghers

DAS SIEBTE KREUZ

ROMAN

416 Seiten. Ganzleinen f 7.90

„Dieser 'Roman aus Hitlerdeutschland' ist von uns bekannten Versuchen, die Jahre der tiefsten Erniedrigung Deutschlands in breite epische Form zu bringen, wohl der bedeutendste. . . Eine Chronik in Romanform von des Tausendjährigen Reiches höllischem Verlauf, dennoch eine Zeit, in der die Sonne auf schönes Land und in schöne Menschengesichter scheinen konnte, eine Zeit finsterer Aussichtslosigkeit — und dennoch durchtönt von der im Doppelsinn unfaßbaren Stimme eines Menschentums, das guten Willens ist." *National-Zeitung, Basel*

13

GESAMTVERZEICHNIS DER VORHANDENEN BÜCHER DES QUERIDO VERLAGES

VICKI BAUM

Liebe und Tod auf Bali. *Roman. 1948.*
Ganzleinen *f* 8.90

Hier stand ein Hotel. *Roman. 1947.*
Ganzleinen *f* 8.90

Schicksalsflug. *Roman. 1947.*
Ganzleinen *f* 6.90

LION FEUCHTWANGER

Waffen für Amerika. *Roman. 1948.*
Zwei Ganzleinenbände, je *f* 8.90

Der falsche Nero. *Roman. 1936.*
Gebunden *f* 5.50

BRUNO FRANK

Sechzehntausend Francs. *Novelle. 1948.*
Gebunden *f* 2.90

LEONHARD FRANK

Mathilde. *Roman. 1948.*
Ganzleinen *f* 8.90

Das Ochsenfurther Männerquartett/Von drei Millionen drei. *Romane. 1936.*
Ganzleinen *f* 4.90

Der Bürger. *Roman.* / Die Ursache. *Erzählung. 1936.*
Ganzleinen *f* 4.90

Karl und Anna. *Erzählung* / Bruder und Schwester. *Roman. 1936.*
Ganzleinen *f* 4.90

Der Mensch ist gut. / Die Novellen. *1936.*
Ganzleinen *f* 4.90

Traumgefährten. *Roman. 1936.*
Ganzleinen *f* 4.10

Die Jünger Jesu. *Roman. In Vorbereitung.*

14

A. M. FREY

Der Mensch. *Novelle. 1940.*
Gebunden *f* 2.35

MARTIN GUMPERT

Der Geburtstag. *Roman. 1948.*
Ganzleinen *f* 5.90

MAX HORKHEIMER UND
THEODOR W. ADORNO

Dialektik der Aufklärung. *1948.*
Ganzleinen *f* 8.90

HANS KEILSON

Komödie in Moll. *Erzählung. 1947.*
Gebunden *f* 3.90

HERMANN KESTEN

Copernicus und seine Welt. *Biographie. 1948.*
Ganzleinen *f* 9.90

Die Zwillinge von Nürnberg. *Roman. 1947.*
Ganzleinen *f* 8.90

Die verschlossene Tür. *Roman. In Vorbereitung.*

ANNETTE KOLB

König Ludwig II. von Bayern und Richard Wagner. *1947.*
Ganzleinen *f* 3.90

THOMAS MANN

Die Bekenntnisse des Hochstaplers Felix Krull. *1948.*
Ganzleinen *f* 4.90

KONRAD MERZ

Ein Mensch fällt aus Deutschland. *1936.*
Ganzleinen *f* 3.90

ROBERT NEUMANN

Kinder von Wien. *Roman. 1948.*
Ganzleinen *f* 5.90

15

ALFRED POLGAR

Anderseits. *Erzählungen und Erwägungen. 1948.*
Ganzleinen *f* 6.90

JOSEPH ROTH

Der Leviathan. *Novelle. 1948.*
Gebunden *f* 2.50

Das falsche Gewicht. *Roman. 1937.*
Gebunden *f* 4.25

LEOPOLD SCHWARZSCHILD

Von Krieg zu Krieg. *1947.*
Ganzleinen *f* 8.90

ANNA SEGHERS

Das siebte Kreuz. *Roman. 1946.*
Ganzleinen *f* 7.90

ERNST WEISS

Der arme Verschwender. *Roman. 1937.*
Ganzleinen *f* 4.90

Im Frühjahr erscheinen:

Vicki Baum

HEADLESS ANGEL

Der deutsche Titel des Romans wird demnächst bekanntgegeben.

Friedrich Walter

HELENE BARTENSTEIN

ROMAN

16

Quellen und Anmerkungen

1 Zitiert nach Herbert E. Tutas: NS-Propaganda und deutsches Exil 1933–1939. Worms: Heintz 1973, S. 148. – »Ein Bruder Lion Feuchtwangers«: Martin F., der in Halle einen Verlag für Groschenhefte besessen und die Provinzpresse auf Abonnementsbasis mit Unterhaltungsromanen, Feuilletons usw. beliefert hatte. Seinen Angaben zufolge hatte er den Verlag auf Druck des Propagandaministeriums verkaufen müssen und war (1934?) nach Prag emigriert. Dem SD ist offensichtlich entgangen, daß er dort sein altes Gewerbe unter wechselnden Verlagsnamen erfolgreich weiterbetrieb, erst recht, daß er mit Querido nicht das geringste zu tun hatte. (Vgl. Martin Feuchtwanger: Zukunft ist ein blindes Spiel. Erinnerungen. München: Langen-Müller 1989, S. 169 pass.) – In seinem Porträt der Amsterdamer Exilverlage hat der DDR-Germanist Klaus Hermsdorf dem ›Leitheft‹ gleichwohl bescheinigt, es enthalte »bemerkenswert genaue und systematisierte Informationen auch über die Exilverlage«. (Hermsdorf, S. 106.) * NTB, 1. Jg., H. 10 v. 2. 9. 1933, S. 239. – Ein Buch von Werner Hegemann ist bei Querido nicht erschienen.

2 FHL: Erinnerungen, S. 25ff., S. 39, S. 42, S. 444. * Spring: S. 42. – Die vermutlich nach vollständiger Einzahlung des Kapitals erfolgte juristische Statusveränderung – von der Handels- zur Aktiengesellschaft – hat im Impressum der Querido-Bücher ihren Niederschlag gefunden. Die Produktionen von 1933 und 1934 werden mit »Querido Verlag«, die der Folgezeit mit »Querido Verlag N. V.« ausgewiesen. Die alte Angabe in Hans E. Priesters ›Das deutsche Wirtschaftswunder‹ (1936) dürfte auf einem Versehen beruhen. Eine Interimsformel – »Querido Verlag Amsterdam Uitgeverij Querido N. V.« – findet sich in Oskar Maria Grafs Roman ›Der harte Handel‹ und Emil Ludwigs Hindenburg-Biographie, zwei Titeln, die 1935 herauskamen, an denen der Verlag aber bereits 1934 die Rechte erworben hatte.

3 Im ersten Brief, den er aus dem niederländischen Exil an seine Tochter schrieb (13. 3. 1933), erbat Hermann die Antwort an die Adresse des Querido Verlags. Ihm war Hermann seit 1916 als Autor verbunden, seine Exilwerke jedoch ließ er in anderen Verlagen erscheinen, um noch in Deutschland lebende Angehörige nicht zu gefährden: das holländische Unternehmen galt als »linker« Verlag. (Vgl. Georg Hermann: Unvorhanden und stumm, doch zu Menschen noch reden. Briefe aus dem Exil 1933–1941 an seine Tochter Hilde. Hrsgg. von Laureen Nussbaum. Mannheim: persona 1991, S. 22f.) – Landshoff hielt es »für erwiesen«, daß Hermann zu Queridos deutschen Plänen den Anstoß gegeben habe (Erinnerungen, S. 70).

4 Klaus Mann: Der Wendepunkt. Ein Lebensbericht. Frankfurt am Main: G. B. Fischer 1958, S. 327. * FHL: Erinnerungen, S. 18f., S. 38. * Hans Würzner (Hrsg.): Zur deutschen Exilliteratur in den Niederlanden 1933–1940. Amsterdam: Rodopi 1977, S. 17. * Friedemann Berger (Hrsg.): Thema – Stil – Gestalt 1917–1932. 15 Jahre Literatur und Kunst im Spiegel eines Verlages. Leipzig: Kiepenheuer 1984, S. 505.

5 Joseph Roth: Briefe 1911–1939. Hrsgg. von Hermann Kesten. Köln: Kiepenheuer & Witsch 1970, S. 265. * FHL: Erinnerungen, S. 37 (Faksimile), S. 99f., S. 100f., S. 111,

S. 199 (Hervorhebung im Original), S. 209. * KM: Briefe 1, S. 100. * KM: Tb 1, S. 146f. (Hervorhebung im Original), S. 167. * Alfred Döblin: Briefe. Hrsgg. von Heinz Graber. Olten und Freiburg: Walter 1970, S. 180 (Hervorhebung im Original), S. 564 (Hervorhebung von mir). * Lion Feuchtwanger: Briefwechsel mit Freunden 1933–1958. 2 Bände. Hrsgg. von Harold von Hofe und Sigrid Washburn. Berlin: Aufbau 1991, Bd. 1, S. 19. * Kurt Tucholsky: Gesamtausgabe. Band 20: Briefe 1933–1934. Hrsgg. von Antje Bonitz und Gustav Huonker. Reinbek: Rowohlt 1996, S. 94. * AZ an Querido Verlag, o. O. [Sanary], 21. 6. 1933, FHL an AZ, 8. 8. 1933, AZA 9(1).

6 Querido Verlag (FHL) an Gustav Kiepenheuer Verlag, 16. 10. 1933, Gustav Kiepenheuer Verlag (G. Kiepenheuer) an Querido Verlag, Berlin 18. 10. 1933, Querido Verlag (FHL) an Gustav Kiepenheuer Verlag, 19. 10. 1933, sämtl. AZA 8. – Vgl. vor diesem Hintergrund die in sich widersprüchlichen Angaben in Landshoffs Erinnerungen (S. 45, S. 79). – Reglers Darstellung vom Transfer des ›Verlorenen Sohns‹ – Gustav Kiepenheuer habe die »Druckfahnen« des Buchs schon vor dem 30. Januar 1933 »zu einem befreundeten holländischen Verlag verschifft« – ist eine der vielen Stilisierungen, mit deren Hilfe er seine Lebensgeschichte zu einem Lebensroman umgeformt hat. (Gustav Regler: Das Ohr des Malchus. Eine Lebensgeschichte. Frankfurt am Main: Büchergilde Gutenberg, o. J. [1960], S. 191.) Landshoff hatte sich Reglers Version übrigens lange Zeit zu eigen gemacht und verbreitet, wenn auf das Buch die Rede kam.

7 FHL an H. E. Jacob, 11. 9. 1933, DLA, o. Sign. * Sorgatz, S. 17ff., S. 25f., S. 29, S. 43, S. 230, S. 234f., S. 286. * Hermann Kesten: Lauter Literaten. Porträts – Erinnerungen. München – Wien: Desch 1966, S. 326. * Joseph Roth: Briefe, a. a. O., S. 298. * KM: Tb 1, S. 147. * NTB, 1. Jg., H. 19 v. 4. 11. 1933, S. 458. * FHL: Erinnerungen, S. 37f., S. 70f., S. 214, S. 445. – In seiner Antwort (26. 5. 1934) hat Roth das Urteil Landshoffs über de Langes »Interesse« an der deutschen Abteilung noch verschärft: »Ist es wirklich so, daß L.[ange] Walter [Landauer] noch immer nicht gesehen hat, dann glaube ich nicht mehr an L.[ange]s Interesse für die deutsche Literatur.« (Joseph Roth: Briefe, a. a. O., S. 332.) * Wie manches andere, was hier nicht gesondert angemerkt wird, stützen sich die Verlegerporträts auf die ungezählten Gespräche, die ich im Verlauf von 25 Jahren mit Fritz Landshoff geführt habe. Hilfreich war auch ein Interview mit Hermann Kesten (Juni 1965). Die Wertungen sind selbstverständlich die meinen. – Nicht herangezogen wurden die Nachrufe auf Gérard de Lange; sie sind allenfalls durch das interessant, was sie verschweigen.

8 Über Landauers Aufgaben bei Kiepenheuer hat sich Landshoff widersprüchlich geäußert. Hat er einmal gesagt, Landauer habe »›an der Leitung des Verlages‹« teilgenommen, so ein andermal, er habe sich »›bei uns eben um alles gekümmert‹«, sei aber »›nicht für die rein geschäftlichen Dinge zuständig‹« gewesen. Man darf das wohl dahin interpretieren, daß Landauer an essentiellen Entscheidungen nicht beteiligt war. In der tabellarischen Übersicht des Jubiläumsbandes zum fünfundsiebzigjährigen Bestehen des Kiepenheuer Verlags wird Landauer nicht erwähnt, während der Eintritt Landshoffs und die Verpflichtung von Kesten als gravierende Daten der Verlagsgeschichte verzeichnet sind. Vgl. Sorgatz, S. 59f., Friedemann Berger (Hrsg.): Thema – Stil – Gestalt, a. a. O., S. 8, S. 508.

9 Hermsdorf, S. 373 * FHL: Erinnerungen, S. 80f., S. 214. * Sorgatz, S. 28f., S. 107f., S. 235. * LF–AZ: Briefwechsel, Bd. 1, S. 26 * Kesten: Briefe, S. 45, S. 52, S. 53. * FHL an AZ, 8.8., 14.8., 6.9. 1933; AZ an FHL, Sanary, 12.8., 18.8., 9.9. 1933, sämtl. AZA, 9(1).

10 FHL: Erinnerungen, S. 53f., S. 283. * KM: Tb 2, S. 39. * Spring: S. 37ff.

11 Vgl. Hans Würzner, Karl Kröhnke (Hrsg.): Deutsche Literatur im Exil in den Niederlanden 1933–1940. Amsterdam – Atlanta: Rodopi 1994, S. 32: »Der gebildete Niederländer war bekanntlich bis in die jüngste Zeit hinein polyglott: es galt als leicht gênant, deutsche, englische oder französische Romane in niederländischen Übersetzungen zu lesen, und folglich waren diese nur spärlich vorhanden und oft schlecht.« – Dies erklärt auch, weshalb von den insgesamt 128 Titeln des deutschen Querido Verlags nach den bislang zugänglichen Belegen nur 22 auf holländisch erschienen sind. Ein Gutteil dieser Übersetzungen kam zudem für ein Unterschichtenpublikum in sozialistischen Verlagen (Arbeiderspers, Contact) heraus. Andere sind erst nach dem Krieg erschienen, zu einer Zeit, als es infolge der deutschen Okkupation nunmehr für »leicht gênant« galt, die Sprache der »Moffen« zu beherrschen…

12 Kurt Löb: Exil-Gestalten. Deutsche Buchgestalter in den Niederlanden 1933–1950. Arnhem: Gouda Quint 1995, S. 293. – Löb weist völlig zu Recht darauf hin, daß gerade die graphische Gestaltung der deutschsprachigen Bücher in beiden Verlagen fast völlig von Deutschen vorgenommen wurde, seien sie nun Exilierte gewesen oder nicht. Indes ist Gérard de Lange seinem Konservatismus wohl einiges schuldig gewesen. * Spring: S. 39, S. 43.

13 FHL: Erinnerungen, S. 66. * Peter de Mendelssohn: S. Fischer und sein Verlag. Frankfurt am Main: S. Fischer 1970, S. 1204, S. 1280. * TM–GBF: Briefwechsel, S. 18ff. (Zitat: S. 21), S. 214. * TM: Tb 1, S. 31, S. 34.

14 Harry Graf Kessler: Tagebücher 1918–1937. Hrsgg. von Wolfgang Pfeiffer-Belli. Frankfurt am Main: Insel 1961[2], S. 724f. – Schwarzschild hat sich 1936 seiner Unterhaltung mit Bermann so erinnert: »Ich sehe ihn noch neben mir in Paris sitzen und mit unruhigem Subalternen-Stolz erzählen, daß die Nazis ihn wirklich sehr wohlwollend behandelten; daß sie ihn, wahrhaftig und auf Ehre, sogar zu einer Sitzung der Schund- und Schmutzkammer geladen hätten.« (NTB, 4. Jg., H. 4 v. 25. 1. 1936, S. 83.)

15 KM: Tb 1, S. 149, S. 151. * TM: Tb 1, S. 123, S. 650. * KM: Briefe 1, S. 105, S. 109. * Kesten: Briefe, S. 45f. * Alfred Döblin: Briefe, a. a. O., S. 185ff. * Alfred Döblin an FHL, o. O. [Paris], o. D. [11. (?) 9. 1933]. Fragmentarische Briefabschrift. Beilage zu Landshoffs Brief an Klaus Mann, 12.9. 1933, KMA, Sign. 79/41. – Hervorhebungen in den Originalen. – Landshoff und Bermann Fischer haben diese Phase ihrer wechselvollen Beziehungen in ihren Erinnerungen mit Schweigen übergangen; gegenüber dem Verfasser hat Landshoff Mendelssohns »stillschweigende Vereinbarung« sogar als »dreiste Lüge« bezeichnet. Beider Zurückhaltung erklärt sich leicht aus den unmittelbar folgenden Ereignissen, an die nicht mehr zu rühren sie in späteren Zeiten offenbar übereingekommen waren. Auch haben sich die einzelnen Puzzlesteine ja erst zueinander gefügt, nachdem Klaus Manns 1989 veröffentlichte Tagebücher das Verbindungsstück geliefert hatten.

16 TM–GBF: Briefwechsel, S. 27ff. * TM, Tb 1, S. 134ff. * Erika Mann an Klaus Mann, o. O. [Sanary], 25. [7. 1933], EMA, Sign. 790/95.

17 KM: Briefe 1, S. 99f., S. 122f. * Erika Mann: Briefe und Antworten. Hrsgg. von Anna Zanco Prestel. Band 1, München: Ellermann 1984, S. 41. * TM: Tb 1, S. 109, S. 135f., S. 159. * TM–GBF: Briefwechsel, S. 35ff., S. 41f. * Peter de Mendelssohn: S. Fischer und sein Verlag, a.a.O., S. 1293, Hervorhebung in der Vorlage.

18 FHL: Erinnerungen, S. 200. * KM: Briefe 1, S. 89 pass., S. 103, S. 107, S. 109ff., S. 115, S. 120, S. 122f., S. 125, S. 129ff. * Erika Mann an Klaus Mann, o. O. [Sanary], 25. [7. 1933], o. D. [10. oder 11. 8. 1933], EMA, Sign. 790/95. * Klaus Mann an René Schickele, Amsterdam, 24. 8. 1933, DLA, Sign. 62.265,4. * Annette Kolb – René Schickele: Briefe im Exil 1933–1940. In Zusammenarbeit mit Heidemarie Gruppe hrsgg. von Hans Bender. Mainz: Hase & Köhler 1987, S. 67. – Hervorhebungen in den Originalen.

19 TM: Tb 1, S. 166. * Alfred Döblin an FHL. Fragmentar. Briefabschrift, vgl. Anm. 15. Hervorhebungen in der Vorlage. Schreibfehler in der Abschrift wurden stillschweigend korrigiert. * Joseph Roth: Briefe, a.a.O., S. 312. – »Saenger sprach…«: Der ›Völkische Beobachter‹ hatte am 15. 7. 1933 über eine Geiselnahme berichtet. Verwandte von Philipp Scheidemann waren in ein Konzentrationslager verschleppt worden, weil der frühere Reichskanzler in der ›New York Times‹ sog. Greuelhetze gegen das Dritte Reich betrieben haben soll. Nachdem die Zeitung sich für den exilierten Politiker ins Zeug gelegt hatte, waren die Geiseln wieder aus dem Lager entlassen worden. (Vgl. Herbert E. Tutas: Nationalsozialismus und Exil. Die Politik des Dritten Reiches gegenüber der deutschen politischen Emigration 1933–1939. München: Hanser 1975, S. 167f.) Aus der Luft gegriffen war Saengers »Argument« also nicht, doch lassen sich die Fälle schwerlich vergleichen: Döblin war kein Spitzenpolitiker, statt über die Nazis hatte er in der ›Sammlung‹ über ›Jüdische Massensiedlungen und Volksminoritäten‹ geschrieben, und die ›Sammlung‹ war etwas anderes als die ›New York Times‹, davon zu schweigen, daß zur fraglichen Zeit noch kein Mensch in Deutschland sie kannte. Zudem kann man über Saengers zynischen Umgang mit der Angst von Eltern recht verschieden urteilen.

20 TM: Tb 1, S. 169, S. 172, S. 176f. * Joseph Roth: Briefe, a.a.O., S. 307ff. (Zitate: S. 308f.). * KM: Briefe 1, S. 93f., S. 132ff. (Zitat: S. 132), S. 136ff. (Zitat: S. 136). * KM: Tb 1, S. 170. * Traugott Krischke: Ödön von Horváth. Kind seiner Zeit. München: Heyne 1980, S. 175f. * FHL an Klaus Mann, 21. 9. 1933, KMA, o. Sign. * Alfred Döblin an FHL. Fragment. Briefabschrift, vgl. Anm. 15. * Spring, S. 27. * TM–GBF: Briefwechsel, S. 44.

21 FHL: Erinnerungen, S. 67, S. 212, S. 213, Hervorhebungen im Original. * KM: Tb 1, S. 168. * Elke Kerker: Weltbürgertum – Exil – Heimatlosigkeit. Die Entwicklung der politischen Dimension im Werk Klaus Manns von 1924 bis 1936. Meisenheim: Hain 1977, S. 214. * Erika Mann an Klaus Mann, o. O. [Zürich], o. D. [28. 9. 1933]. EMA, o. Sign. – »Feist«: Dr. Hans F., ein Bekannter der Familie; »Gölchen«: Golo Mann. – Zu dem Briefe Bermanns vgl. die Tagebuchnotiz Thomas Manns (28. 9. 1933): »Bermann antwortet über Schickele auf meine letzte Äußerung, nicht unsympathisch, von seinem Standpunkt aus. Rigorosität Erikas.« (Tb 1, S. 196.) Laut Auskunft des DLA ist dieser Brief im Schickele-Nachlaß nicht vorhanden.

22 FHL: Erinnerungen, S. 214. * NTB, 1. Jg., H. 15 v. 7. 10. 1933, S. 363. * Thomas Mann – Heinrich Mann: Briefwechsel 1909–1949. Hrsgg. von Ulrich Dietzel. Berlin und Weimar: Aufbau 1977[2], S. 155. * TM: Tb 1, S. 211. * George Grosz: Briefe 1913–1959. Hrsgg. von Herbert Knust. Reinbek: Rowohlt 1979, S. 186f. * Heinrich Hauser: Ein Mann lernt fliegen. Berlin: S. Fischer 1933, S. 73, S. 175, unpag. Fotoseiten nach S. 136. – Die Version Mendelssohns und Bermann Fischers, Hauser habe das 1932 mit ihm vereinbarte Manuskript schon im Januar 1933, also vor der Machtübergabe an Hitler, abgeliefert, trifft offenkundig nicht zu. Hausers Bericht beginnt erst Ende März 1933 mit der »Umstellung« d. h. der verordneten Gleichschaltung, der »ganzen deutschen Fliegerei« zum »Deutschen Luftsportverband« (S. 13). Auf S. 85, in der Mitte des Buchs, ist man bei Hausers elfter Flugstunde angelangt; sie war für den Gründonnerstag anberaumt, der 1933 auf den 13. April gefallen ist. Es steht somit auch dahin, ob Hauser dem Verlag die Göring-Widmung im April oktroyiert haben kann: er hatte da noch nicht einmal einen Alleinflug gemacht und wußte nicht, ob er überhaupt die Pilotenprüfung bestehen würde. – Wenn Mendelssohn das Erscheinen von Hausers Buch ins Frühjahr 1933 gelegt hat, so ist das eine Irreführung; es kam im Herbst heraus. Endlich muß man fragen, ob es der Fischer Verlag war, der sich wegen der – lt. Bermann Fischer »erpreßten« – Widmung von Hauser getrennt hat, oder nicht vielmehr Hauser, der das Propagandaministerium einschaltete, um seine Trennung von dem jüdischen Verlag durchzusetzen. Das nämlich hat Thomas Mann unter Berufung auf Hans Feist am 17. 9. 1933 im Tagebuch festgehalten (von der Widmung wußte er da noch nichts): »Der Schriftsteller H. Hauser läßt dem Fischer Verlag durch das Propaganda-Ministerium mitteilen, er erachte sich für sein neues Buch durch seinen Vertrag mit Fischer nicht gebunden. Die Niedrigkeit ist erstaunlich – und Bermanns Niedergeschlagenheit groß.« Nach dem Vorangegangenen hat dies größere Wahrscheinlichkeit für sich als die ›offiziellen‹ Lesarten des Verlags. (Vgl. Gottfried Bermann Fischer: Bedroht – bewahrt. Weg eines Verlegers. Frankfurt am Main: S. Fischer 1967, S. 97f.; Peter de Mendelssohn: S. Fischer und sein Verlag, a. a. O., S. 1279ff.; TM: Tb 1, S. 181, S. 669.)

23 Jan-Pieter Barbian: Literaturpolitik im ›Dritten Reich‹. München: dtv 1995, S. 104, S. 270. * TM: Tb 1, S. 222. * Klaus Schröter (Hrsg.): Thomas Mann im Urteil seiner Zeit. Hamburg: Wegner 1969, S. 206ff., S. 211, Hervorhebungen in der Vorlage. * Friedrich Pfäfflin, Ingrid Kussmaul: S. Fischer Verlag. Von der Gründung bis zur Rückkehr aus dem Exil. Marbach: Deutsche Schillergesellschaft 1986[2], S. 445. * Robert Musil: Prosa, Dramen, späte Briefe. Hrsgg. von Adolf Frisé. Hamburg: Rowohlt 1957, S. 729ff. * KM, Tb 1, S. 177, Hervorhebung im Original. * Spring, S. 27f.

24 KM: Tb 1, S. 174f., S. 177. * FHL: Erinnerungen, S. 64. * TM: Tb 1, S. 235. * Die letzte Fassung von Klaus Manns Erwiderung in: ders.: Zahnärzte und Künstler. Reinbek: Rowohlt 1993, S. 62f.

25 Neue Deutsche Blätter, Prag, 1. Jg., Nr. 3 v. 15. 11. 1933, S. 129–139. * Die neue Weltbühne, Prag, 2. Jg., Nr. 43 v. 26. 10. 1933, S. 1360, Nr. 47 v. 23. 11. 1933, S. 1487f. * Joseph Roth: Briefe, a. a. O., S. 284 pass., S. 301ff., S. 307 pass. * Johannes R. Becher: Deutsch-

land. Zürich: Ring 1934, S.157f. * NTB, 1.Jg., H.22 v. 25.11. 1933, S.513; 2.Jg., H.1 v. 6.1. 1934, S.12. * Robert Musil: Prosa, Dramen, späte Briefe, a.a.O., S.729ff.

26 Cassie und Heinz Michaelis, W. O. Somin: Die braune Kultur. Ein Dokumentenspiegel. Zürich: Europa 1934, S.82. * TM: Tb 1, S.26. * FHL: Erinnerungen, S.79ff., S.101, S.225, S.455. * FHL an AZ, 28.9. 1933, AZ an FHL, Sanary, 1.10. 1933, beide AZA, Sign. 9(1). * Martin Feuchtwanger: Zukunft ist ein blindes Spiel, a.a.O., S.168. * Marta Karlweis: Jakob Wassermann. Bild, Kampf und Werk. Amsterdam: Querido 1935, S.460f., S.469. * FHL an Klaus Mann, 2.3. 1934, KMA, Sign. 801/73. * Joseph Roth: Briefe, a.a.O., S.290. * Querido Verlag an Zsolnay Verlag, 18.5. 1934, HMA, Sign. 3123. * Leonhard Frank: Links wo das Herz ist. München: Nymphenburger 1967, Abbildungsseite 64.

27 FHL: Erinnerungen, S.79, S.98f., S.200ff.; S.217, S.219, S.242. * Jan-Pieter Barbian: Literaturpolitik im ›Dritten Reich‹, a.a.O., S.219ff. * NTB, 4.Jg., H.9 v. 29.2. 1936, S.214f. * Sorgatz: S.114f. * Alfred Döblin: Briefe, a.a.O., S.217. * Kurt Tucholsky: Briefe 1933–1934, a.a.O., S.110, S.163. * Gustav Kiepenheuer an AZ, Berlin, 24.5. 1933, 23.2. 1934; AZ an Dr. Max Strauß, 7.3. 1934; Gustav Kiepenheuer an FHL, Berlin, 2.10., 5.10., 16.10., 15.11., 25.11. 1933; FHL an Gustav Kiepenheuer, 30.11., 4.12. 1933, sämtl. AZA, Sign.8. * AZ an FHL, Sanary, 9.9. 1933, AZA, Sign.9(1). * Dr. M. Strauss an FHL, Paris, 11.12. 1933; FHL an Dr. M. Strauss, 12.12. 1933, 20.2. 1934; Dr. M. Strauss an AZ, Paris, 31.1., 26.2. 1934; Dr. M. Strauss an X (Formbrief an 17 Buchhandlungen), Paris, 31.1. 1934; Dr. M. Strauss an Dr. E. v. Hofmannsthal, Paris, 16.3. 1934, Dr. E. v. Hofmannsthal an Dr. M. Strauss, Wien, 20.3. 1934; AZ an Dr. M. Strauss, 16.3. 1934: sämtl. AZA, Mappe Dr. Strauss. * Abrechnung Löwit per 1.3. 1934, AZA, Mappe Dr. v. Hofmannsthal. * LF–AZ: Briefwechsel, Bd.1, S.78.

28 Landshoff hat in seinen Erinnerungen (S.51) geschrieben, »offiziell« habe Klaus Mann »zu keinem Zeitpunkt eine Funktion innerhalb des Buchverlags« innegehabt, doch zugleich hat er ihn eine »unentbehrliche Stütze« für ebendiesen Verlag genannt. Kesten, der mit den Verhältnissen bei Querido ja auch vertraut war, hat Mann dagegen als Lektor bezeichnet, und das habe ich von Landshoff, mit einer zeitlichen Einschränkung, schon bei unseren ersten Gesprächen 1962/63 ebenfalls gehört: Klaus Mann habe bis in die zweite Hälfte der dreißiger Jahre im Lektorat mitgearbeitet, soweit die eigene literarische Arbeit ihm dazu Zeit gelassen habe.

29 Das Wort, Moskau, 2.Jg., H.4/5, April/Mai 1937, S.56f. * TM–GBF: Briefwechsel, S.20. * FHL: Erinnerungen, S.42f., S.239, S.278, S.283. * FHL an Klaus Mann, 13.12. 1933, KMA, Sign.801/73, Hervorhebungen im Original. * Querido Verlag (W. Cahn) an J. C. Cohn, 14.9. 1935, DEA, Sign. EB 70/117, Akte J. C. Cohn. * AZ an FHL, 20.1. 1936, FHL an AZ, 23.8. 1937, beide AZA, Sign.9(2). Zur Korrespondenz Zweig – Landshoff vgl. Geoffrey Davis: ›Deutsche Bücher ohne Deutschland‹ or ›Dear Mr. Huebsch, what shall I do?‹ Arnold Zweigs Relationship with his Publishers during Exile. Akten des 4. Internationalen Arnold-Zweig-Symposiums, Durham N. C. (in Vorbereitung für 1997). * Hermsdorf: S.115. * Paßverlängerung: Was Landshoff in den Erinnerungen zu diesem Thema schreibt (S.40, S.134) beruht auf einem Gedächtnisfehler und steht im Wider-

spruch zu zahlreichen authentischen Zeugnissen von seiner Hand (vgl. z.B. im selben Band S. 278).

30 FHL an Gustav Regler, 4.12.1935, AGRF, Sign. 9.8. * LF–AZ: Briefwechsel, Bd. 1, S. 71f., S. 84. * FHL an AZ, Davos 14.12.1934, Amsterdam, 12.11.1936, AZA, Sign. 9(2). * FHL: Erinnerungen, S. 91, S. 315. * Kurt Löb: Exil-Gestalten, a.a.O., S. 13, S. 28, S. 38, S. 62, S. 83, S. 104, S. 219, S. 312. * Die Angaben zu Druckereien beruhen auf Autopsie.

31 Kurt Löb: Exil-Gestalten, a.a.O., S. 307. * Hermsdorf: S. 160, S. 173, S. 174. * Elke Kerker: Weltbürgertum – Exil – Heimatlosigkeit, a.a.O., S. 199. * FHL: Erinnerungen, S. 251. * FHL an AZ, 13.5., 26.6. 1936, AZA, Sign. 9(2). * Bei den Auflageziffern muß wegen Platzmangels auf einen Einzelnachweis der Provenienzen verzichtet werden.

32 AZ an FHL, 20.1. 1936, FHL an AZ, 3.2. 1934, 10.4. 1935, 31.1. 1936, sämtl. AZA, Sign. 9(2). * Querido Verlag, Abrechnung für AZ per 31.12. 1937, AZA, Sign. 9(3); für Heinrich Mann per 31.3. 1936, HMA, Sign. 3137. * Sorgatz: S. 117f., S. 123 pass. * Erika Mann: Briefe und Antworten, Bd. 1, a.a.O., S. 50, Hervorhebung von mir.

33 Dies der Wechselkurs nach der Pfundabwertung Mitte der dreißiger Jahre. Werden im Folgenden Währungsvergleiche angestellt, so sind sie als Näherungswerte zu verstehen, die auf dem letzten verläßlichen Markwechselkurs basieren, dem von 1933.

34 Sie waren falsch. Zadek war ein geschäftstüchtiger Buchhändler. Seine Firma Biblion bestand (als Antiquariat unter dem Namen Logos) noch in den achtziger Jahren.

35 FHL: Erinnerungen, S. 82ff., S. 242f. * FHL an AZ, 4.5., 23.8. 1934, 10.4., 5.6., 28.12. 1935, 22.1. 1936; AZ an FHL, 13.12. 1935, sämtl. AZA, Sign. 9(2). * AZ an FHL, 9.12., 23.12. 1937, FHL an AZ, 14.12. 1937 (Hervorhebung im Original), sämtl. AZA, Sign. 9(3). * Vertrag Querido – Biblion, 13.11. 1934, Nachtrag v. 31.12. 1934, DEA, Sign. EB autogr. 179. * Querido an Fa. Popper, 1.6. 1934, DEA, Sign. EB autogr. 180. * Ders. an dies., 11.5. 1934, DEA, Sign. EB autogr. 419/2. * Querido an Fa. Biblion, 6.4. 1936, DEA, Sign. EB autogr. 184. * Sorgatz, S. 67f.

36 FHL: Erinnerungen, S. 98f., S. 236, S. 239, S. 243. * LF–AZ: Briefwechsel, Bd. 1, S. 61f., S. 96. * Sorgatz: S. 307. * Heinrich Mann: Briefwechsel mit Barthold Fles 1942–1949. Hrsgg. v. Madeleine Rietra, Berlin und Weimar: Aufbau 1993, S. 52. * Verträge Querido – W. Speyer v. 31.5. 1934, 20.5. 1935 und 12.3. 1936. DEA, Nachlaß Speyer. * Vertrag Querido – G. Regler v. 27.3. 1935, AGRF, Sign. 9/1, 2. * Vorvertrag Querido – V. Wolf v. 3.5. 1935, Kopie in meinem Besitz. * FHL an AZ, 22.2., 19.9. 1935, AZ an FHL, 13.10. 1935, sämtl. AZA, Sign. 9(2). * Vertrag Querido – H. Mann v. 20.6. 1934, HMA, Sign. 3124. * FHL an Vicki Baum, 18.9., 12.12. 1935, Verträge Querido – V. Baum v. 31.1. 1935, 11.2. 1936, 1.3. 1937 und 28.3. 1939, AdK Berlin, Nachlaß Baum. * FHL an Klaus Mann, 20.11. 1936, KMA, Sign. 801/73. * FHL an Heinrich Eduard Jacob, 8.4., 12.4. 1935, 20.4., 15.8. 1939, DLA, o. Sign.

37 FHL: Erinnerungen, S. 74, S. 245, S. 252, S. 256, S. 280, S. 477. * Querido Verlag, Abrechnung für G. Regler per 30. 9. 1936, AGRF, Sign. 9/9. * FHL an Bernard von Brentano, 7. 1. 1938, DLA B/BvB. * FHL an AZ, 4. 5. 1934, 6. 2., 22. 2., 13. 5., 28. 12. 1935, AZA, Sign. 9(2). * FHL an AZ, 14. 12. 1937, AZA, Sign. 9(3).

38 Nachauflagen wurden durch Autopsie ermittelt. * FHL: Erinnerungen, S. 82, S. 273, S. 384, S. 421f. * LF–AZ: Briefwechsel, Bd. 1, S. 43, S. 50, S. 81f. * Joseph Roth: Briefe, a.a.O., S. 499. * Sorgatz: S. 180f. * FHL an Klaus Mann, 4. 12., 8. 12. 1933, Querido Verlag, Abrechnungen für K. Mann per 30. 6. 1938, KMA, Sign. 801/73. * FHL an AZ, 29. 5. 1946, Querido Verlag, Verkaufszahlen Zweig per 24. 10. 1939, beide AZA, Sign. 9(3). * Querido Verlag, Abrechnung für H. Mann per 31. 3. 1936, HMA, Sign. 3137. * Querido Verlag, Abrechnung für G. Regler per 30. 9. 1936, AGRF, Sign. 9/7–9. * FHL an Heinrich Eduard Jacob, 20. 4. 1939, DLA, o. Sign. * FHL an A. M. Frey, 8. 2. 1946, DLA, o. Sign. * FHL an Leonhard Frank, New York, 25. 6. 1946, Kopie des Frank-Nachlasses im DLA, o. Sign. * Querido Verlag an Walter A. Berendsohn, 10. 2. 1947, DEA, Sign. EB 54b/7 I 1286.

39 FHL: Erinnerungen, S. 56f., S. 86f., S. 103, S. 239, S. 275f. * LF–AZ: Briefwechsel, Bd. 1, S. 96, S. 157. * Sorgatz: S. 87f., S. 103f., S. 159, S. 171. * Alfred Döblin: Briefe, a.a.O., S. 230. * FHL an KM, o. O., o. D. KMA, Sign. 801/73, Hervorhebungen im Original.

40 Querido Verlag, Abrechnungen für A. Zweig per 31. 12. 1937, 31. 12. 1938, 30. 6. 1939, AZA, Sign. 9(3). * Gustav Kiepenheuer Verlag an AZ, 2. 12. 1929, 22. 1. 1932, AZA, Sign. 8. * FHL an AZ, 2. 7., 19. 9. 1935, AZ an FHL, Sanary, 21. 6. 1933, (Haifa), 12. 9., 26. 9., 13. 10. 1935, 20. 1., 24. 4., 4. 11. 1936, sämtl. AZA, Sign. 9(2). * FHL an Heinrich Mann, 12. 12. 1935, 11. 1. 1936, HMA, Sign. 3133, 3134. * Verträge Ullstein Verlag (25. 4. 1929) und Rowohlt Verlag (2. 3. 1931) mit W. Speyer, DEA, Nachlaß Speyer. * FHL: Erinnerungen, S. 248, S. 253f. * Hermsdorf: S. 160. * Alfred Döblin: Briefe, a.a.O., S. 201.

41 Die Lebensgefährtin des sowjetischen Schriftstellers und Literaturfunktionärs Michail Kolzow. Sie begleitete Feuchtwanger auf seiner Moskaureise.

42 FHL: Erinnerungen, S. 38, S. 41f., S. 56, S. 85, S. 240, S. 263f., S. 268f., S. 273, S. 276. * KM: Briefe 1, S. 210f., S. 227ff. * KM: Tb 3, S. 104, S. 106, S. 112, S. 158f. * Annette Kolb – René Schickele: Briefe im Exil, a.a.O., S. 257, S. 265, S. 269, S. 272f. * Peter de Mendelssohn: S. Fischer und sein Verlag, a.a.O., S. 1324. * Spring: S. 66. * Simone Barck u. a.: Exil in der UdSSR. Leipzig: Reclam 1989[2], S. 820f. * NTB, 4. Jg., H. 4 v. 25. 1. 1936, S. 83f. * FHL an Klaus Mann, o. O., o. D. [Davos, ca. 7. 11. 1934], 10. 10. 1935, 20. 11. 1936, o. D. [ca. 28. 2. 1937 und ca. April 1937], KMA, Sign. 801/73. * FHL an TM, 5. 2. 1936, Thomas-Mann-Archiv, Zürich, Sign. 68.100. – Hervorhebungen in den Originalen.

43 FHL: Erinnerungen, S. 77, S. 215f., S. 223, S. 228, S. 255. * KM: Briefe 1, S. 183ff. * KM: Tb 2, S. 37. * Joseph Roth: Briefe, a.a.O., S. 331ff. * Ernst Bloch: Briefe 1903–1975. Hrsgg. von Karola Bloch u. a. Frankfurt am Main: Suhrkamp 1985, S. 637. * Kesten: Briefe, S. 70f. * TM: Tb 2, S. 275. * Spring: S. 81. * Murray G. Hall: Österreichische Verlagsgeschichte 1918–1938. Wien: Böhlau 1985, Bd. 1, S. 116. * Hans Würzner, Karl Kröhnke (Hrsg.): Deutsche Literatur im Exil in den Niederlanden, a.a.O., S. 101f., S. 113. * NTB, 4. Jg., H. 8 v. 22. 2. 1936, S. 189. * Emil Ludwig: David gegen Goliath. Zürich: Posen 1945, S. 7. * FHL an Klaus Mann, 21. 9. 1933, o. O. [Davos] 7. 8. 1934, KMA, Sign. 801/73. * FHL an AZ, 12. 11. 1936, AZA, Sign. 9(2). * Oskar Maria Graf an Kurt Rosenwald, Brno, 15. 6. 1935. Kopie in meinem Besitz.

44 Oprechts Beteiligung ist vermutlich am Einspruch Bermanns gescheitert. Er hat Oprecht – fälschlich – dafür verantwortlich gemacht, daß die Schweizer Behörden 1936 seinem Verlag die Niederlassungsgenehmigung verweigert hatten.

45 FHL: Erinnerungen, S. 74, S. 124 pass., S. 284ff., S. 293f., S. 297, S. 299f. * TM–GBF: Briefwechsel, S. 142 pass., S. 159ff., S. 165, S. 200. * KM: Briefe 2, S. 42. * TM: Tb 3 S. 220 pass., S. 235. * Gottfried Bermann Fischer: Bedroht – bewahrt, a. a. O., S. 165. * Alfred Döblin: Briefe, a. a. O., S. 230. * LF–AZ: Briefwechsel, Bd. 1, S. 201. * Sorgatz: S. 75 pass. * Hermsdorf: S. 180ff. * Murray G. Hall. Österreichische Verlagsgeschichte, a. a. O., Bd. 1, S. 326, S. 333ff., Bd. 2, S. 94f., S. 255, S. 399. * Spring: S. 93. * NTB, 5. Jg., H. 52 v. 25. 12. 1937, S. 1245, 6. Jg., H. 3 v. 15. 1. 1938, S. 69. * AZ an FHL, 3. 7. 1938, FHL an AZ, 14. 12. 1937, 25. 8. 1938, 6. 7. 1939, sämtl. AZA, Sign. 9(3). * FHL an Heinrich Eduard Jacob, 20. 4. 1939, DLA, o. Sign. * Querido Verlag, Abrechnungen für Klaus Mann per 30. 6. 1938, KMA, Sign. 801/73.

46 Bermann hatte seinem Namen schon seit geraumer Zeit den seines Schwiegervaters hinzugefügt. Die letzten, im März 1936 für fünf Jahre ausgestellten deutschen Pässe der Familie lauteten aber nach wie vor auf »Bermann«. Die Namensänderung scheint in den USA legalisiert worden zu sein.

47 FHL: Erinnerungen, S. 132, S. 140 pass., S. 154ff., S. 161f., S. 300, S. 315f., S. 319, S. 333, S. 358ff., S. 365, S. 395f. * Kesten: Briefe, S. 115, S. 119, S. 146, S. 166. * Thomas Mann – Heinrich Mann: Briefwechsel 1900–1949. Hrsgg. von Hans Wysling. Frankfurt am Main: S. Fischer 1968, S. 189. * TM–GBF: Briefwechsel, S. 248, S. 275. * Gottfried Bermann Fischer: Bedroht – bewahrt, a. a. O., S. 229f. * LF–AZ: Briefwechsel, Bd. 1, S. 204, S. 264, S. 296ff., S. 358. * FHL an AZ, New York, 19. 7. 1945, AZA, Sign. 9(3).

48 FHL: Erinnerungen, S. 91, S. 164ff., S. 168f., S. 383f., S. 386f., S. 403 pass., S. 424ff., S. 504f., S. 508 (Hervorhebungen im Original). * LF–AZ: Briefwechsel, Bd. 1, S. 376, S. 409, S. 447, Bd. 2, S. 18. * Lion Feuchtwanger: Briefwechsel mit Freunden, a. a. O., Bd. 1, S. 81, S. 272, Bd. 2, S. 92, S. 165f., S. 169, S. 173, S. 234. * KM: Briefe 2, S. 280f. * Gottfried Bermann Fischer: Bedroht – bewahrt, a. a. O., S. 274f., S. 281f., S. 314f. * FHL an AZ, 17. 3., 15. 10. 1948, AZA, Sign. 9(3), Hervorhebung im Original. * FHL an Hermann Kesten, 28. 2. 1947, HKA, Sign. 2283/85. * Hermann Kesten an FHL, New York, 7. 2., 8. 3., 22. 3. 1947, HKA, o. Sign. Eine geschönte und ohne Kennzeichnung der Auslassungen gekürzte Version des Briefs vom 22. 3. 1947 hat Kesten in seiner Briefsammlung, S. 302f., abgedruckt. * FAZ, Nr. 134 v. 13. 6. 1991, S. 10. Auf Unselds Gedächtnisartikel zum 100. Geburtstag von Peter Suhrkamp hatte Bermann Fischer mit einem Leserbrief reagiert – dies der Kontext von Unselds Rekurs auf den Landshoff-Brief (vgl. FAZ, Nr. 75 v. 30. 3. 1991 [Beilage], Nr. 130 v. 8. 6. 1991, S. 9). Unselds Erwiderung blieb unwidersprochen.

49 FHL: Erinnerungen, S. 78, S. 221, S. 240, S. 250. * Kesten: Briefe, S. 64. * Robert Musil: Prosa, Dramen, späte Briefe, a. a. O., S. 728, S. 737f. * Lion Feuchtwanger: Briefwechsel mit Freunden, a. a. O., Bd. 1, S. 261f., S. 394. * Soma Morgenstern: Joseph Roths Flucht und Ende. Erinnerungen. Hrsgg. und mit einem Nachwort von Ingolf Schulte. Lüneburg:

zu Klampen 1994, S. 130f. * Georg Hermann: Unvorhanden und stumm..., a.a.O., S. 142, S. 150. * Klaus Mann: Briefe. Hrsgg. von Friedrich Albrecht. Berlin und Weimar: Aufbau 1988, S. 340. * KM: Tb 2, S. 12. * Ernst Bloch: Briefe, a.a.O., S. 376, S. 379, S. 626, S. 628. * Bodo Uhse: Reise- und Tagebücher I. Hrsgg. von Günter Caspar. Berlin und Weimar: Aufbau 1981, S. 375, S. 442. * Hermsdorf: S. 138, S. 160. * Hans Würzner, Karl Kröhnke (Hrsg.): Deutsche Literatur im Exil in den Niederlanden, a.a.O., S. 19. * FHL an AZ, 25. 7. 1934, AZ an FHL, 26. 9. 1935, AZA, Sign. 9(2). * FHL an AZ, 26. 2. 1937, AZA, Sign. 9(3). * Alfred Kerr an Querido Verlag. Briefkonzept, o. O., o. D., Alfred-Kerr-Archiv, AdK Berlin. * FHL an Ulrich Becher, 26. 10. 1936, DEA, EB 85/147, I–A 197. * FHL an Klaus Mann, 29. 10. 1935, KMA, Sign. 801/73. * FHL an Bernard von Brentano, 27. 9. 1935, DLA, B/Bernard von Brentano. * FHL an Max Herrmann-Neiße, 8. 7. 1936, DLA, 75.686/60. * Vertrag Querido – A. M. Frey, 26. 5. 1936, DLA, Nachlaß Frey. * FHL an Berthold Viertel, 3. 4., 19. 5. 1936, DLA, 69.2541, 78.905/1. * Alice van Nahuys an Paul Zech, Amsterdam, 1. 6. 1935, DLA, 66.545/3.

50 FHL: Erinnerungen, S. 222, S. 396, S. 412. * TM: Tb 1, S. 510. * TM: Tb 2, S. 236. * KM: Briefe 2, S. 260f., S. 293. * LF–AZ: Briefwechsel, Bd. 2, S. 43f. * René Schickele: Werke. Hrsgg. von Hermann Kesten. Köln: Kiepenheuer & Witsch 1959, Bd. 3, S. 1180. Hervorhebung im Original. * Hermsdorf: S. 137f., S. 155, S. 171ff. * AZ an FHL, 13. 10. 1935, AZA, Sign. 9(2). * AZ an FHL, 15. 2. 1938, FHL an AZ, 16. 8. 1939, AZA, Sign. 9(3). *FHL an Heinrich Eduard Jacob, 15. 5., 27. 6. 1935, Heinrich Eduard Jacob an FHL, Wien, 16. 5. 1935, sämtl. DLA, o. Sign. * FHL an Gottfried Bermann Fischer, 11. 7. 1950, DLA, o. Sign. * Hermann Kesten an FHL, New York, 18. 4. 1949, HKA, o. Sign. * Vertrag Querido – Anna Seghers, New York, o. D. Anna-Seghers-Archiv, AdK Berlin, Sign. K 776. *Max Horkheimer an FHL, Pacific Palisades, 8. 5. 1947, FHL an Max Horkheimer, 3. 4. 1947, Theodor W. Adorno an FHL, Pacific Palisades, 25. 3. 1948, sämtl. Max-Horkheimer-Archiv, Stadt- und Universitätsbibliothek Frankfurt am Main, Sign. II 12, 88 und II 12, 109–111. * Irmgard Keun an Philipp van Alfen, Amsterdam, 6. 11. 1936. Zitiert nach dem Faksimile in Katalog 15 (Mai 1990) des Antiquariats Michael Lehr, Berlin, letzte Umschlagseite.

Im Text und in den Anmerkungen verwendete Siglen

AGRF	Arbeitsstelle für Gustav-Regler-Forschung, Universität des Saarlandes, Saarbrücken
AZ	Arnold Zweig
AZA	Arnold-Zweig-Archiv, Akademie der Künste, Berlin
DEA	Deutsches Exilarchiv, Deutsche Bibliothek, Frankfurt am Main
DLA	Deutsches Literaturarchiv, Marbach am Neckar
EMA	Erika-Mann-Archiv, Stadtbibliothek München
ffrs.	französische Franken
FHL	Fritz Helmut Landshoff
FHL: Erinnerungen	Fritz H. Landshoff: Amsterdam, Keizersgracht 333 Querido Verlag. Erinnerungen eines Verlegers. Mit Briefen und Dokumenten. Berlin und Weimar: Aufbau 1991
Hermsdorf	Klaus Hermsdorf, Hugo Fetting, Silvia Schlenstedt: Exil in den Niederlanden und in Spanien. Leipzig: Reclam 1981
hfl.	holländische Gulden
HKA	Hermann-Kesten-Archiv, Stadtbibliothek München
HMA	Heinrich-Mann-Archiv, Akademie der Künste, Berlin
Kesten: Briefe	Hermann Kesten (Hrsg.): Deutsche Literatur im Exil. Briefe europäischer Autoren 1933–1949. Wien – München – Basel: Desch 1964
KM: Briefe 1, 2	Klaus Mann: Briefe und Antworten. Hrsgg. von Martin Gregor-Dellin. 2 Bände. München: Ellermann 1975
	Klaus Mann: Tagebücher. Hrsgg. von Joachim Heimannsberg, Peter Laemmle und Wilfried F. Schoeller. München: edition spangenberg 1989ff.
KM: Tb 1	Tagebücher 1931–1933
KM: Tb 2	Tagebücher 1934–1935
KM: Tb 3	Tagebücher 1936–1937
KMA	Klaus-Mann-Archiv, Stadtbibliothek München
LF–AZ: Briefwechsel	Lion Feuchtwanger – Arnold Zweig: Briefwechsel 1933–1958. 2 Bände. Hrsgg. von Harold von Hofe. Berlin und Weimar: Aufbau 1984
NTB	Das Neue Tage-Buch, Paris-Amsterdam 1933–1940
sfrs.	Schweizer Franken
Sorgatz	Kerstin Sorgatz: Verlagsarbeit im Exil. Untersuchungen zur deutschen Abteilung des Amsterdamer Allert de Lange Verlages 1933–1940. Dissertation. Vervielfältigtes Typoskript. [Ost-]Berlin, o.J. [1989]
Spring	Ulrike Spring: Verlagstätigkeit im niederländischen Exil 1933–1940. Magisterarbeit. Vervielfältigtes Typoskript, Wien 1994
	Thomas Mann: Tagebücher. Hrsgg. von Peter de Mendelssohn. Frankfurt am Main: S. Fischer 1977ff.
TM: Tb 1	Tagebücher 1933–1934
TM: Tb 2	Tagebücher 1935–1936
TM: Tb 3	Tagebücher 1937–1939
TM–GBF: Briefwechsel	Thomas Mann: Briefwechsel mit seinem Verleger Gottfried Bermann Fischer 1932–1955. Hrsgg. von Peter de Mendelssohn. Frankfurt am Main: S. Fischer 1973

Textgestalt Schreibfehler in Zitaten aus ungedruckten Quellen wurden stillschweigend berichtigt. Die vielfältigen Formen der Hervorhebung in Zitaten – Sperrung, Majuskeln, ein- oder mehrfache Unterstreichungen usw. – sind zu *Kursivschrift* vereinheitlicht worden. Dabei ist die in Landshoffs Briefen aus rein registratorischen Gründen, nämlich zur leichteren Auffindung, vorgenommene Hervorhebung von Personen- oder Formennamen durch Majuskeln generell unberücksichtigt geblieben.

In den Anmerkungen sind die Quellen statt in der Reihenfolge der Erwähnung nach Provenienzen geordnet. Zweifellos erschwert das die Auffindung, doch hat das Umfangslimit mir eine andere Wahl leider nicht gelassen. – Bei Landshoffs unveröffentlichten Briefen wurde in den Anmerkungen auf die Ortsangabe verzichtet, wenn sie in Amsterdam geschrieben worden sind; analog wurde bei Arnold Zweigs Briefen aus Haifa verfahren.

Dank Für die großzügige und unbürokratische Unterstützung, die sie mir bei meinen Recherchen haben zuteil werden lassen, gilt mein Dank den Mitarbeiterinnen und Mitarbeitern der Akademie der Künste, Berlin, des Deutschen Exilarchivs, Frankfurt am Main, des Deutschen Literaturarchivs, Marbach, der Stadt- und Universitätsbibliothek, Frankfurt am Main, und der Handschriftenabteilung der Stadtbibliothek München. Hans-Harald Müller und Edgar Päßler haben es auf sich genommen, das Rohmanuskript kritisch durchzusehen. Es ist mir eine angenehme Pflicht, ihnen für vielfältige Anregungen und Ratschläge Dank zu sagen. Ganz besonders aber weiß ich mich den Damen und Herren des Jeanette-Schocken-Vereins, Bremerhaven, und des Kulturamts der Stadt Bremerhaven verbunden und verpflichtet. Namentlich Herr Dr. Manfred Ernst, Frau Dr. Gisela Lehrke-Bathe, Herr Dr. Wolfgang Weiß und Herr Albrecht Willer haben es mit ihrer Initiative und Energie, jeder auf seinem Felde, durchgesetzt, daß mir meine Arbeit erleichtert worden ist und, vor allem, daß mir die für die Erarbeitung dieser Verlagsgeschichte notwendigen Gelder zur Verfügung gestellt wurden. Möchten doch ihre Zähigkeit und ihr Engagement beispielgebend wirken – gerade jetzt, da Kultur und Literatur vielerorts fast nur noch als Lieblingsobjekte des Rotstifts figurieren.

Hans-Albert Walter

Auf der vorhergehenden Seite: Amsterdam, der Sitz des Verlags: Keizergracht 333

Bibliographie Querido Verlag Amsterdam 1933–1950

Bearbeitet von Friedrich Pfäfflin
unter Mitarbeit von Franziska Sörgel

Die Bibliographie ist innerhalb der Produktionsjahre alphabetisch angelegt, unabhängig davon, ob das Buch im Frühjahr oder Herbst herauskam oder ob es vorausdatiert worden ist. Angaben in eckigen Klammern sind aus dritten Quellen erschlossen. Vorankündigungen in Verlagsprospekten, in Anzeigen oder auf Klappentexten sind, soweit ermittelbar, in kleinerer Type berücksichtigt worden. **L** bezeichnet den Lizenzgeber bzw. Rechteinhaber, **O** einen übersetzten Originaltitel. **W** gibt den Text einer gedruckten Widmung wieder. **A** nennt den Ausstatter für Einband und/oder Schutzumschlag. In Klammern genannte Ausstatter folgen den Angaben der Untersuchung von Kurt Löb, ›Exil-Gestalten. Deutsche Buchgestalter in den Niederlanden. 1932–1950‹. Arnhem: Gouda Quint 1995. **D** führt in Kurzform die Druckerei auf, soweit sie aus dem Impressum übernommen werden kann. **E** beschreibt die Einbandart, die bei der Titelaufnahme zugrunde gelegt worden ist; die in eckigen Klammern genannte(n) Einbandart(en) ist/sind *nicht* durch Autopsie gesichert, sondern aus Verlagsangaben übernommen. Es kann nicht ausgeschlossen werden, daß weitere Einbandvarianten ausgeführt worden sind. **P** liefert die Provenienz des/der autopsierten Exemplars/Exemplare, wobei die Reihenfolge der Namen der Abfolge der aufgeführten Einbandarten korrespondiert. Bei Bibliotheksexemplaren konnte mitunter die originale Einbandart nicht mehr ermittelt werden. Die Exemplare stammen aus der Bibliothek des Deutschen Literaturarchivs, Marbach (DLA), aus den Sammlungen Ernst, Bremerhaven (EBR), Erlemann, Amsterdam (ERA), Harms, Bochum (HBO), Hans-Albert Walter, Hofheim (HAW) sowie aus dem S.Fischer-Verlagsarchiv, Frankfurt (SFV). Die Privatsammlungen sind nicht öffentlich zugänglich. Den Ratgebern, den Sammlern und dem S. Fischer-Verlag sei für die Mitwirkung gedankt. Utta Lange hat an der Schlußredaktion tatkräftig mitgewirkt.

Unter der wissenschaftlichen Leitung von Brita Eckert und Werner Berthold hat die Deutsche Bibliothek Frankfurt am Main als Band 16 der ›Sonderveröffentlichungen der Deutschen Bibliothek‹, herausgegeben von Klaus-Dieter Lehmann, die Druckschriften des Deutschen Exilarchivs verzeichnet (Redaktion: Mechthild Hahner). Der Band ›Deutsche Bibliothek Frankfurt am Main: Deutsches Exilarchiv. Katalog der Bücher und Broschüren‹ (Stuttgart: J. B. Metzler 1989) wurde dankbar benutzt.

Exemplare, die vor der laufenden Nummer mit einem Stern* gekennzeichet werden, konnten nicht autopsiert werden. Zwei Sterne** bezeichnen die mutmaßlichen Aufbindungen von erhaltenen Rohbogen in der Nachkriegszeit. Drei Sterne*** verweisen auf berücksichtigte Literatur und vier Sterne**** sollen kenntlich machen, daß die entsprechenden Angaben aus der Verlagswerbung übernommen sind.

153 Schutzumschlag von Henri Friedlaender (1933, 7)

[1] Alfred Döblin: Jüdische Erneuerung. – 98 [+ 2] S. **A**: [Henri Friedlaender]. **D**: Thieme, Nijmegen. **E**: [Broschiert], Leinen. **P**: DLA – HBO – ERA – HAW.

[2] Lion Feuchtwanger: Der jüdische Krieg. [Der Jüdische Krieg****]. Roman. [Josephus, Bd 1]. – 463 (+ 1) S.(Gesammelte Werke, Bd 3.) **L**: Propyläen, Berlin 1932. **A**: – **D**: Thieme, Nijmegen. **E**: [Broschiert], Leinen. **P**: Universitätsbibliothek, Konstanz – HBO – SFV – HAW.
*[2a] – 2. Auflage
*[2b] – 3. Auflage. 8. und 9. Tausend. 1937.

Lion Feuchtwanger: Die Geschwister Oppermann. Roman. Anzeige ›Herbstnovitäten 1933‹ in September- und Oktoberheft der ›Sammlung‹, s.Nr. 10 sowie Verzeichnis ›Neuerscheinungen 1933‹.

[3] Lion Feuchtwanger: Die Geschwister Oppenheim. Roman. [Der Wartesaal, Bd 2]. – 434(+ 2)S. (Gesammelte Werke, Bd 5 [7!].). **A**: –. **D**: Thieme, Nijmegen *und* Steyrermühl, Wien. **E**: Broschiert, Leinen. **P**: DLA – HBO.
[3a] – 11.-14.Tausend. 1934. **D**: Thieme, Nijmegen. **E**: Leinen. **P**: DLA.
[3b] – 15.-20.Tausend. 1935. **P**: HAW.
[3c] – 21.-25.Tausend. 1935. **D**: Thieme, Nijmegen. **E**: – . **P**: Württembergische Landesbibliothek, Stuttgart. – Stadt- und Universitätsbibliothek, Frankfurt.

Emil Ludwig: Gespräche mit Masaryk. Mit einem Lebensbild Masaryks. Anzeige auf US 4 von Mann, s.Nr. 4 und Zweig, s.Nr. 9 sowie im Verzeichnis ›Neuerscheinungen 1933‹.

[4] Heinrich Mann: Der Hass. Deutsche Zeitgeschichte. – 235 (+ 1) S. **W**: Meinem Vaterland. **A**: [Henri Friedlaender]. **D**: Thieme, Nijmegen. **E**: Broschiert, Leinen. **P**: HAW – HBO.
[4a] – 2. Auflage. 4.[5.]-7. Tausend. 1933. **Bemerkung**: Der Schutzumschlag der in Leinen gebundenen Ausgabe annonciert »Zweite Auflage / Viertes bis siebentes Tausend«, die broschierte Ausgabe »Zweite Auflage / Fünftes bis siebentes Tausend«. **E**: Broschiert, Leinen. **P**: ERA – Universitätsbibliothek, Freiburg i.Br. – DLA – HBO.

[5] Gustav Regler: Der verlorene Sohn. Roman. – 419 (+ 1) S. **L**: Gustav Kiepenheuer Verlag AG., Berlin 1933. [Auf S. 420 Anzeigen von Kiepenheuer-Editionen, bedingt durch die Übernahme von Rohbogen; in Exemplar HAW sind die Anzeigen verklebt]. **A**: [Paul L. Urban]. **D**: Printed in Holland. **E**: [Broschiert], Leinen. **P**: DLA – HAW – HBO.

Joseph Roth: Tarabas. Ein Gast auf dieser Erde. Roman. Anzeige auf US 4 von Mann, s.Nr. 4 und Zweig, s.Nr. 9 sowie Verzeichnis ›Neuerscheinungen 1933‹.

Joseph Roth: Der rote Bart. Roman. Anzeige auf US 4 der ›Sammlung‹ I,1, s.Nr. 10. Erschien 1934 unter dem Titel ›Tarabas‹, s.Nr. 19.

[6] Anna Seghers: Der Kopflohn. Roman. Aus einem deutschen Dorf im Spät-

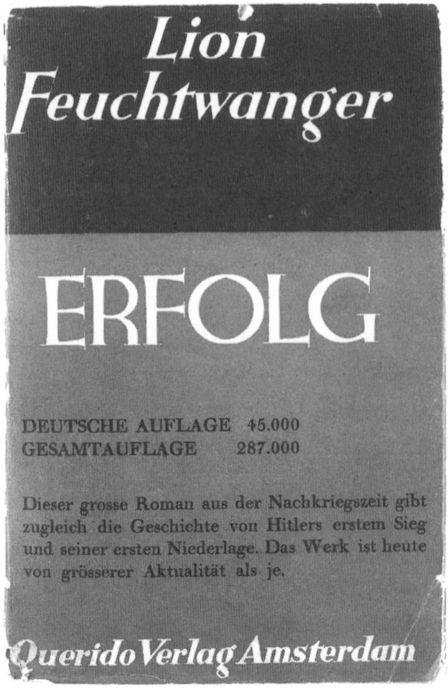

154/155 Schutzumschläge von Henri Friedlaender (1934, 11 und 14)

sommer 1932. – 265 (+ 3) S. **A**: [Henri Friedlaender]. **D**: Thieme, Nijmegen. **E**: Broschiert, Halbleinen**, Leinen. **P**: HAW – DLA – HBO – ERA. **Bemerkung**: Lizenzausgabe als Mitdruck; Querido-Signet auf Schmutztitel und Copyrightvermerk wie beim lizenzgebenden Verlag: ›Universum Bücherei Prag-Basel‹ [1933]. **E**: Leinen. **P**: Deutsche Bibliothek, Frankfurt.

[7] Ernst Toller: Eine Jugend in Deutschland. XV, 287 (+ 1) S., Frontispiz Ernst Toller. **W**: Dem Andenken meines Neffen Harry, der 1928, mit achtzehn Jahren, sich erschoß. **Bemerkung:** Mit dem römisch numerierten Kapitel ›Blick 1933‹, S. IX-XV, unterzeichnet »Am Tag der Verbrennung meiner Bücher in Deutschland«. **A**: [Henri Friedlaender]. **D**: Thieme, Nijmegen. **E**: [Broschiert], Leinen. **P**: DLA – HAW – HBO.

[8] Ernst Toller: Eine Jugend in Deutschland. – VIII, 295 (+ 1) S., [gegenüber Nr. 7 verändertes] Frontispiz Ernst Toller. **W**: Dem Deutschland von morgen. **Bemerkung**: Mit einer Vorrede, unterzeichnet »Am Tag der Verbrennung meiner Bücher in Deutschland« und dem umgearbeiteten Eingangskapitel der vorausgehenden Ausgabe unter dem Titel ›Blick Heute‹, S. 288–293. **A**: [Henri Friedlaender]. **D**: Thieme, Nijmegen. **E**: [Broschiert], Leinen. **P**: DLA.

[9] Arnold Zweig: Spielzeug der Zeit. Erzählungen [Novellen****]. – 259 (+ 1) S. A: [Henri Friedlaender]. D: Thieme, Nijmegen. E: Broschiert, Leinen. P: DLA – HAW – HBO.

[10] Die Sammlung. Literarische Monatsschrift unter dem Patronat von André Gide, Aldous Huxley, Heinrich Mann. Hrsg. von Klaus Mann***
- 1. Jahrgang, 1. bis 4. Heft, September bis Dezember 1933. – jeweils 56 S. A: Georg Salter. D: Amerongen, Amersfoort. E: Broschiert. P: DLA – HBO – HAW.

*** Vgl. Die Sammlung. Amsterdam 1933–1935. Bibliographie einer Zeitschrift. Bearbeitet von Reinhardt Gutsche. Mit einem Geleitwort von Günter Hartung. Berlin, Weimar: Aufbau 1974.

156/157 Schutzumschläge von Henri Friedlaender (1934, 16 und 19)

[11] Ludwig Bauer: Leopold der Ungeliebte. König der Belgier und des Geldes. – 361 (+ 3)S. A: [Henri Friedlaender]. D: Thieme, Nijmegen. E: Broschiert, Leinen. P: SFV - Bibliothek für Zeitgeschichte, Stuttgart – HAW.

[12] Alfred Döblin: Babylonische Wandrung oder Hochmut kommt vor dem Fall. Roman. Mit 43 Textillustrationen. – 694 (+ 2) S. A: Paul L. Urban. D: Thieme, Nijmegen. E: Broschiert, Leinen. P: EBR – HBO – DLA – HAW – SFV.

[13] Albert Einstein: Mein Weltbild. - 269 (+ 3) S. A: [Henri Friedlaender]. D: Thieme, Nijmegen. E: Broschiert, Leinen. P: HAW – HBO.

[14] Lion Feuchtwanger: Erfolg. Drei Jahre Geschichte einer Provinz. Roman. Erster Bd. [Der Wartesaal, Bd 1]. – 845 (+ 3) S. (Gesammelte Werke, Bd 6). L: Gustav Kiepenheuer, Berlin. A:-. D: Julius Kittls Nachfolger, Keller & Co, Mährisch-Ostrau. E: Broschiert, Leinen. P: SFV – Stadt- und Universitätsbibliothek, Frankfurt am Main – HBO.

[15] Bruno Frank: Cervantes. Ein Roman.- 367 (+ 5) S. A: [Henri Friedlaender]. D: Thieme, Nijmegen. E: [Broschiert], Leinen. P: DLA – HBO – HAW. **Bemerkung**: Lizenzausgabe als Mitdruck bei Nr. 72: ›Universum-Bücherei Prag-Basel‹ als IV. Quartalsband 1937. 268. Band der Universum-Bücherei. Ohne Druckvermerk. P: Deutsche Bibliothek, Frankfurt. – Weitere Lizenzausgabe »1934/Verlag Josef Kende Wien«. P: DLA.

Oskar Maria Graf: Der harte Handel. Roman. Anzeige auf US 3 der ›Sammlung‹ II,4, s.Nr. 10a.

Andreas Latzko: Lafayette. Anzeige »In Vorbereitung« auf US 4 der ›Sammlung‹ I,5, s.Nr. 10a. Nicht bei Querido erschienen.

Emil Ludwig: Gespräche mit Masaryk. Mit einem Lebensbild Masaryks. Anzeige »In Vorbereitung« auf US 4 der ›Sammlung‹ I,5, s.Nr. 10a sowie in Verzeichnis ›Neuerscheinungen 1933–1934‹.

[16] Emil Ludwig: Führer Europas. Nach der Natur gezeichnet. [Auf dem Schutzumschlag: Nansen, Masaryk, Briand, Rathenau, Motta, Lloyd George, Venizelos, Mussolini, Stalin****] 328 S., Frontispiz Nansen, 8 Abbildungen. W: Dem Europäer Ludwig Bauer. A: [Henri Friedlander]. D: Thieme, Nijmegen. E: Broschiert, Leinen. P: SFV – DLA – HAW.

Heinrich Mann: Die Jugend des Königs Henri IV. Roman. Anzeige für Winter 1934/35 in Verzeichnis ›Unsere Bücher 1934/1935‹.

[17] Klaus Mann: Flucht in den Norden. Roman. – 319 (+ 1) S. W: Dem Andenken von Wolfgang Hellmert / gestorben in der Emigration / Paris, Mai 1934. A: [Henri Friedlaender]. D: Thieme, Nijmegen. E: Broschiert, Leinen. P: HAW – DLA – HBO.

158/159 Schutzumschläge von Henri Friedlaender (1934, 17 und 21)

[18] Valeriu Marcu: Die Vertreibung der Juden aus Spanien. – 215 (+ 1) S. **A**: [Henri Friedlaender]. **D**: Thieme, Nijmegen. **E**: Broschiert, Leinen. **P**: DLA – HAW –SFV – HBO.

[19] Joseph Roth: Tarabas. Ein Gast auf dieser Erde. Roman. – 288 (+ 2) S. **A**: [Henri Friedlaender]. **D**: Thieme, Nijmegen. **E**: Broschiert, Halbleinen**. Leinen. **P**: DLA– HBO – ERA – HAW – SFV.

[20] Leopold Schwarzschild: Das Ende der Illusionen. – 273 (+ 3) S. **A**: [Henri Friedlaender]. **D**: Thieme, Nijmegen. **E**: [Broschiert], Halbleinen**, Leinen. **P**: HAW – HBO – DLA – SFV.

Carlo Sforza: Die Italienische Seele. **E**: [Broschiert, Leinen]. Anzeige auf US 4 von Marcu, s.Nr. 18; Roth, s.Nr. 19; Zweig, s.Nr. 23.

[21] Carlo Sforza: Seele und Schicksal Italiens. Eingeleitet und übersetzt von Adolf Saager. [Die Italienische Seele****]- 194 (+ 2)S. **O**: L'âme italienne. **A**: [Henri Friedlaender]. **D**: Thieme, Nijmegen. **E**: Broschiert, Leinen. **P**: SFV – Sächsische Landesbibliothek, Dresden – HAW – HBO.

[22] Jakob Wassermann: Joseph Kerkhovens dritte Existenz. Roman. Nachwort von Marta Wassermann-Karlweis. – 641 (+ 3) S. **A**: [Henri Friedlaender]. **D**: Thieme, Nijmegen. **E**: Broschiert, Leinen. **P**: SFV -DLA – HAW – HBO. **Bemerkung**: Lizenzausgabe als Mitdruck; ohne Signet auf dem Schmutztitel und ohne Copyrightvermerk des lizenzgebenden Verlags: »Wien / 1934 / Verlag Josef Kende«. **E**: Leinen, in Typographie und graphischer Leiste von der Querido-Ausgabe leicht abweichend. **P**: Deutsche Bibliothek, Frankfurt. – Weitere Lizenzausgabe oder als stereotyper Nachdruck in zwei Bänden: Teilung zwischen dem 20. und 21. Kapitel, wobei fünf Zeilen des vorletzten Absatzes auf S. 320 ersatzlos gestrichen worden sind, für ›Jüdische Buchvereinigung Berlin‹ o.J. **D**: Max Lichtwitz, Berlin. E: Leinen. P: Deutsche Bibliothek, Frankfurt.

[23] Arnold Zweig: Bilanz der deutschen Judenheit 1933. Ein Versuch. [Bilanz der Deutschen Judenheit****] – 318 (+ 2) S. **A**: [Henri Friedlaender]. **D**: Thieme, Nijmegen. **E**: Broschiert, Leinen. **P**: DLA – HAW – HBO – HAW.

[10a] Die Sammlung. Literarische Monatsschrift unter dem Patronat von André Gide, Aldous Huxley, Heinrich Mann. Hrsg. von Klaus Mann.
– 1. Jahrgang, 5. bis 12. Heft, Januar 1934 bis August 1934. – Mit Ausnahme des 8. Heftes vom April jeweils 56 S. Heft 12 mit einem beigelegten Inhaltsverzeichnis für den ersten Jahrgang. – 8 S.
– 2. Jahrgang, 1. bis 4. Heft, September bis Dezember 1934. – Jeweils 56 S. **A**: Georg Salter. **D**: Amerongen, Amersfoort. **E**: Broschiert. **P**: DLA – HBO – HAW.

1935 Querido Verlag N.V., Amsterdam

[24] Vicki Baum: Das grosse Einmaleins. Roman. [Schutzumschlag: Das große 1 x 1]. – 337 (+ 5) S. **A**: [Henri Friedlaender]. **D**: J. Kittls Nachf. Keller & Co., Mährisch-Ostrau, Czecho-Slovakia. **E**: Leinen. **P**: DLA – HBO. **Bemerkung**: Lizenzausgabe oder Mitdruck; ohne Signet auf dem Schmutztitel; mit Copyrightvermerk des lizenzgebenden Verlags: »1935 / Verlag Josef Kende, Wien«. **E**: -. **P**: Deutsche Bibliothek, Frankfurt.
[24a] – 11.-15. Tausend. 1935. 337 (+ 3) S. **E**: Broschiert. **P**: HAW.
[24b] – 3. Auflage, 16.–18. Tausend. 1936.- 337 (+ 3) S. **E**: Leinen. **P**: Universitätsbibliothek, Freiburg i.Br.

[25] Alfred Döblin: Flucht und Sammlung des Judenvolks. Aufsätze und Erzählungen. – 232 S. **A**: – . **D**: Thieme, Nijmegen. **E**: Broschiert, Leinen. **P**: SFV – DLA – HAW – HBO.

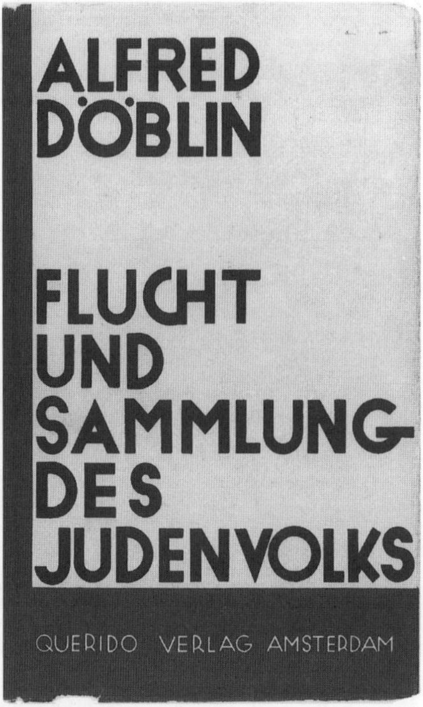

160/161 Schutzumschläge von Henri Friedlaender (1935, 24 und 25)

[26] Alfred Döblin: Pardon wird nicht gegeben. Roman. – 454 (+ 2) S. **W**: Entbehren sollst du, sollst entbehren. **A**: [Henri Friedlaender]. **D**: Thieme, Nijmegen. **E**: [Broschiert], Leinen. **P**: DLA – HAW – HBO. **Bemerkung**: Lizenzausgabe als Mitdruck: »Zürich – Prag: Büchergilde Gutenberg 1938«. **D**: [für Titelblatt] Genossenschaftsdruckerei Zürich. **P**: Deutsche Bibliothek, Frankfurt.

[27] A[driaan] den Doolaard [d.i. Cornelius Johannes George Spoelstra]: Orient-Expreß. Roman. Übertragen aus dem Holländischen von Elisabeth und Felix Augustin.- 359 (+ 1) S. **O**: Orient express. **A**: [Henri Friedlaender]. **D**: Thieme, Nijmegen. **E**: [Broschiert,] Leinen. **P**: Universitätsbibliothek, Augsburg – HAW – HBO.

[28] Lion Feuchtwanger: Die hässliche Herzogin Margarete Maultasch. Roman. – 310 (+ 2) S. (Gesammelte Werke, Bd 1). **L**: Gustav Kiepenheuer, Potsdam 1926. **A**: – . **D**: Thieme, Nijmegen. **E**: Broschiert, Leinen. **P**: SFV – Universitätsbibliothek, Bielefeld – HBO.

162/163 Schutzumschläge von Henri Friedlaender (1935, 30 und 34)

[29] Lion Feuchtwanger: Die Söhne. Roman [Josephus, Bd 2].- 542 (+ 2) S. (Gesammelte Werke, Bd 4). A: – . D: Thieme, Nijmegen. E: [Broschiert], Leinen. P: DLA – HAW – HBO.

[30] Oskar Maria Graf: Der harte Handel. Ein bayrischer Bauernroman. – 222 (+ 4) S. Bemerkung: Impressum abweichend: Querido Verlag Amsterdam Uitgeverij Querido N.V. A: [Henri Friedlaender]. D: Thieme, Nijmegen. E: Halbleinen**, Leinen. P: HBO – DLA – HAW.

[31] Th[omas] Th[eodor] Heine: Die Märchen. [Mit 50 Zeichnungen des Verfassers]. – 67 (+ 1) S. A: Thomas Theodor Heine [?]. D: Amerongen, Amersfoort. E: Pappband, [Halbleder: »Von diesem Werk erschienen 50 numerierte Exemplare, vom Autor signiert, auf Pannekoekpapier gedruckt und in Halbleder gebunden.«] P: DLA – HBO.

[32] Heinrich Ed[uard] Jacob: Der Grinzinger Taugenichts. Roman. – 224 (+ 4) S. A: [Léon Holman, d.i. Kratzenstein]. D: Thieme, Nijmegen. E: Broschiert, Leinen. P: SFV – DLA – HAW – HBO.

164/165 Schutzumschläge von Henri Friedlaender (1935, 35 und 36)

[33] Marta Karlweis [-Wassermann**]: Jakob Wassermann**. Bild, Kampf und Werk. [Auf dem Schutzumschlag: Gestalt, Kampf und Werk]. Mit einem Geleitwort von Thomas Mann. – 472 S., Frontispiz Jakob Wassermann. A: [Henri Friedlaender]. D: Thieme, Nijmegen. E: Broschiert, Leinen. P: DLA – HAW – HBO.

[34] Alfred Kerr: Walther Rathenau. Erinnerungen eines Freundes. – 208 S. W: An Rudolf K. Kommer. A: [Henri Friedlaender]. D: Thieme, Nijmegen. E: Broschiert, Leinen. P: HAW – DLA – HBO.

[35] Kurt Kersten: Peter der Grosse. Vom Wesen und von den Ursachen historischer Grösse. [Eine Biographie****] – 400 S., Frontispiz Peter Alexejewitsch, 5 Tafeln. A: [Henri Friedlaender]. D: Thieme, Nijmegen. E: Broschiert, Leinen. P: DLA – SFV – ERA – HAW – HBO.

[36] Emil Ludwig: Gespräche mit Masaryk. Denker und Staatsmann. Mit einem Lebensbild. [Schutzumschlag: Staatsmann und Denker]. – 349 (+ 3) S., Frontispiz T.G.Masaryk. **A**: [Henri Friedlaender]. **D**: Thieme, Nijmegen. **E**: Broschiert, Leinen. **P**: HAW – DLA – HBO.

[37] Emil Ludwig: Hindenburg und Die Sage von der Deutschen Republik. – 378 (+ 6) S. **Bemerkung**: Impressum abweichend: Querido Verlag Amsterdam Uitgeverij Querido N.V.; bereits Ende 1934 erschienen **W**: »Te consule hoc decus aevi inibit«. **A**: [Henri Friedlaender]. **D**: Thieme, Nijmegen. **E**: Broschiert, Leinen. **P**: SFV – DLA – HAW – HBO.

[38] Emil Ludwig: Der Nil. Lebenslauf eines Stromes, Bd 1: Von der Quelle bis nach Ägypten. – 352 (+ 2) S., Frontispiz, 29 Abbildungen auf Tafeln, 5 Karten. **W**: Elga Ludwig der Afrikanerin. **A**: [Fré Cohen]. **D**: Thieme, Nijmegen. **E**: [Broschiert], Leinen. **P**: DLA – HAW.

[39] Heinrich Mann: Die Jugend des Königs Henri Quatre. Roman. – 624 S. **A**: [Henri Friedlaender]. **D**: Thieme, Nijmegen. **E**: Broschiert, Leinen. **P**: SFV – Universitätsbibliothek, Hagen – HAW – HBO.

[40] Klaus Mann: Symphonie Pathétique. Ein Tschaikowsky-Roman. – 368 S. **W**: Für Erika Mann-Auden. **A**: [Henri Friedlaender]. **D**: Thieme, Nijmegen. **E**: [Broschiert], Leinen. **P**: DLA –HBO.

[41] Ludwig Marcuse: Ignatius von Loyola. – 379 (+ 1) S., Frontispiz Loyola, 6 Abbildungen. **A**: [Henri Friedlaender]. **D**. Thieme, Nijmegen. **E**: Broschiert, Leinen. **P**: HAW – DLA – ERA – HBO.

[42] Robert Neumann: Struensee. Doktor Diktator Favorit und armer Sünder. [Schutzumschlag: Doktor, Diktator, Favorit] Roman.- 401 (+ 3) S. **A**: [Henri Friedlaender/Umschlag: Léon Holman, d.i. Kratzenstein]. **D**: Thieme, Nijmegen. **E**: [Broschiert], Leinen. **P**: DLA – ERA – HAW – HBO.

[43] Rudolf Olden: Hitler. [Eine Biographie****] Mit 14 Abbildungen. – 365 (+ 3) S., Frontispiz Hitler und Reichspräsident von Hindenburg. **A**: [Henri Friedlaender]. **D**: Thieme, Nijmegen. **E**:[Broschiert], Leinen. **P**: Universitätsbibliothek, Konstanz – ERA – HBO.

[43a] – Zweite Auflage. 4.-6.Tausend. 1936. **E**: Leinen. **P**: DLA – HAW.

[44] Wilhelm Speyer: Der Hof der schönen Mädchen. Roman aus dem Jahre 1805. – 375 (+ 1) S. **A**: [Henri Friedlaender/Schutzumschlag: Léon Holman, d.i. Kratzenstein]. **D**: Thieme, Nijmegen. **E**: Broschiert, Halbleinen**, Leinen. **P**: ERA – HAW – DLA – HBO – SFV.

[45] Ernst Toller: Briefe aus dem Gefängnis. – 262 (+ 2) S. **A**: Paul L. Urban. **D**: Thieme, Nijmegen. **E**: Broschiert, Leinen. **P**: ERA – DLA – HAW – HBO.

166 Auf der gegenüberliegenden Seite Schutzumschlag von Friedlaender (1935, 39)

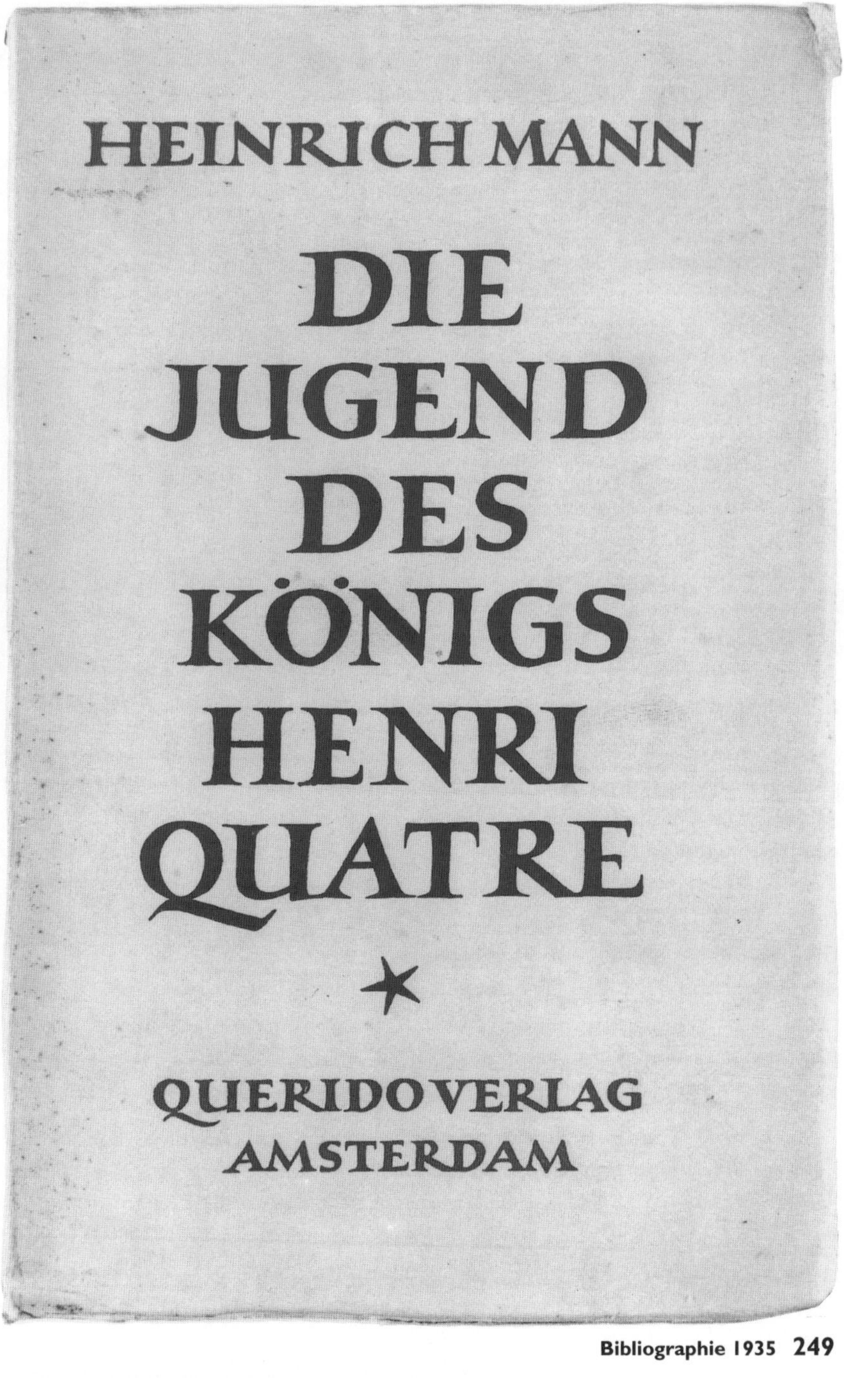
HEINRICH MANN
DIE JUGEND DES KÖNIGS HENRI QUATRE
★
QUERIDO VERLAG
AMSTERDAM

167/168 Schutzumschläge von Léon Holman (1935, 44) und vom Verlag ? (1935, 48)

[46] Jakob Wassermann: Melusine. Roman. 1.-6. Tausend. – 229 (+ 3) S. **L**: Albert Langen, München 1896. **Bemerkung**: »Dieses Buch ist Jakob Wassermanns Erstlingswerk und trug ursprünglich den Untertitel: ein Liebesroman.« **A**: [Henri Friedlaender). **D**: Thieme, Nijmegen. **E**: [Broschiert,] Leinen. **P**: Universitätsbibliothek, Konstanz – ERA – HAW – HBO.

[47] Jakob Wassermann: Tagebuch aus dem Winkel. Erzählungen und Aufsätze aus dem Nachlass. 1.-6.Tausend. – 204 S. **A**: [Henri Friedlaender]. **D**: Thieme, Nijmegen. **E**: [Broschiert], Leinen. **P**: DLA – ERA - HAW – HBO.

[48] Victoria Wolf: Gast in der Heimat. Roman.- 313(+ 3) S. **A**: –. **D**: Thieme, Nijmegen. **E**: [Broschiert], Halbleinen**, Leinen. **P**: HBO – DLA – HAW.

[49] Arnold Zweig: Erziehung vor Verdun. Roman. [Teil des Romanzyklus ›Der große Krieg der weißen Männer‹]. – 628 S. **W**: Den Opfern. **A**: [Henri Friedlaender, in Anlehnung an die Einbandentwürfe von Heinrich Hussmann für die ›Grischa‹-Romane vor 1933]. **D**: Thieme, Nijmegen. **E**: Broschiert, Leinen. **P**: HAW – DLA – HBO.

169/170 Schutzumschläge von Henri Friedlaender (1935, 46 und 47)

[10b] Die Sammlung. Literarische Monatsschrift unter dem Patronat von André Gide, Aldous Huxley, Heinrich Mann. Hrsg. von Klaus Mann.
- 2. Jahrgang, 5. bis 12. Heft, Januar bis August 1935. – Jeweils 56 S.; die Hefte 10 und 11 80 S.; Heft 12 72 S. Mit einem beigefügten Inhaltsverzeichnis. **A:** Georg Salter. **D:** Amerongen, Amersfoort. **E:** Broschiert. **P:** DLA – HBO – HAW [ohne Heft 8].

[50] Vicki Baum: Die Karriere der Doris Hart. Roman.- 376 S. **A:** Alice Garnman. **D:** Thieme, Nijmegen. **E:** Broschiert, Leinen. **P:** DLA – HAW.

[51] Lion Feuchtwanger: Der falsche Nero. Roman. – 422 (+ 2) S. (Gesammelte Werke, Bd 9.). **A:** Eva Herrmann. **D:** Thieme, Nijmegen. **E:** Broschiert, Halbleinen**, Leinen. **P:** HAW – DLA – HBO.

[52] Lion Feuchtwanger: Stücke in Prosa. – 432 S. (Gesammelte Werke, Bd 11.). **L:** Propyläen Verlag, Berlin 1927. **A:** –. **D:** Thieme, Nijmegen. **E:** [Broschiert], Halbleinen**, Leinen. **P:** SFV – DLA – HAW – HBO.

[53] Leonhard Frank: Der Bürger. Roman. **Die Ursache** Erzählung. – 525 (+ 3) S. (Gesammelte Werke in Einzelbänden, Bd 3.). **L:** Malik, Berlin, 1924. – Georg Müller, München 1915. **W:** ›Der Bürger‹: Der bürgerlichen Jugend gewidmet. **W:** ›Die Ursache‹: Lisa Ertel gewidmet. **A:** [Henri Friedlaender]. **D:** Thieme, Nijmegen. **E:** Halbleinen**, Leinen. **P:** SFV – DLA – HOB – HAW.

[54] Leonhard Frank: Karl und Anna. Erzählung. **Bruder und Schwester.** Roman. – 324 S. (Gesammelte Werke in Einzelbänden, Bd [4].). **A:** [Henri Friedlaender]. **D:** Thieme, Nijmegen. **E:** Leinen. **P:** DLA – HAW – HBO.

[55] Leonhard Frank: Der Mensch ist gut. Die Novellen. – 396 S. (Gesammelte Werke in Einzelbänden, Bd [5].). **L:** Max Rascher, Zürich 1918. – Rowohlt, Berlin 1928. – Querido, Amsterdam 1936. **W:** ›Der Mensch ist gut‹: Den kommenden Generationen. **A:** [Henri Friedlaender]. **D:** Thieme, Nijmegen. **E:** Halbleinen**, Leinen. **P:** HBO – SFV – DLA – HAW.

[56] Leonhard Frank: Das Ochsenfurter Männerquartett. Roman. **Von drei Millionen drei.** Roman. – 444 S. (Gesammelte Werke in Einzelbänden, Bd [2].). **L:** Insel, Leipzig 1927. – S.Fischer, Berlin 1931. **W:** ›Das Ochsenfurter Männerquartett‹: Elena gewidmet. **A:** [Henri Friedlaender]. **D:** Thieme, Nijmegen. **E:** Halbleinen**, Leinen. **P:** HAW – DLA – SFV – HBO.

[57] Leonhard Frank: Die Räuberbande. Roman. – 336 S. (Gesammelte Werke in Einzelbänden, Bd [1].[Schutzumschlag: Gesamtausgabe in Einzelbänden]). **Bemerkung:** In der Werbung werden Leonhard Franks ›Gesammelte Werke in Einzelbänden‹ in »fünf Ganzleinenbänden in einer Kassette« zu einem Gesamtpreis angeboten. **L:** Georg Müller, München 1914. **W:** Lisa Ertel gewidmet. **A:** [Henri Friedlaender]. **D:** Thieme, Nijmegen. **E:** Broschiert, Leinen. **P:** SFV – Universitätsbibiothek, Konstanz – HAW.

[58] Leonhard Frank: Traumgefährten. Roman. [Mit einem Nachwort von Alfred Polgar]. – 291 (+ 1) S. **W:** E.P. **A:** [Henri Friedlaender]. **D:** Thieme, Nijmegen. **E:** [Broschiert], Halbleinen**, Leinen. **P:** DLA – HAW – SFV – HBO.

171/172 Schutzumschläge von Henri Friedlaender (1936, 57 und 58)

[59] Ernst Glaeser: Das Unvergängliche. Erzählungen. – 121 (+ 3) S. W: Meiner Frau. A: – . D: Thieme, Nijmegen. E: Leinen. P: DLA – HAW – HBO .

[60] Sinclair Lewis: Das ist bei uns nicht möglich. Roman. Deutsch von Hans Meisel. – 469 (+ 1) S. O: It can't happen here. A: [Henri Friedlaender]. D: Karl Prochaska, Cesky Tésín. E: [Broschiert], Leinen. P: Universitätsbibliothek, Augsburg.

[61] Emil Ludwig: Der Mord in Davos. – 111 (+ 1) S. Bemerkung: »Das Honorar dieser Schrift fließt einer Schweizer wohltätigen Stiftung zu.« A: Postma. D: Thieme, Nijmegen. E: Broschiert. P: DLA – ERA - HAW – SFA.

[62] Klaus Mann: Mephisto. Roman einer Karriere. – 400 S. W: Der Schauspielerin Therese Giehse gewidmet. A: [Henri Friedlaender]. D: Thieme, Nijmegen. E: Leinen. P: Universitätsbibliothek, Konstanz – HAW – HBO.

Heinrich Mann: Es kommt der Tag. Deutsches Lesebuch. Anzeige auf US 4 von Merz. s. Nr. 63. Nicht bei Querido erschienen.

[63] Konrad Merz [d.i.Kurt Lehmann]: Ein Mensch fällt aus Deutschland. – 209 (+ 3) S. **Bemerkung:** Impressum abweichend: Querido Verlag Amsterdam. **W:** Den Opfern. **A:** [Paul L. Urban]. **D:** Thieme, Nijmegen. **E:** [Broschiert], Halbleinen**, Leinen. **P:** HBO – SFV – DLA – HAW.

[64] Dr.Hans E[rich] Priester: Das deutsche Wirtschaftswunder. – 360 S. **Bemerkung:** Impressum abweichend: Querido Verlag Amsterdam. **A:** [Henri Friedlaender]. **D:** Hungária, Budapest. **E:** [Broschiert], Leinen. **P:** DLA – HAW – HBO.

[65] Gustav Regler: Die Saat. Roman aus den deutschen Bauernkriegen. – 380 S. **A:** Paul L.Urban. **D:** Thieme, Nijmegen. **E:** Broschiert, Leinen. **P:** SFV – DLA – HAW – HBO. **Bemerkung:** Lizenzausgabe als Mitdruck; Querido-Signet auf Schmutztitel: ›Universum Buchgemeinschaft‹ [Basel] als ›4. Sonderband der Jahresreihe 1937/38. 268. Band der Universum Bücherei‹. **E:** Leinen, aufgebunden bei Baumann & Co., Erlenbach-Zürich. **P:** Deutsche Bibliothek, Frankfurt.

173/174 Schutzumschläge von Alice Garnman (1936, 66) und Henri Friedlaender (1936, 67)

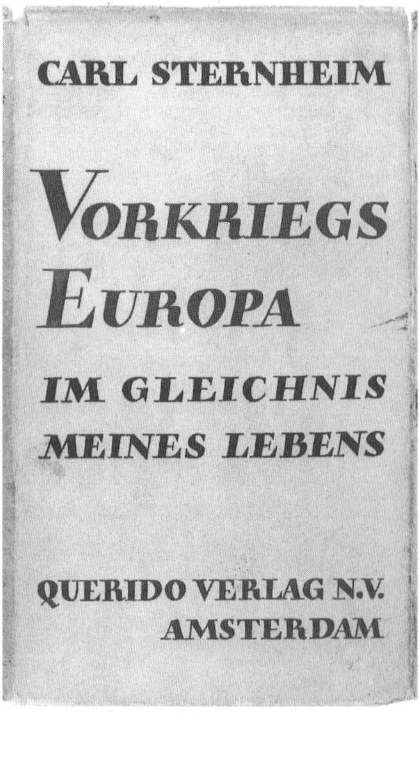

[66] Wilhelm Speyer: Zweite Liebe. Roman. – 332 S. A: Alice Garnman. D: Thieme, Nijmegen. E: Broschiert, Leinen. P: HAW - DLA .

[67] Carl Sternheim: Vorkriegseuropa im Gleichnis meines Lebens. – 222 (+ 2) S. A: [Henri Friedlaender]. D: Thieme, Nijmegen. E: Broschiert, Leinen. P: DLA – HAW – SFV – HBO.

[68] Ernst Weiss: Der arme Verschwender. Roman. – 506 (+ 2) S. W: Für Stefan Zweig. A: [Henri Friedlaender]. D: Thieme, Nijmegen. E: [Broschiert], Halbleinen**, Leinen. P: HAW – DLA – HBO.

[69] Otto Zarek: Moses Mendelsohn. Ein jüdisches Schicksal in Deutschland. – 389 (+ 3) S., Frontispiz Moses Mendelsohn. W: Für Dr. Hans Bernhard Lewinson aus Berlin, in Givath Brenner (Erez Israel). A: [Henri Friedlaender/Umschlag: Léon Holman, d.i. Kratzenstein]. D: Thieme, Nijmegen. E: [Broschiert], Halbleinen**, Leinen. P: DLA – HAW – SFV – HBO.

Buchreihe ›Das gute billige Buch‹

[70] Vicki Baum: Der Eingang zur Bühne. [Roman]. – 274 S. A: – D: Karl Prochaska, Č. Tésín. E: –. P: Universitätsbibliothek, Bonn.

***[71] Lion Feuchtwanger: Die Geschwister Oppenheim.** Roman.

***[72] Bruno Frank: Cervantes.** Roman.

[73] Leonhard Frank: Das Ochsenfurter Männerquartett. Roman.- 261 (+ 3) S. L: Insel, Leipzig 1927. W: Elena gewidmet. A: –. D: Thieme, Nijmegen. E: Leinen. P: Württembergische Landesbibliothek, Stuttgart – HAW – HBO.

***[74] Joseph Roth: Tarabas.** Ein Gast auf dieser Erde. Roman.

[75] Ernst Toller: Eine Jugend in Deutschland. Zweite Auflage, viertes bis siebentes Tausend. – 295 (+ 1) S., Frontispiz [Ernst Toller]. [Neuauflage von Nr. 8 in veränderter Ausstattung]. W: Dem Deutschland von morgen. A: –. D: Thieme, Nijmegen. E: Leinen. P: ERA – HBO.

[76] Vicki Baum: Der grosse Ausverkauf. [Schutzumschlag: Der große Ausverkauf]. Roman. – 254 (+ 2) S. A: Alice Garnman. D: Karl Prochaska, C. Tesin. E: Broschiert, Leinen. P: SFV – DLA – HAW – HBO.
*[76a] – 13.-18. Tausend. 1937.

[77] Vicki Baum: Liebe und Tod auf Bali. Roman. – 532 S. A: –. D: Thieme, Nijmegen. E: Broschiert, Leinen. P: HAW – DLA.
[77a] – Zweite Auflage. 11.-13. Tausend. 1940. E: Halbleinen**. P: ERA.

[78] Bernard von Brentano: Prozess ohne Richter. Roman. – 201 (+ 3) S. A: [Bob Denneboom]. D: Thieme, Nijmegen. E: [Broschiert], Leinen. P: DLA – HAW – HBO.

[79] Alfred Döblin: Die Fahrt ins Land ohne Tod. Roman. [Das Land ohne Tod, Bd 1.] – 357 (+ 3) S. A: [Henri Friedlaender]. D: Thieme, Nijmegen. E: Broschiert, Leinen. P: SFV –DLA – HAW – HBO.

175/176 Schutzumschläge von Alice Garnman (1937, 76) und vom Verlag ? (1937, 77)

177/178 Schutzumschläge von Henri Friedlaender (1937, 79) und vom Verlag ? (1937, 81)

[80] Lion Feuchtwanger: Moskau 1937. Ein Reisebericht für meine Freunde. – 153 (+ 3) S. **A**: Bob Denneboom. **D**: Thieme, Nijmegen. **E**: Broschiert, Leinen. **P**: DLA – HAW.

Lion Feuchtwanger: Jud Süss. Anzeige auf US 4 von Feuchtwanger, s. Nr. 80.

[81] Bruno Frank: Aus vielen Jahren. – 399 (+ 1) S. **W**: Meiner Frau widme ich dieses Buch. Aber ihr waren ja auch die anderen zugeeignet, die keine Widmung tragen. **A**: –. **D**: R.M.Rohrer, Brünn, Czechoslovakia. **E**: Leinen. **P**: DLA – HAW – SFV – HBO.

[82] Bruno Frank: Der Reisepass. Roman. – 363 (+ 1) S. **A**: Bob Denneboom. **D**: Thieme, Nijmegen. **E**: Broschiert, Leinen. **P**: HAW – HBO.
[82a] – Zweite Auflage. 1937. **P**: DLA.

[83] Konrad Heiden: Europäisches Schicksal. – 247 (+ 1) S. **A**: –. **D**: Thieme, Nijmegen. **E**: Broschiert, Leinen. **P**: HAW – Universitätsbibliothek, Konstanz – ERA – HBO.

[84] Fritz Heymann: Der Chevalier von Geldern. Eine Chronik vom Abenteuer der Juden [Schutzumschlag: Chronik vom Abenteuer der Juden]. – 480 (+ 2) S.

A: Bob Denneboom. D: Amerongen, Amersfoort. E: Broschiert, Leinen. P: SFV – DLA – HBO – HAW.

[85] Heinrich Eduard Jacob: Johann Strauss und das neunzehnte Jahrhundert. Die Geschichte einer musikalischen Weltherrschaft (1819–1917). – 439 (+ 1) S., 28 Abbildungen auf Tafeln, 5 Textabbildungen, Notenbeispiele. A: Léon Holman, d.i. Kratzenstein. D: Thieme, Nijmegen. E: Broschiert, Leinen. P: SFV - Universitätsbibliothek, Konstanz – ERA – HAW – HBO.

[86] Irmgard Keun: Nach Mitternacht. Roman. – 236 S. A: Bob Denneboom. D: Printed in Czechoslovakia. E: Broschiert, Leinen. P: DLA – HAW – SFV – HBO.

[87] Emil Ludwig: Cleopatra. Geschichte einer Königin. – 306 (+ 2) S. A: [Henri Friedlaender]. D: Thieme, Nijmegen. E: Leinen. P: DLA – HAW – SFV – HBO.

[88] Emil Ludwig: Der Nil. Lebenslauf eines Stromes, Bd 2: Der Nil in Ägypten. – 269 (+ 5) S., Frontispiz, 23 Abbildungen auf Tafeln, 2 Faltkarten. A: [Fré Cohen]. D: Thieme, Nijmegen. E: Broschiert, Leinen. P: DLA – HAW – SFV.

179/180 Schutzumschläge vom Verlag ? (1937, 83) und von Fré Cohen (1937, 88)

181/182 Schutzumschläge vom Verlag ? (1937, 90 und 92)

Heinrich Mann: Die Vollendung des Königs Henri Quatre. Roman. Anzeige auf US 4 von Brentano, s. Nr. 78 und Anna Seghers, s. Nr. 92.

[89] Klaus Mann: Vergittertes Fenster. Novelle um den Tod des Königs Ludwig II. von Bayern. – 112 S. W: Für Thomas Quinn Curtiss / Sils Baselgia Sommer 1937. A: [B.Mohr]. D: Thieme, Nijmegen. E: Leinen. P: DLA – HAW – HBO.

[90] Thomas Mann: Bekenntnisse des Hochstaplers Felix Krull. – 177 (+ 3) S. A: –. D: Amerongen, Amersfoort. E: »Neben der allgemeinen Ausgabe wurden hundert Exemplare auf altholländischem Papier der Firma van Gelder Zonen gedruckt, numeriert und vom Autor handschriftlich gezeichnet. Die Exemplare 1–25 sind in Pergament, 26–50 in Maroquin-Leder, 51–100 in Leinen gebunden. Der Erlös dieser hundert Exemplare fliesst dem THOMAS MANN FONDS zu.« Broschiert, Leinen. P: Württembergische Landesbibliothek, Stuttgart – HAW – HBO.

[91] Joseph Roth: Das falsche Gewicht. Die Geschichte eines Eichmeisters. – 198 (+ 2) S. A: [Henri Friedlaender]. D: Thieme, Nijmegen. E: Broschiert, Halbleinen**, Leinen. P: DLA – HAW – SFV – ERA – HBO.

[92] Anna Seghers: Die Rettung. Roman. – 512 S. **A**: –. **D**: Hungária, Budapest. **E**: Broschiert, Leinen. **P**: DLA – SFV – EBR – HAW – HBO.

[93] Arnold Zweig: Einsetzung eines Königs. Roman. [Teil des Romanzyklus ›Der große Krieg der weißen Männer‹].- 574 (+ 2) S. **W**: Für Sigmund Freud. **A**: [Henri Friedlaender], in Anlehnung an den Einbandentwurf von Heinrich Hussmann für die ›Grischa‹-Romane vor 1933. **D**: Thieme, Nijmegen. **E**: Leinen. **P**: DLA – HAW – HBO.

1938 Querido Verlag N.V., Amsterdam

[94] James M[allahan] Cain: Serenade in Mexiko. Aus dem amerikanischen [!] übersetzt von Ernst Weiss. – 277 (+ 3) S. **A**: **D**: Hungária, Budapest. **E**: Broschiert, Leinen. **P**: SFV – ERA – DLA – HAW – HBO.

[95] Alfred Döblin: Der blaue Tiger. Roman. [Das Land ohne Tod, Bd 2.] – 559 (+ 1) S. **A**: [Henri Friedlaender]. **D**: Thieme, Nijmegen. **E**: Broschiert, Leinen. **P**: DLA – HAW – HBO.

[96] Georg Kaiser: Der Gärtner von Toulouse. Schauspiel in fünf Akten. – 77 (+ 3) S. **A**: – . **D**: Amerongen, Amersfoort. **E**: Broschiert. **P**: DLA – HAW – HBO.

[97] Irmgard Keun: D-Zug dritter Klasse. Roman.- 185 (+ 3) S. **A**: Léon Holman, d.i. Kratzenstein. **D**: Thieme, Nijmegen. **E**: [Broschiert], Leinen. **P**: DLA – HAW – HBO.

[98] Irmgard Keun: Kind aller Länder. Roman. – 229 (+ 3) S. **A**: –. **D**: Amerongen, Amersfoort. **E**: Broschiert, Leinen. **P**: HBO – Universitätsbibliothek, Freiburg i.Br. – HAW .

[99] Emil Ludwig: Quartett. Ein unzeitgemässer Roman. – 393 (+ 3) S. **A**: [Henri Friedlaender]. **D**: Thieme, Nijmegen. **E**: Broschiert, Leinen. **P**: Universitätsbibliothek, Konstanz – HAW – SFV. **Bemerkung**: Lizenzausgabe als Mitdruck: »New York–Toronto: Longmans, Green and Co. · Alliance Book Corporation 1938«. **P**: Deutsche Bibliothek, Frankfurt.

[100] Emil Ludwig: Roosevelt. Studie über Glück und Macht. – 314 (+ 2) S., Frontispiz Roosevelt, Ludwig und Frau Ludwig, Hydepark, Juli '37. **A**: [Henri Friedlaender]. **D**: Thieme, Nijmegen. **E**: Broschiert, Leinen. **P**: HAW – SFV – DLA – HBO.

[101] Erika Mann: Zehn Millionen Kinder. Die Erziehung der Jugend im Dritten Reich. Mit einem Geleitwort von Thomas Mann. – 216 S. **A**: –. **D**: Thieme, Nijmegen. **E**: Broschiert. **P**: DLA– HAW – HBO.

183 Schutzumschlag von Henri Friedlaender (1938, 102)

[102] Heinrich Mann: Die Vollendung des Königs Henri Quatre. Roman. – 823 (+ 1) S. A: [Henri Friedlaender]. D: Thieme, Nijmegen. E: Broschiert, Leinen. P: SFV – Universitätsbibliothek, Konstanz – HAW – HBO.

[103] Anna Reiner [d.i. Anna Gmeyner, verh. Murdoch]: Manja. Ein Roman um fünf Kinder. – 514 (+ 2) S. A: [Henri Friedlaender]. D: Hungária, Budapest. E: [Broschiert], Leinen. P: Universitätsbibliothek, Konstanz – HAW.

[104] Erich Maria Remarque: Drei Kameraden. Roman. – 465 (+ 3) S. 1–17. Tausend. O: Three comrades. Translated by W. A. Wheen. London Hutchinson [1937] bzw. Kamater. Fran tysken av Johannes Edfeldt. Stockholm: Bonnier 1937. A: –. D: Thieme, Nijmegen. E: [Broschiert], Leinen. P: DLA – HAW – HBO.

[105] Stephen H[enry] Roberts: Das Haus, das Hitler baute. Nach der 9. revidierten und erweiterten Auflage übersetzt von Fritz Heymann. – 506 (+ 2) S. O: The House that Hitler built. A: –. D: »Pressa«, Schlesisch-Ostrau. E: [Broschiert,] Leinen. P: Universitätsbibliothek, Konstanz – HAW – HBO.

[106] Stimmen der Völker. Die schönsten Gedichte aller Zeiten und Länder. [Umschlag: Die schönsten Verse ...]. Herausgegeben von Alfred Wolfenstein. – 472 S. **A:** –. **D:** Amerongen, Amersfoort. **E:** Broschiert, Leinen. **P:** HBO – DLA – HAW – SFV.

[107] Arnold Zweig: Versunkene Tage. [Später: Verklungene Tage]. Roman aus dem Jahre 1908. – 223 (+ 1) S. **W:** An Marta und Lion Feuchtwanger. **A:** [Henri Friedlaender]. **D:** Amerongen, Amersfoort. **E:** Broschiert, Leinen. **P:** DLA – HAW – SFV – HBO. **Bemerkung:** Lizenzausgabe als Mitdruck: »New York–Toronto: Longmans, Green and Co. · Alliance Book Corporation 1938«. **P:** Deutsche Bibliothek, Frankfurt.

1939 Verlag Querido N.V., Amsterdam

[108] Vicki Baum: Hotel Shanghai. Roman.- 691 (+ 1) S. **W:** Dankbar für Kritik und Ermutigung meinem liebsten Leser Peter van Anrooy in tiefer Verbundenheit gewidmet. **A:** -. **D:** L.E. Bosch & Zoon, Utrecht. **E:** Broschiert, Leinen. **P:** DLA – HAW – HBO. **Bemerkung:** Vgl. Nr. 141 und 165.

[109] Emil Bernhard Cohn: David Wolffsohn. Herzls Nachfolger. Mit einem Vorwort von Jacobus Kann. – 332 S., Frontispiz David Wolffsohn. **A:** [Henri Friedlaender]. **D:** Thieme, Nijmegen. **E:** Broschiert, Leinen. **P:** SFV – ERA – Bibliothek für Zeitgeschichte, Stuttgart – HAW – HBO.

Alfred Döblin: Bürger und Soldaten 1918. Roman. Anzeige auf US 4 von Baum, s. Nr. 108.

[110] Lion Feuchtwanger: Jud Süss. Roman. (Gesammelte Werke, Bd 2.) – 503 (+ 1) S. **A:** –. **D:** L. Bosch & Zoon, Utrecht. **E:** Broschiert. **P:** DLA – HAW.

Lion Feuchtwanger: Sepp Trautwein. Roman. Anzeige auf US 4 von Speyer, s. Nr. 112. Erschien 1940 als Teil des Romans ›Exil‹, s.Nr. 133.

Leonhard Frank: Maria. Schauspiel in vier Akten. **A:** –. **D:** Thieme, Nijmegen. Korrigierter Umbruch vorhanden. Nicht erschienen.

Georg Kaiser: Villa Aurea. Roman. Anzeige mit einem werbenden Text von Thomas Mann auf US 4 von Döblin, s.Nr. 114 und auf US 4 von Baum, s. Nr. 108.

[111] Klaus Mann: Der Vulkan. Roman unter Emigranten. – 721 (+ 3) S. **A:** –. **D:** L. E. Bosch & Zn., Utrecht. **E:** [Broschiert], Leinen. **P:** ERA – Bayerische Staatsbibliothek München – HAW – HBO.

[112] Wilhelm Speyer: Die Stunde des Tigers. Eine Pfadfinder-Geschichte. – 251 (+ 1) S. **A:** Kollektiv co-op 2. **D:** J. Kittl, Mährisch-Ostrau. **E:** Broschiert, Leinen. **P:** DLA – HAW – SFV – HBO.

184/185 Schutzumschläge vom Verlag ? (1939, 110 und 113)

1939 Querido Verlag N.V., Amsterdam / Allert de Lange, Amsterdam

[113] Bernard von Brentano: Die Ewigen Gefühle. Roman.- 340 (+ 4) S. A: –. D: Hungária, Budapest. E: Broschiert, Leinen. P: HAW – SFV – DLA – HBO.

[113a] – [2. Auflage, nicht gekennzeichnet] 1940. A: –. D: Thieme, Nijmegen. E: [Broschiert], Leinen. P: Universitätsbibliothek, Konstanz – ERA – SFV.

1939 Bermann-Fischer-Verlag, Stockholm / Querido-Verlag N.V., Amsterdam

[114] Alfred Döblin: Bürger und Soldaten 1918. Roman. Eine deutsche Revolution. Erzählwerk in drei Bänden, Bd 1. – 435 (+ 1) S. A: Hugo Steiner-Prag. D: Thieme, Nijmegen. E: Leinen. P: DLA – ERA – HAW – SFV – HBO.

186 Schutzumschlag von Hugo Steiner-Prag (1939, 114)

1939 Forum-Bücher

Beratendes Komitee: Thomas Mann – René Schickele – Franz Werfel – Stefan Zweig

Bermann-Fischer, Stockholm · Allert de Lange, Amsterdam · Querido N.V., Amsterdam

Der Verlag war rechtlich selbständig. Produktion und Vertrieb durch Querido. 1.–6. Tausend, ab Bd. 12 3500 Exemplare. **E:** Broschiert. **Bemerkung:** Die Bde 1–11 erschienen mit Impressum 1939 bereits im Spätherbst des Jahres 1938. Für die letzten Bände waren Numerierungen nicht feststellbar.

[115] [Band 1] Vicki Baum: Stud. chem. Helene Willfüer. [Umschlag: Helene Willfüer]. Roman. – 260 (+ 2) S. **L:** Ullstein A.G., Berlin 1925. **D:** Thieme, Nijmegen. **P:** DLA – SFV.

[116] [Band 2] Annette Kolb: Das Exemplar. Roman. – 300 (+ 4) S. **L:** Bermann-Fischer A.B., Stockholm 1913 [!]. **D:** Thieme, Nijmegen. **P:** DLA – HAW – SFV – HBO.

[117] [Band 3] Emil Ludwig: Napoleon. – 450 (+ 2) S. W: Elga Ludwig zugeeignet / Moscia. Sommer 1924. L: Ernst Rowohlt K.G.a.A., Berlin 1925. D: Thieme, Nijmegen. P: DLA– SFV.

[118] [Band 4] Heinrich Mann: Die kleine Stadt. Ein Roman. – 392 (+ 4) S. L: Insel, Leipzig 1910 [recte 1909]. D: Thieme, Nijmegen. P: HAW – SFV.

[119] [Band 5] Alfred Neumann: Der Patriot. – 213 (+ 3) S. L: Der Patriot: Deutsche Verlagsanstalt, Stuttgart 1927; König Haber: J.Engelhorns Nachf., Stuttgart 1929. D: Bosch & Zoon, Utrecht. P: DLA – HBO.

[120] [Band 6] Thomas Mann: Die schönsten Erzählungen. – 380 (+ 2) S. L: –. D: de Bussy, Amsterdam. P: Stadt- und Universitätsbibliothek, Frankfurt.

[121] [Band 7] Arthur Schnitzler: Flucht in die Finsternis und andere Erzählungen. – 350 (+ 2) S. L: Bermann-Fischer A.B., Stockholm 1938. D: Thieme, Nijmegen. P: DLA.

[122] [Band 8] Franz Werfel: Die vierzig Tage des Musa Dagh. Roman. 2 Bde. 489 (+ 1) S. und 517 (+ 3) S. L: Paul Zsolnay A.G., Berlin, Wien, Leipzig 1933. D: Thieme, Nijmegen. P: DLA

[123] [Band 9] Stefan Zweig: Maria Stuart. – 398 (+ 2) S. L: Herbert Reichner, Wien 1935. D: Thieme, Nijmegen. P: DLA – SFV.

[124] [Band 10] Die schönsten Erzählungen deutscher Romantiker. Hrsg. von NN. – 365 (+ 3) S. D: H.J.de Bussy, Amsterdam. P: Universitätsbibliothek der Universität des Saarlandes, Saarbrücken.

[125] [Band 11] Briefe deutscher Musiker. Herausgegeben von Alfred Einstein - 330 (+ 2) S. L: –. D: Thieme, Nijmegen. P: Bayerische Staatsbibliothek, München – HAW.

[126] [Band ??] Deutsches Lesebuch. Herausgegeben von Hugo von Hofmannsthal. – 405 (+ 2) S. L: –. D: Thieme, Nijmegen. P: Universitätsbibliothek, Bonn.

[127] [Band 13] Lion Feuchtwanger: Jud Süss. Roman. – 503 (+ 1) S. L: Th.Knaur Nachf., Berlin 1931. D: Bosch & Zoon, Utrecht. P: Universitätsbibliothek, Bonn – SFV.

[128] [Band 14] Leonhard Frank: Die Räuberbande. Roman. – 336 (+ 2) S. L: –. D: Thieme, Nijmegen. P: Universitätsbibliothek, Bonn – SFV.

[129] [Band 15] Heinrich Heine: Meisterwerke in Vers und Prosa. Hrsg. von Hermann Kesten. 413 (+ 3) S. D: Thieme, Nijmegen. P: Württembergische Landesbibliothek, Stuttgart – HAW – HBO.

[130] [Band ??] Joseph Roth: Radetzkymarsch. [Umschlag: Roman]. 416 (+2) S. **L:** 1932 Gustav Kiepenheuer, Berlin. **D:** H. Veenmann & Zonen, Wageningen. **P:** Bayerische Staatsbibliothek, München.

[131] [Band ??] Jakob Wassermann: Caspar Hauser oder die Trägheit des Herzens. Roman. – 442 (+ 2) S. **L:** S.Fischer A.G., Berlin 1924. **D:** Thieme, Nijmegen. **P:** DLA.

[132] [Band ??] Stefan Zweig: Marie Antoinette. – 476 (+ 4) S. **L:** –. **D:** H. Veenmann & Zonen, Wageningen. **P:** SFV – Universitätsbibliothek, Bonn.

1940 Querido Verlag N.V., Amsterdam

[133] Lion Feuchtwanger: Exil. Roman. – 988 S. [Der Wartesaal, Bd 3]. (Gesammelte Werke, Bd 8). **W:** Für Martha. **A:** –. **D.** Thieme, Nijmegen. **E:** Leinen. **P:** Universitätsbibliothek, Eichstätt – HAW – HBO.

[134] Bruno Frank: Sechzehntausend Francs. – 93 (+ 3) S. **A:** –. **D:** Thieme, Nijmegen. **E:** Pappband. **P:** DLA – HAW – HBO.

[135] A[lexander] M[oritz] Frey: Der Mensch. – 63 (+ 1) S. **A:** –. **D:** Thieme, Nijmegen. **E:** Pappband. **P:** DLA – HAW – HBO.

[136] Georg Kaiser: Villa Aurea. Roman. – 235 (+ 5) S. **A:** –. **D:** Hungária-Drukerei, Budapest. **E:** Broschiert, Leinen. **P:** DLA – ERA – HAW – SFV – HBO.

[137] Joseph Roth: Der Leviathan. – 71 (+ 1) S. **A:** –. **D:** Thieme, Nijmegen. **E:** Pappband. **P:** DLA – HBO.

1941 Querido-Autoren

unter Vertrag mit Fritz Helmut Landshoff im Verlag von Bermann-Fischer A.B., Stockholm***

[138] Vicki Baum: Die grosse Pause. Roman. – 329 (+ 3) S. **A**: Justinian Frisch. **D**: Victor Pettersons Bokindustri, Stockholm. **E**: Leinen. **P**: HAW.

[139] Erich Maria Remarque: Liebe deinen Nächsten. Roman. – 484 S. **A**: Justinian Frisch. **D**: Victor Pettersons Bokindustri, Stockholm. **E**: Leinen. **P**: HAW – HBO.

1942 Querido-Autoren

unter Vertrag mit Fritz Helmut Landshoff im Verlag Bermann-Fischer A.B., Stockholm***

[140] Vicki Baum: Marion lebt. Roman. – 645 (+ 3) S. **O**: Marion alive. **L**: ohne Copyrightvermerk. **A**: Justinian Frisch. **D**: Bokindustri A.B., Stockholm. **E**: Leinen. **P**: SFV. [140a] 2. Auflage [?] mit Erscheinungsjahr 1943. **L**: Mit Copyrightvermerk. **P**: HAW.

1944 Querido-Autoren

unter Vertrag mit Fritz Helmut Landshoff im Verlag Bermann-Fischer A.B., Stockholm

[141] Vicki Baum: Hotel Shanghai. Roman. – 616 S. **L**: Querido Verlag N.V., Batavia. **W**: Dankbar für Kritik und Ermutigung meinem liebsten Leser Peter van Anrooy in tiefer Verbundenheit gewidmet. **A**: –. **D**: Zollikofer & Co., St.Gallen. **E**: -. **P**: SFV. **Bemerkung:** Vgl. Nr. 108 und 165.

*** Fritz Helmut Landshoff: ›Die fiktive Verlegung des Verlages [von Amsterdam] nach Batavia versetzte mich ... in die Lage, als einziger Direktor zu handeln. Ich konnte daher auch dem Stockholmer Bermann-Fischer Verlag einige Manuskripte übergeben, die er in seinem Verlagsbüro ... herstellen und vertreiben ließ ...« (Amsterdam, Keizersgracht 333, a.a.O., S. 144).

*** Zwischen 1942 und 1946 beteiligt sich Fritz Helmut Landshoff in den Vereinigten Staaten an der L.[andshoff] B.[ermann] Fischer Publishing Corporation, New York, die innerhalb von vier Jahren mehr als sechzig englischsprachige Titel mit literarischen, politischen und kulturpolitischen Themen herausbringt. Die Autoren sind Exilanten, aber auch Amerikaner. Nähere Einzelheiten veröffentlicht Irene Nawrocka, Wien, in einer Arbeit, die in Vorbereitung ist.

unter Vertrag mit Fritz Helmut Landshoff im Verlag Bermann-Fischer A.B., Stockholm

[142] Vicki Baum: Kautschuk. Roman in fünfzehn Erzählungen. – 544 S. **O:** The weeping wood. **A:** –. **D:** Buchdruckerei Winterthur. **E:** Leinen. **P:** HAW – SFV.

[143] Lion Feuchtwanger: Der Tag wird kommen. Roman. – 413 (+ 3) S. **A:** Robert Kolin. **D:** Victor Pettersons Bokindustri, Stockholm. **E:** Leinen. **P:** HAW.

[144] Bruno Frank: Die Tochter. Roman. – 374 (+ 2) S. **A:** Justinian Frisch. **S:** Aetà tryckeri, Stockholm. **E:** Leinen. **P:** HAW.

[145] F[ranz] C[arl] Weiskopf: Himmelfahrtskommando. Roman. – 405 (+ 3) S. **O:** The firing squad. **L:** Alfred Knopf, New York. **A:** Mark Sylwan. **D:** Buchdruckerei Winterthur. **E:** Leinen. **P:** HAW – SFV.

187 Schutzumschlag von Susanne Heyneman (1946, 146)

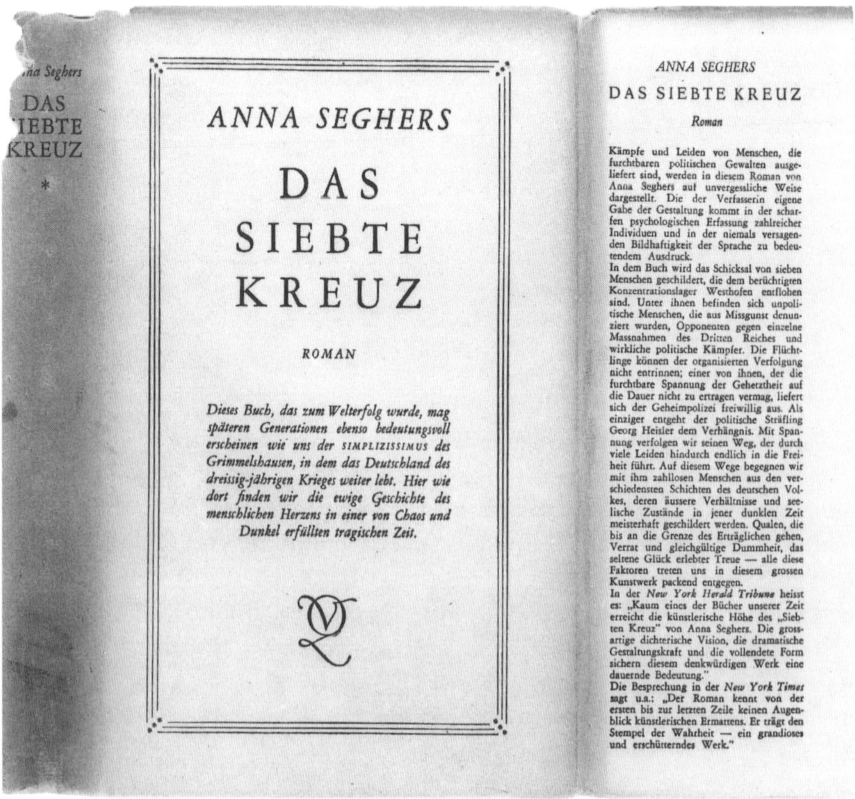

1946 Querido Verlag N.V., Amsterdam

[146] Anna Seghers: Das siebte Kreuz. Roman aus Hitlerdeutschland. – 416 S. **A**: [Susanne Heyneman]. **D**: Salland, Deventer. **E**: Leinen. **P**: SFV – DLA – HAW – HBO. **Bemerkung**: Der Band wird erst 1947 ausgeliefert.

Hermann Kesten: Die Zwillinge von Nürnberg. Roman. Anzeige auf der hinteren Umschlagklappe von Nr. 146.

Lion Feuchtwanger: Waffen für Amerika. Anzeige auf US 4 von Nr. 147.

1947 Querido Verlag N.V., Amsterdam

[147] Vicki Baum: Schicksalsflug. Roman. Übersetzung [aus dem Englischen] von Grete Dupont. – 296 S. **O**: Beyond this journey. **A**: [Susanne Heyneman]. **D**: Thieme, Nijmegen. **E**: Leinen. **P**: DLA – HAW – SFV.

[148] Vicki Baum: Hier stand ein Hotel. Übersetzung [aus dem Englischen] von Grete Dupont. – 282 (+ 2) S. **O**: Berlin Hotel. London: Joseph 1944. **A**: Susanne Heyneman. **D**: C.J.Bucher AG., Luzern. **E**: Leinen. **P**: DLA – SFV.

Vicki Baum: Liebe und Tod auf Bali. Roman. 461 S., 16 Illustrationen. Anzeige für Herbst 1947 in Verzeichnis ›Neue Bücher. 1948–1949‹. Nicht mehr bei Querido erschienen.

[149] Lion Feuchtwanger: Waffen für Amerika. Roman. Erster Band. – 461 (+ 3) S. (Gesammelte Werke, Bd 17.). **Bemerkung**: Ein Teil der Auflage wurde unter dem Titel ›Die Füchse im Weinberg‹ ausgeliefert. **A**: Susanne Heyneman. **D**: Thieme, Nijmegen. **E**: Leinen. **P**: DLA – HAW – SFV – HBO.

[150] Bruno Frank: Sechzehntausend Francs. [Novelle]. – 86 (+ 2) S. **A**: [Susanne Heyneman]. **D**: Knuttel & Co., Amersfoort. **E**: Pappband. **P**: DLA – HAW – SFV.

Leonhard Frank: Mathilde. Roman. 445 S. Anzeige für Herbst 1947 in Verzeichnis ›Neue Bücher. 1948–1949‹, s. Nr. 158.

[151] Max Horkheimer und Theodor W[iesengrund] Adorno: Dialektik der Aufklärung. Philosophische Fragmente. – 311 (+ 1) S. **L**: Social Studies Association, Inc., 1944. **W**: Friedrich Pollock zum 50. Geburtstag. **A**: Susanne Heyneman. **D**: Thieme, Nijmegen. **E**: Leinen. **P**: DLA – HAW – SFV – HBO. **Bemerkung**: Der Band wird erst 1948 ausgeliefert.

[152] Hans Keilson: Komödie in Moll. [Erzählung] – 119 (+ 1) S. **W**: Für Leo en Suus in Delft. **A**: [Susanne Heyneman]. **D**: Printed in Holland. **E**: Pappband. **P**: DLA – HAW – SFV.

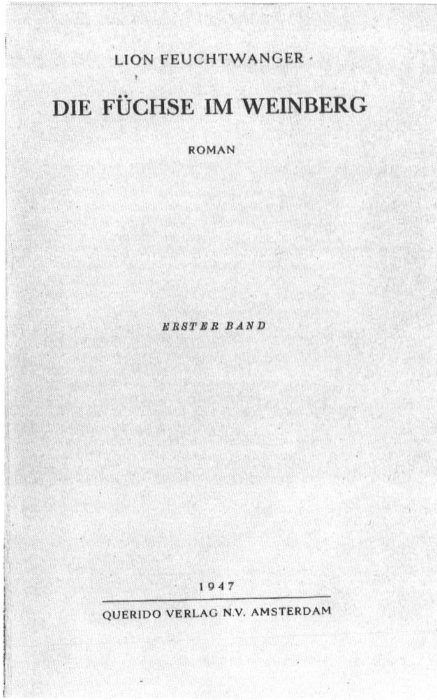

188/189 Schutzumschlag von Susanne Heyneman und Titelblatt der veränderten Ausgabe (1947, 149)

Hermann Kesten: Copernikus und seine Welt. Biographie. 496 S., 12 Tafeln. Anzeige für Herbst 1947 in Verzeichnis ›Neue Bücher. 1948–1949‹, s. Nr. 160.

Hermann Kesten: Die verschlossene Tür. Roman. Anzeige für Herbst 1947 in Verzeichnis ›Neue Bücher. 1948–1949‹. Nicht mehr bei Querido erschienen.

[153] Hermann Kesten: Die Zwillinge von Nürnberg. Roman. – 539 (+ 1) S. O: The twins of Nuremberg. Translated from the German by Andrew St. James und E. B. Ashton. L: L. B. Fischer, New York, 1946. A: Susanne Heyneman. D: Thieme, Nijmegen. E: Leinen. P: DLA – HAW – SFV.

[154] Annette Kolb: König Ludwig II. von Bayern und Richard Wagner. – 107 (+ 1) S., Frontispiz König Ludwig II. von Bayern. A: Susanne Heyneman. D: Blikman & Sartorius, Amsterdam. E: Leinen. P: DLA - HAW – SFV – HBO.

Heinrich Mann: Der Atem. Roman. Anzeige für Herbst 1947 in Verzeichnis ›Neue Bücher. 1948–1949‹, s. Nr. 169.

Klaus Mann: Der Wendepunkt. Autobiographie. Anzeige für Herbst 1947 in Verzeichnis ›Neue Bücher. 1948–1949‹ und auf US 4 von Nr. 171. Nicht mehr bei Querido erschienen.

Thomas Mann: Bekenntnisse des Hochstaplers Felix Krull. Anzeige für Herbst 1947 in Verzeichnis ›Neue Bücher. 1948–1949‹, s. Nr. 161.

[155] Joseph Roth: Der Leviathan. [Novelle] – 61 (+ 3) S. **A:** [Susanne Heyneman]. **D:** Knuttel en Co, Amersfoort. **E:** Pappband. **P:** Universitätsbibliothek des Saarlandes, Saarbrücken – HAW – SFV.

[156] Leopold Scharzschild: Von Krieg zu Krieg. – 492 S. **O:** World in Trance. Translated by Norbert Guterman. **L:** L.B. Fischer Publishing Corporation, New York 1942. **A:** S[usanne] Heyneman. **D:** Thieme, Nijmegen. **E:** Leinen. **P:** DLA – HAW – SFV – HBO.

1948 Querido Verlag N.V., Amsterdam***

[157] Lion Feuchtwanger: Waffen für Amerika. Roman. Zweiter Band. – 415 (+ 1) S. (Gesammelte Werke, Bd 18.). **Bemerkung:** Ein Teil der Auflage wurde unter dem Titel ›Die Füchse im Weinberg‹ ausgeliefert. **A:** S[usanne] Heyneman. **D:** Thieme, Nijmegen. **E:** Leinen. **Weitere Bemerkung:** Auf der Banderole: »Die Geburt einer Nation! Der grosse historische Roman vom amerikanischen Unabhängigkeitskrieg.« **P:** Universitätsbibliothek Konstanz – HAW – SFV – HBO.

[158] Leonhard Frank: Mathilde. Roman. – 446 (+ 2) S. (Gesammelte Werke, Bd 6). **W:** Maria Meinen gewidmet. **A:** [Susanne Heyneman]. **D:** Holdert & Co. N.V., Amsterdam. **E:** Leinen. **P:** DLA – HAW – SFV – HBO. **Bemerkung:** Mit der Bauchbinde »Ein Roman aus dem Deutschland der Nachkriegszeit« ausgeliefert. Der Band wurde später von Kindler, München, vertrieben.

[159] Martin Gumpert: Der Geburtstag. [Auf dem Schutzumschlag: Roman]. – 178 (+ 2) S. **A:** Susanne Heyneman. **D:** Nagengast, Alkmaar. **E:** Leinen. **P:** DLA – HAW – SFV – HBO.

*** In den Jahren 1948–1950 erscheinen eine Reihe von Veröffentlichungen unter dem Titelimprint »Bermann-Fischer Verlag« ohne Ortsangabe und mit dem Impressum »Bermann-Fischer/Querido Verlag N.V., Amsterdam«. Sie werden in den Verlagen Gottfried Bermann Fischers in Amsterdam, Wien und bald auch – als Lizenz – bei Suhrkamp in Berlin und Frankfurt vertrieben. Der Querido Verlag N.V., Amsterdam, verwaltet nach der Auflösung des Stockholmer Verlags dessen Rechte im Sinne einer Agentur, ohne selbst verlegerisch tätig zu sein.

[160] Hermann Kesten: Copernicus und seine Welt. Biographie. – 511 (+ 1) S., Frontispiz: Nicolaus Copernicus. **O:** Copernicus and his world. Translated by E.A. Ashton and Norbert Guterman. New York: Roy 1945. **A:** –. **D:** Thieme, Nijmegen. **E:** Leinen. **P:** DLA – HAW – SFV – HBO. **Bemerkung:** Die Rohbogen wurden von S.Fischer aufgebunden und später mit einem Schutzumschlag von Hermann Zapf vertrieben.

[161] Thomas Mann: Bekenntnisse des Hochstaplers Felix Krull. [Romanfragment****] – 189 (+ 3) S. **A:** –. **D:** Blikman & Sartorius N.V., Amsterdam. **E:** Leinen. **P:** SFV.

[162] Robert Neumann: Kinder von Wien. [Auf dem Schutzumschlag: Roman]. Aus dem englischen Original übertragen von Franziska Becker. – 201 (+ 3) S. **O:** Children of Vienna. London: Gollancz 1946. **A:** [Susanne Heyneman]. **D:** Holdert & Co. N.V., Amsterdam. **E:** Leinen. **P:** DLA - HAW – SFV – HBO.

[163] Alfred Polgar: Anderseits. Erzählungen und Erwägungen. – 235 (+ 5) S. **Bemerkung:** »Copyright 1949 [!] by Alfred Polgar«. **A:** [Susanne Heyneman]. **D:** J.H. de Bussy, Amsterdam. **E:** Leinen. **P:** DLA – ERA – HAW – SFV – HBO.

190/191 Schutzumschläge von Susanne Heyneman (1947, 155 und 1948, 162))

Ilse Aichinger: Die grössere Hoffnung. Roman. Anzeige auf der hinteren Umschlagklappe von Nr. 169; der Roman erschien im Bermann-Fischer Verlag, Amsterdam und Wien.

[164] Vicki Baum: Clarinda. Roman. – 434 (+ 2) S. **O:** Haedless angel. 1948. **A:** Susanne Heyneman. **D:** Holdert & Co. N.V., Amsterdam. **E:** Leinen. **P:** DLA – SFV.
[164a] – 2. Auflage. 11.-15. Tausend. 1949. **E:** Leinen. **P:** HAW.

[165] Vicki Baum: Hotel Shanghai. Roman. – 659 (+ 1) S. **Bemerkung:** Copyright: Bermann-Fischer/Querido-Verlag Amsterdam. Bermann Fischer/Querido-Verlag N.V., Amsterdam. **A:** -. **D:** Gottlieb Gistel & Cie, Wien. **E:** Leinen. **P:** SFV. **Bemerkung:** Vgl. Nr. 108 und 141.

[166] Charles A[ustin] und Mary R[itter] Beard: Geschichte der Vereinigten Staaten von Amerika. Aus dem Amerikanischen übertragen von A. Meyer – 472 S., 23 z.T. farbige Abbildungen. **O:** The Beard's Basic History of the United States. **L:** Büchergilde Gutenberg, Zürich 1948. **A:** –. **D:** Printed in Switzerland. **E:** Leinen. **P:** SFV – Universitätsbibliothek, Eichstätt.

[167] Leonhard Frank: Die Jünger Jesu. Roman. – 301 (+ 3) S. 1.-6. Tausend. **W:** Charlotte London gewidmet. **A:** [Fritz Neugebauer]. **D:** Christoph Reisser's Söhne, Wien. **E:** Leinen. **Bemerkung:** Auf einer Banderole: »Ein Roman aus dem Deutschland der Nachkriegszeit«. **P:** DLA – HAW – SFV – HBO.

[168] Hermann Kesten: Die fremden Götter. Roman. – 291 (+ 5) S. 1.-6. Tausend. **A:** Rud[olf] Müller-Hofmann. **D:** Christoph Reisser's Söhne, Wien. **E:** Leinen. **P:** DLA – ERA – HAW – SFV – HBO.

[169] Heinrich Mann: Der Atem. Roman. – 354 (+ 2) S. **A:** [Susanne Heyneman]. **D:** Holdert & Co. N.V., Amsterdam. **E:** Leinen. **P:** DLA – HAW – SFV.

[170] Romain Rolland: Aus meinem Leben. Erinnerungen an Kindheit und Jugend. Aus dem Französischen übertragen von Ré Soupault. – 394 (+ 2) S. **O:** Souvenirs d'enfance. **D:** Printed in Switzerland. **E:** Leinen. **P:** DLA – SFV.

Friedrich Walter: Helene Bartenstein. Roman. Anzeige für Frühjahr 1949 in Verzeichnis ›Neue Bücher. 1948–1949‹. Nicht mehr bei Querido erschienen.

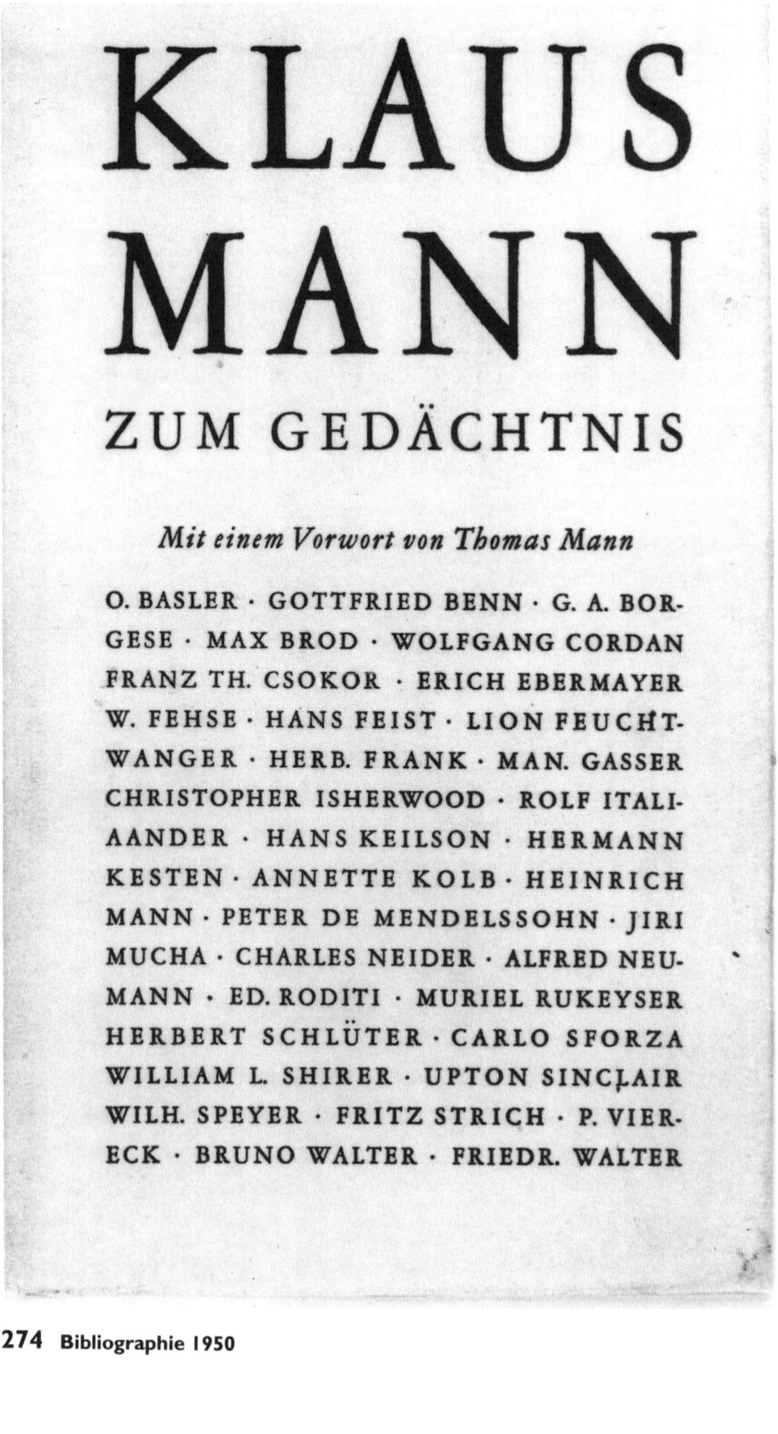

KLAUS MANN

ZUM GEDÄCHTNIS

Mit einem Vorwort von Thomas Mann

O. BASLER · GOTTFRIED BENN · G. A. BORGESE · MAX BROD · WOLFGANG CORDAN FRANZ TH. CSOKOR · ERICH EBERMAYER W. FEHSE · HANS FEIST · LION FEUCHTWANGER · HERB. FRANK · MAN. GASSER CHRISTOPHER ISHERWOOD · ROLF ITALIAANDER · HANS KEILSON · HERMANN KESTEN · ANNETTE KOLB · HEINRICH MANN · PETER DE MENDELSSOHN · JIRI MUCHA · CHARLES NEIDER · ALFRED NEUMANN · ED. RODITI · MURIEL RUKEYSER HERBERT SCHLÜTER · CARLO SFORZA WILLIAM L. SHIRER · UPTON SINCLAIR WILH. SPEYER · FRITZ STRICH · P. VIERECK · BRUNO WALTER · FRIEDR. WALTER

1950 Querido Verlag N.V., Amsterdam

[171] Klaus Mann zum Gedächtnis. [Mit einem Vorwort von Thomas Mann.] – 206 (+ 2) S., Frontispiz Klaus Mann. **Bemerkung:** Lt. Erika Mann, Briefe und Antworten (München: Edition Spangenberg im Ellermann-Verlag 1985, Bd. 2, S. 252) und unveröffentlichten Briefen an Rudolf Hirsch und Herbert Frank war Erika Mann die Herausgeberin des Bandes. **A:** –. **D:** Printed in the Netherlands. **E:** Leinen. **P:** DLA – SFV – HBO.

192 Auf der gegenüberliegenden Seite: Schutzumschlag vom Verlag (1950, 171)

Register

Bearbeitet von Utta Lange

MARBACHER MAGAZIN 78 / 1997

SONDERHEFT FÜR DIE AUSSTELLUNG DES VEREINS »JEANETTE SCHOCKEN-PREIS – BREMERHAVENER BÜRGERPREIS FÜR LITERATUR e. V.« UND DES KULTURAMTS DER STADT BREMERHAVEN IN DER KUNSTHALLE BREMERHAVEN VOM 3. MAI BIS 7. JUNI 1997 UND IM LITERATURHAUS BERLIN VOM 15. JUNI BIS 20. JULI 1997

GEFÖRDERT VON

KULTUR-STIFTUNG

Deutsche Bank Gruppe

© 1997 DEUTSCHE SCHILLERGESELLSCHAFT MARBACH AM NECKAR

(für diese Zusammenstellung und die Bibliographie).

FÜR DEN TEXT © KULTURAMT DER STADT BREMERHAVEN

UND HANS-ALBERT WALTER

PHOTOARBEITEN: BERND HOFFMANN

HERAUSGEBER: ULRICH OTT

REDAKTION: FRIEDRICH PFÄFFLIN

GESAMTHERSTELLUNG:

WILHELM GULDE TÜBINGEN

ISBN 3-929146-62-2